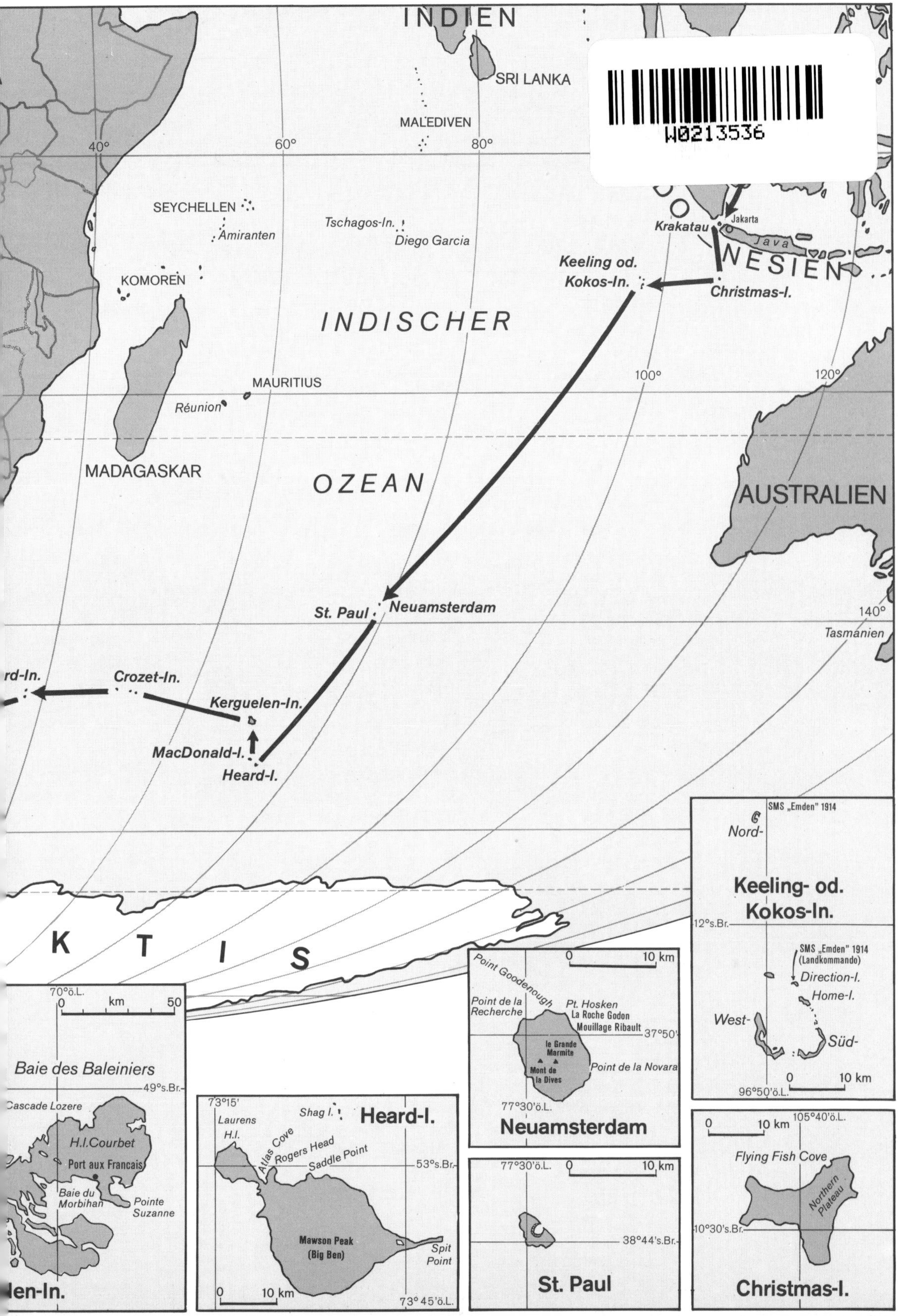
INDIEN
SRI LANKA
MALEDIVEN
40°
60°
80°
SEYCHELLEN
Amiranten
Tschagos-In.
Diego Garcia
Krakatau
Jakarta
Java
NESIEN
Keeling od. Kokos-In.
Christmas-I.
KOMOREN
INDISCHER
MAURITIUS
Réunion
100°
120°
MADAGASKAR
OZEAN
AUSTRALIEN
St. Paul
Neuamsterdam
140°
Tasmanien
rd-In.
Crozet-In.
Kerguelen-In.
MacDonald-I.
Heard-I.
K T I S
SMS „Emden" 1914
Nord-
Keeling- od. Kokos-In.
12°s.Br.
SMS „Emden" 1914 (Landkommando)
Direction-I.
Home-I.
West-
Süd-
0 10 km
96°50'ö.L.
70°ö.L.
0 km 50
Baie des Baleiniers
49°s.Br.
Cascade Lozere
H.I.Courbet
Port aux Francais
Baie du Morbihan
Pointe Suzanne
len-In.
0 10 km
Point Goodenough
Point de la Recherche
Pt. Hosken
La Roche Godon
Mouillage Ribault
37°50'
le Grande Marmite
Mont de la Dives
Point de la Novara
77°30'ö.L.
Neuamsterdam
73°15'
Laurens H.I.
Shag I.
Heard-I.
Atlas Cove
Rogers Head
Saddle Point
53°s.Br.
Mawson Peak (Big Ben)
Spit Point
0 10 km
73° 45'ö.L.
77°30'ö.L.
0 10 km
38°44's.Br.
St. Paul
0 10 km
105°40'ö.L.
Flying Fish Cove
Northern Plateau
10°30's.Br.
Christmas-I.

Hans-Otto Meissner · Der kalte Süden

Hans-Otto
Meissner

Der kalte Süden

12000 Seemeilen durch antarktische Gewässer

C. Bertelsmann Verlag

Redaktion: Dr. Dieter Struß, Grafing bei München
Schutzumschlag: Heidrun Nawrot
Gesamtherstellung: Mohndruck Graphische Betriebe GmbH, Gütersloh
ISBN 3-570-02614-0 · Printed in Germany

Inhalt

Antarktis, der kalte Süden

Dreiundfünfzig Tage durch drei Meere immer an Bord des gleichen Schiffes, der »Lindblad Explorer«. Fast zwölftausend Seemeilen betrug am Ende die zurückgelegte Entfernung, das sind – für Landratten – mehr als zwanzigtausend Kilometer. In Singapur gingen wir an Bord, in Ushuaia auf Feuerland, der südlichsten Stadt auf Erden, verließen wir das von Sturm, Eis und Seegang bis übers Sonnendeck gebeutelte Schiff. Einen neuen Anstrich hatte es bitter nötig.

Kaum zu glauben, aber die beiden ersten Tage ausgenommen, die wir noch in der Nähe von Singapur und Java verbrachten, haben wir während der langen Reise, die dem halben Erdumfang entspricht, kein anderes Schiff gesehen. Ein recht kleines, sich mühsam durchs Treibeis kämpfendes Forschungsschiff zählt nicht. Es gehörte in die Antarktis, wo es wissenschaftliche Stationen Großbritanniens versorgt. Sonst nichts, absolut gar nichts. Keine Menschenseele unterwegs in den so weit ausgedehnten Gewässern der Antarktis. Auch die Instrumente auf der Brücke meldeten während der mehr als sieben Wochen kein anderes Schiff, auch kein fliegendes Verkehrsmittel.

Land jedoch haben wir gesehen, sehr viel Land sogar. Wir erreichten letzten Endes auch das Festland des sechsten Kontinents, mehrere Fjorde, Landzungen und ein paar flache Strände des polaren Kontinents. Sonst jedoch nur Inseln, große und kleine, flache, gewölbte und imponierende Bergmassen, bis zu viertausend Meter ansteigend. Manche mit graugrüner Vegetation, mit Wiesenhängen und zwergwüchsigem Baumbestand. Andere wieder von ewigem Eis bedeckt und erfüllt von blaßblauen Gletschern, deren Stirnhöhe am Inselrand sicher sechzig Meter betrug.

Da war keine Landung möglich, auch nicht dort, wo sich statt dessen dunkle Felswände aus der brausenden Brandung erhoben. Hier und dort schwebten Rauchwolken über schluchtenreichen Gipfeln. Wenn es Nacht wurde – während des antarktischen Sommers nur für wenige Stunden –, sahen wir mit verhaltenem Atem den Widerschein vulkanischen Feuers über den Kratern. Selbst wenn Schnee, möglicherweise Jahrzehnte alter Schnee, die Hänge bedeckt, sind schwefelgelbe Flecken nicht selten. Sie zeigen Fumarolen an, die Sicherheitsventile der Vulkane.

Viele Buchten, in die unser Käptn einlaufen möchte, sind von Eis blockiert. Entweder sind es Schollen, die ein Sturm hineingetrieben und zusammengedrückt hat, oder Geschiebe von gestrandeten Eisbergen oder auch Gletscherbrüche, die den Weg hinaus ins Freie nicht gefunden haben.

Eine abweisende, dem Menschen feindliche Welt. Eine wilde, wahrscheinlich die wildeste Gegend der Welt überhaupt.

Die unzähligen Inseln, das zerstreute Land im Südlichen Eismeer, auch die kargen Küsten des antarktischen Festlandes sind fast überall unzugänglich. Nur an wenigen, weit in den Ozean hinausreichenden Stellen ist es möglich, den sechsten Kontinent zu betreten. Er liegt ganz unter Eis begraben, unter einer glasharten Masse, deren Dicke bis zu dreitausend Meter beträgt. Weit über die Kanten des Kontinents hinaus hat sich der Eispanzer ins Meer geschoben wie ein Bollwerk, dessen Aufgabe es ist, unerwünschte Besucher fernzuhalten. Damit sind vor allem Menschen gemeint, die raubgierigen ebenso wie die neugierigen. Millionen von Jahren hat diese Barriere funktioniert, erst während der letzten zwei Jahrhunderte sind weiße Winzlinge auch in die subantarktischen sowie in die antarktischen Gewässer eingedrungen und haben sogar auf dem Festland ein paar ihrer Stationen errichtet.

Wir sind Menschen nur an vier Stellen begegnet, denn vier wissenschaftliche Stationen haben wir besucht. Andere Stationen, die wir von Ferne erblickt oder auch betreten haben, waren längst wieder verlassen.

Davon abgesehen waren alle Inseln, auch die Küstenstreifen des Festlandes, frei von Menschen. Niemand kann sich dort in dieser absoluten Wildnis niederlassen oder halten, wenn er nicht regelmäßig aus der Zivilisation versorgt wird. Die Antarktis kennt keine Eskimo, hat niemals Ureinwohner gehabt. Es gab und gibt Polarmenschen nur im Norden, in »unserer« Arktis. In der Antarktis können sie aus eigenen Kräften nicht überleben.

Welch ein Erdteil, der sechste Kontinent! Schon mit dem sogenannten »sechsten« stimmt's nicht, wenn es nach der Größe geht, weil Australien, der fünfte Erdteil genannt, mit seinen spärlichen 7,7 Millionen Quadratkilometern nur ungefähr halb so weit und breit ist wie der dem menschlichen Bewußtsein kaum oder gar nicht bekannte Erdteil »Antarctica«. Sein Festland umfaßt 13,1 Millionen Quadratkilometer. Die vielen, die unvorstellbar wilden, kaum jemals besuchten Inseln rings um den sechsten Kontinent erreichen alle zusammen eine Landfläche von ungefähr achtzigtausend Quadratkilometern. Aber diese haben es in sich. Da ist allerhand los. Ich habe versucht, zwei Dutzend davon zu betreten. Nicht immer ist das gelungen, dafür waren meine Begleiter und ich auf anderen Inseln, die sehr wahrscheinlich nie zuvor den Besuch von Menschen erlebt hatten.

Wie schon gesagt, ist Antarctica für die Eskimo zu kalt. Im Winter, der zur gleichen Zeit beginnt wie unser Sommer, in jenem schauerlichen Winter tief da drunten im Süden hält sich für Tage, Wochen, vielleicht auch für Monate die Temperatur unter minus vierzig Grad Celsius. Bis unter fünfzig, sogar sechzig Kältegrade kann sie fallen. Der absolute Kälterekord soll bei achtzig Grad liegen, immer in Celsius, wohlgemerkt. Wem das nicht reicht, um einen Begriff von der »weißen Hölle« zu erhalten, muß sich vorstellen, daß die Windgeschwindigkeit nur selten geringer als hundert Stundenkilometer ist, oft das tolle Tempo von zweihundert Stundenkilometern erreicht. Durch diese Stürme, durch diesen Dauersturm wird natürlich die Kälte noch grausamer, für menschliche Begriffe noch unerträglicher. *Chillfactor* wird, mit einem englischen Ausdruck, diese vom Wind bedingte Kälteverschlimmerung genannt, die mit normalen Instrumenten nicht mehr zu messen ist.

Wem auch das nicht genügt, um sich den »Tanzplatz des Teufels« vorzustellen, muß sich an die Polarnächte erinnern lassen. Das fürchterliche Sturmgebraus findet in totaler Finsternis statt. Kein Sonnenstrahl zwei bis drei Monate hindurch! Ebenso lang sind, zusammengenommen, die zwei Perioden des Dämmerlichts, nämlich jene Jahreszeiten, die bei uns Frühling und Herbst genannt werden.

Auch für Säugetiere ist das schreckliche Land zu kalt, zu karg und stürmisch. Sie können dort nicht leben, weil ja gut neunundneunzig Prozent des antarktischen Festlandes von Eis bedeckt sind, von stahlhartem, bis zu hunderttausend (!) Jahre altem, wenn auch vielfach gespaltenem Eis, dessen mehrere Kilometer starker Panzer die gewaltigen Gebirge bedeckt. Doch an vielen Stellen wird der Eispanzer durchstoßen, und es treten schroffe, dunkelgraue oder völlig schwarze Felsmassen heraus, die bis zu einer Höhe von fünftausend Metern aufsteigen.

Feuer gibt es jedoch, nämlich das Höllenfeuer der Vulkane im Eis. Als der britische Seefahrer und große Entdecker Sir James Clark Ross um 1840 über hoch in den Himmel ragenden Gipfeln dunkle Rauchsäulen entdeckte, tiefes Grollen aus dem Erdinneren hörte und schließlich im Fernglas glühende Steinbrocken sah, die über den Rand der beiden Krater geschleudert wurden, konnte er nur noch beten. So erschütterte ihn und seine Mannschaft dieses Wunder der Schöpfung. Feuer trat aus dem Eis! Niemand hatte das vorher für möglich gehalten. James Clark Ross nannte die beiden vulkanischen Gipfel nach seinen beiden Schiffen »Erebus« und »Terror«.

Noch ein Wunder der Schöpfung, an das zunächst kein Forscher, erst recht kein Zoologe und ganz gewiß kein Ornithologe glauben wollte, lebt und vermehrt sich in dem fürchterlichen Land, der Kaiserpinguin (Aptenodytes forsteri). Er ist mit über einem Meter der größte aller Pinguine und mit vierunddreißig Kilo bei weitem der schwerste, außerdem das kältebeständigste Lebewesen auf unserer Erde. Jahraus und jahrein lebt der flugunfähige Vogel im ewigen Eis des antarktischen Erdteils. Er übersteht aufrecht die grausamsten Stürme, erträgt unvorstellbare Kältegrade und vermag während der dunklen Monate des Südpolarwinters ganz auf Futter zu verzichten. Aber nicht nur das vermag der Kaiserpinguin. Ausgerechnet während des Winters brütet er die Eier aus. Nur die werdenden Väter, wohlgemerkt, erfüllen diese Elternpflicht, bis auf weiteres allein gelassen von ihren Frauen. Sie können sich deshalb kaum rühren, verbergen die Küken nach dem Schlüpfen noch wochenlang unter ihrem Gefieder und halten es auf ihren Füßen vom eisigen Boden ab. Erst wenn endlich Spalten im Eis aufbrechen, kehrt die Mutter der Jungen zurück zum treusorgenden Vater, der indessen ein Drittel bis die Hälfte seines Gewichtes verloren hat. Endlich kann nun der Gute für sich selber sorgen und sich einer echten Freßorgie hingeben.

Kein Säugetier, nicht das allerkleinste, kann sich auf dem antarktischen Festland erhalten, auch keine Würmer und nicht der geringste Käfer. Nur zwei flügellose Insekten soll es an ganz wenigen, eng begrenzten Stellen der Palmer-Halbinsel geben. Der sechste, seiner Größe nach der fünfte Kontinent hat nichts zu bieten, was ein landgebundenes Tier fressen könnte. Außer ein paar Moosen und Flechten an zeitweise eisfreien, sturmgeschützten Stellen gibt es keine Spur von Vegetation, und diese wenigen Flecken sind nur schwer zu finden.

Doch im Wasser, im Salzwasser unter dem Eis, vor dem Eis und weit draußen im Ozean, da gibt es Futter wie sonst nirgendwo auf der Welt. Nicht ohne Grund leben, besser gesagt lebten gerade in den antarktischen Gewässern die gewaltigsten Säugetiere des Erdkreises, die Wale und besonders die Blauwale, bis zu fünfunddreißig Meter lang und bis zu einhundertfünfzig Tonnen schwer. Sie ernähren sich von kleinen Krebsen, dem sogenannten Krill, dieser wiederum von Plankton: Auch die größten Tiere leben von ganz kleinen. Allerdings verschlingen sie ungeheure Mengen pro Tag. Von Plankton und Krill, von den massenhaft vorkommenden Tintenfischen, ernähren sich viele hundert Arten von Fischen, natürlich auch die unübersehbaren Mengen von Robben, die im Südmeer heimisch sind: Pelzrobben, Weddell-Robben, Krabbenfresser, See-Elefanten, dazu verschiedene Walarten und natürlich Millionen Pinguine. Ein Kontrast sondergleichen: Dem totalen Futtermangel auf festem Boden steht die unerschöpfliche Nahrungsmenge in den Fluten des Antarktischen Ozeans gegenüber. Wissenschaftler haben errechnet, daß allein zehn Prozent des tierischen Eiweißes aus diesem Meer genügen, um alle Jahre wieder den Proteinbedarf der gesamten Menschheit zu decken.

Von über vier Milliarden Menschen leben in der Antarktis sowie in der Subantarktis einschließlich aller Inselgruppen – wenn es hoch kommt – nur 0,000125 Prozent, das sind ungefähr tausend Personen. Seit dem Verschwinden der Robbenschläger, Trankocher und Walfänger handelt es sich dabei allein um Wissenschaftler sowie um deren Versorgungspersonal. Sie leben nur für begrenzte Zeit auf den Stationen. Jedes Jahr, spätestens nach zwei Jahren werden sie ausgewechselt. Im dunklen Winter halten sich weniger Leute dort auf als während des *relativ* warmen Sommers, einige Stationen sind überhaupt nur im Sommerhalbjahr besetzt. Gab es bis vor wenigen Jahren überhaupt keine Frauen in der Antarktis und Subantarktis, so werden sie nun bei den Amerikanern wie bei den Russen geduldet. Aber auch dort sind sie noch selten. Soviel mir bekannt ist, wurde bisher im sechsten Erdteil und auf den ihm vorgelagerten Inseln noch niemals ein Kind geboren.

Eine Verlassenheit, eine Menschenleere, eine lebensfeindliche Wüste, die sich jeder Vorstellung entzieht. Dennoch erklärte unlängst im NDR der Kommentator eines Antarktis-Films, der unter anderem auch die neuerdings errichtete bundesdeutsche Station erwähnte, überlegen und vieldeutig lächend: »Ja, es drängelt sich in der Antarktis.«

Der sechste Erdteil sowie das ihn umgebende Südpolarmeer weist eine beachtenswerte Reihe von Superlativen auf, und wer im Guiness-Buch der Rekorde blättert, wird immer wieder darauf stoßen: Am tiefsten von allen Robben taucht die Weddell-Robbe (Leptonchytos Weddelli). So hat man am McMurdo-Sund im März 1926 eine Tauchtiefe von sechshundert Metern festgestellt. Die Höchstgeschwindigkeit einer schwimmenden Robbe wurde in der Antarktis mit vierzig Stundenkilometern gemessen. Von den Walen kann sich der Pottwal (Physeter catodon) am tiefsten nach unten begeben. Nachgewiesen wurde am 14. Oktober 1955 eine Tauchtiefe von 1134 Metern, vermutlich erreicht aber der Pottwal bis zu dreitausend Meter Tiefe.

Von den zweiunddreißig Arten der Flossenfüßler, gemeint sind Robben, ist die größte und schwerste Mirunga leonina, der See-Elefant. Die Bullen werden bis fünf Meter lang (sagt das Guiness-Buch, aber ich habe solche von sieben Metern gesehen). Ihr Körperumfang kann 3,70 Meter betragen, und das Gewicht erreicht 2,3 Tonnen. Das größte und schwerste Tier aller Kontinente und Weltmeere ist der auch in der antarktischen See vorkommende Blauwal (Balaenoptera musculus), dessen Weibchen – hier scheint die Endsilbe »chen« einigermaßen sinnentstellend zu sein – bis 33,58 Meter lang werden kann. Der Mann muß sich mit dreißig Meter Körperlänge begnügen, bringt aber doch bis hundertfünfundsechzig Tonnen auf die Waage. Mehr noch das hochschwangere Weibchen: nämlich zweihundert Tonnen. Das entspricht dem Gewicht von etwa fünfunddreißig Elefantenbullen.

Die größte Flügelspannweite hat der Wanderalbatros, maximal bis etwa vier Meter. Am tiefsten von allen Vögeln taucht der – am Rand des antarktischen Kontinents lebende – Kaiserpinguin (Aptenodytes forsteri), bis auf 265 Meter stößt er hinunter, bis achtzehn Minuten kann er unter Wasser bleiben. Die längste Brutzeit muß mit siebzig bis achtzig Tagen der Wanderalbatros durchstehen, vielmehr durchsitzen. Die Eselspinguine (Pygoscelis papua), von den meisten Besuchern der Antarktis Gentoo genannt, sind die schnellsten aller Schwimmvögel, und das vor allem unter Wasser. Da brachte es eine gut beobachtete Gruppe Eselspinguine auf achtzehn Stundenkilometer. Die südlichsten Pflanzen der Welt sind sieben Arten von Thallophyten, die im Queen-Maud-Gebirge des antarktischen Festlandes gefunden wurden, auf 86° 3′ Süd. Die allersüdlichste Blüte sah man auf der Yenny-Insel vor der Graham-Halbinsel.

Wen kann es da noch wundern, daß sich die windigste Ecke der Welt ebenfalls am Rand des sechsten Erdteils befindet, nämlich in der Commonwealth-Bucht, wo gar nicht selten der Sturm eine Geschwindigkeit von dreihundertfünfzig Stundenkilometern erreicht. Mount Erebus, 3750 Meter hoch und auf der Ross-Insel gelegen, ist der südlichste aller feuerspeienden Berge. Im Januar 1841 wurde er von der Clark-Ross-Expedition zum erstenmal gesichtet, im März 1908 zum erstenmal bestiegen. In der Drake-Passage zwischen der Palmer-Halbinsel und dem berühmt-berüchtigten Kap Horn bewegt sich die stärkste Strömung aller Meere, die sogenannte Westwind-Drift. Vom US-Forschungsschiff »Glacier« wurde im November 1956 der größte Eisberg, ein sogenannter Tafelberg, gemessen. Mit einunddreißigtausend Quadratkilometern war die schwimmende Eismasse größer als Belgien. Mit siebenundsechzig Metern am höchsten war ein 1958 vom gleichen Forschungsschiff vermessener Eisberg.

Das südlichste Land liegt genau am Südpol (im Gegensatz zum Nordpol, wo sich über dem Arktischen Meer eine schier endlose Eisfläche dehnt). Allerdings ist dort das südlichste Land »nicht zu sehen«, man steht dort auf einer Ebene aus ewigem Eis, 2855 Meter hoch. Aber festes Land ist darunter, in dieser Hinsicht besteht kein Zweifel. Die Amerikaner haben an der entsprechenden Stelle die Amundsen-Scott-Südpolstation gebaut mit allem, was für die Versorgung und einen gewissen Komfort notwendig ist. Die Amundsen-Scott-Station ist daher der südlichste Platz, an dem Menschen leben, sogar im Winter.

Die einsamste der unbewohnten Inseln auf der weiten Welt ist Bouvet, auch Bouvetoeya genannt. Sie liegt tausendsiebenhundert Kilometer weit vom nächsten Festland entfernt, vom Queen-Moad-Land, das gleichfalls unbewohnt ist.*

Gewiß hat die antarktische und subantarktische Welt noch weit mehr Superlative sowie unschlagbare Rekorde zu bieten. Mit Sicherheit steht uns eine interessante, eine hochinteressante Reise bevor. Packen wir's an!

* Von den bewohnten Inseln ist Pitcairn am einsamsten, wo noch etwa sechsundfünfzig Nachkommen der Meuterer von der »Bounty« leben. Sowohl Pitcairn wie auch Bouvet habe ich besucht. Vom Besuch bei den »Bounty«-Ururenkeln berichtet mein Buch »Inseln der Südsee«, C. Bertelsmann Verlag, München.

Aufbruch am Äquator

Unterdessen hat ein Schiff besonderer Art im Hafen von Singapur am Pier Nr. 7 festgemacht: die »Lindblad Explorer«. Es kommt soeben aus Alaska, von den Pribiloff- und Aleuten-Inseln, es hat auch einige der Ogaswaras (Bonin-Inseln) und Orchid-Island östlich von Taiwan besucht. Hier in Singapur, neuerdings berühmt für seine vorbildliche Sauberkeit und Verkehrsdisziplin, sind die meisten der bisherigen Passagiere von Bord gegangen, aber auch einige Unentwegte geblieben. Schon übermorgen beginnt die nächste Reise, die längste und weiteste aller bisher von diesem ungewöhnlichen Schiff durchgeführten Fahrten. Emsig sind eine Menge Leute damit beschäftigt, die zweitausenddreihundert Tonnen draußen wie drinnen zu säubern, von sorgfältig gesammeltem Abfall zu befreien sowie aufs neue mit Trinkwasser, Sprit, Lebensmitteln und Getränken zu versorgen, die ein Motorschiff wie dieses, ein Wanderer über weit abseits liegende Gewässer, benötigt.

Als »Cruise of the Century« hat Lars Lindblad, der Chef des Unternehmens, diese ungewöhnlich lange Seefahrt seinen Stammkunden, den sogenannten »Intrepids«, angekündigt. Das klingt stark nach maßlos übertriebener Werbung: die »Kreuzfahrt des Jahrhunderts«.

Doch wirklich und ganz im Ernst hat diese sehr besondere Reise nichts mit den üblichen Kreuzfahrten zu tun. Kein Massentourismus kann da hinreichen; die Behauptung, daß es eine Fahrt wie diese in unserem Jahrhundert noch nicht gegeben hat, ist eher bescheiden zu nennen. Nie war es bisher möglich gewesen, an vergleichbaren Erlebnissen teilzunehmen. Weshalb und warum allen Vermutungen nach eine Seefahrt von gleicher Dauer mit etwa demselben Programm nie mehr möglich sein wird, läßt der folgende Bericht erkennen.

Am Tage vor meinem Abflug aus München, es war der 10. November, herrschte so dichter, so grauer, ja dunkler Nebel über der schneebedeckten bayerischen Landschaft, daß schon am frühen Nachmittag alle Flüge nach Frankfurt ausfielen. Weil ich unter keinen Umständen den Anschluß nach Singapur verpassen durfte, flog ich schon am Vormittag.

Die sieben Stunden Aufenthalt im labyrinthischen Gewimmel des Frankfurter Flughafens waren nur hart zu ertragen. Fliegen, besonders über sehr weite Entfernungen, ist für mich kein Vergnügen. Aber es muß sein wegen der Zeitersparnis. Also hinein in den engen Sessel des Jumbojets, der über Nacht mehr als vierhundert Menschen nach Ostasien verfrachtet, siebenhundert Stundenkilometer schnell, über Kontinente und Ozeane. Der kluge Mann baut vor und sorgt bei Nachtflügen für seinen Platz an der Aisle, am Durchgang. So hat er's leicht, ohne über die Beine und das Handgepäck seines Mitreisenden zu trampeln, um dorthin zu gelangen, wo der Mensch mitunter hingehen muß. Da warten oft Schlangen von Ungeduldigen, deren verkniffene Gesichter deutlich zeigen, daß sie es kaum noch aushalten. Wenn man in unseren Zeitungen und Zeitschriften vom »Jetset« liest, von all der beneidenswerten Prominenz auf interkontinentalen Flügen, muß ich an jene unglücklichen Gestalten denken, die möglichst nahe der Toilettentür ungeduldig von einem Bein aufs andere hüpfen.

Um null Grad war es beim Abflug in Frankfurt, am folgenden Morgen in Bombay zweiunddreißig Grad tropischer Hitze, nicht weniger bei der Ankunft in Singapur. Mein Taxifahrer, ein junger, hochintelligenter Mann, wußte, daß Unbefugte zum Betreten des Hafengeländes einen amtlichen Ausweis der »Port Authority« brauchen. So wurde alles rasch und höflich erledigt.

Doch mein Schiff zu finden, dauerte länger. Die Piers sind nicht numeriert, und wenn ich jemand entdeckte, den ich fragen konnte, vermochte er das Wort »Explorer« nicht zu verstehen. Die Chinesen kennen ja kein »r«, es wird von ihnen wie ein »l« ausgesprochen. Falls ein fortgeschrittener Chinese den Versuch macht, das »r« richtig auszusprechen, dann macht er aus jedem »l« ein gut rollendes »r«. So bewegten wir uns also zwischen »Exprorer« und »Explolel«, was nicht so bald zu einem guten Ergebnis führte.

Endlich, zu meiner Erleichterung und großen Freude, sah ich drüben ganz am Ende eines Piers die vertraute Silhouette, den karminroten Rumpf und die weißen Aufbauten des guten, ja, meines geliebten Schiffes. Es ist wie eine Heimkehr. Gerade ein Jahr war ich fort gewesen. Ich komme zum siebentenmal auf das Schiff, in dieselbe Kabine, passenderweise »room« genannt. Nichts, nicht die geringste Kleinigkeit hat sich geändert. Da habe ich alles im Griff, ich weiß, wo im Waschraum die Zahnbürste hingehört, die Nagelschere, die Rasierklingen und all der andere Krimskrams aus dem Kulturbeutel. Das ist wichtig, denn später, bei hohem Seegang, soll nichts herausfallen, nichts klappern oder auslaufen.

Doch immer derselbe Ärger, zu wenig Platz für Jacken und Hosen. Die verdammte Blechtür am schmalen Schrank hat nach wie vor ihre scharfe Kante, wo man sich die Finger übel einklemmen kann. Die Dusche ist auf heiß gestellt, damit sich der Gast gleich zu Anfang verbrüht. Zwei Schwimmwesten unterm Bett, obwohl ich allein bin.

Das Radio funktioniert auf vier Kanälen. Einer sendet klassische Musik, einer Rock, einer vermittelt alle Vorträge aus dem Pinguin Raum und der Lounge, während Nr. 4 wegen der Durchsagen nicht abgestellt werden kann. Die Lüftung funktioniert ebenso wie Heizung und Kühlung. In keinem noch so modernen Bus habe ich das bisher erlebt. An den winzigen Schreibtisch muß man sich jedoch erst gewöhnen, auch an den geringen Platz für all mein Papierzeug in den Schubladen.

So leise, daß man es kaum hören konnte, wurde an die Tür geklopft. Ohne auf die Antwort zu warten, kam ein Chinese unbekannten Alters herein, sehr klein. Sein Name wäre Ching, sagte das Männlein, er sei mein Steward. Auf meine erstaunte Frage, wo denn Asta sei, wußte er nur zu lächeln. Der Chinese kannte keine Asta, konnte auch nur sehr wenige Brocken Englisch, und diese waren nur mit viel Einfühlungsvermögen zu verstehen. Mit »iksewattel« war *icewater* gemeint, »lohnlieh« sollte *laundry*, die Wäsche, sein, und mit »sollisolli« entschuldigte sich der Kleine, wenn er, ohne anzuklopfen, mit dem Staubsauger hereinkam. Auch mit ihm würde es gehen, aber wo mochte die schlanke, flinke, so intelligente und hinreißend hübsche Asta stecken?

Das war denn auch meine erste Frage an Freund Willy, den Chefsteward auf so vielen Fahrten, an denen teilzunehmen ich das Vergnügen hatte. Ein Mann in den frühen Vierzigern, bis knapp unter die Decke reichend, sein Gesicht von einem Schnurrbart beherrscht, dessen Enden beiderseits auf den Backen einen Kringel beschrieben. So laut lachend wir einander versicherten, beim heutigen Wiedersehen größte Freude zu empfinden, schien er gleich danach von Bedauern, ja von Sorge erfüllt.

»Asta ... ja, gewiß, die niedliche Asta ... daheim in Schweden mit ihrem Verlobten, den Sie ja auch kennen, mit dem Getränkekellner aus Grinzing. Im gleichen Hotel sind die beiden beschäftigt. Entlassen von Lindblad ... auch die leichtfüßige Jeanette französischer Herkunft, ebenso die Freda, die Freiya und die Ingeborg, überhaupt all die netten skandinavischen Stewardessen.«

Aus Gründen der Sparsamkeit, wie man zu wissen glaubt, weil eben ein Chinese aus Hongkong oder Singapur billiger ist. (Was Lars Lindblad bestreitet.) Desgleichen verschwunden sind die drei deutschen Köche und auch das andere Küchenpersonal. Von den zwei, allen Stammkunden wohlvertrauten Männern an der Bar ist nur der kanadische Martty noch vorhanden, assistiert von einem chinesischen Kollegen, der vermutlich hofft, in absehbarer Zeit die Nachfolge anzutreten. Immerhin, so beweist die Qualität der Backwaren, blieb uns doch der tüchtige Georg Holl erhalten.

Aber sofort verschwinden die Wolken, als ich nach dem Auspacken und Einrichten des Raumes 204 das Treppchen hinaufeile, die schmale Lobby durchquere und die Lounge betrete. Die Lounge, das ist der relativ große, wenn auch niedrige holzgetäfelte Aufenthaltsraum der »Explorer«. Was man so braucht auf langer Fahrt, das ist fast alles dort untergebracht. Die recht reichhaltige Bücherei (auch Meissner-Bücher fehlen nicht) mit Schreibtisch, eine Tonbandanlage und sogar eine spiegelblanke Tanzfläche befinden sich in der Lounge, dazu die gemütliche Bar, zwei Kaffeemaschinen und natürlich ein Dutzend Sitzecken sowie Polsterbänke und Barhocker. Sowohl steuerbords wie backbords (rechts und links) kann der Lounge-Besucher aufs tosende Meer hinausblicken, vorläufig allerdings sieht er dort nur, wie zahlreiche Frachter im Hafen von Singapur beladen oder gelöscht werden.

»Hey ... Hans ...«, ruft mir gleich der gute Albert entgegen, und schon werde ich von der niedlichen Nory umarmt. Raymond, ihr Gatte, schlägt mir knallhart auf die Schulter. Der riesengroße, graubärtige Klaus drückt mir die Flosse, während Geneva meint, ich hätte wohl ein Pfündchen zugelegt, vielleicht gar zwei. Denis Puleston, der gute, der hochverdiente Naturschützer, kommt mir mit einem Glas voll eisklingelndem Scotch entgegen, und da ist auch schon der Käptn, auf den man sich in allen Lagen hundertprozentig verlassen kann, Hasse Nilsson, mit Amy, seiner Frau, die gleichzeitig die Boutique an Bord betreut und das höchst verdienstvolle Amt des Pursers, des Zahlmeisters.

Nun ja, so ist das eben, wenn sich nach Jahr und Tag ein gutes Dutzend Freunde wiedertreffen. Man hat schon viel miteinander erlebt, sei es in der Südsee, auf den Galapagos, in grönländischen Gewässern, entlang der kanadischen Küste, vor Australien, Neuseeland und Tasmanien.

Wie und wo hat man's zwischendurch ausgehalten, Ladakh und Lhasa schon erlebt? Steht als nächstes Sikkim, Bhutan oder was sonst auf dem Programm?

Globetrotter nennt man Leute wie uns. Selber haben wir das überholte Wort noch nie gebraucht.

Gerade durch jahrelange Trennungen können Freundschaften besonders eng werden. Vielleicht ist Kameradschaft der bessere Ausdruck, weil uns ja – sonst wären wir nicht hier – die gleichen Interessen verbinden, über alle Sprachen und Nationen hinweg. Auch die gleiche Lebensart, ohne daß wir uns dessen bewußt sind: der gewohnte Umgangston auf völkerverbindender Ebene, die gemeinsame Beherrschung der englischen Sprache und letzten Endes das mehr oder minder gereifte Alter.

Nach angloamerikanischer Sitte ruft man sich ohnehin schon bald beim Vornamen, zumal in der geschlossenen Gesellschaft eines Schiffes mit so persönlicher Note. Außerdem kennt ja das Englische keinen Unterschied zwischen »Sie« und »Du«. Knapp siebzig Passagiere sind nicht viel auf einem Kahn von zweitausenddreihundert Tonnen Wasserverdrängung.

Der »Verein« ist wieder beisammen. Wir strahlen uns an, reden durcheinander, reichen Fotos herum, heben die Gläser mit Freundesblick in den Augen. Was macht dieser oder jener, der nicht da ist? Kommen der Benno und die Christl noch mit der San-Francisco-Maschine, die aus Wettergründen einen Riesenumweg macht? Wir vermissen Anita Mangels, Gladys Stubenbord mit ihrem Gatten, der so viele Male unser Schiffsarzt gewesen ist. Wo steckt Roy Kendall, der immer gut gelaunt ist?

Da wird es vorübergehend ruhig im Kreis. Robby ... ja, mit dem steht es leider ... gar nicht gut ... das Übliche eben. Das Wort dazu will keiner aussprechen. Vera Vogelter, die immer so freundliche aus Fredericksborg, Autounfall, kann nicht mehr gehen ... beiderseits amputiert. Betty Henninger »passed away«.

Doch Freund Klaus, obschon über die Sechzig hinaus, hat ganz jung geheiratet und ist bereits Vater geworden. Dieser und jener hat sich aus seinem Geschäft zurückgezogen, weil er zu seinem Glück einen Sohn hat, der den Laden übernehmen kann. Der Senior versichert, daß er weiterhin darüber schwebt und aufpaßt, daß der Bub – fünfunddreißig Jahre alt! – keinen Unfug treibt.

Manche haben sich in der Zwischenzeit besucht, im Zuhause des einen oder anderen, in diesem oder jenem Kontinent. Die beiden Bendelius' in unserem Berghaus bei Unterwössen, wir bei den Burmeisters in Fribourg, die Jutta haben wir schon dreimal bei uns in München gesehen, und demnächst bin ich bei ihnen in Ontario. Mit dem guten John Klaus bin ich rein zufällig in der Halle vom Ritz zusammengetroffen. Klaus Dörnbach, einer der großen Esso-Leute aus Hamburg, war auf der langen, anstrengenden Hundeschlittenfahrt durch Ostgrönland dabei. Als wir in einer Seehundjägerhütte die Teller, weil kein Tisch vorhanden war, auf den Boden stellen mußten, ist er mir aus Versehen mitten hinein in die Spaghetti mit Tomatensoße getreten.

Darauf trinken wir einen und noch einen. So und ganz ähnlich jagt ein Spaß den anderen. Was nicht bedeuten soll, daß alle in der Lounge versammelten Antarktis-Fahrer miteinander bekannt und befreundet waren. So kann es gar nicht sein, denn es muß jeder einmal auf der »Explorer« anfangen, still und bescheiden auf seiner ersten Fahrt. Später einmal, wenn Zeit und Reife und Reiseverdienste gekommen sind, kann er seine Aufnahme in den Intrepid Club beantragen, in den »Club der Unentwegten«, womit die Stammkunden gemeint sind.

Dennoch ist es erstaunlich, daß nur etwa ein Drittel der Fahrtgenossen zum erstenmal an Bord unseres Schiffes ist. Den Rekord dürfte Dr. Roy Lester Peterson, wohl der beste Pinguin-Kenner dieser Welt und hochverdienter, höchstdekorierter Naturschützer, halten, dem neunundzwanzig Seereisen mit der »Explorer« nachgesagt werden. Natürlich ist er wieder dabei. Auf zwanzig Fahrten und darüber haben es auch andere gebracht. Mit sieben Reisen stehe ich noch ziemlich weit hinten in der Liste.

Der verfrühte Abflug von daheim, um ja nicht wegen dichten Nebels die Abfahrt der »Explorer« zu verfehlen, diesen Umstand hätte ich mir ersparen können. Wir blieben noch einen ganzen Tag und die folgende Nacht in Singapur, einmal wegen der verspäteten Ankunft von einundzwanzig Mitreisenden, deren Maschine wegen eines furchtbaren Taifuns von Tokio bis hinunter nach Manila hatte ausweichen müssen, und andererseits waren unsere Brennstofftanks noch immer nicht ganz gefüllt. Die Tanks mußten aber so voll wie nur möglich sein, denn vor der »Explorer« lag eine Fahrtstrecke so weit und so lang wie nie zuvor. Überhaupt konnten wir die rund zwölftausend Seemeilen nur bewältigen, wenn in Port aux Françaix, einer französischen Station auf der Kerguélen-Gruppe, frischer Sprit an Bord kam. Zu diesem Zweck war schon vor Monaten einzig und allein für unser Schiff eine Pumpanlage dorthin befördert worden, natürlich auch Tausende von Tonnen Brennstoff. Die enormen Kosten dafür hatte Lars Lindblad, der ebenso kluge wie wirtschaftliche Unternehmer, kurzerhand auf die Mitreisenden verteilt, vierhundert Dollar pro Kopf, was er uns, relativ kurz vor der Abreise, durch ein Rundschreiben wissen ließ.

Wie dem auch sei: Wir hatten noch einen Tag für Singapur. Auch wer die »Löwenstadt« - das nämlich bedeutet der Name - schon gut, vielleicht sogar sehr gut kannte, staunte aufs neue über die Stadtverwaltung. Kein Papier auf den Gehsteigen, keine fortgeworfene Zigarettenkippe, statt dessen viel Blumenschmuck, höfliche Polizisten, lächelnde Gesichter und allem Anschein nach eine blühende Wirtschaft. Wie bekannt, sind neunzig Prozent der Bevölkerung dieses blühenden Stadtstaates chinesischer Herkunft. Ganz gleich, wo Chinesen leben, im Reich der Mitte selbst, in Taiwan, Hongkong oder Singapur, sie bringen mit ihrem zähen Fleiß, mit ihrer hohen Intelligenz und Disziplin gar manches fertig, was anderen asiatischen Völkern nicht gelingt.

Allein der Botanische Garten, von den Engländern gegründet, gilt bei Blumenfreunden in aller Welt als Sehenswürdigkeit ersten Ranges, genauso berühmt ist das Vergnügungsviertel. Die »Happy World«, ein riesiges, von Licht überflutetes und mit Musik erfülltes Areal am Rande der Riesenstadt, wollte uns noch lange nach Mitternacht nicht loslassen. Endlich wieder an Bord und gerade in Schlaf gefallen, verkündete lautes Lärmen, endloses Treppengetrappel und Türenschlagen, daß endlich auch unsere taifungeschädigten Mitfahrer das rettende Schiff erreicht hatten.

Den Kapitän kann nun nichts mehr halten, schon in der sechsten Morgenstunde rasseln die Ankerketten, Kommandostimmen hallen über Deck, und das leichte Vibrieren des Schiffskörpers zeigt an, daß sich beide Maschinen in Bewegung setzen. Wir sind auf dem Wege, dem langen, abwechslungsreichen Wege vom Äquator zur Antarktis.

Im hellen, mit lichtblauen Teppichen ausgelegten Diningroom, wo das Frühstück serviert wird, werden die alten Freunde von früheren Reisen, die erst heute Nacht gekommen sind, laut lachend begrüßt. Da sind wieder mit von der Partie die beiden Rellington aus Palm Springs, der einstige Oberst Henry Gardiner, Mrs. Lucille Hanauer aus Washington sowie der alteingesessene Deutschsüdwester Piet Boettger aus Windhoek, ferner die hauchdünne, kindchenkleine Madeleine, seinerzeit hochgefeierte Primaballerina der New Yorker Met. Aus Deutschland, zum sechstenmal in der Antarktis, der erfolgreiche, von mir hochgeschätzte Kulturfilmer Franz Lazi und seine Lydia aus Stuttgart. Dazu eine bekannte Dame aus Süddeutschland, die sich unlängst einen amerikanischen Paß zugelegt hat und seitdem ihren deutschen Namen nur englisch ausspricht. Wieder an Bord, besser gesagt, noch immer an Bord die lange, blonde, bildhübsche, aber immer so traurig dreinschauende Judy Marshall, zuständig für Informationen, für Durchsagen im Bordradio, das kluge Mädchen für alles. Die anderen mir schon bekannten Mitglieder des »Stabes«, nämlich Lektoren und Professoren, Schiffsoffiziere und Funker, auch den Expeditionsleiter, trifft man erst nach und nach, wenn es sich so ergibt.

Droben an Deck, das heißt auf dem Bootsdeck, dem Sonnendeck und Weitsichtdeck, hat sich nichts verändert. Nur wurden die sechs Zodiacs, die großen, für unsere Zwecke einfach idealen Schlauchboote, durch neue Modelle ersetzt.

Auch bei der Mannschaft finde ich noch vertraute Gesichter, sogar zwei der Tonga-Männer grüßen vergnügt. Als ich nach Harry frage, der auf dem besten Wege war, so schwer und dick zu werden wie sein König Taufa'ahau Toupou IV., erfahre ich, daß der brave, immer so lebenslustige Mann beim letzten Besuch in Bali tödlich verunglückt ist. Mit dem Motorrad gegen eine Kokospalme, auch das Mädchen kam dabei zu Tode. Die beiden anderen Tonganer haben offenbar den Verlust überwunden. »Too much drunk«, sagt der eine und zuckt mit den Schultern. Auch mit dem schwarzen Portugiesen aus Timor kann ich die Freundschaft erneuern, sechs Reisen auf dem gleichen Schiff, das verbindet. Alsdann erscheint Georg Holl, ein altbewährter Bäcker und Zuckerbäkker hier an Bord, ein begeisterter Leser von Meissner-Büchern. Er vermißt seine deutschen Kollegen in der Küche, fühlt sich recht einsam unter so vielen Chinesen.

Endlich ist der Swimming-pool wieder randvoll mit frischem Seewasser. Allerdings handelt es sich dabei nur um einen kleinen Pool, an den man sich erst gewöhnen muß. Mehr als vier Leute können darin nicht zur gleichen Zeit planschen. Schwimmen ist nur möglich, wenn man im stets gleichen Abstand umeinander kreist. Leider gibt es keine andere Möglichkeit, sich einigermaßen sportlich zu bewegen. Wenn auch im Prospekt von Gruppengymnastik die Rede ist, was sogar bei der allgemeinen Begrüßung durch den Expeditionsleiter bestätigt wird, gibt es von Sport keine Spur. Dafür gewinnt mancher mehr Speck am Bauch. Wir werden jedoch später auf Landausflügen erleben, daß sich gehörig anstrengen kann, wer das nur will.

Schon am ersten Abend, noch an der Pier in Singapur, beginnen die Vorträge. Wer auf sich hält, wer oberflächliches Dahinleben vermeiden will, kann sich den Vorträgen und Filmen im Pinguin Saal nicht entziehen. Immerhin haben wir ein knappes Dutzend berühmter oder zumindest in der Fachwelt bekannter Naturwissenschaftler an Bord. Überhaupt ist die »Explorer«, wenn man so sagen darf, ein naturwissenschaftliches Schiff. Daher liegt das Schwergewicht des Interesses bei Fischen und Vögeln. Menschen dagegen, ja selbst jenen, die auf nur selten bewohnten Inseln noch weitgehend im Naturzustand leben, bringt unser wissenschaftlicher Stab nur wenig Interesse entgegen. Leider wird auch die Geschichte, was sich seit ihrer Entdeckung auf dieser oder jener Insel zugetragen hat, vom Expeditionsleiter nicht nur kleingeschrieben, sondern schlichtweg ignoriert. Das war bei seinem Vorgänger auch nicht anders.

Lars Lindblad selbst und alle, die sich an Bord seines Schiffes begeben, sind dem Naturschutz verbunden oder passen sich an. Allen Neulingen wird erklärt, daß man von Landausflügen nichts mitnehmen soll außer Fotos, nichts zurücklassen darf außer Fußspuren. Selbst die kleinsten Schnipsel wie zum Beispiel Papierchen vom Film muß man bis zum ersten Abfallkorb an Bord bei sich behalten. Kein Tier darf belästigt, kein lauter Ruf soll zu hören sein, selbstverständlich ist auch Kassettenmusik verpönt.

Unsere Forscher, und solche sind immer an Bord, fertigen Listen seltener Vögel, Fische, ja sogar Insekten an, die sie irgendwo an Land in dieser oder jener Lagune erblickt haben. Es sind Listen, die an »zuständige Stellen« geschickt werden, gleichgültig, ob es sich um Regierungsämter, um wissenschaftliche Gesellschaften oder Naturschutzverbände handelt. Die »Explorer« und ihre Stammkunden sind besonders dem World Wildlife Fund verbunden. Prinz Bernhard der Niederlande, lange Jahre Präsident und auch sonst energischer Förderer der WWF, hat auch selber eine ausgedehnte Fahrt an Bord der »Explorer« mitgemacht, ganz ohne Begleitung, auch ohne jeglichen Schutz seiner Person. Solche Kontakte haben zur Folge, daß unser Schiff bei allen möglichen Stellen guten Ruf genießt. Wir stören nicht in Schutzgebieten, können sogar im Gegenteil recht nützlich sein. Die Genehmigungen, die man für Landgänge benötigt, bekommt die »Explorer« ohne weiteres, sogar im Funksprechverkehr um die halbe Welt herum. Als sich in einem besonderen Fall herausstellte, daß nur der Staatspräsident persönlich die Landung erlauben konnte, hatte ihn unser Käptn binnen einer halben Stunde selbst am Gerät, und wir erhielten die Erlaubnis.

Beispielsweise haben wir schon bei der Anreise von Singapur aus die nur selten erteilte Erlaubnis zum Betreten der Insel Krakatau, sogar zum Besteigen eines noch immer rauchenden Gipfels erhalten. Ein amtlicher Begleiter allerdings wird uns aufgenötigt, ein Beamter des indonesischen Innenministeriums, den wir erst in Djakarta abholen müssen. Der Umweg sowie der Verlust eines Tages wird den Mitreisenden durch eine Busfahrt schmackhaft gemacht, eine Tagestour durch die menschenwimmelnde Hauptstadt nebst Essen und Baden in dem neuerstandenen Ausflugsgebiet an der Sandküste.

Mir will das gar nicht gefallen, denn ich habe Djakarta in denkbar schlechter Erinnerung, starrend vor Schmutz, hoffnungslos übervölkert, stinkend nach allem nur möglichen Unrat. Faulige Kanäle, in denen Ekliges schwimmt, armselige, hungrige Menschen, die in vielen hundert Zementröhren hausen. Noch zur holländischen Kolonialzeit hatte man diese Röhren nach Djakarta gebracht und über die halbe Stadt verteilt, um eine Kanalisation anzulegen. Zwanzig Jahre später lagen sie noch immer herum, bewohnt von kinderreichen Familien. Dazu kam eine geradezu fanatische Fremdenfeindlichkeit. Allenthalben riefen die geifernden Stimmen von Jugendlichen: »Orang blanda ... bikin mati!« (Weiße Leute ... schlagt sie tot.) Ausgerechnet auf unserer Hochzeitsreise mußten wir ein paar scheußliche Tage in Djakarta verbringen – das war 1955, zur Zeit des Präsidenten Sukarno. Vier-, fünf-, sechsmal danach hatten wir beide oder hatte ich allein unter etwa gleichen Verhältnissen zu leiden. Wohin ich auch wollte, nach Bali oder Sumatra, zu den Drachen von Komodo, den dreifarbigen Seen von Flores oder überhaupt zu den kleinen Sunda-Inseln, eine halbe bis eine ganze Woche in Djakarta ließ sich nicht vermeiden.

Am liebsten wäre ich an Bord geblieben, aber irgend jemand hat das Wasser im Schwimmbecken abgelassen. Also steige ich doch in den Bus und werde aufs angenehmste von der Verwandlung Djakartas überrascht. Eine bewundernswerte Leistung der Verantwortlichen in relativ kurzer Zeit: das Straßenbild relativ sauber, der Verkehr einigermaßen geordnet, die Zementröhren verschwunden, kein Mensch mehr in Lumpen. Armut und Elend besiegt oder, vorsichtiger ausgedrückt, nicht mehr so deutlich zu sehen wie seinerzeit.

Draußen eine palmenbeschattete Küste mit kilometerweitem Sandstrand, eine Kette von Badeplätzen für jedermann, teilweise mit Feuerstellen, Sportgeräten und dergleichen versehen. Natürlich auch Eßlokale von bescheidenem bis aufwendigem Zuschnitt, ein paar große, viele kleine und wohl auch billige Hotels. Dazu Sportplätze nahezu jeder Art, vom Fußball bis zum Golf. Nichts dergleichen hatte es früher gegeben, die Küste war voll Abfall, Schrott, miserabler Bretterbuden gewesen, belebt und bewohnt von notleidenden Menschen.

Mit den Bendelius' sowie dem Ehepaar Burmeister schnurren wir in einem privat gemieteten Motorboot über harte, stuckernde Miniwellen zu den Inselchen Buitari und Ouvest. Die erste Insel ein schon fertiges, gut gepflegtes, blumenreich bepflanztes Ausflugsziel mit den Resten eines portugiesischen, später holländischen Forts, die andere Insel noch in der Entwicklung. Da ist man beschäftigt, eine wilde Siedlung abzureißen sowie deren bisherige Bewohner zu verscheuchen. Dabei kommen alte Befestigungen zutage, und man glaubt, daß es hier gewesen ist, wo James Cook, der größte aller Seefahrer, im Jahre 1770 seine beiden Schiffe hatte an Land bringen lassen, um sie frisch zu teeren und zu kalfatern.

Im Morgengrauen des nächsten Tages, noch von leichtem Dunst eingehüllt, liegt vor uns die Insel Krakatau, genaugenommen jene Inselreste und -klippen, die bis zum 26. August 1883 Krakatau gewesen waren. An jenem denkwürdigen, schrecklichen Tage explodierte der Krakatau mit einer Gewalt, wie man sie in historischer Zeit noch nie erlebt hatte. Eine Insel, eine vulkanische

Insel von kegelförmiger Gestalt, gelegen in der Sunda-Straße zwischen den beiden großen Inseln Java und Sumatra, flog buchstäblich in Stücke. Von 33,5 Quadratkilometern, die Krakatau vorher umfaßt hatten, blieb gerade noch ein Drittel übrig, nämlich 10,5 Quadratkilometer, aus denen heute die Inselgruppe besteht. Leute, die darüber geflogen sind, erzählen, man könne von droben noch erkennen, daß die Teilstücke vordem zusammengehört und annähernd eine kreisrunde Insel gebildet haben.

Die Menschheit weiß nur von wenigen vulkanischen Eruptionen, die sich mit dem Ausbruch des Krakatau vergleichen lassen. Nicht nur wurden auf der Insel selbst ohne Ausnahme alle Bewohner vernichtet, die auf den Ausbruch folgende Flutwelle von sechsunddreißig Meter Höhe zerstörte an der benachbarten Küste von Java und Sumatra alle Wohnorte und Fischerdörfer. Fünfzigtausend Menschen, nach anderen Berechnungen fast sechzigtausend, verloren ihr Leben.

Das sind weit mehr als beim berühmten Ausbruch des Vesuv im Jahre 79 n. Chr., beim Untergang der antiken Städte Pompeji und Herculaneum. Am Ende unserer abenteuerlichen Autofahrt durch Sumatra 1955 hatten Marianne und ich noch selber neben der Straße, etwa dreißig Meter hoch über dem Strand, vom Urwald überwuchert, das rostende Wrack eines Frachters gesehen, den damals die gewaltige Flutwelle hoch in den Urwald schleuderte.

Die Erdstöße vom Krakatau spürte man bis nach Südamerika, auch die Menschen auf den Inseln Rèunion und Mauritius erstarrten vor Schreck. Ungefähr achtzehn Kubikkilometer Material wurden hochgeschleudert, auf etwa 870000 Quadratkilometer Fläche regnete länger als eine Woche die Asche herab. Bis zu dreißig Kilometer hoch stieg die Rauchsäule und war siebenhundert Kilometer weit sichtbar. Bis zu siebzig Meter hoch bedeckte Asche den Boden, und der Himmel blieb noch lange um ein paar Schattierungen dunkler. Staub zog jahrelang um die Erde und kühlte das Klima spürbar ab.

Ganz und gar beruhigt hat sich der Krakatau bis heute nicht. Besonders 1928 rauchten und rumpelten die Reste auf höchst bedrohliche Weise, es erschienen sogar neue, wenn auch nur kleine Inseln neben den Resten des untergegangenen Krakatau.

Niemand wohnt auf der heute vorhandenen Inselgruppe aus Furcht vor neuen Eruptionen, aber auch weil es die Regierung verboten hat. Man will möglichst genau studieren, wie sich nach der totalen Vernichtung alles Lebens Vegetation und Tierwelt erneuern. Aber wir von der »Explorer« dürfen die Insel Anak Krakatau betreten. Es ist die zweitgrößte der Restinseln, deren Name »Kind des Krakatau« bedeutet.

Vor uns ein leicht gewölbter, bis dreihundertfünfzig Meter ansteigender, gelbrot schimmernder Buckel. Eine weit ins Meer reichende, aber nur schmale

Halbinsel scheint mit graugrünem Fichtenwald und etwa meterhohem Bambusgras recht gut regeneriert. Vier unserer Zodiacs werden ausgeschwungen und liegen aufnahmebereit neben der Gangway. Bei ruhiger See haben auch die Neulinge an Bord keine Schwierigkeiten, mit zwei flotten Schritten in die Schlauchboote zu gelangen. Erster Schritt von der Plattform am Ende der Gangway auf den breiten, elastischen, prall mit Luft gefüllten Wulst des Schlauchbootes, sodann mit dem zweiten Schritt auf den nachgiebigen Boden. Schnell setzen, und zwar auf den Wulst, auf das etwa halbmeterbreite, angenehme, weiche Rund des Zodiacs. Für jene, die es heute zum erstenmal tun, eine sehr gute, ganz harmlose Vorbereitung auf Gelegenheiten, wenn später bei Wind und Wellen mehr Geschick, manchmal auch gehöriger Mut erforderlich sind.

In dem Wald ist es heiß, der Boden tief und sandig. Es bereitet einige Mühe, durchs mannshohe Gestrüpp zu kommen. Aber einmal draußen im Freien, gleich nach den letzten Nadelbäumen, beginnt bald die Wüste. Es folgt ein knapp hundert Meter breiter Gürtel von fahlgrünem Buschwerk, Dornengestrüpp und Bündel von Bambusgras.

Dann haben wir vor uns die Steigung zum Rand eines Kraters. Sehr schweres Gehen im weichen, nachrutschenden Lavagries. Tiefbraunrote Blöcke liegen dazwischen, hier und dort ist es spärlichem Bambusgras gelungen, sich einzunisten. So steil sieht der Hang gar nicht aus, aber schon hat sich die Schar der »Explorer« in kleine und kleinste Gruppen aufgelöst. Einige und dann noch einige bleiben ganz zurück. Gott sei Dank hat mir die Gamsjagd in meinem Tiroler Revier starke Beine und ausdauernde Muskeln eingebracht. Ohne es zu wollen, bin ich bald in der Spitzengruppe, bei den sogenannten Vorläufern.

Je steiler, desto steiniger, was den Anstieg jedoch erleichtert. Die vor fast genau hundert Jahren hochgeschleuderte, rotflüssige Lava ist zu hartem, großenteils porösem Fels geworden. Nichts gedeiht hier, nicht das geringste Dornengewächs.

Da stehe ich schon am Rand des seinerzeit aufgerissenen Kraters. Aber drunten brodelt nichts, statt dessen eine ziemlich tiefe Mulde, auf deren Grund sich ein zweiter, sehr viel kleinerer Vulkankegel erhebt. Dem entsteigt eine dünne Rauchfahne, an dessen Flanken rühren sich Fumarolen. Schwefelgelb die Ränder und gelblich auch die stoßartig aufsteigenden Wölkchen. Viele Stellen sind mit einer glänzenden, schneeweißen Kristallschicht bedeckt. Wären wir nicht in den Tropen, müßte frisch gefallener Schnee die nächstliegende Erklärung sein. Als unsere beiden Insektologen eintreffen, geraten sie in eine mir zunächst nicht begreifliche Verzückung. Sie entdecken, sie beobachten und fotografieren mit ihren Spezialkameras winzig kleine Käferchen, einige davon sind flugunfähig. Beide Forscher liegen auf dem Boden, keuchen vor Erregung und lachen vor Freude. Wie sich später an Bord ergibt, haben sie drei bisher unbekannte Arten entdeckt.

Drei Männer der Besatzung steigen in den großen Krater hinunter, erklimmen dann ganz unten den kleinen Kegel und schauen von dessen Rand, wie wir später erfahren, in ein schweflig riechendes Loch, in dessen Tiefe ein rotes Lichtlein glüht. Der Blick vom Kraterrand ist nicht minder erregend. Man schaut über die ganze Breite des Sunda-Stroms vom nördlichen Ende Javas bis zum südlichen Ausläufer Sumatras.

Der Abstieg ist mühsamer und dauert länger als der Aufstieg, weil alles rutscht, weil man fürchtet, mit den Füßen einzuknicken, die Knie knacken, und die Lunge keucht. Wie schön und angenehm, wieder an Bord zu sein, wie relativ kühl das Seewasser im Swimming-pool.

Unser Schiff fährt auf Südkurs durch die Sunda-Straße in den Indischen Ozean, und schon bald verlieren wir die letzte Sicht auf Land. Wir fahren bei schönem, vorerst noch tropisch warmem Wetter durch einen leeren Ozean. Wohin die Ferngläser reichen, bis zum Horizont an der Erdkrümmung ist nichts zu sehen, nur die sich hebenden und senkenden blaugrünen Wogen des Indischen Ozeans, als würde er atmen. Wir kreuzen keine Schiffahrtsstraße, keine Wasserwege führen durch die Weite dieses Meeres. Nirgendwo eine Insel, nicht das kleinste Fleckchen festen Landes.

Unser Kurs liegt fast genau bei Süd, die Christmas-Insel ist das nächste Ziel. Es gibt mehrere Inseln gleichen Namens, was schon oft Verwirrung gestiftet hat. Wenn seinerzeit die kühnen Seefahrer Inseln entdeckten, nannten sie diese gerne nach dem Heiligen des Tages und besonders gerne nach dem hohen Feiertag, an dem sie das Auftauchen einer bisher nicht bekannten Insel bemerkten. Deshalb die zahlreichen St.-Peter-, St.-Paul-, St.-Jakobs-Inseln und die Oster- sowie die beiden Weihnachtsinseln. Unsere, die weniger bekannte, meines Wissens von Touristen noch nie besuchte Christmas-Insel findet sich auf einer Karte des Indischen Ozeans ungefähr vierhundert Kilometer südlich von Java, nahe dem Schnittpunkt des 105. Längengrades mit dem 10. Breitengrad. Eine andere, weitaus größere und nicht gar so selten von Reisegruppen besuchte Weihnachtsinsel zeigt die Karte des Pazifischen Ozeans knapp rechts über dem Schnittpunkt des 160. Längengrades mit dem Äquator, dem Breitengrad Null.

Am ersten Tag auf See, wie das auf gut geführten, nicht zu großen Schiffen üblich ist, stellte zunächst der Kapitän allen in der Lounge versammelten Passagieren seine Offiziere vor. Wobei die »Intrepids« mit Bedauern erkennen mußten, daß man einige der uns altvertrauten Gesichter durch neue, auffallend jugendliche ersetzt hatte. Nachmittags lud Käptn Hasse Nielssen zum sogenannten Willkommens-Cocktail. Dem Willkommenstrunk folgte abends das Willkommensdinner. Alle Offiziere in kleidsamer Uniform, unsereins nur noch im dunklen Anzug, nicht mehr im weißen Smoking wie früher. Doch erschienen fast alle Damen im langen Abendkleid: ein schönes Bild guter und gepflegter Gesellschaft.

Indessen folgte die »Explorer« ihrem Kurs bei Tag wie bei Nacht mit der gleichen Geschwindigkeit . . . vierzehn Knoten. Auch wir Fahrgäste hatten zu tun, nämlich drei bis vier naturwissenschaftliche Vorträge pro Tag mit Film, Dias und Zeichnungen an der Tafel. Versammlungsort war der Pinguin-Raum, ein ungelüfteter, oft unerträglich heißer Raum. Seinen Namen verdankt er einem halben Dutzend Adelie-Pinguinen, die rechts von der Tafel auf die Wand gemalt sind, von keinem geringeren als Keith Shackleton, der in England ebenso wie in den USA bekannt, ja berühmt ist für seine künstlerischen Fähigkeiten. Er ist außerdem noch kenntnisreicher Zoologe und engagierter Naturschützer. Im übrigen bemerkenswert allein schon des Namens wegen, denn er ist ein Großneffe des im ersten Viertel unseres Jahrhunderts vielbewunderten, heldenhaften Südpolforschers Sir Ernest Shackleton. Auf dessen Spuren sollten wir gegen Ende der Reise wandern und vor seinem Grab verharren. Der Namensträger selbst, Keith Shackleton, wird von dem Leid und den Leistungen seines Großonkels berichten.

Am zweiten Tag der Seereise befaßte sich der blendend und sehr englisch aussehende Keith mit »Leviathan«, mit den Walen und der traurigen Geschichte des Walfangs. Dazu ein Film, der uns viel von dem noch ungestörten Leben der Wale in einer streng geschützten Bucht der südamerikanischen Ostküste zeigte. Da sahen wir sogar in überraschender Deutlichkeit die Paarung der Kolosse. Ganz anders wie allgemein vermutet, schwimmen beide Wale bei dem Akt auf dem Rücken dicht nebeneinander. Ähnlich einem rosaroten Riesenschlauch findet das männliche Glied, gut drei bis vier Meter lang, den Weg in die Vagina der Walfrau. Ein unbeschreiblicher Vorgang.

Gleich danach bat Keith Shackleton um freiwillige Meldung für die *Walwache.* Besonders Ehepaare hatten sich dabei bewährt. Je zwei Stunden sollten sie droben auf der Brücke stehen und nach beiden Seiten hin den Indischen Ozean beobachten. Das Auftauchen eines Wales, weithin kenntlich durch seine Fontäne von Spritzwasser beim Atemholen, wurde dann über Bordtelefon dem Informationsdeck, der liebenswerten Judy Marshall oder dem kraftvollen Humphrey, gemeldet. Sodann hörte man überall an Bord durch hallende Lautsprecher von dem Ereignis. Weil Wale nur selten allein auftreten, war stets ein Dutzend oder mehr der urgewaltigen Säugetiere zu erwarten.

Wer Interesse dafür hatte, konnte sich auch über die Besonderheiten unseres Schiffes unterrichten lassen. Das Wesentliche und Wichtigste soll auch hier nicht fehlen. Das in seiner Art einmalige Schiff wurde 1968/69 auf einer finnischen Werft in Helsinki gebaut nach gründlich erwogenen Plänen und für ganz bestimmte Zwecke. Vater dieser Überlegungen sowie schließlich der

Auftraggeber war Lars Eric Lindblad, gebürtiger Schwede, bei New York lebend, seit langem schon naturalisierter Amerikaner. Eine seltsame Mischung ist der Lars Eric, ein tüchtiger Geschäftsmann, ein idealistisch eingestellter Naturschützer und Reiseveranstalter ungewöhnlicher Art. Die Arktis, besonders auch die Antarktis hatten schon lange seinem Herzen nahe gelegen. Ferne, oft von Eis blockierte Gewässer waren bereits öfter das Ziel einer Reisegruppe gewesen. Alle Teilnehmer hatten sich für den hohen Norden, eigentlich noch mehr für den tiefen Süden begeistert, ganz besonders für die dortige Tierwelt. Aber die Unterbringung auf gecharterten, nicht für solche Fahrten gebauten Schiffen, vor allem die Verpflegung, die Möglichkeiten des Landgangs waren nicht das Richtige gewesen, jedenfalls nicht für jene Art von Leuten, die gerade an entlegenen Regionen der Welt das größte Interesse haben. Sie gerade gehören erstaunlicherweise zu dem weit über Durchschnitt zahlungskräftigen Publikum. So entstand die »Lindblad Explorer«, man könnte fast sagen, ohne Rücksicht auf Kosten.

Vor allem ist das Schiff für die Polarmeere geeignet. Der Bug zerdrückt das Flacheis ebenso rasch wie elegant. Sollte dafür die Eisdecke zu dick sein, schiebt sich die »Explorer« mit dem Bug darauf, gut zwanzig Meter weit, wenn es sein muß, und zerdrückt die gefrorene Unterlage durch ihr Gewicht. Treibendes Eis wird einfach beiseite geschoben. Dem Packeis und den Eisbergen muß das Schiff natürlich ausweichen. Selbstverständlich sind auch Navigationshilfen, Radar und Echolot, Funksprechverkehr zur ständigen Verbindung mit Wetterstationen und doppelte, starke Scheinwerfer an Bord.

Sinn der Sache, Zweckbestimmung der »Explorer« sollte sein, auch die entlegensten, die am seltensten oder vielleicht noch nie besuchten Inseln, Buchten und Küsten der sieben Weltmeere zu erreichen. Die Stammkundschaft, wie sie Lars Lindblad vorschwebte, sollte aus reisefreudigen, seebefahrenen Menschen bestehen, die entweder schon alles Bekannte gesehen hatten oder gleich mit dem möglichst Unbekannten beginnen wollten.

Um in solchen Regionen an Land zu kommen, hat Lars Lindblad den »Zodiac« entwickelt, eine spezielle Art von Schlauchbooten. Von starken Außenbordmotoren angetrieben (die leider hin und wieder versagen), bedient und begleitet von gut angelernten Zodiac-Fahrern, befördern die wirklich unsinkbaren Boote zehn bis maximal zwanzig Personen von der Gangway des Schiffes zum vorgesehenen Landeplatz. Der wird vorher, sei es durch starke Ferngläser von der Brücke aus, sei es durch einen vorgeschickten Zodiac, erkundet. Nur aus zwei Fahrern und dem Expeditionsleiter besteht dieser Spähtrupp, und oft ist das eine riskante Sache. Sofern das Ufer nicht eine Steilküste, eine glitzernde Eisfront oder ein Labyrinth scharfkantiger Riffe und Klippen ist, gelingt es fast immer, an Land zu kommen. Es sei denn, die Brandung ist gar zu gewaltig, oder eine starke, gegenläufige Strömung gefährdet die Rückfahrt zum Schiff. Mit den Zodiacs ist auch zu schaffen, was keinem Ruderboot, Motorboot oder ähnlichem möglich ist.

Allerdings müssen die Passagiere mitmachen und keine sogenannte »nasse Landung« scheuen. Furchtlos hinein ins auf und ab steigende Schlauchboot an der Gangway. Sodann bei der Küste hinein ins strudelnde Wasser bis etwa zur Hüfte und nicht in Schrecken, Zorn oder Panik verfallen, wenn man im Boot oder danach von Wasserwogen eingedeckt wird. Es kommt zum Glück nur selten vor, im übrigen ist ja jeder mit hohen Gummistiefeln, mit wasserdichtem Zeug von Kopf bis Fuß bekleidet. Jedenfalls hat die »Explorer« während der fünfzehn bis zwanzig Jahre ihres Bestehens bei noch so tollen Fahrten mit den Zodiacs noch keinen Passagier verloren.

Das Schiff ist, verglichen mit den gewohnten Kreuzfahrtschiffen, relativ klein. Seine Länge beträgt fünfundachtzig Meter. Die größte Breite dürfte nach meiner Schätzung bei zwölf Metern liegen. Beide Dieselmotoren entwikkeln zusammen dreitausendachthundert PS und verleihen der »Explorer« eine Spitzengeschwindigkeit von fünfzehn Knoten (28 Stundenkilometer). Fünfzig Kabinen in vier Decks fassen neunzig Passagiere, bei Dreibettbelegung bestimmter Kabinen sogar hundert Passagiere. Doch habe ich hundert Passagiere auf keiner Reise erlebt. Weil manche der Mitreisenden, darunter auch ich, größten Wert auf Einzelkabine legen, sind meist nicht mehr als sechzig bis siebzig Gäste an Bord. Jedenfalls war es auf meinen Reisen immer so, daß im Dining-room für sämtliche Passagiere zur gleichen Zeit genügend Platz war.

Die seemännische Besatzung mit allem übrigen Personal zählt fünfundsiebzig Köpfe. Dazu kommen noch der Expeditionsleiter sowie sechs bis acht Lektoren, Experten für jene Regionen, die besucht werden. Außerdem gibt es fast immer an Bord einige, dem Namen und der Person nach nicht genau feststellbare »freeloaders«, wie sie von den Passagieren genannt werden, Mitreisende, die nicht oder nur wenig bezahlen. Es können junge, tüchtige, vielleicht sogar verdiente Wissenschaftler sein, die sich am Bedienen der Zodiacs beteiligen, Filme und Dias im Pinguin-Raum vorführen und so weiter. Andere wiederum haben die Ermäßigung besonders guten Beziehungen zu verdanken wie die sehr nette Freundin des eigenwilligen Humph. Weil ja letzten Endes wir Zahlenden für die »freeloaders« mitbezahlen, sind nicht alle gern gesehen. Einige sind dabei, die sich überaus wichtig nehmen, die als hochgebildete Wissenschaftler auf das ungebildete Volk ihrer Fahrtgenossen herabschauen. Wir nennen sie dafür, wenn keiner von ihnen zuhört, engstirnige Fachidioten oder Schlimmeres.

Kein Schiff auf den sieben Weltmeeren dürfte weiter gefahren sein als die »Explorer«. Ständig unterwegs, nur selten eine längere Liegepause als ein oder zwei Tage, sonst stets auf Fahrt zu den entlegensten, den am seltensten besuchten, auch zu den schwierigsten Regionen der Welt. Zwei absolute Rekorde hält »Explorer«: Als erstes Passagierschiff der Welt erreichte sie 1971 die südliche Breite von 77,5 Grad, und zwar am McMurdo-Sund des antarktischen Festlandes. Fast stets ist die Bucht mit Treibeis gefüllt, nur kühnen Expeditionen war es zuvor gelungen, bis zur McMurdo-Station der Südpolarforscher zu gelangen. Zweitens erreichte die »Explorer« am 25. Juli 1975 durch besonders günstige Eisverhältnisse nördlich von Spitzbergen den Breitengrad 82,12 Greenwich Nord, was selbst Polarexpeditionen auf speziell für die Verhältnisse im Nördlichen Eismeer gebauten Schiffe nur in den seltensten Fällen gelingt.

Von einem anderen Rekord unseres Schiffes wird nur ungern gesprochen. Zweimal geriet die »Explorer« in Seenot. Waren es auch keine Schiffbrüche, so doch in beiden Fällen recht gefährliche Strandungen auf Riffen im Südlichen Eismeer. Sowohl beim ersten wie beim zweiten Mal mußten alle Menschen in die Boote, weil das Schiff zu sinken oder zu kentern drohte. Aber kein Mensch verlor sein Leben, keiner wurde wesentlich verletzt, und schließlich kamen alle wieder in den Besitz ihres Gepäcks. Es gelang auch, die »Explorer« von dem Riff zu ziehen, auf dem sie ziemlich lange festgelegen hatte, das in den Maschinenraum eingedrungene Wasser auszupumpen und den Havaristen über sehr weite Entfernungen in ein Dock zu schleppen, wo er aufs beste repariert werden konnte. In keinem Fall war Hasse Nilssen, unser Kapitän, beteiligt. Ein anderer Kommandant hatte während Hasses wohlverdientem Urlaub die »Explorer« geführt.

Die Krebse der Christmas-Insel

Am 17. November gegen sieben Uhr früh liegt vor uns die Weihnachtsinsel. Von Singapur aus waren es bereits 1312 Seemeilen, seit dem Verlassen der Sunda-Straße zwischen Sumatra und Java dreihundertsechzig Meilen. Kein Schiff haben wir gesehen, keinen Flecken Land erblickt.

Christmas Island ist ein dicht bewaldeter Landrücken von imponierender Größe, etwa achtzehn Kilometer lang, vierzehn breit und bis dreihundertsechzig Meter hoch. Steil abfallende Küste umgibt das grüne Land, nur wenige Buchten mit weißem Sand oder rosarotem Korallenkies öffnen sich dem vielleicht Zuflucht suchenden Seefahrer. Dort ergießen sich hellschäumende Bäche ins Meer. Sonst fallen sie als Kaskaden über dunklen Fels ins blaugrüne Wasser.

Schon 1615 wurde die schöne, wilde Insel von einem Seefahrer aus unserer Welt gesichtet, aber wer es war, geriet in Vergessenheit. Rund dreißig Jahre später folgte William Hynos, der zur Aufnahme von Frischwasser mit einem Teil seiner Leute die Insel betrat und sie als »Weihnachtsinsel« auf seiner Seekarte eintrug, weil das gerade am Weihnachtstag geschah. Eingeborene gab es nicht, die Insel war unbewohnt und herrenlos.

Erst James Clark Clunies-Ross, ein schottischer Seefahrer, der mit seinem Handelsschoner nach allen Seiten hin den Indischen Ozean durchsegelte, ergriff für sich und seine Nachkommen Besitz von der Insel. Da sonst niemand Wert darauf legte, auch keine der seefahrenden Nationen, ließ sich das ohne weiteres machen. Nur war zu empfehlen, ein paar Menschen dort zu lassen, gewissermaßen als symbolische Untertanen des eigenmächtigen Inselherrn. Captain Clunies-Ross holte sich diese Leute, eine kleine, nicht mehr bekannte Zahl von Java oder einer der Sunda-Inseln, Malayen und Moslems. Die sollten sich mit der Suche nach dem damals so begehrten Sandelholz beschäftigen und es an die Küste bringen, wo Clunies-Ross von Zeit zu Zeit erschien, um es abzuholen. Tatsächlich war eines der besten Geschäfte, das man in der ersten Hälfte des vorigen Jahrhunderts betreiben konnte, der Verkauf des »Sandalwood« in chinesischen Häfen.

Als es mit den Vorräten zu Ende ging und die Siedlung schon lange in tiefem Schlaf dahindämmerte, entdeckten 1887 zwei Mineralogen eines britischen Forschungsschiffes andere natürliche Reichtümer, nämlich große Mengen an Phosphat. Eine sogleich von der Ross-Familie gegründete Gesellschaft machte sich an die Ausbeute, holte noch mehr Malaien und Hongkong-Chinesen auf die Weihnachtsinsel, und alle wurden durch die Ausfuhr der Phosphate wenn nicht reich, so doch einigermaßen wohlhabend.

Im Zweiten Weltkrieg kamen die Japaner, bombardierten die Anlagen und besetzten die Insel. Auch sie holten Phosphat und schafften es in japanische Häfen.

Gleich nach Kriegsende kehrte die Clunies-Ross-Gesellschaft zurück, und die Ausbeute ging weiter bis zum heutigen Tag. Allerdings traf nach hundertfünfundzwanzig Jahren der privaten Clunies-Ross-Herrschaft unversehens die Regierung Australiens auf den Plan und vertrieb mit nicht gerade feinen Mitteln die Ross-Gesellschaft vom selbstgebauten Inselthron. Gewiß hatte es ein solches Möbel nie gegeben, aber doch eine große und schöne, eine so reich verschnörkelte Tropenvilla alten Stils, daß man getrost von einem Palast sprechen darf, nicht geringer als die Residenz des Königs von Tonga (wo ich ein Jahr zuvor die Ehre und das Vergnügen hatte, mit Seiner Majestät Taufa'ahau Toupou IV. den Tee einzunehmen).

Nun war der Palast nicht mehr gepflegt, und anstelle einer Hausfahne der Clunies-Ross hing die australische Flagge lustlos vom Mast. Immerhin hatte man der entmachteten Familie den Verlust ihrer Inselherrschaft mit einigen Millionen Dollar versüßt. Seit jenen Tagen des Jahres 1958 ist die Weihnachtsinsel australisches Territorium, zum Glück mit besonders strengen Naturschutzvorschriften. Bewohnt wird die Insel heute von rund dreitausend Menschen, darunter knapp zweihundertfünfzig Weiße. Alle übrigen sind Nachkommen der schon von der Ross-Familie hier angesiedelten Malayen und Hongkong-Chinesen, die nun schon zwei bis drei Generationen auf Christmas Island verbracht haben.

Die häßlichste, die staubigste Örtlichkeit liegt vor uns: Flying Fish Cove, die »Bucht der fliegenden Fische«. Vier, fünf, sechs übergroße Betonklötze nebeneinander enthalten die gewiß recht modernen und hygienischen Wohnungen der Arbeitskräfte. Fernsicht aufs Meer, Badestrand gleich vor dem Haus und Versorgung mit Frischwasser, das alles mag sein, jedoch es sieht scheußlich abschreckend aus. Nicht weit davon die Anlage zur Aufbereitung und Verladung von jährlich etwa dreitausend Tonnen Phosphat. Rechts davon, an den bewaldeten Hang gebaut, ein halbes Dutzend Holzvillen für die zwölf wohlhabenden Familien. Daneben der sogenannte Jachtklub sowie das Minimuseum nebst Wohnhaus für die beiden vom Staat bestellten Naturschützer.

Dem Vorkommando unseres Schiffes war ein freundlicher Empfang, Bewirtung und eine fachmännisch geführte Rundfahrt zugesagt worden. Kein Wunder, denn wir waren die allerersten Touristen, die zu begrüßen man Gelegenheit hatte.

Schon sind die Zodiacs im Wasser und wir in den Zodiacs. Nur hundert Meter trennen uns von der Landungsbrücke. Vom weichen Rand des Schlauchbootes dort hinauf führt eine glitschige, mit allem möglichen Grünzeug behängte Holzleiter. Dieselbe Absicht wie die Besucher von der »Explorer«, nämlich hinaufzusteigen, haben auch ein Dutzend Krebse. Wie Taschenkrebse sehen sie aus, tragen den ungefähr gleichen rotbraunen Panzer mit entsprechenden Krabbelfüßchen daran, nur sind sie etwas größer. Die durchschnittliche Breite ihrer Schale beträgt zehn Zentimeter.

Red Crab, Rotkrabbe, wird das Krustentier genannt, unter Wissenschaftlern ist es auf der ganzen Welt als »Gecarcoida naturalis« registriert, aber keineswegs gut bekannt, weil Redcrabs auf der Weihnachtsinsel endemisch sind. Mit »endemisch« ist gemeint, daß diese Krabbe nur auf dieser Insel zu Hause ist, ein sehr wichtiger, höchst bemerkenswerter Umstand, weil solche endemischen Vorkommen relativ selten sind, besonders auf so eng begrenztem Raum wie einer isolierten Insel mitten im Weltmeer.

Die kletterfreudigen Krebse geben sich nicht zufrieden mit dem Erklimmen der obersten Sprossen, auch nicht mit ihrer Ankunft auf der betonierten Landungsbrücke. Zielstrebig krabbeln sie weiter in Richtung der Straße, der Gebäude, auch der Hausgärtchen am Land. Vor jedem Besucher, und wir alle staunen nicht wenig darüber, bewegen sich ein paar Dutzend Gecarcoida naturalis in genau der gleichen Richtung. Sehr vorsichtig müssen wir sein, um nicht auf sie zu treten. Den Einheimischen jedoch sind die Krebse gleichgültig, unter ihren Füßen finden gar viele den Tod. Den Fahrern der Lastwagen und Autos kann man ihre Gnadenlosigkeit kaum übelnehmen. Wohin sollten sie ausweichen, wo doch überall die Krebse krabbeln?

Natürlich fragt jeder von uns, warum und weshalb die Krebse an Land streben. Der staatlich angestellte Naturschützer, in saubere khakigrüne Uniform gekleidet, der sich seiner Pflicht als Inselführer widmet, gibt gern die notwendige Erklärung, eine höchst seltsame und sogar einzigartige. Man müsse wohl annehmen, meint er, daß vor Millionen Jahren Gecarcoida dem Meer entstiegen sind, um fortan den allergrößten Teil ihres Lebens in den feuchten Bergwäldern des ansteigenden Landes zu verbringen. Sie ernähren sich dort vom gefallenen Laub der Bäume, mit Vorliebe der Argea-Palmen. Gerade deren Früchte verzehren sie mit solcher Vorliebe, daß oft bis zu fünfzig Krebse unter einer Palme den von oben herabfallenden Segen erhoffen. Manche können es nicht erwarten und klettern hinauf. Dabei hat es die Natur so klug eingerichtet, daß die Aufgestiegenen sehr ungeschickt mit den Früchten umgehen. Die meisten fallen herunter, zur Freude und zum Genuß der auf dem Boden verbliebenen Artgenossen.

Ist der Monat November gekommen, die Zeit des Monsun-Regens, begeben sich alle erwachsenen Männchen auf die bis über eine Woche dauernde Wanderung hinunter ans Meer, einem Urtrieb folgend, der wohl mit der Erinnerung an ihre Herkunft aus dem Ozean zusammenhängt. Dort angelangt, tun sie weiter nichts, als einmal kurz ins Salzwasser des Meeres zu tauchen. Sie tun es, um ihr Sperma zur Begattung anzuregen, was erst durch das sekundenlange Eintauchen möglich wird.

Gleich danach eilen die Tausende von Männchen so schnell, wie sie die sechs Schalenfüßlein tragen, den mehr oder minder steilen, tiefschattigen Hang nach oben. Auf etwa dem halben Weg werden sie von den Weiblein erwartet. Sogleich erfolgt die massenhafte Vermählung. Der männliche Samen wird auf die Eier der Weibchen abgespritzt und damit die Befruchtung ausgeführt. Während alsdann die männlichen Krebse, sozusagen nach erfüllter Pflicht, weit langsamer als zuvor den Rest ihres Weges in die angestammte Umgebung zurücklegen, eilen die vielen Tausend Frauen hinunter ans Meer. Sie brauchen dort gar nicht erst einzutauchen, es genügt der Natur, daß sie den Laich, die besamten Eier, ins Wasser werfen. Alles übrige besorgen Wasser, Wärme und Sonnenlicht. Alsdann kehren auch die Krebsweibchen zurück in ihre Wohngebiete.

Die Gecarcoida naturalis leben in Höhlen bis zu einem halben Meter Länge und Tiefe. Sie graben sich diese entweder selbst oder übernehmen herrenlose Wohnungen. Diese Tätigkeit und auch der Massenverzehr von Laub, seine Umwandlung in Düngstoffe, sind Wohltaten für den Wald, eine natürliche, eine höchst erstaunliche Symbiose von Baum und Krebs. Vierzehn verschiedene Krebsarten leben auf der Weihnachtsinsel, die sich großenteils so verhalten wie die beschriebenen. Es sind aber manche Arten noch gar nicht erforscht.

Vom Chef der Phosphat-Gesellschaft, von einem Vizechef und noch anderen Honoratioren begrüßt, betreten wir die mit Blumen geschmückte Terrasse des Jachtklubs, eines sehr bescheidenen Klubs trotz seines feudal klingenden Namens. Stühle werden angeboten, Fruchtsäfte gereicht und Kaffee und Keks serviert. Was jedoch andere, sehr viel feinere Klubs nicht bieten können, das sind auch hier die quicklebendigen Krebse, mehrere Hundert allein auf der Terrasse. Sie krabbeln über den gefliesten Boden, kriechen in offene Kamine herein, klettern eilends über unsere Schuhe, kraxeln auch die Ziegelwände hinauf und überwinden Treppenstufen, allesamt vom Trieb, von ihrem leidenschaftlichen Trieb bewegt, raschestens die auf halber Höhe wartenden Krebsfrauen zu erreichen. Das männliche Sperma, vom Salzwasser angeregt, drängt zur Entladung, zur Begattung des weiblichen Eiersegens. So geht es Tag und Nacht ungefähr zwei Wochen lang im November.

»Wie halten Sie das aus?« fragen wir die Gastgeber.

»Was denn ... was meinen Sie?«

Die Einheimischen merken's gar nicht mehr, ihnen ist die phänomenale, die schier unglaubliche Krebswanderung zur Gewohnheit geworden. Die Krabbler beißen nicht, riechen nicht und fressen nur das auf den Waldboden gefallene Laub. Warum sollte man sie fürchten, sie mit Chemikalien bekämpfen oder auch nur aufhalten? Einmal im Jahr, zwei bis drei Wochen lang, das läßt sich aushalten.

Längst schon haben unsere Vogelfreunde genug von den Krebsen. Die Ornithologen, darunter ebenso kenntnisreiche wie leidenschaftliche Amateure, wollen Vögel, Vogelkolonien besuchen, die einzig und allein nur auf der Weihnachtsinsel zu Hause sind. Wirklich sind nicht weniger als sieben Arten endemisch auf diesem eng begrenzten Flecken Land im schier endlosen Indischen Ozean. Zwei Toyota-Busse fahren vor mit weit geöffneten Fenstern und groß genug, daß jeder Vogelfreund einen Fensterplatz zur Verfügung hat. Zwei Hände, so scheint es, reichen nicht aus, um all die Kameras und Objektive zu bedienen.

Auch für schlichte Bewunderer der Landschaft (mit und auch ohne Vögel) eine herrlich schöne Fahrt. Hinauf zur Hochfläche, hinunter bis zu den Brandungswellen rumpeln die schon betagten Toyotas. Wir blicken in tiefe, geheimnisvolle Täler, wo wilde Wasser rauschen, und halten bei Aussichtspunkten, von denen man in geradezu idealen Badebuchten ohne Badegäste hinabsieht. Schroffe Felsen, tiefe Schattenwälder. Auch ein Golfklub mit weißem Klubhaus wird uns gezeigt, der jedoch wie ausgestorben wirkt. Sogar den Versuch eines Botanischen Gartens hat man unternommen, vermutlich schon zur Feudalzeit der Clunies-Ross. Leider ist er verwildert, aber dafür ist er ein Paradies für Schmetterlinge und kleine Vögel.

Wir halten ausgerechnet in der Mitte eines Friedhofes, wo christliche, islamische und chinesische Gräber verstreut liegen. Alte, verwahrloste und verlassene Gräber. Auch hier die Unmengen von Krebsen, die sogar aus den Grabstätten kommen und wieder hineinkriechen. Das kann die Vogelfreunde nicht stören, die auf den abgestorbenen Ästen vieler Bäume die Kaisertaube (Ducula whartoni) entdecken, in unmittelbarer Nähe auch den Nankeen Kestrel (Falco cenchroides cenchroides) sowie noch die Christmas-Island-Falkeneule (Ninox squamit pila natalis). Während diese drei Arten endemisch sind, so nicht die wunderschönen, bis dreiviertel Meter hohen Riffreiher (Egretta sacra sacra). Wieder nur hier lebt der Vogel Silberauge (Zosterops natalis), ebenso auch die Emeraldtaube (Chalcophaps indica natalis) und ein sehr schöner Vogel, von dem ich nur den wissenschaftlichen Namen mitbekam: Turdus poliocephalus erythropleurus.

Die isolierte Entwicklung so mancher Lebewesen gerade hier wird verständlich, wenn man die Lage der Insel bedenkt. Es gab Millionen von Jahren keine Verbindung zu anderen Küsten, zu anderen Inseln oder Kontinenten. Weil bis vor knapp zweihundert Jahren Menschen fehlten, die vielleicht Tiere hätten mitbringen können, entwickelten sich auf der Christmas-Insel die heimischen Arten ganz entsprechend den lokalen Verhältnissen, nach dem örtlichen Biotop.

Wir tauchen auch noch unter Wasser, nicht alle »Explorer« natürlich, sondern nur jene mit Schnorcheln, die keine Angst vor Haien haben. Gerade unterhalb jener Felsen, auf dem sich der Holzpalast des ehemals regierenden Geschlechts von Clunies-Ross erhebt, öffnet sich den Tauchern eine unbeschreiblich bunt schillernde Welt: Fische von Fingernagelgröße bis Armeslänge, Korallenstämme jeder Form und Farbe, vorüberziehende Quallen, grüngelbe Seegurken sowie Seerosen mit rasch sich bewegenden Greifgliedern und ... und ... und ... es läßt sich nicht alles aufzählen. Die wirklichen Kenner tauchen mit einer Schiefertafel, auf der sie mit wasserfesten Stiften die Namen all der wunderbaren Tiere notieren. Wie sich später zeigt, hat Fred Francis, ein Neuseeländer, nicht weniger als hundert mir unverständliche Namen notiert.

Dieses Vergnügen findet sein Ende, als die Sonne sinkt. Es wird finster unter Wasser, wie Gespenster erscheinen uns die Fische. Also rasch hinein in die Zodiacs und zurück an Bord.

Cocos-Keeling und die Clunies-Ross

Siebenundzwanzig Koralleninseln umgeben die Lagune, wobei es ganz darauf ankommt, was man geneigt ist, als Insel, vielleicht nur als Inselchen, gelten zu lassen. Es gibt ja insgesamt so viele Korallenblöcke, Sandbänke, bewachsene wie auch nicht bewachsene Erhebungen, daß man in Reichweite des Auges kein Ende absehen kann. Alle zusammen, so steht im »Pilotbook« des Kapitäns, dem erklärenden Text zu seinen Seekarten, alle diese Landbrocken zusammen sind nicht größer als vierzehn Quadratkilometer. Auf ihnen leben, wie gleichfalls im Pilotbook geschrieben steht, 435 Personen. Die meisten davon sind auf der Home-Insel heimisch, die übrigen auf West Island, wo sich auch das Postamt, die sogenannte Territorialverwaltung, das Flugfeld und ein Polizeiposten befinden, gewissermaßen der offizielle Teil von Cocos-Keeling, weniger freundlich ausgedrückt, das Beamten-Getto der Inselgruppe.

Die Geschichte der Cocos-Keeling ist einzigartig. Sie war bis vor kurzem noch ein Privatstaat, das absolut regierte Fürstentum einer schottischen Bürgerfamilie, die aber dennoch im staatsrechtlichen Sinne als Erbmonarchie zu deuten war.

Schon im Jahre 1609 wurde das Atoll mitsamt der Nordinsel entdeckt von dem englischen Seefahrer Käptn Keeling. Demgemäß hat sich sein Name bis zum heutigen Tage im Doppelnamen der Gruppe erhalten. Ebenso wie auf den Christmas-Inseln gab es auch hier keine Menschen, auch keine Spur früher Besiedlung. Sehr viel später, nämlich 1827, erschien der uns schon bekannte schottische Handelskapitän John Clunies-Ross, dem das achtzehn Kilometer lange, etwa elf Kilometer breite Atoll mit all den herrenlosen Inseln und Inselchen so gut gefiel, daß er die gesamte Gruppe für sich und seine Nachfolger mit Beschlag belegte. »Für ewige Zeiten«, wie er verlauten ließ. Er holte sich Malayen aus Holländisch-Indien, dem Vernehmen nach großenteils aus der Gegend von Sabah auf Borneo. Mit ihnen betrieben die Clunies-Ross Fischfang, auch Gewinnung von Perlmutt. Gelegentlich holte man sogar Perlen aus der blaugrünen Tiefe. Hauptzweig des Gewinnstrebens wurde aber in späteren Jahren, entsprechend den Bedürfnissen in Europa und Nordamerika, der Export von Kopra. Zu diesem Zweck ließ die Familie im Verlauf der Jahre so gut wie alle Inseln ihres Privatlandes mit Kokospalmen bepflanzen.

Gewiß konnte spätestens um die Mitte des vorigen Jahrhunderts dem Chef des Hauses Clunies-Ross nicht entgehen, daß die europäischen Kolonialmächte, auch die USA, bestrebt waren, eine Inselgruppe in dem südlichen Meere nach der anderen zu annektieren. Um diesem oder einem ähnlichen Schicksal zu entgehen, dem man ja nur private Ansprüche, aber keine Machtmittel entgegensetzen konnte, suchte und fand der um 1844 »regierende« Clunies-Ross ganz offiziell erklärten Schutz beim Gouverneur der britischen Kronkolonie Singapur. Warum gerade dort und nicht viel näher bei irgendeiner der australischen und zahlreichen britischen Besitzungen im Pazifischen wie Indischen Ozean, hatte seinen guten Grund. Es war nämlich gerade Singapur so weit entfernt von den Cocos-Keeling-Inseln, daß von dort die schottischen Feudalherren keine Art von Einmischung zu befürchten hatten. Aber ein guter Schutz gegen fremde Landnahme war der Gouverneur von Singapur trotzdem, schwebte doch über ihm die Queen Viktoria und damit die ganze, große Macht des damaligen Weltreiches. Praktisch aber waren die Inselherren unabhängig, ja, sie konnten vielleicht noch freier schalten und walten als die damaligen Duodezfürsten in Europa.

Wenn man sieht, was die Clunies-Ross geschaffen haben, muß man ihre Herrschaft mit Wohlwollen betrachten: eine große, gleichmäßig angelegte Siedlung mit breiten, palmengesäumten Alleen, relativ große Einfamilienhäuser aus vorgefertigten Teilen stehen in weit ausgedehnten Gärten. Da gab es, gibt es teilweise noch Bananenstauden, alle möglichen von auswärts importierten Gemüsepflanzen, auch Obstbäume, Hühnerhöfe und vieles mehr. Eine Schule bestand schon vor der Jahrhundertwende, ein Krankenhaus bescheidener Art und natürlich auch eine Moschee mit Mullah. Sicher waren seinerzeit die Clunies-Ross mehr Landesväter als Landesherren gewesen.

Aber es ist traurig, wie heute alles aussieht. Die breiten Wege hüfthoch verwildert, etwa dreiviertel der Häuser verwahrlost oder völlig verfallen, kniehohes Gras auf dem Versammlungsplatz. Großenteils schuld daran sind die neuen, die australischen Herren. Aber in gewisser Weise mitschuldig am Ruin ihres Ministaates sind auch die alten Herren. Haben doch die Clunies-Ross, weil zu gewissen Zeiten die Koprapreise himmelhoch waren, mehr und immer mehr malayische Arbeitskräfte mit Familien nach Cocos-Keeling geholt, so daß Fischfang und Gemüsebau nicht mehr zur Ernährung genügten. Unzufriedenheit war die natürliche Folge, von den eintausendsechshundert Bewohnern mußten gut fünfhundert die Inselgruppe verlassen, von den Inselherren mehr oder weniger dringend aufgefordert, die Reisekosten bezahlt von den Clunies-Ross. Die meisten zogen zurück nach Borneo, woher ursprünglich ihre Sippe gekommen war. Deswegen stehen so viele Fertighäuser leer, gehören aber noch ihren alten Besitzern. Hin und wieder kommt von Sabah eine Familie zu Besuch, aber nicht auf Dauer.

1955 kam es dann, wie es in heutiger Zeit gar nicht anders sein kann, zum sogenannten »Übereinkommen« zwischen der australischen Regierung und der Clunies-Ross-Familie. Gegen eine Abfindung, über deren Höhe die Gerüchte stark differieren, mußte die schottische Familie nach fünf Generationen Dauer auf ihre absolute Herrschaft verzichten, ebenso auf ihren privaten Besitz an Land und Kokospalmen. Nur das Wohnhaus mit ca. fünf Hektar Land darum durften sie behalten. Seitdem ist die Inselgruppe ein »Territorium« von Australien, und das mit eigener Volksvertretung. Weshalb der Familienchef von Clunies-Ross, heute ein Mann von etwa sechzig Jahren, mit seiner Frau auf der Insel geblieben ist als schlichter Bürger Australiens, weshalb er weiterhin seine alte, sehr stilvolle, wenn auch reparaturbedürftige Residenz bewohnt und sich täglich bei Spaziergängen barfuß seinen ehemaligen Untertanen zeigt, ist schwer zu verstehen. Er ist wohlhabend genug, wie man sagt, um in England oder Schottland das Leben eines Lords zu führen.

Wir »Explorer« unternehmen mit unseren Zodiacs erst einen Ausflug zur menschenlosen Direction-Insel, wo der schönste und feinste, der rosarote Strand nicht nur angenehmes Schwimmen erlaubt, sondern wo man auch unter Wasser die herrlichsten Bilder erlebt. Da liegt eine völlig andere, unglaublich bunte, ständig wechselnde Welt. Weil ich schöne Muscheln mag, ist mir danach ein flotter Spaziergang am Strand lieber, als tatenlos in der Sonne zu liegen, was ja auch, wie man neuerdings weiß, gar nicht gut für die Gesundheit ist.

Bald sehe ich keinen Menschen mehr, einsam und endlos dem Anschein nach dehnt sich vor mir das breite Band aus Korallensand. Keine Stimme stört die Einsamkeit, nicht das geringste Gebilde aus Menschenhand erinnert ans gegenwärtige Jahrhundert. Es schwingt auch kein Vogel durch die tropenfeuchte Luft, überhaupt fehlt es hier an jeder Art von Getier. Seltsam leblos ist die Insel, je weiter ich laufe, desto unheimlicher wird mir zumute.

Da wirkt es geradezu wie ein Lichtblick, als weiter vorne die Reste eines Landepiers erscheinen, obwohl er weitgehend zerfallen ist und seine Eisenteile rostzerfressen aus dem zerbröckelten Beton ragen. Immerhin sind hier Menschen am Werk gewesen, die heute so abgeschiedene Insel hat doch eine Art von Vergangenheit.

Wirklich, die hat sie, denn nun sehe ich ein drei Viertel im Sand versunkenes Feldbahngleis. Von dem vergammelten Landesteg führt das Gleis ins Dikkicht hinein. Natürlich gehe ich dem nach, um bald eine fast völlig kahle Fläche zu erreichen. Betonierter Boden und einen halben Meter hohe Pfosten verraten mir, daß hier vor ziemlich langer Zeit vier, fünf oder sechs Gebäude standen, natürlich ganz aus Holz gebaut, wie das üblich war in alten Zeiten. Hier und dort Maschinenteile, verwirrte Drähte und sogar noch die Spur eines Tennisplatzes am Boden. Meine Gedanken beginnen zu wandern, halten jedoch inne vor einem zerborstenen Mast, der sich am Rand des Platzes im Gebüsch verbirgt. Ein Funkmast ohne Zweifel, fachkundig abgesprengt vom Fundament.

Das ist es, kein Zweifel, das war die Funkstation! Auf der sogenannten Kabelinsel bin ich, die auf Seekarten, auch in amtlichen Berichten Direction Island genannt wird. Nur hier kann es sein, hier war es, wo am 9. Dezember 1914 das Landkommando von »S.M.S. Emden«, wo der Kapitänleutnant von Mücke mit seinen Leuten die Kabelstation der Briten, die Funkanlagen mit hohen Masten zerstört hat. Von hier aus haben sie, soweit das möglich war, den Endkampf der heldenhaften, in jenen Jahrzehnten weltberühmten »Emden« verfolgt, sodann den Segler »Ayesha« entdeckt, in großer Eile beladen und sind abgesegelt ins Ungewisse. Sehr wahrscheinlich hat in unserer Zeit kein Mensch mehr diesen Platz betreten, nur durch einen blinden Zufall bin ich dort hingekommen.

Erst danach zur Westinsel, wo die lieben Leute von Keeling für uns einen wahrhaft großzügigen Empfang vorbereitet haben mit Tee, Kaffee und Kakao, mit frischer Kokosmilch, mit überaus süßem Gebäck, auch mit Cola, Bier und Fruchtsäften. Reden werden ausgetauscht, Geschenke überreicht und viele Male gesagt, welch bedeutender Tag es doch sei, heute zum erstenmal »seit Entdeckung der Inselgruppe« fremde Gäste zu begrüßen ... Das erste Passagierschiff ist eingetroffen, so viele Weißgesichter wie nie zuvor befinden sich heute auf der Insel. Alsdann führt man uns durch die Anlage zur Kopragewinnung.

Weil ich das zur Genüge kenne, halte ich mich an Irving und Exy Johnson, die bessere Unterhaltung bieten. Der recht bescheidene Mann, mit dem sie gerade sprechen, der bei diesem etwas übertrieben festlichen Empfang im Hintergrund bleibt, ist der gegenwärtige Chef der Clunies-Ross. Die Tönung seiner Haut verrät die malayische Großmutter, der Stock in seiner Hand und der etwas schleppende Schritt läßt auf Müdigkeit schließen. Von dem Wagemut, von Kühnheit und Befehlsgewalt seiner Vorfahren ist am Nachkommen nichts mehr zu spüren, jedenfalls nicht an diesem. Vielleicht hat er mit den Spätfolgen einer Tropenkrankheit zu tun.

Die beiden Johnsons kennen ihn von früher, auch seine kultiviert und gepflegt wirkende Frau, die uns zum Tee auf ihre Terrasse bittet, tut alles mit der gleichen Sicherheit, wie man bei uns überraschend erscheinende Gäste empfängt. Die Familie Clunies-Ross, wenn man alle Nachkommen des ersten Inselherren berücksichtigt, sei riesengroß, bemerkt die Hausfrau so nebenbei. Eben deshalb müßten sie und ihr Mann im »Erbland« ausharren, das habe zumindest symbolischen Wert. Sonst aber wird das Thema ihres Herrschaftsverlustes nicht berührt. Auch gegenüber ihren alten, guten Freunden, den Johnsons, haben sich die Clunies-Ross darüber ausgeschwiegen. Wie Exy Johnson mir später sagt, hatten sie und ihr Gatte schon gleich den Eindruck gewonnen, es sei besser, zumindest taktvoller, nicht danach zu fragen.

Statt dessen sprechen wir von der »Emden«, deren letztes Gefecht der Vater des Hausherrn zwar nicht miterlebt, aber mitgehört hat. Jenes Segelschiff »Ayesha«, mit dem sich die sechsundzwanzig Mann des Landekommandos bis ins Rote Meer durchschlagen konnten, war Eigentum der Clunies-Ross gewesen. Das erscheint mir als gute Gelegenheit zu erwähnen, wie sehr ich es bedauere, gar nichts von den Resten »unserer ›Emden‹« gesehen zu haben. So ein kleines, ein ganz kleines Stück vom Wrack hätte ich gerne mitgenommen, weil ich nämlich eine ganze Sammlung von Miniresten berühmter Schiffe besitze, alle an Ort und Stelle selbst gesammelt. Worauf Mrs. Clunies-Ross meint, irgend jemand im Ort könne vielleicht so etwas besitzen und zum Verkauf bereit sein.

Mit wem sie dann gesprochen hat, weiß ich nicht. Das Wort ging herum, wie man so sagt. Gerade als wir in die Zodiacs steigen, kommt ein alter Mann auf mich zu, lächelt mit schadhaften Zähnen und öffnet die Hand. Ein fingerlanges Stück Eisen mit verrosteten Schrauben ist darin zu erblicken – aus dem Maschinenraum der ruhmreichen »Emden«. Eine Zehndollarnote wechselt den Besitzer, und der Schatz ist mein.

Abgesehen von der absonderlichen Geschichte, ehemals der Regierungssitz eines Privatstaates gewesen zu sein, immerhin hundertfünfundzwanzig Jahre lang, hat Home Island nicht viel zu bieten. Nirgendwo ist das Eiland höher als fünf Meter, ganz und gar wird es bedeckt von regelmäßig angepflanzten Kokospalmen. Deren Anordnung in Reih und Glied mag für das Pflanzen und Ordnen der Plantage von Vorteil sein, wirkt aber langweilig. Auch klimatisch gibt es kaum eine Abwechslung, das ganze Jahr über herrscht die ewig gleiche Temperatur von sechsundzwanzig Grad Celsius. Den Bewohnern geht es, soweit unsereins das beurteilen kann, ganz gut, aber sie machen einen lustlosen Eindruck. Von Lebensfreude keine Spur. Weil unseretwegen heute Feiertag ist, stehen alle Räder still – vermutlich auch an anderen Tagen, denn beim Jeep wie auch beim einzig vorhandenen Lkw fehlt die Luft in allen Reifen.

Merkwürdigerweise werden die zahlreichen Hühner in Käfigen, jedenfalls hinter Maschendraht gehalten. Hunde gibt es nicht, aus welchen Gründen auch immer. Sehr enttäuschend für unsere Ornithologen ist es mit den freilebenden Vögeln bestellt. Derentwegen sind wir eigentlich gekommen. Fürs Ende der »Emden« und den ehemaligen Ministaat der Clunies-Ross dürften sich nur wenige »Explorer« interessieren. Auf die Frage, weshalb denn hier auf der Home-Insel die Vogelwelt abwesend sei, bekommen wir keine Antwort. Es ist den Insulanern, so muß man annehmen, bisher nicht aufgefallen.

Wobei mir einfällt, daß es ja auf der Vindication-Insel, die wir heute morgen durchstreift haben, genauso ist. Es muß wohl die Anlage der Kokosplantagen damit zu tun haben, obwohl sie ja auf der Insel mit der ehemaligen Kabelstation schon seit Jahrzehnten nicht mehr gepflegt wird. Die von selber herabfallenden Kokosnüsse bleiben dort liegen, bis sie allmählich verfaulen und zerfallen. Auf North-Keeling aber, wo die »Emden« zugrunde ging, soll es von seltenen, von endemischen Vögeln der Cocos-Keeling-Gruppe nur so wimmeln.

Gerne wären wir mit unseren Zodiacs noch zu anderen Inseln der Gruppe gefahren, aber Humphrey, der Reiseleiter, hat vollauf genug von der ganzen Gegend mitsamt ihren Menschen. Tatsächlich dürften die anderen, die unbewohnten Inseln auch nicht anders sein als Home Island.

Weil wir noch genug Zeit haben, tuckern unsere Schlauchboote ohne Eile übers durchsichtige, blaßblaue Wasser der Lagune. Keith Shackleton, der mit leichter Hand unseren Zodiac führt, sagt mit einemmal ganz ohne Vorbereitung: »Wenn ich auch Bedenken habe ... denn hinterher werden Sie den Kopf schütteln und mich für einen Spinner halten ... trotzdem wäre es ein Versäumnis, müßte ich es als Unterlassungssünde betrachten, wenn Sie nichts davon hören, wo es doch hier passiert ist!«

Wir brennen vor Neugier und versprechen, alles zu glauben.

»Auch die Geschichte von der Seeschlange ...?«

Die natürlich nicht, war sie doch seit unseren Jugendjahren während der sogenannten Saure-Gurken-Zeit immer wieder in den neuesten Nachrichten aufgetaucht. Wenn es der Presse an Sensationen fehlte, besonders zur Zeit der Sommerferien, war die »Seeschlange« zum Vorschein gekommen. Sie hatte sich eine gewisse Zurückhaltung erst dann auferlegt, als der Begriff »Seeschlange« gleichbedeutend für Falschmeldung geworden war, für eine an sich harmlose Falschmeldung.

»Eine solche Seeschlange war es auch nicht«, betont Keith, »vielmehr ein unvorstellbar großer Polyp ... eine Riesenkrabbe, auch einen gigantischen Tintenfisch könnte man's nennen, jedenfalls ein Vieh mit Fangarmen und Saugnäpfen ... alles fotografiert und von gut zwanzig zuverlässigen Augenzeugen bestätigt. Freunde von mir ... absolut glaubwürdige Freunde, waren dabei!«

Im Zweiten Weltkrieg soll es gewesen sein, am 7. August 1943, ganz genau gesagt. Da hatte sich die US-Korvette »Arthuro« so weit, wie bei ihrem Tiefgang gerade noch möglich, in die Lagune des Cocos-Keeling-Atolls geschoben und ihre Anker fallen lassen. Auf irgendwelche Befehle sollte sie warten. Ein Käptn namens Arthur Thomsen war der Kommandant.

Da sah plötzlich der Wachhabende, wie ein »gewaltiger Aal«, so drückte er sich aus, an der Kette des Backbordankers hochkam ... wie der über die Reling griff und ihm ein zweiter, ein dritter folgte, schließlich ein riesiges, rundes, hochgewölbtes Ding. Graugrün war es gefärbt, hob und senkte sich und hatte ein Auge. Vielleicht hatte es auch zwei, aber man sah nur das eine. Alles könne man nachprüfen, wiederholt Keith, und er stehe selber auch dafür gerade. Man kann den Bericht einsehen, auch die Fotos davon betrachten. Gerne sei er bereit, uns die entsprechende Stelle bei der Admiralität zu nennen.

Natürlich schlug die Wache sofort Alarm. Was sich an der Backbordseite hinaufschob, diese unglaubliche Art eines Untiers, war nicht zu beschreiben.

Auf die von der Sprechanlage verbreitete Meldung hin stürzten alle Mann an Bord in größter Verwirrung. Jeder eilte nach oben.

Der Riesenpolyp, oder wie man das schauerliche Geschöpf nennen will, umfaßte die ganze Korvette, griff auch von Steuerbord her mit zwei, drei gräßlich grünen Armen um die Reling, bewegte sich auf schmatzenden Saugarmen meterweit über Deck und hielt dann inne.

Wer von den Männern seine Kamera in Reichweite hatte, knipste drauflos. Nach diesen Aufnahmen konnte später die ungefähre Größe der Krake geschätzt werden. »Weil beiderseits der Tentakeln das Monstrum übers Geländer bis auf Deck reichte, ließ sich deren Reichweite leicht mit einem unterm Kiel durchgezogenen Tau nachmessen«, erklärte Keith Shackleton, »zwischen siebzehn und neunzehn Meter, Ladies and Gentlemen!

Der Körper, gewissermaßen das Mittelstück des Polypen, mußte zwischen vier und fünf Meter breit sein. Das Auge, es war, wie gesagt, nur eines sichtbar, hatte zweifelsfrei einen Durchmesser zwischen fünfunddreißig und fünfundvierzig Zentimetern.«

Es kann sein, vermutet Keith, es muß wohl sein, daß die Riesenkrabbe das Schiff für einen Wal gehalten hatte, für einen Blauwal natürlich, das größte Säugetier der Welt. Blauwale sind in jener Gegend verbreitet, ja es gab die Riesensäuger des Meeres in relativ großer Zahl, bevor sie von den Walfängern nahezu ausgerottet wurden. Als sodann das gräßliche Riesentier feststellen mußte, daß die amerikanische Korvette nichts Eßbares zu bieten hatte, lösten sich seine Saugnäpfe und Fangarme von Deck, glitten über die Reling zurück, und binnen wenigen Sekunden war der Spuk vorbei.

Auch wenn ich dem höchst ehrenwerten Keith völlig vertraue, schon weil er vom selben Stamm, der gleichen Art und Eigenart ist wie der große Ernest Shackleton, hätte ich dennoch seinen Bericht vom Riesenpolypen im Cocos-Keeling-Atoll hier nicht wiederholt, weil die Geschichte zu unglaubhaft klingt. Hinterher steht dann in einer Rezension meines Buches: »Der allzu leichtgläubige, sogar kindlich naive Verfasser hat sich nicht nur einen Bären aufbinden lassen, sondern auch Tintenfische von zwanzig Metern Länge mit halbmetergroßen Augen.«

Doch bin ich gerade im Standardwerk des Walexperten Edmund Winterhoff* auf folgende Stelle gestoßen:

»Gelegentlich werden Pottwale in Kämpfe mit riesigen Tintenfischen, zehnarmigen Kalamaren verwickelt«, und noch eine Bestätigung des Phänomens kam mir dieser Tage vor die Augen. Nach einem Bericht in *»Natur und Wissenschaft«*, einer Beilage der *»Frankfurter Allgemeinen Zeitung«*, vom 11. November 1970, wurden vom Meereslaboratorium St. Johns auf Neufundland mehrere

* »Walfang in der Antarktis«, Hamburg 1974, Seite 27

solcher Riesenkalamare geborgen. Die größte Länge betrug zweiundzwanzig Meter und der Durchmesser der Augen vierzig Zentimeter. Das Gewicht solcher Ungetüme wurde auf vierzig Tonnen geschätzt. Die Riesentintenfische, so wird angenommen, durchwandern die Meere in zwei- bis vierhundert Meter tiefen Kaltwasserdriften. Ein Kampf, die Verteidigung gegen die unheimlichen Kalamare kann auch für den Pottwal gefährlich sein. Bei so großen Anstrengungen, wird gesagt, besteht nach spätestens siebzig Minuten für ihn die Gefahr zu ersticken, also zu *ertrinken*, wenn es ihm nicht gelingt, sich freizumachen und die Wasseroberfläche zu erreichen.

Schade, jammerschade, daß ausgerechnet Sir Peter Scott diesmal nicht dabei ist. Auf allen anderen Reisen der »Explorer«, bei denen ich Mitfahrer gewesen bin, gehörten Sir Peter und Lady Philippa Scott zum wissenschaftlichen Stabe des Schiffes. An der zweifelsfrei echten Geschichte des Ungeheuers in der Cocos-Keeling-Lagune hätten beide ihre helle Freude gehabt. Glauben sie doch fest und tief ans leibhaftige Vorhandensein des *Ungeheuers im Loch Ness.* Nicht nur das, bei passender Gelegenheit trugen beide an Bord der »Explorer« blütenweiße T-Shirts mit der dunkelblauen Verkündigung: »I believe in the Loch Ness Monster«.

Weiter kann man kaum gehen, um in dieser Sache eindeutig Stellung zu nehmen.

Sir Peter Scott wurde unlängst als Nachfolger von Prinz Bernhard der Niederlande zum Präsidenten des World Wildlife Fund gewählt. Noch bekannter als durch seine eigenen Leistungen für weltweiten Naturschutz war Peter Scott schon seit dem Tage seiner Geburt. Sein Vater nämlich, der ihn nie gesehen, sondern nur aus weiter Ferne erwartet hatte, war jener Captain Stuart Falcon Scott, der im Jahre 1911 das berühmte Wettrennen zum Südpol verlor. Der Norweger Roald Amundsen war, aus anderer Richtung kommend, um einige Tage früher am heißbegehrten Ziel. Der tief enttäuschte Scott war mit seinen vier Begleitern auf dem Rückmarsch zugrunde gegangen.

Wie nun spätabends an diesem erlebnisreichen Tag die letzten Lichter von Home Island, auch der Rand des Korallenriffs in hereinbrechender Dunkelheit verschwinden, bin ich sicher, niemals wieder etwas von den Cocos-Keeling-Inseln zu sehen und zu vernehmen. Was ein Irrtum war, wenn auch ein begreiflicher.

Kaum waren drei Monate vergangen seit dem Ende der großen antarktischen Rundfahrt, erreichte mich in München eine Reihe von Meldungen der australischen Presse mit Kommentaren, die sich allesamt mit »Unruhen« auf den Cocos-Keeling beschäftigten. Eine Revolution solle bevorstehen, mit einem »Staatsstreich« der »Volksvertretung« sei zu rechnen, selbst die Erstürmung der Clunies-Ross-Villa, der verhaßten Zwingburg des einstigen Inselkönigs, sei zu befürchten. Das erweckte wahrlich Erinnerungen an den Sturm auf die Bastille in Paris (14. Juli 1778) und seine Folgen. Am Ende würden gar die Häupter des Clunies-Ross-Paares vom Fallbeil abgetrennt werden. Nur wer die Kleinheit des ehemaligen Privatstaates kennt und die geringe Zahl seiner Bevölkerung, zur Zeit kaum noch vierhundert Personen, darf auf so schlimme Befürchtungen verzichten.

Die Sammelmappe mit den Meldungen hatte mir freundlicherweise unser Botschafter in Canberra, der australischen Hauptstadt, geschickt, mit dem mich von Kindesbeinen an eine nie erlahmte Freundschaft verbindet. Er konnte sich denken, was ich davon halten würde, nicht mal ein Windstoß im Wasserglas war es, bestenfalls nur ein Lufthauch im Fingerhut.

Uns erscheint es auf jeden Fall recht unwichtig, aber für die Clunies-Ross ist es nach wie vor ein erbittert geführter Kampf um die Heimat, sogar um das Geburtsrecht. Zeitungsreporter, die man eigens zur Aufklärung dieses Konflikts hingeschafft hatte, entdeckten Recht wie Unrecht auf beiden Seiten, dazu eine Kette recht übler Schikanen.

Was das Unrecht der Clunies-Ross betrifft, so lag es weit in der Vergangenheit. Sie hatten ihre malaiischen Arbeitskräfte ausgebeutet, nur mit inseleigenem Geld bezahlt, das einzig und allein im Gemischtwarenladen der Clunies-Ross angenommen wurde. Sie hatten noch bis um die Mitte des vorigen Jahrhunderts alle möglichen Vergehen mit Prügel bestraft, und wer aus Entsetzen darüber die Insel verließ, durfte nicht wiederkommen.

Demgemäß wollte man, über hundert Jahre später, den Enkel nicht mehr haben, überhaupt keinen dieser Sippschaft.

Also hat der aus elf Personen bestehende »Council«, das heißt die gewählte Volksvertretung auf der Home-Insel, von den beiden Clunies-Ross die unverzügliche Abreise, natürlich auch den ewigen Verzicht auf Wiederkehr gefordert. Als Antwort darauf haben die Clunies mit der Vergrößerung ihres ohnehin hochherrschaftlichen Hauses begonnen. Wozu ... was haben sie damit vor ... vielleicht gar für zahlende Touristen?

Daraufhin hat der empörte »Council« von der australischen Regierung die gewaltsame Vertreibung des Ehepaares gefordert. Aber dafür gibt es keinen rechtsverbindlichen Grund. Beide sind auf ihrer Insel geboren, dazu noch auf eigenem Grund im eigenen Haus. Seit mehr als hundertfünfzig Jahren gehören sie zu den Eingeborenen, sind überhaupt die älteste Eingeborenenfamilie auf der Insel.

Der »Council« ging noch schärfer gegen sie vor. Er verbot den Ross die Benutzung des Landepiers und der Landeboote. Seine drei Hausangestellten, malaiische und auf Home Island geborene Frauen, wurden mit Fäusten bedroht, durften auch das Kino des »Council« nicht mehr besuchen. Die Stromversorgung der Villa wurde abgeschnitten, so daß der einstige Chef gezwungen war, den eigenen Generator einzuschalten. Nur um den »Council« zu ärgern, ließ die unmögliche Familie während der ganzen Nacht das Licht in allen Zimmern brennen. Das Radio lief mit voller Lautstärke, und den Fernseher hatten sie so aufgestellt, daß man von draußen sehen konnte, was über den Bildschirm lief. So jagte eine Provokation die andere.

Dementsprechend hart wollte der »Council« zurückschlagen. Aber er fand keine Mehrheit für seine Forderung an den Regierungsvertreter, endlich die beiden Clunies in Handfesseln abzuführen. Mit acht gegen drei Stimmen wurde der radikale Antrag abgelehnt. Nicht lange danach stellte sich die weiße Lehrerin auf die Seite des verfemten Ehepaars, und die Einflußreichsten unter den Ältesten wagten laut daran zu erinnern, daß die Verhältnisse unter der Herrschaft der Clunies gar nicht so schlecht, ja ausgesprochen besser gewesen waren. Damals hatte jeder seine (schwere) Arbeit und konnte sich (für Clunies-Ross-Geld) mehr kaufen als in heutiger Zeit.

Wie gemeldet wurde, hatten sich so gut wie alle Erwachsenen auf der Insel für arbeitslos erklärt und erhielten dementsprechend Unterstützung, zu Lasten der australischen Steuerzahler, versteht sich. Hatte seinerzeit der Export von Kopra 1,5 Millionen per anno gebracht, konnten nun die Cocos-Keeling-Inseln nicht mehr ohne australische Zuschüsse leben. Worauf Mr. Clunies-Ross (was nicht sehr klug, auch nicht taktvoll war) erklärte, daß er bereit und fähig sei, die zur Zeit völlig verkommene, tief darniederliegende Kopragewinnung von derzeit kaum zweitausend Tonnen auf neuntausend Tonnen zu heben, und das binnen Jahresfrist.

Verhandlungen darüber sollen im Gange sein, aber gewiß schwierige Verhandlungen. Zur Zeit gehört nämlich die Kopra-Genossenschaft dem »Volke«, und die entscheidende Hand hält darüber der »Council«. Wenn die ehemals regierende Familie all den Ärger auf sich nimmt und trotz all der täglichen Widerlichkeiten den Platz nicht räumt, kann das möglicherweise durchaus triftige Gründe haben. Nach unverbürgter Behauptung von privater Seite, aus dem Kreis meiner Melbourner Freunde, genießen die multimillionenschweren Clunies-Ross totale Steuerfreiheit auf den früher von ihnen beherrschten Inseln. Das soll in einem streng geheimen Zusatzabkommen enthalten sein. Gewisses aber weiß man nicht.

Wie dem auch sei, von dem schneeweißen, dem unlängst vergrößerten Haus der Clunies weht weiter die Familienflagge, den nur selten vorbeikommenden Seefahrern als einstige Staatsflagge der Cocos-Keeling-Inseln bekannt. Was für hübsche Geschichten sich doch hinter dem Horizont der südlichen Meere verbergen!

Wasserfälle, die nach oben steigen

Vor uns fünf Tage auf See. So war schon daheim dem Programm zu entnehmen. Aber es wird eine ganze Woche daraus, und das ist kein Wunder bei dem weiten Weg, geht es doch von den Cocos-Keeling-Inseln auf stets südlichem Kurs in subantarktische Gewässer. Die unter französischer Verwaltung stehenden Inseln Amsterdam und St. Paul sind das nächste Ziel. Dazwischen nichts, nur das weite, wogende Meer in seiner unendlichen Ausdehnung. Ebenso wie schon zuvor auf der Fahrt durch den Indischen Ozean, auch hier keine Spur von Schiffsverkehr. Etwas kühler wird es vom einen zum anderen Morgen, und schon gibt es kein Wasser mehr im Schwimmbecken. Es sei nun zu kalt dafür, wird gesagt, obwohl ich es noch gut aushalten könnte.

Indessen tut man für die Passagiere, was nur möglich ist. Im Pinguin-Raum werden Filmvorträge geboten, gut zusammengestellt in naturwissenschaftlichen Fächern. Besonders aufregend der Film »Freudensprünge« über das Verhalten verschiedener Walsorten, darunter auch ihr Liebeswerben, wobei sich die gewaltigen Tiere oft ganz aus ihrem nassen Element erheben. Weniger aufregend, aber um so interessanter, auch unbekannter die »Nasenröhren und Salzdrüsen« bestimmter Seevögel, denen die Natur mit erstaunlichster Weisheit diverse Möglichkeiten gegeben hat, um das mit ihrer Nahrung überreichlich aufgenommene Salz wieder loszuwerden. Alsdann erleben wir den ebenso romantischen wie nostalgischen Film »Segler-Monsun«. Während des abendfüllenden Streifens über die »Galapagos« sehen wir eine Reihe uns schon bekannter »Explorer« beim Besuch all der vielen, Menschen nicht fürchtenden, nun gut geschützten Tiere jener Inselgruppe. Die riesengroßen Schildkröten, die Blaufußtölpel und Salzwasserleguane sind einzigartig. Noch am gleichen Abend zeigen Irving und Exy Johnson ihre schwimmende, bisweilen segelnde Wohnung »Yankee« auf den Kanälen Frankreichs. Tory Peterson erzählt Wunderdinge von den Albatrossen, denen wir bald begegnen sollen, und Ted Walker erfreut durch herrliche Flußfilme aus Alaskas Wildnis.

Dem chinesischen Dinner sehen wir mit großer Erwartung entgegen, weil wir neuerdings fast nur noch chinesische Köche an Bord haben. Es wird jedoch für uns enttäuschend, für die Köche ein Reinfall sondergleichen. Keiner von ihnen versteht es, auch nur ein chinesisches Gericht zu bereiten. Alle haben sie in Hongkong nur »westliche Küche« gelernt. Nichts von dem, was bei ihrem »Chinese Dinner« auf den Tisch kommt, hätte in einem guten China-Restaurant in Berlin, London oder Amsterdam den einfachsten Vorstellungen genügt.

Am 24. November, noch gut hundertfünfzig Seemeilen entfernt von der Amsterdam-Insel, schenken uns die Beherrscher der Tiefe ein großartiges Erlebnis. Schon läßt unser Barometer schlechtes, sogar sehr schlechtes Wetter vermuten, und durch Funk hören wir vom heranziehenden Sturmtief, da tönt aus allen Lautsprechern die Kunde von Walen vor dem Bug. Viele sollen es sein und ganz nahe der Oberfläche, ja sogar ihre Luftsprünge seien zu sehen. Also nichts wie hinauf zur Brücke, noch höher hinauf ins windgeschützte Krähennest.

Da tummeln sich die glitzernden Tiere, nicht weiter als höchstens fünfzig Meter von der Kamera entfernt. Schwertwale sind es, Mordwale nennt man sie auch, Killerwales auf englisch, weil es fleischfressende Tiere sind, die weitaus größten Raubtiere der Welt. Schöne Tiere, schwarz-weiß in großen Flächen gefleckt, mit einer scharfen, wie es scheint, haarscharfen Dreiecksflosse auf dem Rücken. Sie ragt, wenn der Wal ziemlich weit oben schwimmt, in die Luft hinaus. Wie ein Messer schneidet sie durchs Wasser, einen hohen, dünnen Strahl hinter sich herziehend.

Wieder führt unser Käptn die »Explorer« so nahe wie möglich an die Wale heran, folgt ihren Kreisen, geht auf halbe, sogar Viertelkraft zurück. Trotz ihres bedrohlich klingenden Namens scheinen die Mordwale spielerisch veranlagt. Sie halten unser Schiff für eine Art von Verwandtenbesuch, der zu ihrem Vergnügen stattfindet. Fast berühren sie die rotgestrichene Stahlwand, huschen unter dem Kiel hindurch und heben sich mit ihrem ganzen Körper aus dem Wasser. Selbst unter der Oberfläche sind die Killer dank ihrer auffallenden schwarz-weißen Farbe deutlich zu sehen.

Schwertwale gehören zu den »Zahnwalen«, die von anderen Meerestieren leben, darunter auch von sehr großen Fischen, selbst von Walfischen anderer Art. Wenn sie auch bedeutend kleiner als die Blau-, Pott-, Buckelwale usw. sind, erreichen sie doch eine Länge von etwa zehn Metern. Im Unterschied zu ihrer wilden Gefräßigkeit auf Beutezügen werden sie in Gefangenschaft, sofern gut behandelt und gefüttert, freundlich und zutraulich.

Was uns die Mordwale darbieten, muß mit ihrem Broterwerb, dem Fischfang, zu tun haben. Sie verschlingen dem Anschein nach nicht alle Beute, denn es steigen aus der Tiefe kleine und größere Stücke von Fischleibern auf, über die sich sogleich die Sturmvögel und Raubmöwen hermachen, die unser Schiff begleiten. Sie leben, so könnte man sagen, von den Brosamen, die zwar nicht vom Tische der Reichen fallen, aber vom Maul der Giganten nach oben steigen.

Nicht lange danach tauchen Buckelwale auf, aber da läuft die See schon so hoch, daß man nur dank günstiger Zufälle ihre halbsekundenlang in Wellentälern erscheinenden Glanzkörper und Rückenflossen erblicken kann.

Griffige Taue werden gespannt, durch die Lobby, zu den Treppen, ungefähr in Kopfhöhe nach allen Seiten durch die Lounge und zur Bar. Davon abgesehen, ist unser Schiff bereits mit Geländern und Haltegriffen gut versehen. Erstaunlich ist es, wie sicher alle unsere Mitreisenden sich auch bei stürmischer See durchs Schiff bewegen. Die »Explorer« schlingert und stampft, hin und wieder fällt überraschend das vordere Drittel tief nieder, was nicht nur einen kanonenschlagartigen Klatsch auslöst, sondern auch das ganze Stahlgerippe mit all seinen Verkleidungen heftig erschüttert.

Dennoch bewegen sich so gut wie alle Passagiere auf gewohnte Weise. Ein durchweg seebefahrenes Volk könnte man uns nennen. Kaum einer fehlt beim Lunch, wo alle Tischtücher angefeuchtet sind, weil dann die Teller, Tassen und Gläser nur wenig oder gar nicht rutschen. Vorsorglich wurden auch die Tischränder um etwa drei Fingerbreit hochgeschraubt. Wie allgemein auf der »Explorer« üblich, gibt es keine festgesetzte Tischordnung. Jeder setzt sich hin, wo gerade Platz ist. Anfangs flüsterte der Hinzugekommene noch höflich: »May I join you?« (»Darf ich mich zu Ihnen setzen?«) In den allerersten Tagen hat man noch seinen Namen oder auch Vornamen genannt. Bald jedoch kennt man sich oder tut wenigstens so.

Was beim Schlingern und Stampfen des Schiffs auf den Tisch kommt oder was man sich selber vom Buffet holt, ist so beschaffen, daß Verschütten nicht weiter schadet. Hochstielige Gläser gibt es nicht mehr bei starkem Seegang, es werden nur noch robuste Becher benützt. Kaum einer hat sich in seiner Kabine verkrochen, alle meine Freunde und Bekannten sind bei Tisch und erwecken den Eindruck, als könne es ihnen nicht besser gehen.

Wenn wir danach in der Lounge sitzen auf festgeschraubten Stühlen, sind wohl die meisten Herren der Ansicht, daß es früher vor der Invasion der chinesischen Stewards in gewisser Hinsicht viel netter gewesen sei. Da haben uns die jungen Mädchen aus Skandinavien sowie eine reizende Französin versorgt.

Noch am gleichen, stark bewegten Abend wird eine »Wein-Käse-Party« im Pinguin-Raum veranstaltet. Stuhlreihen füllen nicht mehr die Mitte des Raumes, sondern sind an den Seiten befestigt. Festgeschraubt auf zwei Tischen ein paar Kisten mit Rotwein aus Frankreich, dazu eine reiche Auswahl Käse aus dem gleichen Land, wo bekanntlich, zumindest in kulinarischer Hinsicht, die Götter wohnen. Alles eine Stiftung der Nahrungsmittelbranche. »Lindblad« braucht nichts dafür zu zahlen, wir erst recht nicht. Wir sollen nur loben und können es mit reinem Gewissen. Draußen Windstärke acht bis neun, sagt sogar der Käptn. Wellenhöhe bis etwa zehn Meter und Neigungswinkel beim Schlingern nahe bei dreißig Grad.

Nicht besser am nächsten Morgen. Da rutschen auf dem Achterdeck sogar die Stahlstühle herum, auf denen Leute sitzen und glauben, sie seien dort sicher. Aber wenn die »Explorer« richtig überholt, gleiten die stabilen Stühle wie von einer bösartigen Faust gepackt von Backbord rasch hinüber nach Steuerbord. Mir geht es noch gut dabei, weil ich, einem Instinkt folgend, den Kopf nach vorn werfe, um nicht hinten anzuschlagen. Anders jedoch bei Mrs. Mars, der Gattin des amerikanischen Candy-Königs. Ihr Stuhl stürzt um, dröhnend schlägt ihr Hinterkopf gegen die Blechverkleidung der Reling. Der starre Blick läßt das Schlimmste befürchten. Ich eile hinunter zu Judy Marshalls Mikrofon, um den Arzt zu rufen. Zu dritt tragen wir die reglose Gestalt ins Spital. Zumindest Schädelbruch, meint der Doktor. Aber schon am übernächsten Tag können wir die Dame, wenn auch bleich, wieder im Dining-room begrüßen.

Die Nacht war schlimm, weil unser Schiff in allen Fugen quietschte. Es rüttelte und schüttelte sich wie ein langhaariger Hund, der eben aus dem Wasser steigt. Im Waschraum sprang mein Schränkchen auf, und was sich darin befand, prasselte auf den Kachelboden. Das Festkrallen an der Matratze nützte im Augenblick des Einschlafens nichts mehr. Da löste sich der Griff, und ich rollte heraus mit solch hartem Plumps, daß sich am nächsten Morgen die Nachbarin nach der Art meiner Verletzung erkundigte. Zum Glück hat mir der Fall nichts getan, aber einer älteren Kanadierin wurde bei gleicher Gelegenheit die rechte Schulter ausgerenkt, aber schon bald hat sie der Doktor gerichtet.

Der Morgen des 25. November, für die Antarktis vergleichsweise ein Sommertag am Ende des Mai, läßt dunkle Wolken bis aufs schaumgekrönte Wasser hängen. Mein Rundfenster, das stets und ständig fest zugeschraubte Bullauge, wird allenthalben von hochsteigenden, dann wieder abfallenden Wogen erreicht. Für Kabinen im A-Deck ist das ungewöhnlich, denn es liegt ja noch ein B-Deck darunter sowie ein C-Deck, wo allerdings nur Vorräte lagern.

Droben auf der Brücke sieht man im Radar, daß wir der Amsterdam-Insel ziemlich nahe sind, nur zehn bis zwölf Seemeilen fehlen noch. Zu sehen aber ist nichts, Nebel und Regenstreifen hängen davor. Der Käptn starrt aufs Echolot und läßt noch einmal die Geschwindigkeit zurücknehmen. Was er vorhat, ist leicht zu erraten. Er will ins Lee von Amsterdam gelangen, in den Windschatten. Da läßt sich vielleicht eine Landemöglichkeit finden, zumindest ein hinreichend geschützter Ankergrund. Unheimlich ist es, wie sich die »Explorer« an den vorläufig noch verhüllten Felsklotz heranpirscht wie ein Kaperschiff an die feindliche Festung.

Nicht lange darauf wird's interessant, Schattenrisse von Fels und Küste stehen tiefdunkel hinter Nebelwolken und Regenschleiern. Der Sturm führt Wolkenfetzen davon und läßt sekundenlang, sogar minutenlang den einen oder anderen Bergrücken erscheinen. In etwa gleichbleibendem Abstand zur Küste stampft und schlingert die »Explorer« zum Nordende der Insel, das Käptn Nilssen umfahren will. Dann müssen wir ins Lee gelangen, in relativ ruhiges Fahrwasser.

Die Amsterdam-Insel soll eine Fläche von ungefähr siebzig Quadratkilometer bedecken. Ähnlich wie ein Oval sieht das Kartenbild aus, etwa sieben Kilometer breit und vierzehn Kilometer lang. Im »Pilotbook«, das zum Kartenmaterial unseres Schiffes gehört, werden die drei höchsten Erhebungen genannt: Mont de la Divine mit 881 Metern, Grande Marmite mit 744 Metern und Mont de La Fourbière mit 731 Metern. Andere Quellen wie beispielsweise das »Indian Ocean Book« sind der Ansicht, daß Amsterdam bis auf 911 Meter ansteigt. Übereinstimmend wird lediglich gesagt, daß die Insel vulkanischen Ursprungs ist. Von den acht Kratern, die man gezählt hat, steigen hin und wieder Rauchsäulen oder Rauchfäden in die Luft. Aber welche Krater das sind und ob es wirklich noch tief im Innern rumort, darüber gehen die Meinungen auseinander.

Es ist nicht zu glauben, wie zeitraubend, schwierig und nervenzermürbend es ist, die einfachsten Angaben über Inseln der Antarktis, auch der Subantarktis, zu erfahren. Entweder widersprechen sich die schließlich entdeckten oder von Landeskennern erhaltenen Auskünfte, oder man hat vergeblich gesucht. Es gibt keine Nachschlagewerke, und genaue Karten sind schwer oder überhaupt nicht zu finden. Was die Herren unseres wissenschaftlichen Stabes betrifft, so sind alle Spezialisten. Sie können über Fische, Vögel, Wale, Robben, sogar über Insekten, Mikroben und Steinflechten ziemlich erschöpfende Auskunft erteilen, aber in keinem Fall über Land, Leute, schon gar nicht über Geschichte und Schicksale, die sich hier im Verlauf der letzten zweihundert Jahre abgespielt haben. Unser Humphrey, der Expeditionsleiter, fährt ahnungslos durch diese faszinierende Welt. Dagegen haben wir in der Person von Raymond Burmeister eine große Hilfe, denn er hat schon ein gutes Jahr vor unserer Abreise alles getan, um sich einschlägiges Material über die Antarktis wie über die subantarktischen Inseln zu beschaffen.

Was die Eilande Amsterdam umd St. Paul betrifft, so besteht bereits über deren Entdeckung keine Klarheit. Der spanische Kapitän Elcano, Nachfolger des auf einer Philippinen-Insel erschlagenen Fernand de Magellan, soll als erster weißer Mann die Amsterdam-Insel gesichtet haben von Bord der »Victoria«, dem einzigen überlebenden Schiff der Magellan-Expedition und dem ersten, das die Welt umsegelt hat. Von Stürmen weit nach Süden abgetrieben, gelangte die »Victoria« am 18. März 1522 bis in die Nähe der beiden benachbarten Inseln. Eine Landung war nicht möglich oder wurde von Elcano gar nicht versucht. Steil und abweisend, absolut menschenfeindlich sieht die Insel aus. Danach dürfte mehr als ein Jahrhundert vergangen sein, bis 1633 der holländische Seefahrer van Diemen – ihn hält man auch für den Entdecker Australiens – an Bord der »Niew Amsterdam« in die gleiche Gegend kam. Nach seinem Schiff taufte er die Insel »Amsterdam«. Die erste Beschreibung stammt von Vlaming, der 1696 ankam und von dem anzunehmen ist, daß ihm eine Landung geglückt ist.

Über die Folgezeit bis zur Schwelle unseres Jahrhunderts fehlen Berichte, aber nicht die Reste von Steinhütten und rostigem Werkzeug, das seit unge-

Unwirkliche Pracht im Kalten Süden. An Bord eines Zodiac bestaunen wir die vergängliche Schönheit einer Glitzerhöhle im Paradise-Gletscher.

Oben: Sechs dieser Zodiac genannten Schlauchboote haben wir an Bord. Binnen zwanzig Minuten können alle im Wasser sein. Es ist der große Vorteil dieser praktisch unsinkbaren Boote, daß sie überall landen können, wenn die Küste nicht zu steil und die Brandung nicht zu stark ist.
Unten: Wir nennen das eine »nasse Landung«, aber wer dafür richtig angezogen ist, dem macht sie nichts aus.

Oben: Im kalten Süden gibt es keine Eskimo, niemals haben Eingeborene dort gelebt. Von wenigen wissenschaftlichen Stationen abgesehen, sind alle Insel menschenleer.
Unten: Unser Schiff vor Visokoi. Sie gehört zu den noch nie von Touristen besuchten Süd-sandwich-Inseln.

Oben: Im Zodiak vor der Bouvet-Insel, die seit vielen Jahren kein Mensch betreten hat. Auch wir suchen lange und vergeblich nach einem Landeplatz.
Unten: Am Fuße des berühmten, berüchtigten Kap Horn. Sieben Mitglieder des Explorer-Clubs, New York, sind eben eingetroffen, ganz links H. O. Meissner.

fähr dem ersten Viertel des vorigen Jahrhunderts die Robbenschlächter, Walfänger und Pinguinkocher hinterlassen haben. Die barbarische, die furchtbare, für uns Heutige gar nicht mehr begreifbare Epoche gnadenloser Tiervernichtung hatte damit begonnen.

Keiner dieser Schlächter hinterließ Berichte, zum ersten deshalb, weil die meisten Analphabeten waren. Außerdem hielt einer vor dem anderen geheim, wo er seine Tranfässer zu füllen pflegte. Immerhin hatte sich, was die Inseln Amsterdam und St. Paul betrifft, deren gewaltiger Reichtum an Dorsch und Langusten schon um die Mitte des vorigen Jahrhunderts bis zur zweieinhalbtausend Kilometer entfernten, von den Franzosen besetzten und besiedelten Insel Réunion herumgesprochen. Von dort erschien alljährlich eine Fangflotte, machte reiche Beute, die eingesalzen bis nach Europa und Südamerika gebracht wurde. Weil die harten Männer von Réunion fremde Konkurrenz befürchteten, baten sie schon bald die Regierung in Paris, sie möge auf Amsterdam und St. Paul die französische Flagge hissen, ein Wunsch, der zunächst, und zwar für lange Zeit, abgelehnt wurde. Erst im Jahre 1885 beanspruchte Frankreich die Inseln für sich, eigentlich nur auf dem Papier, denn eine Kontrolle wurde nicht ausgeübt.

Das änderte sich 1951, als man unter großen Mühen und mit sehr hohen Kosten auf Amsterdam die noch heute bestehende wissenschaftliche Station einrichtete. Mit fünfundzwanzig bis dreißig Mann ist sie während des ganzen Jahres besetzt.

Amtlich und völkerrechtlich bilden Amsterdam und St. Paul zusammen mit den Kerguélen- und den Crozet-Inseln, auch wenn sie noch so weit auseinanderliegen, ein »Territorium« mit dem etwas komplizierten Namen »Territoires Australes Antarctiques Françaises«. In der üblichen Abkürzung TAAF klingt's bedeutend einfacher. Zur Zeit unterstehen die TAAF dem Überseeministerium in Paris. Alle diese Territorien zusammen zählen achtzig bis maximal hundertzwanzig Einwohner, Frauen und Kinder befinden sich nicht darunter.

Wir haben Point de la Recherche steuerbords hinter uns gelassen, bald auch Point Goodenough passiert. Es folgen weiter westlich Point Hosken, womit wir bereits in Lee gelangen. Da erhebt sich bereits der La-Roche-Gordon-Felsblock aus dunkelgrauer Flut. Noch deutlicher als zuvor verlangsamt unser Schiff seine Fahrt.

An einer Stelle, die auf unserer Seekarte mit Mouillage (Ankerplatz) Ribaud vermerkt ist, fallen rasselnd die Anker. Leider aber fassen sie nicht, vielleicht weil hier und heute die Strömung zu stark ist. Also stampft unser Schiff auf der Stelle, mit laufenden Maschinen versteht sich. Die Sicht wird klarer, aber das Sturmgebraus hört nicht auf. Es sind landabfallende Winde, wie man sagt, die zwar nicht die See aufwühlen, aber den Wasserstreifen vor der Küste, etwa kilometerbreit. Also bleibt es auch hier bei der hochlaufenden, donnernden

Brandung. Wo die Anlagestelle sein soll, eine der vier oder fünf Landestellen, ist nicht zu erkennen. Auch unsere Zodiacs kommen da nicht durch.

Im zehnfachen Glas sehe ich droben auf den senkrechten Klippen Krane mit weit herausragenden Armen. Sicher die Entladevorrichtung. Direkt aus den Landungsbooten hinauf zur Inselkante holt man die Menschen und Frachten. Ein Weg wird dort zur Station führen. Da droben laufen in roter und grüner Regenkleidung ein Dutzend Leute herum, die heftig gestikulieren. Es scheint, sie wollen uns warnen, hier etwas zu versuchen. Manche zeigen weiter nach Süden wieder andere nach Norden. Aber was hier unmöglich ist, kann dort an der ebenso steilen Küste mit gleich wütender Brandung nicht viel anders sein.

Bei uns werden zwei Zodiacs ausgeschwungen, um Landemöglichkeiten zu erkunden. Davon abgesehen, haben wir Weihnachtspost an Bord, eine beachtliche Menge von Briefen und Päckchen für die einsamen Männer von Amsterdam. Alles liegt wasserdicht verpackt im Zodiac, den Keith Shackleton führt. Ein anderer Postsack, weit weniger wichtig, enthält unsere Post für Europa und die USA. Wann er abgeht, ist völlig ungewiß, aber wenn eines Tages die Sendung ihr Ziel erreicht, trägt jeder Brief eine abgestempelte Marke der subantarktischen Insel Amsterdam. Für Sammler eine seltene Kostbarkeit, für alle übrigen zumindest eine sehenswerte Kuriosität. (Die Postkarten waren zehn Wochen später beim Empfänger.)

Man muß es Humphrey lassen, daß er Schneid und viel Ausdauer besitzt. Sein Zodiac und auch der von Keith springen wie Rockhopper-Pinguine über die Wogenkämme. Man sieht im Glas, wie die beiden Schlauchboote haarscharf zwischen Riffen und Klippen hindurch wedeln, in der Gischt verschwinden und hinter Felsmassen kreuzen. Irgendwo und irgendwie gelingt die Übergabe der beiden Postsäcke. Männer vom Land, die in einem von droben herabgelassenen Netz hängen, können mit ihren Bootshaken die Bündel fassen und hinüberziehen.

Doch davon abgesehen, ist das Ergebnis negativ. An eine Landung, auch an eine überaus nasse Landung ist nicht zu denken, weil hinter der Brandung kein Strand liegt, sondern fast senkrecht die Wände aufsteigen.

Unser Schiff bewegt sich weiter nach Süden bis Point de la Novara. Auch hier eine Anlegestelle mit Kran, Strickleiter und rauschend rollender Brandung. Davor, zwischen der »Explorer« und der im Winde flatternden Strickleiter, schaukelt an zwei straff gespannten Ankerketten ein Schifflein von etwa zwölf Meter Länge. Ein Sportsegler, allerdings recht mitgenommen, die Segel gerefft und festgezurrt. Niemand an Bord, das ist deutlich zu sehen. Gewiß sind die Leute an Land, und dort müssen sie vorläufig bleiben.

Gleich danach erblicken wir ein Naturphänomen, wie ich es zuvor in meinem Reiseleben nur einmal gesehen habe, auf der Hawaii-Insel Oahu. Fünf, ja sogar sechs durch den ständigen Regen stark angeschwollene Bäche stürzen sich als Wasserfälle über die schätzungsweise siebzig Meter hohe Felsenkante ins brausende Meer. Aber es gelingt nur zwei der Bäche, so zu fallen, wie es den Naturgesetzen entspricht. Zwei andere stürzen bis etwa zu einem Drittel hinab, dann hat sie der Sturm in zahlreiche Fetzen aufgelöst, die seitlich davon flattern. Noch unglaublicher benehmen sich die beiden Fälle uns gegenüber. Schon gleich an der Kante werden sie von Wirbeln erfaßt, aufgehalten und nach oben gedreht. Allen Ernstes sind es Wasserfälle, die nach oben fließen, geradezu *nach oben fallen,* sofern der widernatürliche Ausdruck gestattet ist.

Weil sich, wie allen Seefahrern bekannt, das antarktische Wetter von einer Stunde zur anderen, sogar von einer Minute zur anderen ins Gegenteil verkehren kann, beschließt unser Käptn zu warten. Es kann ja morgen früh die Sonne scheinen, die See glatt wie ein Dorfteich sein und die Brandung nur noch ein friedliches Gekräusel.

Da sind mit einem Male fremde Leute an Bord, vier braunbärtige Männer in triefenden Overalls und durchweichtem Schuhwerk. Aus zerfurchten, von Anstrengung gezeichneten Gesichtern grüßen lustige Augen. Man habe sie zum Essen eingeladen, sagt der eine, und der andere meint, ihm sei auch etwas Trinkbares willkommen. Zwei gehören zum wissenschaftlichen Personal von Amsterdam, die beiden anderen sind normalerweise auf dem zur Zeit schwer geplagten Segelschiff zu Hause, aber seit acht Tagen oben in der Station, denn bei diesem Wetter kommen sie nicht raus! Es sind Australier. Zwei weitere, die nicht zu kommen gewagt haben, gehören außerdem zur Vierermannschaft des Schiffleins. Es ist ihre große Leidenschaft, alle Jahre sechs bis acht Wochen durchs südliche Eismeer zu segeln. Der Zauber einer unerschlossenen Welt, der Besuch bei so vielen Tausend furchtlosen Tieren, auch der nicht definierbare Reiz von Abenteuer und Gefahr hat sie gepackt.

Wie kommen sie von Amsterdam zu uns herüber? Von droben an einer Strickleiter so weit wie möglich über die Brandung. Alsdann in ein am Kran herabgelassenes Schlauchboot gesprungen und auf der Rückwoge des nächsten Wellenkamms hinaus. Ganz einfach, wenn man's kann. Die beiden Franzosen sagen, sie mußten kommen aus reiner Neugier. Das erste Schiff mit Passagieren, die allerersten Touristen bei der Amsterdam-Insel, sogar mit Frauen an Bord, das kann man sich doch nicht entgehen lassen. Nun sind sie da, werden in Wolldecken gehüllt, und während ihre Kleider trocknen, essen sie, tafeln und trinken sie, und wir fragen sie aus.

Zur Zeit leben siebenundzwanzig Mann auf der Station. Durchweg jüngere Leute, von etwa Mitte Zwanzig bis Ende Dreißig. Es melden sich weit mehr, als gebraucht werden. Eine sogenannte Härtezulage verdoppelt das für die gleiche Arbeit, für den gleichen Dienstgrad in Frankreich übliche Gehalt. Weil auf Amsterdam für Unterkunft und Verpflegung nichts vom Einkommen abgezweigt wird, gibt es fürs Geldausgeben keine Gelegenheit. Ein Fünf-Minuten-Telefonat mit der Familie pro Woche steht jedem frei. Eine weitere Reihe kleiner und großer Vorteile trägt dazu bei, den Aufenthalt in einer wissenschaftlichen Station der TAAF attraktiv zu machen.

Wissenschaftliche Forschung in der Antarktis sowie Subantarktis ist aus vielen Gründen wichtig. Allein schon, weil die einsamen, bis auf wenige Ausnahmen von Menschen unbewohnten Inseln von allen Schäden der Zivilisation fast völlig frei geblieben sind, läßt sich hier besser als sonst irgendwo auf der Welt das Ökosystem studieren: Wie sich alles verhält, wie das eine vom anderen abhängt, wenn es seit ungezählten Jahrtausenden allein der Natur überlassen bleibt. Ausnahmen bilden die Walfänger, Robbenschläger und Pinguinkocher. Auch die meist unfreiwillige Immigration von Mäusen , Ratten, Katzen, Hunden hat auf manchen Inseln das ursprünglich vorhandene Ökosystem empfindlich gestört. Ebenso die mit Absicht ausgesetzten Schweine, Rinder, Rentiere (!), sogar Spatzen und Forellen.

So gut wie alle Inseln der Antarktis und Subantarktis sind vulkanischen Ursprungs, manche der Berge sind noch aktiv: für Vulkanologen ein ideales Tätigkeitsfeld. Weit bedeutender noch sind die Stationen zur Wettervoraussage, wozu bei Tag wie bei Nacht alle möglichen Messungen durchgeführt werden. Radioaktive Strahlungen spielen gleichfalls eine Rolle, auch die Kompaßabweichungen, nicht nur durch den magnetischen Pol, auch durch andere, noch nicht ganz erforschte Faktoren. Man steht mit Satelliten in Verbindung, empfängt geheimnisumwitterte Signale aus dem Weltraum, und sehr wahrscheinlich wird auch der Funkverkehr jener Walfangschiffe überwacht, bei denen man noch ganz andere Interessen vermutet.

Stürmische Tage wie heute, wo keine Landung möglich ist, berichten unsere Besucher, sind hier keine Ausnahme. Vielmehr landesübliches Wetter. Das nur einmal im Jahr erscheinende Versorgungsschiff »Marion Dufresne« hat schon öfter eine ganze Woche, einmal sogar achtzehn Tage warten müssen, bis schließlich die Entladung möglich war. Neuerdings hat das Schiff einen Helikopter an Bord, um ohne Zeitverlust wenigstens Post und Passagiere an Land zu bringen. Ein normaler Flugverkehr nach Amsterdam oder zu den anderen Stationen der TAAF ist allein schon wegen der enormen Entfernung kaum möglich, außerdem gibt es hier, auch sonst in den TAAF, kein flaches Gelände für die Anlage einer entsprechend großen Flugbahn. Auch das meist scheußliche, das unglaublich rasch veränderliche Wetter spricht gegen den Flugverkehr. Es wäre zu gefährlich und würde enorme Kosten verursachen.

Also werden die Leute nur einmal im Jahr abgelöst, wenn die »Marion Dufresne« erscheint. Sie kommt direkt von Le Havre und fährt dorthin wieder zurück mit einem Halt bei der Insel Réunion. Post und Passagiere werden von Réunion auf dem Luftwege heimbefördert.

Manche der Männer bleiben für zwei Jahre, andere kommen zurück, ebenso gerne wie freiwillig. Später treffen wir einen Klimatologen, der es auf sieben Jahre in TAAF gebracht hat. Er kann sich, wenn er auf teure Bestellungen aus Frankreich verzichtet, ein beachtliches Vermögen ersparen. Wenn sich allerdings jemand Frau und Kinder angeschafft hat, kann ihn die Antarktis nicht mehr verlocken.

Unsere Besucher berichten von Windgeschwindigkeiten bis zweihundertfünfzig Stundenkilometer und darüber. So gut wie pausenlos braust und saust es im Freien. Wer sich daran nicht gewöhnen kann, muß bald von dem auch psychologisch geschulten Stationsarzt behandelt werden.

Wenn von unserem Deck aus die Amsterdam-Insel grün erscheint, so daß man glaubt, dort gebe es gut begehbare Almwiesen bis weit hinauf in die Berge, ist das leider ein Irrtum. Der größte Teil des Geländes besteht aus Sumpf mit kniehohem Gestrüpp, worin die Wasserstiefel hängenbleiben. Deswegen ist es ein weiter, beschwerlicher Weg bis zu den Brutplätzen der Pinguine oder zu den Nestern der Albatrosse, Sturmseetaucher und all der anderen Seevögel, die auf Amsterdam zu Hause sind. Unsere Ornithologen hatten sich sehr auf die vielfältige Vogelwelt gefreut, aber weil es nicht möglich ist, die Insel zu betreten, bleiben ihnen beschwerliche Märsche erspart. Die vielen, uns noch bevorstehenden Inseln, versichert der Käptn, werden jeden Mitreisenden auf eine Art und Weise entschädigen, wie es sich vorerst noch keiner vorstellen kann.

Tatsächlich, die beweglichen rotbraunen Punkte auf den Wiesenhängen der Amsterdam-Insel sind Rinder, die Nachkommen von Stieren, Kühen und Kälbern, die man vermutlich schon um die Mitte des vorigen Jahrhunderts an der unwirtlichen Küste ausgesetzt hat. Es war früher üblich, einsame Inseln mit eßbaren Tieren zu bevölkern, um die Ernährung von Schiffbrüchigen zu sichern. So hat man auf zahlreichen Inseln der Südsee sogar spanisches Rotwild, japanische Sika-Hirsche, auch Ponys, Ziegen und Schafe ausgesetzt oder einfach ins Wasser geworfen, wo sie, aus eigener Kraft verzweifelt schwimmend, das Land erreichten.

Hier in Amsterdam dürften es Walfänger oder Robbenschläger gewesen sein, allein schon der Milch wegen. Im Verlauf der langen Zeit haben sich die rotbraunen Rinder auf ungefähr tausend Stück vermehrt. Aber gut geht es ihnen nicht, und die Menschen haben nur wenig oder keinen Nutzen von ihnen. So arm an Nährstoffen ist die Vegetation, daß die bedauernswerten Tiere kein Gramm Fett ansetzen. Sie wandern auf wackligen, knochenweichen Beinen durchs Gelände, und die Kühe produzieren kaum die fürs eigene Kalb notwendigste Milch. Das Fleisch, versichern unsere Besucher, sei wohl nur in großer Not genießbar.

Warum man sie dann nicht von ihrem traurigen Dasein erlöst, fragen wir die Amsterdamer.

»Wir dürfen es nicht, die Insel steht unter strengem Naturschutz. Außerdem interessiert es die Zoologen, wie lange der Bestand unter diesen Verhältnissen erhalten bleibt und wie sich die Amsterdamer Rinder auf die Dauer entwikkeln.«

Immer wieder meinen liebe Freunde zu Hause, daß es in der Antarktis furchtbar kalt sei, wobei selbst die Klugen vergessen, daß im tiefen Süden der Erdkugel die klimatischen Verhältnisse genau umgekehrt sind. Während bei uns das Weihnachtsfest gefeiert wird, herrscht Hochsommer bei den Antipoden. Ende November war demgemäß für die Amsterdam-Insel eine relativ warme Zeit. Das Außenthermometer unseres Schiffes zeigte vier Grad Celsius über Null. Auf der Insel selbst in windgeschützter Lage stieg die Temperatur sogar bis auf vierzehn Grad Celsius. Man bedenke auch, daß die Insel, wenn man es genau nimmt, noch nicht zur eigentlichen Antarktis gehört, sondern zur Subantarktis. Der Breitengrad beider Inseln, nämlich 37 bis 38 Grad südlich, entspricht in etwa der Lage von Lissabon oder San Francisco, wo Eis, Schnee und tiefer Frost selten sind.

Überhaupt haben wir während der ganzen Reise, selbst beim 65. Breitengrad und noch weiter südlich auf dem antarktischen Festland, keinen wirklichen scharfen Frost erlebt. Kälter als minus zwölf Grad Celsius ist es nie gewesen. Aber im Winter, in dem furchtbaren antarktischen Winter, sinkt auf dem Festland das Thermometer so tief wie nirgendwo sonst auf der Welt, auf minus achtzig Grad und sogar darunter.

Tod und Leben auf St. Paul

Bei gutem Wetter, wird gesagt, könne man den Höhenzug der Amsterdam-Insel schon auf hundert Kilometer Distanz erkennen, den Rand des Kraters von St. Paul immerhin auf sechzig Kilometer. Bestätigen kann das keiner von uns, dafür hängen noch immer die Wolken zu tief. Aber der Sturm hat sich über Nacht gelegt, und es sieht aus, als werde demnächst die Sonne durchbrechen. Wenn auch Kapitän Hasse Nilssen in den trügerischen Gewässern, zumal während tiefer Dunkelheit, nur Fahrt mit halber Kraft erlaubt, erreicht unser Schiff seinen Ankerplatz vor St. Paul schon nach fünf Stunden. Einen phantastischen, in dieser Art wohl einmaligen Anblick bietet die Insel den von Westen kommenden, äußerst seltenen Besuchern: ein explodierter Vulkan! Von ihm sind nach meiner Schätzung nur vier Fünftel übriggeblieben.

Den vereinten Gewalten von Wind und Wasser ist es gelungen, eine Bresche ins Lavagestein zu schlagen, sie im Verlauf von Jahrmillionen durchzunagen. So ist die kreisrunde Insel ausgefüllt von einem ebenfalls kreisrunden Kratersee, in den unser Spähtrupp, der Zodiac mit Keith und Humphrey an Bord, hineinfährt. Wäre nicht eine Sandbank in der Einfahrt, wodurch die Wassertiefe auf knapp drei Meter verringert wird, hätte auch unser Schiff eindringen können. Drinnen wäre die Lagune, besser gesagt, der Kratersee groß und auch tief genug für die »Explorer«.

Soweit der Krater noch vorhanden ist, steigt er direkt vom Meer aus steil in die Höhe von etwa dreihundert Meter hinauf. Sicher bedarf es großer Mühe, um den Rand des Kraters zu erreichen. Bis oben ist alles von kaum kniehohem Gestrüpp bedeckt, während uraltes, von der Brandung glattgewaschenes Lavagestein den Strand des wassergefüllten Kratersees umrundet.

Was ich über die Geschichte von St. Paul erfahren konnte, ist trotz vieler Mühe nur wenig. Obwohl die nur hundert Kilometer weiter östlich gelegene Amsterdam-Insel schon im Jahre 1522 gesichtet und auf Seekarten vermerkt wurde, gelangte St. Paul erst gegen Ende des folgenden Jahrhunderts zur Kenntnis weitgereister Seefahrer. Wer der Entdecker gewesen ist, wer als erster Mensch die merkwürdige Insel betreten hat, ist nicht überliefert. Weil aber nicht allzu lange danach das Unheil der Robbenschlägerei, des Walfangs usw. begann, wurde auch St. Paul von geldgierigen Barbaren heimgesucht. Später sind die Kabeljaufischer und Hummerfänger von der mehrfach schon erwähnten Insel Réunion erschienen, weil ja der Fischreichtum rings um die Insel und besonders im Kratersee kaum vorstellbar ist.

Erst recht nicht vorstellbar sind eine Reihe von menschlichen Schicksalen, die auf der heute fast vergessenen Insel geschehen sind. Zu den ersten, aber keineswegs letzten Opfern von Raubgier und Barbarei gehörte der französische Seefahrer Peron. Im Jahre 1791, nach Ausbruch der Französischen Revolution, hatte er fluchtartig seine Heimat verlassen. Mit dem Amerikaner Bowens, seinem Partner und Finanzier, begab sich Peron in subantarktische Gewässer, um dem damals so lukrativen Geschäft der Robbenschlägerei nachzugehen. Vom reichen Vorkommen der Pelzrobben rings um die Insel St. Paul hatten beide Männer gehört, es hatte ja darüber auch der Captain Cook berichtet. Sie erreichten den Kratersee von St. Paul im Herbst des Jahres 1792. Ein Vermögen schien zu winken, wurden doch zu jener Zeit die feinen Felle der Pelzrobben märchenhaft bezahlt, ganz besonders in China. Da machte Bowens seinem Freund Peron den Vorschlag, dieser solle mit vier Begleitern ein ganzes Jahr auf St. Paul bleiben, um Robben zu schlagen. Währenddessen wollte Bowens andere vielversprechende Plätze aufsuchen. In einem Jahr, so glaubten die beiden, müßte es Peron und seinen Gefährten möglich sein, rund zweitausend Felle zu erbeuten, zu präparieren und für die Rückkehr der »Emilie« aufzustapeln. Wenn alles gut ging, konnten alle Beteiligten daran verdienen. Peron war einverstanden, ebenso vier Seemänner von der »Emilie«.

Die »Emilie« kam nicht wieder. Vielleicht war sie im Sturm gesunken, an Klippen gescheitert oder von Piraten gekapert. Unter Verhältnissen, die kaum noch menschlich zu nennen sind, lebten die fünf Verlassenen auf St. Paul. Sie erschlugen so viele Robben wie nur möglich und hielten bald mehr als zweitausend Häute für den Abtransport bereit.

Da erschien vor St. Paul, nach fünfzehn Monaten geduldigen Wartens, eine schier unglaubliche Vision. Weit von seinem Kurs abgekommen, segelte ein vollbewaffnetes, glänzend ausgestattetes britisches Kriegsschiff ins Blickfeld der Einsiedler. An Bord befand sich ein edler Lord namens Mackentry, bisher Botschafter Seiner Britischen Majestät am Hofe des Kaisers von China. Dieser gab sich freundlich und sehr interessiert an der beständig rauchenden Insel. Gern führte ihn Captain Peron einen ganzen Tag lang herum. Indessen, so war es wohl abgemacht, setzten hartgesottene Briten die vier halbverhungerten Gefährten des gutgläubigen Peron derart unter hochprozentigen Alkohol, daß sie schon bald Verstand und Besinnung verloren. Alsdann schleppten die räuberischen Besucher den gesamten Vorrat kostbarer Felle an Bord ihres Schiffes. Der unedle Lord empfahl sich grußlos und segelte davon.

Als nächster Besucher, nach wieder etwa zwölf Monaten totaler Einsamkeit, erschien ein Robbenschläger aus den USA. Kaum hatte er gesehen, daß Peron und seine Gefährten abermals zweitausend Häute gewonnen und aufs beste präpariert hatten, schlug er ein Tauschgeschäft vor: die gehorteten Felle der ausgehungerten Robinsons gegen Lebensmittel von Bord des Schiffes. Die Umtauschquote bestimmte der Amerikaner, wobei er für seine Ware den gut zehnfachen Wert berechnete. Der Hunger, vermutlich auch der Durst Perons und seiner Begleiter machten es möglich.

Alsdann gerieten die Unglücklichen in Streit und trennten sich in zwei Gruppen. Eine fürchtete die andere, mit Fäusten und Messern gingen sie aufeinander los. Wilden Tieren waren sie ähnlicher als Menschen. Einer kam ums Leben.

Wie sie es dennoch fertigbrachten, wieder zweitausendsiebenhundert Häute aufzustapeln, ist nicht überliefert. Aber es war ihre einzige Möglichkeit, falls sie gerettet wurden, ein neues Leben zu beginnen. Da erschien zu guter Letzt ein anständiger Mensch, Captain Hadley auf der »Ceres«. Er nahm die Überlebenden mit, hatte jedoch keinen Platz für das Gebirge ihrer Pelze. Die blieben auf St. Paul zurück, gut eingesalzen und zugedeckt. Irgendwann hat sich einer der seltenen Besucher der Insel sehr gefreut über den glücklichen Fund!

Als schließlich beide Inseln von Frankreich annektiert wurden, also seitdem einer Großmacht gehörten und damit vor anderweitigem Zugriff geschützt waren, kam es zu einer regelrechten Niederlassung auf St. Paul. Vor allem ging es ihnen um Langusten, von Laien oft auch Hummer genannt, denen sie an Geschmack und auch in der Gestalt ähnlich sind, nur haben Langusten nicht die gleich großen und breiten Hummerscheren. Der Kabeljau, ebenso als Dorsch bekannt, wurde genau wie die Langusten auf der Insel ausgenommen, eingesalzen, später auch eingedost für den monatelangen Transport zu den Verbrauchern.

Von den Gebäuden, Maschinen und Schuppen sehen wir noch Reste auf der Halbinsel Mouchez. Ein Gemäuer aus unbehauenem Stein mit zwei, drei Bogenfenstern darin wirkt älter als die anderen Überbleibsel. Da liegen tausend und mehr rostzerfressene Deckel, seinerzeit bestimmt zum Verschluß von Blechtonnen, die vergeblich in Reih und Glied bereitstehen. Windschiefe Kräne sieht man, deren Arme trist über zerfallenen Hütten hängen. Der kahle Boden ist bedeckt von Ketten, Schaufeln, Schubkarren und Feldbahngleisen. Im Hintergrund eine Steintreppe sowie planiertes Gelände mit hüfthohem Windschutz, wo man vermutlich versucht hat, Gemüse anzubauen.

Wann ist das gewesen, wer hat das geschaffen, warum wurde eines Tages alles verlassen? Niemand an Bord hat die geringste Ahnung! In keinem der antarktischen Bücher auf unserem Schiff ist darüber ein Wort zu finden.

Gewisse Mitreisende haben dubiose Gerüchte gehört. Um schreckliche Ereignisse soll es sich handeln, bei denen dreißig oder fünfzig, vielleicht gar hundert Menschen den Tod fanden. Gegenseitig hätten sie sich umgebracht, glaubt einer zu wissen. Allesamt wären sie das Opfer einer Seuche geworden, hat jemand anderes vernommen. Möglich auch, daß sie samt und sonders verhungert sind. Erst Monate später, ganz und gar zufällig, habe ich die Wahrheit entdeckt, vermutlich. Bei der Suche nach Quellen und Berichten über den 1786 in der Südsee verschollenen Seefahrer La Pérouse fand ich in der »Section Historique de la Marine Française« im Schloß Vincennes bei Paris auch mehrere Bücher des hochverdienten Admirals de Brossard, darunter zwei Bände über die Kerguélen. Es geht dabei auch um die Amsterdam und die St. Paul Insel. Im allgemeinen ist der Admiral so ausführlich, wie es das Quellenmaterial nur möglich macht. Eben deshalb wunderte mich, daß er jene Episode auf St. Paul nur oberflächlich behandelt. Aber es war ja der Untergang jener Kolonie ein Skandal sondergleichen. Schamlose Schlamperei war schuld am Tod von mindestens dreißig Menschen, vermutlich aber sehr viel mehr.

Schon 1893, bald nach ihrer offiziellen Besitzergreifung der Kerguélen, hatte die französische Regierung den Gebrüdern René und Henry Bossière die wirtschaftliche Nutzung der Inselgruppe wie auch von Amsterdam und St. Paul verpachtet, auf die Dauer von fünfzig Jahren. Ein weites, wildes, bisher von keinem Menschen dauernd bewohntes Königreich im subantarktischen

Meer. Lange geschah nichts als die seinerzeit übliche Robbenschlägerei und das Auskochen von Pinguinen. Endlich, im Jahre 1911, überführten die Brüder Bossière ungefähr tausend Schafe von den Falkland-Inseln nach Port Couvreux auf den Kerguélen. Fest überzeugt, daß sie zu ähnlich guten Erfolgen gelangen würden wie schon die britischen Schafzüchter auf den Falkland-Inseln, wo ungefähr die gleichen klimatischen Verhältnisse herrschten.

Was St. Paul betrifft, ließen sich damit die beiden Bossières noch länger Zeit. Erst 1929 gründeten sie mit fremden Partnern die *Compagnie Langouste de St. Paul.* Der unvorstellbare Reichtum an diesen großen, hummerähnlichen Krebse sollte in großem Stil genutzt werden. Es fehlte nicht an Geld, noch an Energie und erst recht nicht an weitschauenden Plänen. Doch begannen die folgenschweren Versäumnisse schon damit, daß man für hundert bis hundertfünfzig Menschen (die genaue Zahl steht nicht fest) auf der so weit abgelegenen Insel keinen Arzt vorgesehen hatte, auch gab es so gut wie keine medizinische Versorgung. Nicht minder sorglos handelten die Verantwortlichen, was die Verbindung zur Außenwelt betraf, zur zweitausendachthundert Kilometer entfernten Insel Réunion, wo sich die Leitung dieser Langustengesellschaft befand. Nur einen Sender gab es, der vermutlich schwach und nicht mehr neu war.

Als Arbeitskräfte wurden vor allem Bewohner der Insel Madagaskar angeworben. Nur ein paar Techniker und Vorarbeiter waren Franzosen, allesamt Bretonen. Erst im Herbst des Jahres 1929 wurde die ebenso umfangreiche wie kostspielige Ausrüstung nach St. Paul geschafft, unter vielen Mühen an Land befördert und von Spezialisten aufgebaut. Die aber verließen St. Paul nach getaner Arbeit.

Soweit schien alles gut, und Erfolge blieben nicht aus. Von den Langusten wurden allein die wohlschmeckenden Schwänze verwendet. Haltbar gemacht, preßte man sie unter Druck in Dosen und schickte sie über See nach Europa und in die USA. Schon im dritten Jahr erreichten Produktion und Ausfuhr die gewaltige Menge von zweihunderttausend Büchsen. Welchen Wert und welches Gewicht das ausmachte, war nicht festzustellen.

Dann jedoch vereinten sich zwei unglückliche Ereignisse zur Katastrophe: einmal der Ausbruch von Beri Beri, einer oft tödlich verlaufenden, durch den Mangel von Vitamin B_1 verursachten Krankheit. Kein Arzt war vorhanden, die Ursache zu ergründen, erst recht konnte keine Rede sein von Behandlung oder gar Heilung. Wegen des gleichzeitigen Ausfalls der Funkverbindung war es nicht möglich, Hilfe herbeizurufen. So nahm die Seuche ihren schrecklichen Verlauf, binnen kurzer Zeit starben dreißig Menschen, in erster Linie Malgachen. Andere folgten, ohne daß ihr Abgang registriert wurde. Fast alle auf St. Paul verfielen in Schwäche und Apathie, nur wenige waren noch fähig, ein paar Schritte zu gehen. Erst nach sechs Wochen, im April 1931, erschien das

Versorgungsschiff »Australe«, entdeckte die Katastrophe und brachte die Überlebenden, ständig unter Volldampf fahrend, nach Réunion.

Nur gelegentlich kommen noch Fischer und Fangboote von der Insel Réunion, die aber nur einige Tage bleiben. Abgesehen von einer vorgefertigten Holzhütte von zwei mal drei Metern Grundfläche gibt es für sie keine Unterkunft. Während unserer Landgänge hatten die Männer der Besatzung mit einfachsten Angeln so viele gute Langusten aus dem Wasser geholt, daß wir kaum noch wußten, wohin damit. Aus den hinuntergelassenen, mit Speiseresten beköderten Weidenkörben holten sie fast fünfhundert Langusten an die Oberfläche. Im schnell gefüllten Swimming-pool erhielt man sie am Leben, und so gab es diese Delikatesse zum Frühstück, zum Lunch und zum Dinner, so viele, daß sie bald keiner mehr sehen und nicht einmal riechen wollte.

Unser Zodiac passiert auf dem Rücken einer Woge die Einfahrt so schwungvoll und elegant, wie man es einem schlichten Schlauchboot gewiß nicht zutraut. Es wird förmlich auf Händen ins Binnenwasser getragen, so als hätten die hier hausenden Meeresjungfrauen ein Empfangskomitee gebildet. Zu beiden Seiten der Einfahrt sehen wir, wohlig ruhend, keineswegs gestört durch den Lärm unseres Außenborders, viele Dutzend meist junger See-Elefanten, auch Russel-Robben genannt. Sie können bis neun Meter groß werden. Der Vergleich mit Elefanten ist gar nicht so abwegig, denn der See-Elefant gehört zu den Prohisciden, den Rüsseltieren. Bescheiden ausgedrückt, können die älteren Bullen ihre Nase rümpfen, wenn ihnen etwas nicht gefällt. Sie wird ganz einfach aufgeblasen, aber nicht mehr als zwanzig bis maximal dreißig Zentimeter. Ein »Imponiergehabe«, wie es die Verhaltensforscher nennen, um vor allem den schwächeren Bullen Angst zu machen. Da liegen sie, schlafen und breiten sich aus in der Masse ihres Fettes unter doppelfingerdicker Haut.

Wir wenden uns nach rechts zum etwa kilometerbreiten Kratersee. Dort sind die Ruinen und vier oder fünf steinerne Gebäude zu sehen. Schon vor einem halben Jahrhundert sei all das veraltet gewesen, sagt mir Freund Raimund, der es als Chefingenieur einer Maschinenfabrik wissen muß.

Sturmvögel, Rockhopper und See-Elefanten beherrschen wieder den rauhen, steinigen Strand, ihre angestammte Heimat, aus der man sie seinerzeit so brutal vertrieben, ja fast ausgerottet hat. Vor dem offenen Kamin eines nun fensterlosen, nicht mehr gedeckten Ziegelsteinhauses ruhen, in dunkelglänzende Pelze gehüllt, zwei junge, vollschlanke Damen des See-Elefantenklubs. Sie drehen ihre Köpfe in unsere Richtung, betrachten uns mit gelangweiltem Blick aus tiefschwarzen Kugelaugen, die sie gleich wieder schließen, um weiterzuschlafen. Drei, vier andere watscheln, vor Anstrengung keuchend und des öfteren innehaltend, zu ihrem gewohnten Einstieg am Felsenstrand.

Nahe beim Ende der Landzunge, wo es ziemlich steil nach oben geht, stehen ein paar Rockhopper, die uns nicht gerade freundlich anschauen. Damit sind die Felsenspringer gemeint, von Gelehrten Eudyptes crestatus genannt, die kleinste der im antarktischen Raum vorkommenden Pinguinarten. Was sie auszeichnet, wodurch sie besonders auffallen, sind goldgelbe Federchen über jedem Auge, die sich nach hinten zu fingerbreiten Büscheln zerteilen und vom Kopf abstehen. Das sieht so komisch aus, daß unsereins gar nicht anders kann, als über die possierlichen Tiere zu lachen. Auch sonst ist ihr Betragen so lustig, als wäre jeder Rockhopper bestrebt, sich um die Rolle eines Clowns im Zirkus zu bewerben.

Doch alles, was die Felshüpfer tun oder lassen, wie sie aussehen, ist von der Schöpfung haargenau ihren Bedürfnissen angepaßt. Glänzend schwarz das Gefieder des Kopfes, des Rückens und der Stummelflügel, schneeweiße Brust, abwärts vom roten Schnabel bis hinunter zu den rosaroten Füßen. Alle bleiben am gleichen Fleck, wenden sich aber den Fremden zu, von deren Art wie auch Gefährlichkeit sie offenbar nicht die geringste Ahnung haben. Dennoch erscheint mir der Ausdruck ihrer braungelben Augen mit schwarzem Punkt darin mißbilligend zu sein. Sie mögen uns nicht, doch andererseits empfinden sie keine Furcht. Aber ihnen gehört das Territorium, weshalb sie keinen Grund sehen, es für uns zu räumen.

Wenn man sie beisammen sieht, zu zweit, zu dritt, auch in Fünfergruppen, so dürften es in meinem Gesichtskreis etwa hundert Springer sein. Aber hinter der Kante des Abhangs, auch jenseits der Landzunge und höher den Hang hinauf sind noch mehr, viel mehr. Was sie tun, was sie treiben? Ungefähr dasselbe wie Menschen nach getaner Arbeit, wie Hausfrauen nach dem Einkauf oder Nachbarn bei der Begegnung. Sie erzählen sich was, sie reden und ratschen. Ihre Schnäbel stehen niemals still.

Je länger ich sie betrachte, ohne mich zu rühren oder zu fotografieren, desto mehr vermag ich zu erkennen, daß sich doch allerhand in dieser Gesellschaft tut. Einige entfernen sich aus der Versammlung, hüpfen in grotesken Sprüngen von einem glattgeschliffenen Lavastein zum anderen, bis sie an der meeroffenen Seite der Landzunge die Brandung vor sich haben. Erst wenn eine Gruppe von sechs oder sieben zusammen ist, springen und watscheln sie ins schäumende Wasser. Teils schwimmen sie, teils tauchen sie durch die anrollenden Wogen ins tiefe dunkle Wasser, wo sie fürs menschliche Auge nicht mehr sichtbar sind.

Dort ist ihre eigentliche Welt, dort ernähren sich die nichtflugfähigen Vögel. Erst im Wasser entwickeln die Pinguine ihre fabelhafte Beweglichkeit, das verblüffend rasche Tempo. Sicher hat Roger Tory Peterson recht, wenn er sagt, daß Pinguine eben doch imstande sind zu fliegen, nämlich unter Wasser. Auf dem Land lebt kein Tier, das dem gesunden Pinguin nach dem Leben trachtet. Doch im Wasser lauern ihre Feinde, die Leopardenseehunde, die Schwertwale und die Haifische. Sich dort das Futter zu holen, kleine Fische und Krillkrebse vor allem, ist eine gefährliche Sache, ein Existenzkampf auf Leben und Tod. Von Komik keine Spur.

Ich sehe sie in den Brandungswellen wieder auftauchen. Ein Wunder, daß sie von der Wassergewalt nicht im Labyrinth der zahlreichen Lavafelsen zerschlagen werden. Aber sie kennen sich aus, sie schwimmen, tauchen und schwänzeln hindurch. Können sie mit den Stummeln nicht fliegen, so dienen gerade diese Stummel als ideale, sehr kräftige Schwimmflossen in dunkler Tiefe wie in dem oft wilden Wassergetümmel am Ufer.

Wie von einer starken Feder abgeschossen, springen sie aus dem Wasser bis zu drei Meter hoch. Sobald sie aber festen Boden unter den Füßen haben, wird die Ruhepause von einem Sprung zum anderen länger. So als müßten sie erst wieder Kräfte sammeln. Die Rockhopper können sich zu Lande gar nicht anders als in Sprüngen bewegen. Viele tausend Sprünge pro Tag müssen das sein, denn ihre Brutplätze, die Schlafstellen eines jeden Paares liegen droben am Hang, mindestens hundert Höhenmeter über dem Strand. Bei beginnender Dämmerung springen sie dort hinauf, und früh am Morgen hüpfen sie wieder hinunter. Was wir sehen, sind Eltern ohne Kinder, erwachsene Hopper, kein Nachwuchs.

Inzwischen haben die »Explorer« mit dem Filmen und Fotografieren begonnen. Sie gehen dabei bis auf weniger als einen Meter an die Pinguine heran, was diese mit stoischer Ruhe aushalten, obwohl sie die Äuglein zusammenkneifen und ihren nächsten Nachbarn zuschnattern, was sie von dem Besuch halten. Rücken aber die Kameras noch näher, zieht sich das Tier um eine Sprungweite zurück.

Mich packt das kalte Grausen beim Gedanken, daß früher, bis noch vor fünfzig, sechzig Jahren, geldgierige Menschen viele Tausend Pinguine, und zwar viele Tausend an einem Tag, noch lebend in die riesigen Kessel geworfen haben, um aus ihren Leibern Tran zu kochen. Mit den übriggebliebenen, von Fett durchtränkten Federn wurden die Kessel fürs nächste Hundert der harmlosen Opfer beheizt!

Ein meterbreiter, vermutlich von den Robbenschlägern, Pinguinkochern, von den Fischern und auch Hummernfängern stammender Weg führt vorbei an den verfallenen Gebäuden, um etwa die Hälfte des Kratersees. Die Seehunde, die Seeleoparden und auch See-Elefanten, die sich dort niedergelassen haben, rücken nicht beiseite. Man muß sie umgehen oder über sie hinwegsteigen. Die Bullen sind fürs Übersteigen zu groß, vor allem zu breit. Haben sie neben sich ein gewölbtes Weib, ist trotz des allgemein friedlichen Verhaltens der Herren Vorsicht geboten. Der Fleischberg empfindet Eifersucht, hebt das Haupt, öffnet den rosaroten Rachen und rümpft gewaltig die Nase. Das Gegrunze dazu hört sich schrecklich an. Es soll Furcht erregen.

Aber die Mehrheit der See-Elefanten, die zur Zeit am Strand von St. Paul liegt, besteht aus Jungvolk, in der Hauptsache aus weiblichem Jungvolk. Sie alle tun weiter nichts als Wachsen, täglich ein paar Zentimeter. Dicht auf dicht liegen sie nebeneinander. Zwischen zwei, vier oder sechs Monate seien sie alt, erklärt Dennis Puleston, sie müssen noch jahrelang warten, bis auch für sie die Stunde der Paarung gekommen ist.

Gleich den Pinguinen haben auch Robben und See-Elefanten keine natürlichen Feinde auf festem Boden. Aber es kamen die »unnatürlichen«, die Robbenschläger, und haben während der schlimmen hundert Jahre auch die Säugetiere des Meeres bis auf geringe Reste ausgerottet. Doch auf wirklich wunderbare Weise hat sich die für die gesamte Antarktis geltende Schonung seit Mitte unseres Jahrhunderts ausgewirkt. Überall sind wieder die alten Sammelplätze der See-Elefanten, die Schlafstätten des Jungvolks und die Kinderstuben besetzt. Knapp dreißig Jahre haben genügt, die Massenmorde vergangener Zeiten wieder auszugleichen. Nur leider nicht für die Wale.

Zum Liebling der »Explorer«, zum Star aller Fotografen wird ein gut drei Meter langer und gewiß zwei Tonnen schwerer Pelzrobbenbulle, der sich als Schlafstelle einen großen, glatt polierten Lavablock gewählt hat, der sich dicht vor dem Strand inselgleich aus dem Wasser erhebt. Des Tieres korpulenter Körper reicht über den ganzen Felsen. Ein Anblick für Götter, diese totale Entspannung im Tiefschlaf, ein überaus fetter Leckerbissen für jeden Fotografen. Der Held des Tages, ein restlos apathischer Held, merkt nichts von der ihm zuteil werdenden Ehrung. Er schläft und schläft und schläft weiter den Schlaf des Wohlgenährten.

Links vom Weg sind mehrere dunkle Lavafelsen mit relativ glatter Fläche. Darin sind ein paar historische Daten mit Meißel und Hammer eingegraben: die Namen von drei englischen, zwei amerikanischen und einem italienischen Schiff mit der Jahreszahl ihres Besuches in oder vor dem Kratersee. Im Dezember 1848 fängt es an und endet mit dem Italiener im März 1856. Nichts liest man über den Zweck ihres Aufenthaltes. Das braucht nicht gesagt, erst recht nicht in Lavagestein gemeißelt zu werden. Man weiß ja, weshalb sie den so weiten Weg unternahmen. Es besteht kein Zweifel, daß es sich um die üble Zunft der Robbenvernichter und Pinguinkocher gehandelt hat.

Als ich den Fußweg so weit verfolge, wie es gerade noch möglich ist, allein, ohne Begleiter, mache ich zwei Entdeckungen. Erstmals sehe ich ein paar Dutzend Pelzrobben beisammen und erkenne im Glas noch viel mehr. Ich kenne sie gut, die Furseals, ich kenne sie von den Pribiloff-Inseln zwischen der Westküste Alaskas und der sibirischen Ostküste, kenne sie auch vom Kreuzkap in Südwestafrika. Überall, wo sie seinerzeit gelebt haben, wurden sie von Mitte des 18. bis zu Beginn des 20. Jahrhunderts ihrer kostbaren Pelze wegen erbarmungslos gejagt, das heißt, mit Knüppeln erschlagen.

Meine andere Entdeckung, als es auf dem schmalen und schlüpfrigen Weg nicht mehr weiter geht, ist eine Fumarole. Das dampfende, schwefelgelb umrandete Loch liegt von mir aus gesehen rechts am Hang, schätzungsweise fünfzig Meter hoch über dem Rand des Sees. Leider ist es dort hinauf gefährlich steil und rutschig. Ich versuche es, kann mich aber im knisterdürren Gras und dem losen Gestein nicht halten. Von droben rieselt ein kaum fingerbreites Bächlein herab, ein lauwarmes Gewässer, das in oder bei der Fumarole als Dampf herausgekommen ist. Im Glas kann ich sehen, daß sich um dieses Blasloch herum im Umkreis von etwa zwölf bis zwanzig Metern eine relativ dichte, tiefgrüne Vegetation ausbreitet, sehr verschieden von der weiteren Umgebung. Auf dem Schiff hat immerhin einer von unserem Stab dafür größtes Interesse, Keith Shackleton. Er muß wissen, was da wächst, nimmt unseren Botaniker mit, dazu einen langen Strick und begibt sich im Zodiac hinüber.

Es ist Nachmittag geworden, und Franz Lazi, mein guter Freund, weist mich darauf hin, daß sich die Rockhopper nach oben bewegen, hinauf zu ihren Schlafplätzen, zu ihren Kindern. Diesen Anblick, einen der seltsamsten der gesamten Antarktis, darf ich mir nicht entgehen lassen.

Der Aufstieg am steilen, glatten Hang wäre gewiß sehr ermüdend, hätten nicht die Pinguine während all der Jahrtausende ihrer Anwesenheit auf St. Paul durch tägliches Gehüpfe hinauf und hinab einen zwar schmalen, aber felsenfesten Weg hergestellt, eine regelrechte Rockhopper-Treppe zwischen hüfthohem Tussok-Gras. Sie wurde auch, so scheint es, von den Fischern und Fängern benutzt, um ein höher liegendes Niveau zu erreichen, wo man noch die Spuren und Reste einer etwa meterhohen Mauer sehen kann.

Oben wird das Tussok-Gras immer höher, und ich komme zu einem Absatz im steilen Hang, ein Plateau von etwa fünfzig Meter Durchmesser. Hier sitzen zu meinem nicht geringen Staunen junge Albatrosse auf ihren Nestern. Gelbschnabel-Albatrosse, um genau zu sein. Die Eltern sind nicht da. Auch diese Vögel kennen keine Angst vor Menschen. Ich fotografiere auf Armeslänge, verwende sogar Blitz, ohne sichtbar die Jungvögel zu stören.

Aber jetzt die Pinguine, die Felsenspringer auf dem Weg ins Nachtlager. Die ersten drei hüpfen heran, ungefähr wie Korken aus der Flasche. Als mich der Vorspringer erblickt, reißt es ihn zusammen. Er schaut mich an, als wäre ich ein Geist. Niemals ist ihm oder einem der Hüpfgenossen auf dem Heimweg ein Hindernis begegnet. Was ist da zu machen? Die Intelligenz, die Erfahrung, auch kein Trieb reicht aus, die Situation zu klären. Niemals wurde hier ein Umweg gemacht. So staut sich nun eine lang und länger werdende Kolonne hinter dem Vorspringer. Ich gebe nach und trete einen Schritt weit zurück ins Tussok-Gras, und sofort beginnt wieder das Gehüpfe. Kein Blick wird mir aus den kleinen rotbraunen Augen gegönnt.

Nie hüpfen zwei nebeneinander, dafür fehlt es an Platz. Hintereinander hopsen die Rockers, aber nicht in lückenloser Folge. Es gibt Pausen dazwischen, die Pinguine bewegen sich in Gruppen von fünf, von zehn, aber nicht mehr als zwölf Tieren. Wer die Reihenfolge festgelegt hat, ob diese Gruppen im »Dorf« Nachbarn sind oder von gleichen Eltern oder Großeltern abstammen, weiß ich nicht.

Es dauert ungefähr eine Stunde, bis alle vorüber sind. Keine Spur von Unordnung, sondern beneidenswerte Disziplin. Auf welche Weise ist sie entstanden, wer hat sie angeordnet und paßt auf, daß sich kein Pinguin vorbeibenimmt?

Wer eben noch versucht war, über die so komischen Pinguine zu lachen, der muß schier verzweifeln, weil er einem armen Rockhopper-Kind nicht helfen kann. Zwar steckt es noch im Jugendkleid aus dunkelbraunem Flaum, hat aber fast die Größe eines erwachsenen Felsenhüpfers erreicht. Sein Unglück ist der Verlust der Mutter. Vielleicht von Seeleoparden unter Wasser geschnappt, jedenfalls steht nun das Kleine schutzlos jener Welt gegenüber, wo es treusorgende Eltern ausgebrütet und bislang ernährt haben. Es ist nicht Sitte bei den Pinguinen, elternlose Jungtiere aufzunehmen, sie werden ihrem Schicksal überlassen.

Das Schicksal sind die Skuas, große, graubraune Raubmöwen. Sie fehlen bei keiner Pinguinkolonie, gleich welcher Art, gleich in welcher Gegend. Es ist ihre Aufgabe, davon leben sie, alle schwachen, verletzten, überalterten Pinguine, die kranken und verlassenen Küken zu beseitigen und die Kadaver zu vernichten. Gesundheitspolizei könnte man sie nennen. Aber so lange wie Aasgeier warten sie nicht, die Raubmöwen zerhacken ihre Opfer schon bei Lebzeiten. Allerdings erst dann und nur dann, wenn ihnen der untrügliche Instinkt gesagt hat, daß dies oder jenes Tier nicht mehr lange leben wird.

Am besten wäre es, wenn einer von uns das hilflose Junge erlöste. Natürlich habe ich mein Jagdmesser bei mir. Aber erstens bringe ich es nicht übers Herz, das unglückliche Wesen abzustechen, und zweitens verstößt jeder »Eingriff« ins Walten der Natur gegen die ungedruckten Verhaltensregeln der »Explorer«. Kläglich piepsend eilt das Jungtier weiter. Zwei Skuas auf einem Lavablock haben es bemerkt und werden wohl nicht mehr lange warten. Ein erwachsener Pinguin hat sich ein Bein gebrochen. Er kann nicht mehr springen, nur seitlich über den Boden kriechen. Bestimmt wird er eines der nächsten Opfer sein.

Die Furchtbaren Vierziger

Als wir nach vierzehn Stunden auf der St.-Paul-Insel wieder zur »Explorer« fahren, heben und senken sich die Wogen recht bedrohlich. Spritzwasser kommt über, in erheblicher Menge sogar, und der Sprung vom Rand des Zodiacs auf die Gangway, dieser kritische Moment, muß genau abgepaßt werden. Allerdings stehen zwei Männer bereit, den Springer ums Handgelenk zu fassen, um den Absturz ins wildbewegte Kaltwasser zu verhindern.

So kommen denn alle, auch die schwergewichtigen Damen nebst ihren besorgten Ehemännern, gut hinauf. Aber wie schon so oft vergessen ein paar Leute, ihre »Tacks« auf den Haken zu hängen. Das sind knapp daumengroße Holzplatten mit der darauf gemalten Kabinennummer. Sie hängen normalerweise an ihrem mit der gleichen Nummer versehenen Haken, gleich dort, wo man das Schiff verläßt, um über die Gangway abzusteigen. So weiß man auf der »Explorer«, wer von Bord ging und wer nicht. Wesentlicher ist zu wissen, ob kein Mitreisender zurückblieb, wenn es weitergehen soll. Fehlt ein »Tack«, wird der vergessene Passagier so lange durch Lautsprecher gerufen und gesucht, bis über seine Anwesenheit an Bord kein Zweifel mehr besteht. Erst dann setzt sich unsere »Explorer« in Bewegung.

Kapitän Hasse Nilsson selbst hält heute abend einen Vortrag, nicht im Pinguin-Raum, sondern ganz formlos in der Lounge. Erst geht es darum, wie so ein Schiff funktioniert, was es alles zur Navigation braucht und was der Zweitausenddreihundert-Tonnen-Pott an Sprit, Öl und letzten Endes an Verpflegung verbraucht. Sehr aufschlußreich für alle, die es bisher nicht gewußt haben. Danach aber geht es um ganz besondere Leistungen der »Explorer«. Franz Lazi aus Stuttgart berichtet im kleinen Kreis über die Jungfernreise der »Explorer« 1968, die er mitgemacht hat. Eine Menge kleiner Pannen hat es da gegeben, die elektrische Versorgung versagte, an Bord herrschte totale Dunkelheit, auch verschiedene kleine Brände brachen aus. Aber Ende gut, alles gut. Niemand kam zu Schaden, und alle technischen Pannen konnte man beheben.

Weil es auf Weihnachten zugeht, weil auch im November verschiedene Feiertage anfallen, begehen wir so manches Fest auf der »Explorer«. Fast jede Nation, die an Bord vertreten ist, hat Tage von besonderer Bedeutung. Allein schon der guten Kameradschaft wegen machen alle mit, zunächst das Erntedankfest der Amerikaner, *Thanksgiving* genannt. Ohne gebratene Pute ist das nicht möglich, und sie soll nach altem Brauch von denkbar größtem Umfang sein. Weil sich unsere chinesischen Köche weit besser auf die »westliche« Küche verstehen als auf die jahrtausendealte Kochkunst chinesischer Tradition, zaubern sie so köstliche und ganz verschiedene Truthahngerichte auf den Tisch, daß wir aus dem Staunen nicht herauskommen. Ein ebenso guter wie freundlicher Gedanke der Amerikaner ist es, zumindest einen der Nichtamerikaner an ihren Tisch zu bitten, außerdem eine Flasche des besten Champagners kommen zu lassen.

Meine Gastgeberin ist Mrs. Poepcke, dem Klang nach ein echt Berliner Name, obwohl der verstorbene Gatte schon drüben geboren war. Wer das gewesen war, darüber besteht bei gebildeten Amerikanern, vor allem den musikalisch gebildeten, keinerlei Zweifel, nämlich der Gründer, der Finanzier und überhaupt der Erfinder von Aspen. Darunter ist nicht allein das berühmte Zentrum des Wintersports zu verstehen, sondern Musikwochen erlesenster Qualität und mit ausgewählten Künstlern. Alles wurde von dem musikalischen Mr. Poepcke bezahlt, der sich ein riesiges Vermögen erworben hatte. Seine Witwe, an jenem Abend meine Gastgeberin, mag trotz blühender Gesundheit, lebhafter Augen und schlanker Figur gewiß schon die Achtzig überschritten haben.

Bei Königsberg geboren, mit allen möglichen preußischen Junkern verwandt, außerdem verschwägert mit dem in den Nachkriegsjahren bedeutenden US-Außenminister Dean Acheson, steckt sie voll amüsanter Anekdoten, ja kennt auch zahlreiche Skandälchen aus der wilhelminischen Zeit.

»Sehr deutlich«, bemerkte Mrs. Poepcke beiläufig, »habe ich noch die Abendkleider Ihrer Mutter in Erinnerung ... das enganliegende Silberlamékleid vom Presseball 1930. Die Farbe paßte gut zu ihren blonden Haaren mit dem rötlichen Schimmer darin.«

Als sie von der Tochter des damaligen amerikanischen Botschafters spricht und meint, deren Lebensführung sei doch recht leichtfertig gewesen, hebt sie lächelnd das Glas und sagte in leicht vorwurfsvollem Ton: »Sie waren ja auch daran beteiligt.«

Vierzig Jahre waren seitdem vergangen, aber manche Flirte verfolgen uns ein Leben lang, sogar bis in den kalten Süden.

Wieder ein Tag auf hoher See. Trübes Wetter, hoch heranrollende und tief hinabsinkende Wogen. Die Vorträge an Bord reißen nicht ab, auch wenn sich die lernbegierigen Zuhörer mit beiden Händen am festgeschraubten Stuhl festhalten müssen, um nicht durch den Pinguin-Raum zu rollen. Ted Walker spricht über Vulkanologie, Dennis Puleston über die Bedeutung von Krill im antarktischen Ökosystem, und abends sehen wir den wunderschönen Anglia-Film über die Seeotter an der Küste von Alaska. Noch vor etwa zwanzig Jahren waren sie bis auf wenige Exemplare ausgestorben, jetzt haben sich aber inzwischen dank strenger Gesetze auf fast wunderbare Weise die Seeottern wieder vermehrt auf ungefähr dreißigtausend Stück, wie man vermutet.

So geht es weiter durch die »furious forties«, die furchtbaren Vierziger, deren Ungestüm sich noch in Grenzen hält. Ein paar Buckelwale am Vormittag, von den »Walwachen« pflichtbewußt gemeldet, aber wegen tiefhängender Wolken kaum fotografierbar. Statt dessen erregt ein im bewegten Wasser treibender Rettungsring großes Aufsehen. Unser Käptn, der einen Schiffbruch für möglich hält, läßt beidrehen, so daß unser Tonga-Mann den Fund mit dem Bootshaken fassen und herausholen kann. Kein Name, überhaupt nichts steht auf dem Ring, auch kein Hinweis auf seine Herkunft. Das Ding muß schon Jahre im Weltmeer schwimmen, denn es ist stark abgeschabt. Dennoch wird der rätselhafte Ring im Logbuch eingetragen und später irgendeiner Stelle gemeldet.

Am Heck stehen Mitreisende, die mit einer Hand so fest wie möglich die Reling umklammern, mit der anderen das Fernglas oder die Kamera vor den Augen. Es kann sich nur um Vogelfreunde handeln, die beobachten, was uns in weitem Bogen hinterherfliegt. Erst seit Amsterdam und St. Paul haben wir aufs neue gefiederte Begleiter. Ihre Namen, die meist im Ton hellen Entzükkens von einem Birdwatcher dem nächsten zugerufen werden, sagen mir nicht viel.

Da erscheint zu meinem Glück Rolf Dörnbach am Heck, im Zivilberuf bei der Esso in Hamburg, aus Leidenschaft Naturschützer und erstklassiger Kenner der Vogelwelt rund um den Erdball. Er sagt mir gleich, worum es geht, und zwar in deutscher Sprache. Da sind zwei Weißkinn-Sturmvögel, während von links ein Schwarzbraun-Albatros heranschwebt. Weiter hinten, direkt über dem Kielwasser, eine Schar Seeschwalben. In deren Nähe glaubt Rolf Dörnbach eine Kaptaube zu entdecken und dann sogar, herrlich anzusehen mit seiner enormen Flügelspannweite, einen Hellmantel-Russ-Albatros.

Die Heard-Insel gehört allein den Tieren

Nach unruhiger Nacht ein halbdunkler Morgen. Vor uns Wolken auf dem Wasser, die sich einem Gebirge ähnlich von West nach Ost hinziehen. Ihre Konturen wirken düster, abweisend und menschenfeindlich.

»Wie steht's mit Heard, kommen wir heute noch hin?« frage ich den Käptn.

»Wir sind schon da. Vor uns liegt die Heard-Insel.«

Das scheinbare Wolkengebilde ist die Insel, so auf Anhieb kann ich es nicht glauben, aber der Führer unseres Schiffs muß es wissen. Was so sehr die Augen täuscht, sind die wilden, bewegten Wolken, die vorüberziehen und teilweise das Gebirge verhüllen. Ein Jammer, dieses saumäßige Wetter, sagt ein

»Explorer« nach dem anderen beim Betreten der Brücke. Mit Foto und Film nichts zu machen, vermutlich auch nicht mit den Zodiacs. Angesichts der weißen Wellenkämme besteht nur geringe Hoffnung, an Land zu kommen.

Heard, gelegen auf 53° südlicher Breite und 73° 3′ östlicher Länge, hatte zwar eine wissenschaftliche Station, wenn auch nur eine bescheidene mit wenigen Leuten, eingerichtet 1947. Aber sie wurde schon acht Jahre später wieder geschlossen. Seitdem ist, soweit uns bekannt, kein Naturforscher auf Heard gewesen. Sollte während der letzten zwanzig oder fünfundzwanzig Jahre jemand die sich selbst überlassene Insel betreten haben, hat er nicht darüber berichtet. Im »Antarctic Pilot«, der die Besucher solch einsamer Landflecken erwähnt, ihnen sogar einige Worte widmet, fehlt jede Angabe über die Zeit nach 1954.

Heard ist die höchste aller antarktischen wie auch der subantarktischen Inseln, der Mawson Peak (auf anderen Karten »Big Ben« genannt) steigt bis auf circa dreitausenddreihundert Meter an. Genau vermessen wurde er bisher noch nicht und soll bis heute unbestiegen sein. Gerüchten zufolge, die nicht nachzuprüfen sind, haben während der Stationszeit zwei bis drei Expeditionen, australische und französische, Erstbesteigungen versucht. Zwei davon sind mit Gewißheit gescheitert, eine dritte hat es vielleicht geschafft. Jedenfalls verbrachten die Männer fünf Tage eines schrecklichen Schneesturms ziemlich weit oben am Rande des Kraters.

Es fehlen zuverlässige Angaben über die Größe der Heard-Insel. Ihre gesamte Breite soll etwa fünfzehn Kilometer betragen, die gesamte Länge über dreißig Kilometer. Wie dem auch sei, übertrifft dies relativ kleine Land im antarktischen Ozean im Mawson Peak die luftige Höhe des höchsten Gipfels der Bundesrepublik, der Zugspitze.

Oft hat man gehört, und wir alle haben im »Explorer«-Merkblatt gelesen, daß sich hierzulande jede Art von Wetter schlagartig verändern kann. Aber wie rasch, das muß man selber mitgemacht haben, um es für möglich zu halten. Es ist wie das Öffnen eines Vorhangs im Theater, wenn er sich plötzlich in der Mitte teilt und nach beiden Seiten entschwindet.

Vor uns in der Mitte des Bühnenbilds erscheint wie durch Zauberei, glänzend im Sonnenlicht, umhüllt von schimmerndem Eis, der über dreitausend Meter hohe Gipfel. Nach beiden Seiten hin verlängern sich die Bergrücken, teils von Schnee bedeckt, in tieferen Lagen aber rotbraun, völlig nackt und ohne Vegetation. Davor sanft abfallende Hänge, die an ihrem Fuß bis zum steinigen Strand mit Gras, wohl auch mit Moos und Flechten bewachsen sind. Eine völlig flache, schmale Landzunge verläuft weit nach Westen, um sich an ihrem Ende in eine Ansammlung mäßig hoher Hügel zu verwandeln.

Die große Insel ist eine so seltsame, ungewöhnliche Erscheinung, als sei sie nicht von dieser Welt. Was weiß man schon von diesem Land. Falls die Berechnungen stimmen, hat Heard die beachtliche Ausdehnung von 378 Quadratkilometern. Aber je nachdem, welche Karte man betrachtet, stehen darauf für Berge, Buchten, Kaps und Halbinseln verschiedene Namen. Hier heißt der höchste Berg Mawson Peak, auf Freund Alberts Inselkarte steht Big Ben, und wieder anders liest man es auf anderen Karten. Höhenangaben schwanken um mehr als hundert Meter.

Ebensowenig herrscht Klarheit über die Entdecker von Heard. Nach der einen Lesart hat Peter Kemp, britischer Robbenschläger und Skipper auf der Brigg »Magnet«, im November 1833 die Insel als erster gesichtet. Nach anderen Behauptungen war es der amerikanische Captain Heard an Bord der »Oriental«, vor dessen Augen gut zwanzig Jahre später die Umrisse der Insel auftauchten. Obwohl der Robbenschläger wegen treibenden Eises nicht näher als bis auf fünfundzwanzig Seemeilen an die Insel herankam, gab er ihr seinen Namen.

Überhaupt ist es so eine Sache mit den Entdeckern und ihren mutmaßlichen Entdeckungen, erstens im allgemeinen und zweitens besonders in antarktischen Gewässern. Gleich nach den Berichten des wohl größten aller Entdecker, des Kapitäns James Cook, über den Reichtum an Walen, Robben und See-Elefanten in jenen Gewässern hatte der Wettlauf geldgieriger Robbenschläger und Walfänger begonnen. Wer von den ebenso furchtlosen wie habgierigen Seefahrern einen lohnenden Strand, eine von dickleibigen Tieren gut besetzte Insel gefunden hatte, behielt seine Entdeckung geheim, so streng wie nur möglich. Er wollte seinen Fund mit niemandem teilen und so lange wiederkommen, bis die letzte Tonne Tran, bis das Fell der letzten Pelzrobben geborgen war. Die meisten dieser Leute führten kein Logbuch, weil weder Lesen noch Schreiben zu ihren Fähigkeiten gehörte. Ihre Mannschaften hatten keine Ahnung, wo sie gewesen waren, konnten also niemandem die von ihrem Käptn so hochgeschätzte Insel verraten. Der allein besaß so viele nautische Kenntnisse, daß er sich in antarktischen Gewässern einigermaßen zurechtfand. Weshalb wir annehmen müssen, daß viele, wenn nicht die meisten im südlichen Eismeer gelegenen Inseln lange vor ihrer offiziellen Entdeckung doch schon einigen Seeleuten bekannt gewesen sind.

So heißt es im Antarctic Pilotbook auch von Heard ebenso kurz wie schlicht: »Die Insel wurde während des vorigen Jahrhunderts bis noch zu Beginn des 20. Jahrhunderts häufig von Robbenschlägern und Trankochern besucht.«

Dies mochte der Anlaß gewesen sein, daß eines Tages England die Heard-Inseln für sich beanspruchte. Natürlich standen solche Annektionen nur auf dem Papier, niemand kümmerte sich darum. Bis man in Australien auf den Gedanken kam, zwecks geodätischer Vermessung, vulkanischer Forschung und Wettervorhersage dort eine wissenschaftliche Station einzurichten. Ohne weiteres überließen die Herren des Londoner Kolonialamtes die Heard-Insel den

Australiern. Diese erschienen denn auch mit allen nur möglichen und nötigen Ausrüstungen im Herbst 1947 und setzten bei der Atlas-Bucht aus vorgefertigten Teilen ihre winterfeste Station zusammen. Aber so schwierig erwies sich deren Versorgung, so überaus schlecht das Wetter während fast des ganzen Jahres und so gefährlich das Leben außerhalb der Hütten, daß man sich nach zwei Menschenverlusten 1954 entschloß, alles wieder aufzugeben. Seitdem, so hat unser Kapitän von den dafür zuständigen Stellen erfahren, war keine Menschenseele mehr auf Heard gewesen. Sollte trotz dieser amtlichen Auskunft jemand dort gewesen sein, dann illegal.

Unser Schiff dagegen hat nicht nur die offizielle Erlaubnis, sondern ist dazu noch von Australiens führenden Zoologen gebeten worden, festzustellen, ob es nun wieder einige Pelzrobben sowie Königspinguine auf der Insel gibt. Diese waren nämlich wie so viele andere Tiere während der schlimmen Zeit restlos ausgerottet worden.

Kaum ist es zu glauben, aber entgegen allem, was die Massenmedien verbreiten, gibt es noch in unserer Zeit, im letzten Viertel des zwanzigsten Jahrhunderts, zahlreiche Inseln, darunter ziemlich große Inseln, die kaum einer kennt, von denen man nicht einmal weiß, welche Tierarten dort zu Hause sind. Ganze Inselgruppen liegen im Südlichen Eismeer, die seit Jahrzehnten kein Mensch betreten hat.

Schon im ersten Zodiac, der nur sechs Personen an Bord hat, will ich an Land. Was leichter gesagt als getan ist, denn zunächst steigen überall steile Wände vor uns auf, gegen die noch starke Brandung rauscht. Erst nach der Umschiffung der sogenannten Saddle-Spitze geraten wir in ruhiges Wasser, und als wir einen Vorsprung namens Rogers Head hinter uns haben, öffnet sich eine zwar namenlose, aber ziemlich weite, windgeschützte Bucht mit flachem Strand. Darauf halten wir zu. Die große Kraft des kleinen Motors schiebt uns auf den schwarz glänzenden, kiesigen Strand. Nur bis zur halben Höhe der Wade reicht beim Verlassen des Schlauchbootes das quirlende Wasser.

Die See-Elefanten lassen sich vom Besuch zweibeiniger Säugetiere nicht stören. Es sind alles Jungelefanten, meist weiblichen Geschlechts, bereits von imponierender Größe, von zwei bis vier Meter Länge und einem Gewicht, das vermutlich die Tonnengrenze überschreitet. Fettwänste ohne Ausnahme. Breit hingelagert und offenbar friedlich gesonnen. Schönes, glattes, wie Seide glänzendes Fell. Es ist dunkel, ja sogar schwarz, wenn sie eben erst im Wasser gewesen sind, aber grau bis hellbraun, falls es trocken ist. Hier liegen sie in Erfüllung ihrer vorerst einzigen Aufgabe, nämlich zu wachsen. Wozu auch das Fressen gehört, so viel davon, wie in Maul und Magen hineinpaßt. Dazu dienen mehrere Ausflüge pro Tag, und deshalb ruhen die Jugendlichen so nahe dem Wasser wie möglich. Wie reich hier das Meer mit Nahrung gesegnet ist, mit Krillkrebsen vor allem, beweist das prall gefüllte Fell der Tiere. Schon jetzt, im Alter von sechs bis dreißig Monaten, sind alle von einer zumindest faustdicken Speckschicht umhüllt.

Nun, da wir sie anreden und mit freundlichen Worten begrüßen, öffnen sie ihre kugelrunden, vollkommen schwarzen, feuchtglänzenden Augen, heben auch ein wenig den Kopf. Weder das halbgeöffnete Maul noch der leicht krächzende Grunzton kann uns erschrecken. Es soll ja auch keine Drohung sein, vielmehr eine Art von Gegengruß. Die Schnauzhaare sträuben sich nicht, weder die Absicht der Flucht noch des Angriffs wird angedeutet.

Was wir sehen, die unschätzbare Menge der in wenigen Metern Abstand voneinander am Strand liegenden Jungtiere, ist der Beweis einer wirklich wunderbaren Wiederkehr der größten Robbentiere der Erde. Sie haben dank der Ungestörtheit seit vierzig bis fünfzig Jahren aufs neue ihre angestammte Heimat bevölkert.

Meine Freunde sind schon vorausgelaufen und haben sich im Gelände verteilt. Ich bin allein, was mir sehr gefällt. Ich gehe über die glatten Kiesel, stapfe ein paar Meter durch dunklen Sand und erreiche dann eine weite, großenteils mit Tussok-Gras bedeckte Ebene, die von meterbreiten und ebenso tiefen Furchen sowie von halbmeterhohen Hügeln unterbrochen wird, ähnlich den runden Hockern, wie man sie bei uns für überzählige Gäste in die gute Stube rollt. Auf jedem dieser Hocker steht ein Gentoo-Pinguin, bei uns Eselspinguin genannt, auf seinem Nest. Tausende müssen es sein, denn so weit das Auge sehen kann, erhebt sich ein grüner Hocker neben dem anderen, und alle sind mindestens mit einem, gelegentlich auch von zwei Pinguinen besetzt. Es ist die große Zeit des Brütens, weshalb sich in jedem Nest ein bis zwei Eier befinden. Bei manchen Paaren sind die Jungen schon geschlüpft, der kleine Kopf mit dem kurzen Schnabel und zwei neugierigen Augen schaut aus dem Gefieder des Altvogels.

Die Gentoo-Pinguine sind bis zu siebzig Zentimeter hoch und fünf bis sechs Kilo schwer. Ihr Schnabel erscheint im Vergleich zu dem anderer Pinguine relativ kurz. Die Augen glänzen in hellem Blau mit scharfblickender schwarzer Pupille. Das Federkleid von der Kehle abwärts bis zu den Füßen ist auf der Vorderseite cremig weiß, dagegen der Rücken dunkel, ebenso die relativ kleinen Stummelflügel, die sie im Wasser als Flossen benützen.

Die Eselspinguine brüten, so hat uns einer der Ornithologen dieser Tage vorgetragen, in der Zeit von Oktober bis März, ungefähr vierzig Tage lang. Meistens werden zwei Eier gelegt, davon ist das erste kleiner als das zweite, weshalb sehr häufig das erste und kleinere zugunsten des zweiten größeren geopfert, das heißt aus dem Nest gerollt wird. Darüber freuen sich die Skuas, jene dunkelgefiederten, gefährlich aussehenden Raubmöwen, die zu jeder Pinguinkolonie gehören.

Sind die Jungen flügge geworden, löst sich die Gemeinschaft auf. Wenn es wieder Zeit wird für die Paarung, fürs Brutgeschäft oder die Aufzucht eines oder auch zweier Kinder, kehren sie alle zurück. Das Männchen kommt zuerst, findet den alten Nistplatz oder sucht einen neuen. Ist die Wohnung geschaffen, richtet sich der Gentoo so hoch auf wie nur möglich, schwenkt lebhaft seine Flossen und vollführt gewaltigen Lärm.

Sollte der Ehepartner nicht mehr leben oder untreu geworden sein, läßt sich ein anderes Weibchen anlocken. Außerdem gibt es Jungmänner und Jungfern, die zum erstenmal brüten wollen, auch sie finden früher oder später ihre Partner. Der Lärm, das Durcheinander, der Streit um die besten Plätze muß zu gegebener Zeit unbeschreiblich sein. Bedenkt man noch, daß es auf einigen Inseln Pinguinvölker von mehreren Millionen gibt, wird sich kaum einer vorstellen können, wie es dort zugeht.

Ein paar Schritte gehe ich weiter, um zwischen die Pinguine zu gelangen, um einzutauchen in die vor mir ausgebreitete Welt ungewöhnlicher Tiere. Aber eisig kalt wird mir im gleichen Augenblick, und ich schaue nicht mehr auf kniehohe Hügel mit Nestern, sondern in grauweiße Wolken, so als wäre ich allein in einer abgeschlossenen Nebelkammer.

Noch schlimmer kommt es sogleich, denn aus unmittelbarer Nähe werde ich mit feinstem Schrot beschossen. Es sind unglaublich viele, wenn auch nur winzige Körner aus Eis, die mich unter dem Druck von ich weiß nicht wieviel Atü treffen. Rasch herumdrehen scheint mir instinktiv die einzig mögliche Rettung. Der Rücken mit dem daunengefütterten Anorak und der Regenhaut darüber können dem plötzlichen Beschuß einigermaßen standhalten.

Kaum bin ich wieder imstande, einigermaßen klar zu denken, bestürmt mich die Frage, was weiter werden soll. Wo mögen die Zodiacs sein, wo die anderen »Explorer«. Unmöglich, irgendeine Richtung zu erkennen oder gar einzuhalten. Jeder Ruf muß im Sturmwind untergehen, Signale vom Landeplatz sind gewiß nicht zu hören, erst recht keine vom Schiff. In der so blitzschnell hereingebrochenen Kälte wird es nicht möglich sein, auch nur eine Stunde zu überleben!

Was soll der Quatsch? Weshalb denn gleich in Angst geraten, ja in Panik verfallen? Ist ja schon wieder gut, alles in bester Ordnung. Die Sonne scheint, der Nebel ist weg und nicht die geringste Spur von Eiskörnern in der milden, ruhig dahinziehenden Luft. So ist nun mal das Wetter auf der Heard-Insel, darauf muß gefaßt sein, wer eine Insel im Bereich der »furchtbaren Vierziger« betritt. Im Fernglas ist zu sehen, daß sich auch die anderen Landbesucher gefaßt haben. Weiter streifen sie, einzeln und in Gruppen, durchs Gelände.

Die Pinguine schnattern um so lauter, je näher man ihnen kommt. Die knappe Distanz einer Armeslänge ist zu beachten, dann warnen die Schnäbel mit milden Stößen vor weiterer, unwillkommener Annäherung. Man hat ja Kleinkinder im Haus oder erwartet binnen kurzem deren Schlupf. Wenn es

Furchen im Gelände nicht erlauben, daß man den gebührenden Abstand einhält, erheben sich die Pinguine und hacken dabei schärfer drauflos. Dabei sieht man deutlich entweder die Bruteier oder das wollige Küken. Dann halte ich meine Fototasche vor das gefährdete Bein, um die Hiebe abzufangen.

Da wäre ich fast einem See-Elefanten in den drohend geöffneten, rosigroten Rachen gelaufen. Kein junger Elefant des Meeres, sondern ein schon halbwegs ausgewachsener Bulle. Er kann schon, zumindest andeutungsweise, die Nase rümpfen, doch echten Schrecken verbreitet er nicht. Neben ihm, besser gesagt, halb über ihm ein zweiter. Dahinter in der gleichen Furche liegen noch vier vollfette Weiber, die nicht daran denken, Platz zu machen.

Hier wurde die Landschaft von den Tieren geschaffen, in erster Linie von den See-Elefanten, die seit undenklichen Zeiten in dieser von Berghängen flankierten Ebene zu ruhen pflegen. Jeder Elefant, besonders jeder Bulle mit Harem, besitzt seinen durch Erbschaft oder durch Kampf erworbenen Ruheplatz. Dort rückt man möglichst nahe zusammen, dort erfolgt die Paarung, da entwickeln sich die Jungen im Mutterleib und werden geboren. Sobald die Zeit fürs Aufsuchen des nassen Elementes gekommen ist, die Futtersuche unter Aufsicht der Großen, rutschen die Familien zum Strand in die Brandung, um sogleich mit einer Wendigkeit und Geschwindigkeit, wie man sie den zu Land so schwerfälligen Tieren gar nicht zutraut, unter Wasser pfeilgeschwind zu jagen, zu fressen und munter zu spielen.

Vollgefressen und müde geworden, kehren Kühe und Bullen zurück an den gewohnten Ruheplatz. Weil das vor ihnen schon viele Hunderte, womöglich Tausende von Generationen ebenso getan haben, sind die fast metertiefen Furchen entstanden und ebenso die halbmeterbreiten Höcker dazwischen. Ihrerseits haben die Pinguine nichts weiter getan, als diese Höcker zu besetzen. Sie stehen gerade weit genug auseinander, um den gewohnten Abstand zu wahren. Wenn nicht schon das Tussok-Gras auf dem Höcker genügt, um die Eier gegen den immer feuchten Boden zu isolieren, schaffen die Pinguine noch Steinchen, Moos und Zweiglein herbei, um in Andeutungen Nester zu bauen.

Immer weitere Umwege muß ich machen, um an den See-Elefanten vorbeizukommen. Es werden nämlich mehr und mehr, obwohl doch der Weg zum Wasser immer weiter wird. Mitunter liegen sie so eng beisammen, so dicht übereinander, daß der eine zur Last des anderen wird. Da ist deutlich zu hören, wie die Unterdrückten schnaufen. Erstaunlich, daß Pinguine und Elefanten sich gegenseitig nicht im geringsten stören. Auf Tuchfühlung sitzen, brüten und schlafen sie nebeneinander. Keiner von den Fettwänsten rollt mit seinem schweren Leib über eines der Nester, während die Pinguine achtlos über See-Elefanten laufen.

Wieder überfällt mich ein »squall«, wieder stehe ich eingemauert in Nebel und werde aus scheußlichen Eiskanonen mit Feinkörnern beschossen, während grimmige Kälte bis ins Mark der Knochen dringt. Doch breitet sich Angst nicht mehr aus, mir kommen nicht einmal Bedenken, wie es denn weitergeht. Nach zehn Minuten, höchstens einer Viertelstunde ist über mir der Himmel wieder frei.

Stundenlang kann ich durch die unabsehbare Menge brütender, schlafender oder friedlich auf dem Nesthügel stehender Pinguine wandern. Einer sieht aus wie der andere, doch wenn der Ehepartner von erfolgreicher Unterwasserjagd zurückkehrt, durch die Furchen schreitend, über See-Elefanten steigend, gelegentlich auch zu dicht an fremden Wohnhügeln vorbei, meldet die bessere Hälfte schon von weitem die bevorstehende Ankunft. Worauf der im trauten Heim befindliche Vogel lautschnatternde Willkommensgrüße hören läßt.

Auch alle anderen, die auf seinem Weg der Heimkehrende passieren muß, reden viel und schimpfen laut. Da haben zwei Raubmöwen ein schon halbtotes Küken erwischt, das sie gierig zerreißen. Andere zerren gemeinsam an einem viel größeren Kadaver. Ähnlich wie eine Polizeistreife bewegen sich die Raubmöwen durch die Gassen der Pinguinstadt, erklimmen die gewölbten Rücken mächtiger Elefantenbullen, um von dort aus das Leben und Treiben, vor allem das Sterben des gefiederten Volkes zu überblicken.

Nun habe ich die Landzunge durchwandert. Vor mir fällt die weite, die so reich belebte Ebene zur Brandung an der anderen Seite hinab. Sand bedeckt hier den Strand, von draußen der Wellenschlag ist so bescheiden wie nur selten in der Antarktis. Drunten ein Fettwanst neben dem anderen, insgesamt viele hundert See-Elefanten. Jede Altersklasse ist vertreten. Besonders hübsch und fast graziös wirken die jungen Mädchen in seidenweichem, schön glänzendem Fell. Man sollte aber nicht meinen, daß die Jungfrauen des See-Elefantenvolkes unempfindlich sind gegenüber Annäherungsversuchen zweibeiniger Kavaliere. Da lächelt mir eine so freundlich zu, daß ich es nicht unterlassen kann, ihr den schönen Rücken zu streicheln. Wie das der jungen Dame gefällt! Sie verdreht ihre Kulleraugen, dehnt und reckt sich und läßt eine Art von Liebesgeflüster vernehmen. Sie will mir nachrobben, aber da bin ich schneller.

Gleich daneben ein grausames Bild. Gerade ist es dem unglücklichen Pinguin noch gelungen, bei der Jagd auf Krill draußen im tiefen Wasser dem Angriff eines Seeleoparden zu entkommen, aber dessen Biß hat ihm das Federkleid und darunter die Haut aufgerissen. Der Pinguin erreicht das Land und scheint noch recht gut auf den Füßen zu sein. Doch er blutet, rote Tropfen perlen auf dem dunklen Rücken. Sofort haben es die Skuas gesehen, zu viert haben sie den Verletzten umstellt. Der Ärmste ist rettungslos verloren, mit den krummen, scharfen Schnäbeln hacken die Raubmöwen auf ihn ein.

Ungefähr eintausendfünfhundert Meter breit ist die Landenge, aber weil ich sie auf dem Rückweg in schräger Richtung durchquere, auch weite Bogen schlage, um den Ansammlungen der See-Elefanten auszuweichen und nicht gerade mitten durch die größte Konzentration von Gentoo-Nestern zu marschieren, brauche ich länger als zwei Stunden. Zwischen der aus Nesthügeln und Furchen mit See-Elefanten bestehenden Ebene und dem Strand liegt etwa ein halber Kilometer breiter, freier Streifen, bedeckt von großen Kieseln und dunklem Lavasand. Hier nun folge ich der harten, festgetretenen und gut begehbaren Promenade der Pinguine. Es ist ihr Weg zum Wasser und wieder heim zu den Nistplätzen.

Ein vielbegangener Weg, zur Zeit lebhaft frequentiert. Die Eselspinguine schreiten vor mir in kleinen Gruppen, aber auch allein. Sie kommen mir entgegen wie Leute, die nach Dienstschluß soeben ihren Bus verlassen haben, oder wie Hausfrauen auf dem Heimweg von Besorgungen. Sie laufen weder rasch noch langsam, aber zielbewußt. Vor den Menschen auf ihrem Weg haben sie keine Angst. Nur wenn ich stehenbleibe vor einer Gruppe oder einem bestimmten Vogel den Weg versperre, finde ich Beachtung und Betrachtung. Bis auf zwei Schritt kommt das Tier heran, mustert mich von Kopf bis Fuß, wartet noch andere Genossen ab und beginnt zu schimpfen. Mich umgehen will keiner, ich soll gefälligst beiseite treten.

Es gibt viele Schleifspuren im Kies und Lavasand, nämlich die breiten Spuren von See-Elefanten. Sie haben es schwer an Land, einmal wegen ihres Gewichts und der Fettleibigkeit, dann auch weil ihnen die Flossen dabei so gut wie gar nicht helfen. Der Mensch geht etwa dreimal so schnell, wie sie kriechen. Alle zwanzig bis dreißig Meter müssen See-Elefanten verschnaufen, wieder zu Kräften kommen und sich aufs neue bemühen. Man kann deutlich sehen, welche Anstrengung es sie kostet. Aber sie haben Zeit, sehr viel Zeit. Dauert es auch Stunden, vielleicht gar einen halben Tag, am Ende schaffen sie es doch.

Um so größer dann die Freude und Befriedigung an der rasant schnellen Fortbewegung im Wasser.

Da kommt Roger Peterson von einem der Hänge herab, der Altmeister antarktischer Ornithologie ist ein wahres Wunder an körperlicher Fitness in hohem Alter. Ein glücklicher Mann am heutigen Tag! Er strahlt übers ganze Gesicht, als er mit blitzenden Augen erzählt, welch gefiederte Seltenheit er, teils nur auf Armeslänge entfernt, teils durch sein weitreichendes Fernglas an den Flanken der Berge gesehen hat: noch mehr als jene neunzehn Vogelarten, die nach Feststellung der schon 1954 geschlossenen Station auf der Halbinsel brüten. Nicht nur eine Art von Albatrossen, sondern zwei nisten auf Heard. Auch die Sturmvögel haben sich nach des Professors Meinung um einige Arten, vielleicht auch nur Unterarten, vermehrt. Er hat den Weißen Schleierschnabel gesehen sowie einige Sturmtaucher, die auf Heard bislang nicht bekannt waren. Der Antarktische Kormoran ist ebenfalls vorhanden, und wie Peterson sagt, könne man vom Kamm der Hügelkette in der nächsten Bucht eine

Gruppe von Chinstrap Penguins sehen, Hauben-Pinguine auf deutsch. Gemeinsam marschieren wir zum Strand.

»Da, sehen Sie«, er zeigt auf eine primitive, aber zweifellos von Menschen aufgerichtete Mauer aus grauen Lavabrocken.

»Da haben sie gehaust, die Massenmörder ... nicht viel besser als Raubtiere ... im Gegenteil, schlechter!«

Teilweise ist die Rundmauer eingestürzt, aber was noch steht, erreicht eine Höhe von knapp zwei Metern, während der Durchmesser ungefähr drei Meter ausmacht. Darüber, so klärt mich Tory Peterson auf, hat man die Häute besonders großer See-Elefantenbullen gelegt, gehalten und getragen von einem Gerüst aus Rudern, Treibholz und Walknochen.

»Zehn bis zwölf Mann blieben hier für mehrere Monate, für ein halbes Jahr ... während sich das Schiff entfernte, zu anderen Jagdgründen segelte, wo das gleiche geschah. Falls der Schoner, die Barke oder was es war, während einer der schlimmen Stürme zugrunde ging, an Riffen und Klippen scheiterte, im Eis zerdrückt wurde, mußten die Hinterbliebenen versuchen, sich mit Robbenspeck, Pinguinbraten und Wildpflanzen so lange am Leben zu erhalten, bis ein anderer Robbenschläger auftauchte oder bis ... ihr Leben aus natürlichen Gründen erlosch.«

Darüber können hundertfünfzig Jahre oder auch nur fünfzig Jahre vergangen sein. Die Steinmauer steht da, als könne auch die Ewigkeit solch einem Relikt aus der mörderischen Zeit nichts anhaben. Bei aller Phantasie, mit der ich sonst begabt bin, kann ich mir keine rechte Vorstellung machen, wie seinerzeit diese wilden Männer hier gelebt und gehaust haben, wie sie ihr übles Werk vollbrachten, wie sie stritten und lachten und die Tage, ja die Wochen schlechten Wetters in primitiver, ewig feuchter Unterkunft verbrachten.

»Widerwärtige Kerle auf der einen Seite«, sagte Peterson, »andererseits bewundernswert wegen ihrer Härte gegen sich selbst, wegen ihres Mutes und der Erfindungsgabe, die sie oft genug entwickeln mußten, um zu überleben, unglaublich zähe Burschen auf jeden Fall.«

Gleich hinter der nächsten Anhöhe, der letzten vor dem Strand, liegt schwarz und stark verrostet auf gewölbtem Boden ein runder Kessel mit einem Fassungsvermögen von schätzungsweise achthundert bis tausend Litern. Dahinein warfen die Robbenschläger die Speckstücke ihrer Beute, sei es von Walen, von See-Elefanten oder Robben, um deren Tran auszukochen. Der wurde in große Holzfässer gefüllt und in den Laderaum des Schiffes geschafft, wenn es wiederkehrte. Allein der Transport solch riesengroßer Eisenkessel von den USA und Europa zu den antarktischen Inseln muß eine höllisch schwere Arbeit, eine besondere Leistung gewesen sein.

Wir sind jetzt am Strand, wo uns die Brandungswellen nur ganz bescheiden, geradezu freundlich umspülen. Da treffen wir auch Dennis Puleston, Ted Walker und Henry Gardiner und den aus Alaska stammenden, in Saudi-Arabien lebenden Stuart Holm. Auch ein Zodiac liegt bereit, falls wir zur anderen Seite der Bucht hinüberwollen.

Drei Pinguine, eben dem Wasser entstiegen, haben auf ihrem Weg innegehalten, uns zu bestaunen. »Das sind ja«, ruft Peterson im hellen Ton des Entzückens, »Königspinguine, ist das eine Freude.« Große Vögel, bis zu achtzig Zentimeter hoch und wunderbar gefärbt. Am Hinterkopf, im Umkreis der Ohren tragen sie einen goldgelben Fleck. Je älter das Tier, desto deutlicher die Färbung. Sie heißen nicht nur Königspinguine, sie benehmen sich auch würdevoll, geradezu hoheitsvoll. Wir können mit ihnen sprechen, und sie antworten darauf in ihrer Sprache. Sie legen die Köpfe mal nach der einen, mal nach der anderen Seite, uns noch besser zu betrachten, meinen jedoch am Ende, wir seien wohl doch nicht die rechte Gesellschaft für sie und entfernen sich.

Damit nicht genug, haben Dennis und Stuart Holm bei ihrer Fahrt entlang der Felsenküste vom Zodiac aus, wenn auch im großen Abstand voneinander, sechs oder sieben Pelzrobben gesehen. Eindeutig waren es Bullen in Erwartung der noch nicht eingetroffenen Kühe. Mehr kann auch der leidenschaftliche Naturfreund nicht erwarten: Zwei auf Heard ausgerottete Arten sind wieder da, der Königspinguin und die Pelzrobbe. So hat sich der seit gut dreißig Jahren gehaltene Tierschutz auf allen Inseln, an sämtlichen Küsten der Antarktis aufs beste bewährt.

»Hinüber zur alten Station«, schlägt Dennis vor, »mal sehen, was davon noch übrig ist nach so langer Zeit.«

Vom Zodiac aus gesehen, vielleicht noch hundert Meter von der Küste entfernt, wirkt die verlassene Station wie ein sibirisches Dorf aus der alten Zeit. Grau die Balken, rostrot die Dächer, verwaschen die grünen Fensterläden und schiefhängenden Türen. Dazwischen, daneben und dahinter zersprungene Fässer, aufgeplatzte Kisten und zerbrochene Schlitten. Beim Näherkommen lassen sich auch noch unbeschädigte Kisten und Kästen erkennen, ebenso zugenagelte Truhen und Blechbehälter, die bis heute niemand geöffnet hat. Die sind womöglich zur Rettung von Schiffbrüchigen gedacht, und die noch aufrecht stehenden Hütten hat man offengelassen, damit Überlebende einer Katastrophe ohne weiteres dort Zuflucht finden. Aber, soviel man weiß, hat in all den verflossenen Jahren seit 1954 niemand von dieser Möglichkeit Gebrauch gemacht.

Unser Schlauchboot schürft auf den Sand. Wir steigen aus und begrüßen das hier ruhende Jungvolk der See-Elefanten. Pinguine vom Stamme der Gentoos sind auch vorhanden, aber nicht in so großer, dichter Menge wie drüben.

Ein hübsches, noch sehr junges, wenn auch schon reich mit Fett gepolstertes Elefantenmädchen findet sogleich Gefallen an unserem zwar jugendlich frischen, aber weißhaarigen Dennis Puleston. Man weiß ja nie, wo die Liebe hinfällt, und was ein antarktischer Amor mit seinem Pfeil anrichten kann, darüber fehlen noch die wissenschaftlichen Untersuchungen. Dieses Mädchen nun, weit anhänglicher, als ich es vorhin auf der Landenge erlebt habe, liebkost die Gummistiefel des Zweibeins, reibt sein weiches Fell an der rauhen Hose unseres Freundes und folgt dem guten Dennis, wohin er sich wendet.

Zuerst gehen wir durch den glitschigen Sumpf, durch triefend feuchtes Gras, den leicht schrägen Hang hinauf zur Station. Bald ist ein Menschenalter vergangen, seit hier Menschen gewohnt haben, dennoch glaubt man, noch ihre Nähe zu spüren. Ein seltsames Phänomen, das schon so manch sensitiver Besucher alter Wohnplätze in der Arktis wie in der Antarktis empfunden hat. Keith Shackleton zum Beispiel glaubt fest ans Weiterwirken menschlicher Substanz, menschlicher Strahlung oder wie man es nennen will an so absolut einsamen Orten. Er hat es besonders deutlich auf Elephant Island gespürt und genau die Stelle bestimmt, wo sein berühmter Verwandter, Sir Ernest Shackleton, mit seinen Gefährten, den Überlebenden des Schiffsbruches, viele Monate zubrachte.

Wohnlich allerdings sind die schon so lange sich selbst überlassenen Behausungen nicht. Die meisten Dächer eingedrückt, fast alle Türen vom Wind zerschlagen und der Innenraum kniehoch mit Treibsand gefüllt. Aber dies alles ließe sich in Ordnung bringen. Tische und Stühle, Bettstellen, eiserne Rundöfen und sogar ein Küchenherd sind vorhanden. Auch Kisten mit Kohle, Tonnen mit Heizöl und in Blechkisten eingelötet, Vorräte an Lebensmitteln für lange Zeit. Glühbirnen hängen von der Decke, das Elektroaggregat vergammelt in der Ecke, verrottete Bettwäsche hat man seinerzeit im Nebenraum aufgestapelt.

Ein Mäuschen huscht über meine Stiefel. Ted Walker zählt insgesamt fünf der graubraunen Nager. Im Freien können sie das ganze Jahr hindurch nicht leben, also haben sie ein Schlupfloch zu den Vorräten entdeckt. Auf einem der Versorgungsschiffe ist zumindest ein Mäusepaar nach Heard gelangt und hat die Atlas Cove der Insel zur Heimat aller seiner Nachkommen gemacht.

Aber es gibt in der ehemaligen Station nicht nur Mäuse, sondern vieltausendmal größere Tiere, mit anderen Worten See-Elefanten. Sie haben nach Abzug der Menschen die Siedlung übernommen. Fast aus jeder offenen Tür hängt mit halbem Leib einer der Meeressäuger heraus. Sie liegen im Hof zwischen Abfall und Mülltonnen, liegen auf dem vermorschten Holz der offenen Schuppen, und einer der älteren Bullen hält die Latrine besetzt. Es ist nämlich so, daß die See-Elefanten wie überhaupt Robben und Seehunde, ebenso auch Pinguine das gleiche Gelände bevorzugen wie die Menschen. Soll in der Antarktis eine Siedlung oder Station angelegt werden, sucht man dafür möglichst flache Stellen nahe dem Strand, aber hoch genug über der Brandung, daß auch bei Sturm und starkem Wellengang die Wogen nicht bis hinauf gelangen. Wo der Mensch nicht jene Tiere vertreibt und vernichtet, die dort seit undenklicher Zeit zu Hause sind, bleiben sie und lassen sich von gar nichts stören. Werden sie trotzdem verjagt, kehren sie gleich zurück, wenn die Luft wieder rein ist.

Die wirklich großen Bullen, die furchterregenden Nasenroller, jene Giganten von sechs bis neun Meter Länge, von drei bis fünf Tonnen Gewicht, sehen wir auf dieser Reise zum erstenmal. Sie ruhen eng aneinandergeschmiegt in Gesellschaft ihrer wohlgewölbten Weiber im sumpfigen Gelände hinter der Station, wirklich den Elefanten der afrikanischen Wildnis vergleichbar. Deren Gewicht können sie sogar übertreffen, und dicker sind, wenn es darauf ankommt, gar manche der Riesenrobben. Tritt ein Fremder näher an eine der Frauen heran, als es sich in See-Elefanten-Kreisen gehört, öffnet der dazu gehörende Bulle drohend sein gewaltiges Maul und bläst seine Nase zu einer Art Rüssel auf.

Zwei Holzkreuze auf Steinsockeln. Wegen des Sumpfes und allzu vieler Elefantenbullen können wir nicht bis zu den Kreuzen vordringen. Später höre ich von der Tragödie. Drei junge Männer waren von der Station aufgebrochen, um am Strand der Lawrence-Halbinsel junge Sturmvögel zu beringen. Da kam, wie das öfter überraschend geschieht, eine haushohe Sturmwoge angebraust, ergriff zwei der drei Mann und riß sie hinaus ins Meer. Einer konnte sich retten, der andere schrie verzweifelt um Hilfe. Jener dritte, den die Woge nicht erfaßt hatte, stürzte sich in die stürmische Flut, um, dabei das eigene Leben riskierend, den Ertrinkenden zu holen. Doch es gelang ihm nicht, beide sind ertrunken. Die Kreuze stehen noch, aber die Namen sind vergessen.

Wir gehen ein weites Stück am Strand entlang. Dennis Puleston kommt nicht so rasch voran, er muß alle dreißig bis vierzig Schritt warten, daß seine Freundin nachkommt. Sie ist ganz außer Atem, verdreht die Augen und hört nicht auf, ihren Menschenfreund anzuhimmeln. Das See-Elefantenmädchen kommt bis zu unserem Zodiac mit. Dort stellt Dennis, wenn auch mit gesenktem Blick, den Außenborder auf volle Kraft.

Wieder überfällt uns ein »squall«, diesmal einer, der nicht gleich vergeht. Heftiger Wind, dann auch starker Sturm packt uns von hinten. Eisige Kälte kriecht durch Regenhaut, Eiderdaunen und Schurwolle. Die eben noch sanften Wellen werden zu wilden Pferden. Der schöne, der so seltene, nur als überraschende Ausnahme erlebte Sonnentag ist vorüber. Schon sind wir in dichtem Nebel und werden naß trotz aller Schutzkleidung. Da erscheint direkt vor uns die rote Wand der »Explorer«. Wir können einer nach dem anderen auf die schwankende Plattform der Gangway springen, da wird es schlagartig so finster wie in dunkler Nacht. Als unser Schiff abdreht ins offene Meer hinaus, weichen für Minuten der Nebel und die Wolken. Wir sehen Mount Marvin bis zum Rand seines Kraters hinauf. Der aufsteigende Rauch ist rötlich gefärbt.

Inseln, durch die noch keiner ging

Dem schönen, meist sonnigen Tag folgt eine stürmische Nacht. Ein derart tolles Stampfen und Schlingern des Schiffes haben wir noch nicht erlebt. Aus Vorsicht fährt der Käptn nur mit verhaltener Kraft. Mitunter scheint es, als würde die »Explorer« auf der Stelle treten. Allenthalben im Schiff sind wieder Taue gespannt, an denen wir uns festhalten, möglichst mit beiden Händen. Aber wie unversehens das Schiff stark nach Backbord überholt, greift Miß Violet Tate am Haltetau vorbei und fällt kopfüber auf die Tanzfläche. Von dort steht sie nicht wieder auf. Der Obersteward und ich helfen ihr hoch. Aber sie hat das Bewußtsein verloren, wir können sie nur im nächsten, am Boden festgeschraubten Sessel deponieren.

Gleich kommt der Schiffsarzt, Dr. Lindhagen, der bisher allein durch vollkommene Schweigsamkeit aufgefallen ist. Sonst aber, in seiner Eigenschaft als Mediziner, ist nichts an ihm auszusetzen. Er meint, daß bei Mrs. Tate sowohl der linke Unterarm wie das linke Fußgelenk gebrochen sind. So wird die Ärmste mit vereinten Kräften ins Hospital gebracht, kann aber wegen der heftigen Schiffsbewegungen vorerst nicht geröntgt werden.

Bei nachtschlafender Zeit im Bett kann ich das Herausrollen nur in Bauchlage verhindern, mit der einen Hand zwischen Bett und Wand, mit der anderen die Außenkante umfassend.

Zwar liegt die McDonald-Insel, das nächste Ziel unserer Seefahrt, nur dreiundzwanzig Seemeilen Westsüdwest von Heard, aber erst gegen Morgen sind die umwölkten Konturen der Inselgruppe zu erkennen, nur für wenige Augenblicke.

Es sind kleine, dafür aber geheimnisvolle Inseln. Die relativ größte, McDonald selbst, ist weniger als anderthalb Kilometer lang und bestenfalls einen halben Kilometer breit. Beide Maße werden allem Anschein nach von der Höhe übertroffen, die bis zweitausend Meter reichen soll. Eine durch vulkanische Eruption entstandene Insel wie die meisten hier. Aus Lava, Basalt und Tuffstein besteht das rauhe, jeden Besuch ablehnende Gebilde. Davor und daneben ein halbes Dutzend mehr oder minder schroffer Felsen, die überaus imposant wirken, aber kaum als eigene Insel zu betrachten sind. Die größte, höchste und steilste Klippe heißt auf des Käptn Seekarte Shag. Wenn gerade wieder die Nebelschwaden aufreißen, sieht man eine Flatterwolke aus zahlreichen Vögeln, die den abgeflachten Gipfel umkreisen.

Ein britischer Robbenschläger namens McDonald, Schiffsführer der »Samarang«, hat 1754 die Insel entdeckt und, weil es so am einfachsten war, nach sich selber benannt. Eine Landung ist ihm nicht geglückt, obwohl er im Fernglas reiche Beute erspähte, nämlich Pelzrobben und See-Elefanten. Die blieben dank der gewaltig anrollenden Brandung auch weiter unbelästigt. Sogar »HMS Challenger«, auf der Suche nach Überlebenden der verschollenen »Wakefield«, konnte im Jahre 1774 keinen Suchtrupp an Land setzen. Während die deutsche Südpolarexpedition des Professors Erich von Drygalski an Bord der »Gauss« im Winter 1901/02 immerhin so nahe bei McDonald blieb, um recht wichtige Beobachtungen durchzuführen. Die vermeintlichen Inseln Flat und Meyer-Rock hingen durch Landstreifen mit der Hauptinsel zusammen, waren also bestenfalls Halbinseln. Dagegen erschien bei näherer Betrachtung ein Felsblock namens Morgan als meerumbrandete Insel.

Kaum ist zu glauben, daß bis zum heutigen Tag noch keinem Boot die Landung gelungen ist. Wenn trotzdem zwei Menschen, die australischen Forscher H. Thellander und M. C. Butt, auf der McDonald-Insel gewesen sind, am 27. Januar 1971, so war das nur mit einem Hubschrauber möglich, der von dem französischen Versorgungsschiff »Galieni« aufgestiegen war. Weil sich die beiden wegen rasch heraufziehenden Sturmtiefs nur fünfunddreißig Minuten (!) aufhalten konnten, war das Ergebnis ihres Forschungsfluges nur dürftig. Ein schlafender Vulkan ohne Fumarolen ist McDonald, großenteils bedeckt mit Tussok-Gras, Moospolstern der Azorella-Art sowie dem sogenannten Kerguélen-Gemüse. Viele Pinguine, vor allem Macaroni, kleine Scheidenschnäbel und Sturmtaucher sowie noch andere, bisher nicht deutlich erkannte Seevögel sind die Bewohner. Verschiedene Arten von Seehunden werden vermutet, aber noch nicht im einzelnen bestimmt.

Das ist alles, mehr weiß man nicht über McDonald und seine bisher von keinem Menschen besuchten Nebeninseln. Was aber die australische Regierung nicht davon abhalten konnte zu erklären, die Insel gehöre zu ihrem Commonwealth.

Wie sich wohl jeder Leser vorstellen kann, sind die meisten »Explorer« fest entschlossen, McDonald zu betreten, sei es auch bei nasser Landung bis zum Hals und anschließender Schußfahrt durch die Brandung. Zwei kiesbedeckte Strände sind vorhanden, wo man es nach unserer Meinung versuchen sollte. Aber Hasse Nilsson, nach lang anhaltendem, sorgsam prüfendem Blick durch sein stärkstes Glas, entscheidet sich dagegen.

»Ein paar von Ihnen«, meint er, »könnten zwar die Landung überleben, kämen aber nicht mehr an Bord zurück. Die Zodiacs können's nicht gegen die mächtigen Wogen schaffen, die sich am Strand überstürzen.«

Er muß es wissen, bei solch riskanten Unternehmungen hat allein der Kommandant zu bestimmten. So begnügen wir uns mit knapp der halben Umrundung der McDonalds. Eigentlich sollte es uns nicht schwerfallen, damit zufrieden zu sein. Wer hat denn diese Inselgruppe so nahe gesehen, sie fotografiert und gefilmt?

Später zeigt mir unser Erster Offizier jene Warnung im »Antarctic Pilot«, die sich mit dem Wetter bei der Heard-Insel und den McDonalds befaßt: »Starke Stürme erwachen plötzlich mit höchst erstaunlicher Geschwindigkeit. Im Jahresdurchschnitt erscheint die Sonne nur für eine halbe Stunde täglich und in manchen Monaten gar nicht. Mittlere Windgeschwindigkeit hundert Stundenkilometer. Zum größten Teil bleiben diese Inseln ganzjährig von Eis bedeckt, demgegenüber sind die Temperaturen relativ milde. Sie schwanken zwischen 9 Grad Celsius minus und maximal 9 Grad plus.«

Wieder ein paar Tage auf See, aber nicht mehr im gleichen Sturmgebraus wie zuvor. Unausgefüllt aber sind die landlosen Tage nicht. Im Gegenteil, man lernt viel bei den von Meistern ihres Fachs gehaltenen Vorträgen.

Im Pinguin-Raum sollen wir von Bruno Zehnder, einem großartigen Selfmademan unter den erfolgreichsten Fotografen der Welt, eine Reihe genialer Tricks erfahren, die womöglich auch unsere Aufnahmen wesentlich verbessern. Weil der Bruno, geborener Schweizer, nun in New York lebt, auch einige Lehrjahre in Japan verbrachte, hat er uns gewiß allerhand zu bieten. Alle gehen hin, um zu lauschen und auf der Leinwand möglichst viele Beispiele seines Schaffens zu sehen. Eingeführt wird Bruno vom Altmeister Roger Peterson, der es so gut mit ihm meint, das am Ende kaum noch zehn Minuten für den ausführlich Vorgestellten übrigbleiben. Was uns enttäuscht und den Bruno wütend macht.

Den fünfundsiebzigjährigen, von Leben sprühenden Captain Irving Johnson muß man möglichst mit seiner reizenden Frau Exy in ein gemütliches Eckchen locken, am besten in die Bibliothek, und auf geschickte Weise, wozu auch gute Drinks gehören, zum Erzählen auffordern. Dann öffnet er sein Gedächtnis und hält seine Zuhörer in atemloser Spannung.

Albatrosse folgen uns, Wander-Albatrosse, genauer gesagt. Auch wenn man sie lange im Fernglas betrachtet, möchte man glauben, daß sie ohne Anwendung von Körperkraft über uns schweben, das Schiff umfliegen, bis dicht aufs Wasser hinuntergehen, dann wieder hoch ins Firmament aufsteigen. Alles ohne die geringste Anstrengung. Sie machen sich, erklärt uns ein Ornithologe, die Thermik zunutze, gleiten auf Luftströmungen dahin, die ohne Instrumente kein Mensch zu bestimmen vermag, und scheinen sich beim Dahingleiten auszuruhen.

Keith Shackleton, auch die beiden Bendelius sind ganz sicher, daß sie vorhin steuerbords am Bug der »Explorer« einen See-Elefanten gesichtet haben. Hier in der Gegend, so weit von jedem Land entfernt, will ich das nicht recht glauben. Aber möglich sei es doch, belehren mich Dennis und Roger Peterson. Vor allem die Bullen können sich wochenweit vom Land entfernen. Land brauchen sie für die Monate der Paarung, zur Aufsicht über ihren Harem, überhaupt für die Freuden des Familienlebens. Hauptsache, sie finden Nahrung im weiten

Meer, und was Nahrung betrifft, sind gerade die antarktischen Gewässer am reichsten.

Indessen erscheinen am Horizont die ersten Eisberge, vermehren sich und erfreuen das Auge durch ihre Vielgestalt, auch Verschiedenheit der Farben. Dennoch meinen Stammgäste an Bord, die schon fünf, sechs und in einem Fall sogar sieben südliche Eismeerfahrten erlebt haben, vorerst lohne sich das Hinschauen noch gar nicht, mit den Eisbergen, überhaupt mit Eisbildungen fange es erst nahe beim Festland so richtig an, bei den Süd-Shetlands, Süd-Orkneys, Süd-Georgien usw.

Was mich betrifft, finde ich das Eis überall faszinierend, auch bei Spitzbergen, an beiden Seiten von Grönland und in der kanadischen Arktis. Keine noch so phantastischen, noch so bizarren Formen sind beim schwimmenden, treibenden und festgefahrenen Eis undenkbar. Immer wieder tauchen Formationen auf, erscheinen Farben, die man nie zuvor gesehen hat.

Während meiner ersten Antarktis-Fahrt auf der »Explorer« hielt ich für das größte aller von Eis geschaffenen Wunder die Gebilde in der Paradise-Bucht, am Lemaire-Kanal und bei der rauchenden, von schwarzem Lavastaub bedeckten Deception-Insel.* Diese Insel besteht nämlich wie die St.-Paul-Insel nur aus einem Krater, jedoch aus einem so großen Krater, daß selbst unsere »Explorer« durch ein natürliches Tor, genannt »Teufelsrachen«, hineinfahren kann. An einigen Stellen wird das Meerwasser im Kratersee auf vulkanische Weise so stark erwärmt, daß man darin baden kann. Nicht nur das, sogar ein Dampfbad habe ich dort genommen.

Weit ungewöhnlicher als dies Erlebnis war ein schwarzer Eisberg, der draußen vorübertrieb. Stürme der letzten Tage hatten Wolken von dunklem Lavastaub in seine Richtung geweht und damit den zuvor kristallweißen Berg in Trauerschleier gehüllt.

An diesem Abend Film und Vortrag des Ehepaars Johnson über ihre Reise im eigenen Segler den Nil stromauf und abwärts mit längeren Aufenthalten im Höhlentempel von Abu Simbel. Alles schön und gut angereichert mit Humor und sachkundigen Erklärungen. Nur meine ich, daß doch einer unserer Lektoren diesen freien Abend für ein ganz anderes, näher liegendes Thema hätte nützen sollen, für die Inselgruppe der Kerguelen. Diese nämlich sollen wir schon früh am Morgen des nächsten Tages erreichen.

Doch es fällt kein Wort darüber, weder im Pinguin-Raum von einem Herrn des wissenschaftlichen Stabes noch in der Lounge vor dem Dinner, wo es sonst üblich ist, dies oder jenes zu erwähnen, was demnächst auftaucht. Gewiß hat bisher keiner an Bord, weder von den Passagieren noch von den Lektoren, jemals die Kerguelen betreten. Aber darüber etwas zu lesen und den Mitrei-

* Eine kurze Schilderung enthält mein Buch »Es war mir nie zu weit«, C. Bertelsmann Verlag, München.

senden zu berichten, wäre immerhin möglich. Da gibt es eine Reihe von Büchern in der Bibliothek, außerdem das aufschlußreiche Antarctic-Pilot-Book und verschiedene Nachschlagewerke, in denen sich über die Kerguelen einiges finden läßt. Aber nur wenige schauen hinein, die Ornithologen, Ichthyologen, Insektologen und alle übrigen ... logen interessiert nur, was ihr eigenes, relativ enges Fachgebiet betrifft.

Die Kerguelen (ausgesprochen Kärgelen), das sind nicht wenige Inseln und Inselchen zwischen den Längengraden 48° 27′ und 49° 58′ Süd und dem Meridian 68° 25′ Ost und 70° 35′ Ost. Alle zusammen bilden die größte Landmasse im Subantarktischen Ozean, annähernd siebentausend Quadratkilometer.

Bedenkt man die Ausdehnung des Großherzogtums Luxemburg mit seinen 2506 Quadratkilometern oder des Fürstentums Liechtenstein mit nur 157, so umfassen die Kerguelen einen vergleichsweise sehr weiten Raum. Wenn das eine Nachschlagewerk von hundert Inseln spricht, das andere von dreihundert, hat das nicht viel zu bedeuten. Solche Zahlen hängen nur davon ab, was man noch als »Insel« betrachtet oder für Klippen, Riffe oder Felsbrocken hält. Im übrigen zeigt ein Blick auf die Seekarte, daß die Kerguelen derart zerrissen sind von Buchten, Fjorden, Landengen, Vorgebirgen, nahe dem Land liegenden Inseln verschiedenster Art, daß es sicher keinen Kenner gibt, der sich ohne Spezialkarten darin zurechtfindet. Weil noch schwimmende und gestrandete Eisberge dazukommen, weil ständig die Gletscher kalben, weil manche der Buchten von Packeis, von Schelfeis und auch Brucheis gefüllt sind, erscheinen die Kerguelen als tolles Durcheinander.

»Der Anblick dieser Insel«, so liest man in einer aus dem Beginn des vorigen Jahrhunderts stammenden Beschreibung, »ist so dramatisch und furchteinflößend, daß ich ganz überwältigt war.«

Strahlt ausnahmsweise die Sonne und haben sich die fast ständigen Stürme vorübergehend schlafen gelegt, erscheint die Inselgruppe als liebliche Landschaft. Grüne Wiesen, perlende Bäche, hellschimmernde Seen und reges Tierleben, vor allem sehr viele nistende Seevögel. Doch am folgenden Tag schon bieten die Kerguelen den Anblick schrecklicher Wildheit, Schauplatz entfesselter Naturgewalten.

Ein Seefahrer mit sehr schönem und langem Namen, aber von geringer Urteilskraft ist der Entdecker gewesen, der aus Honfleur stammende bretonische Vicomte Yves Joseph de Kerguelen-Trémarec. Seine Aufgabe war es, im Jahr 1771 mit der »Fortune« und der »Gros Ventre« jenes sagenhafte Südland zu finden, daß schon die Geographen des antiken Griechenlands in der Gegend des Südpols vermutet hatten, einfach als »logisches Gegengewicht« zu den Eismassen am nördlichen Polarkreis. Noch ganz befangen von diesen uralten Vorstellungen suchte Kerguelen-Trémarec nach einem von Menschen bewohnten Kontinent mit einem Klima, das ungefähr dem mitteleuropäischen entspräche. Der 49. Breitengrad, ungefähr der gleiche wie Paris, ließ dergleichen vermuten, als der Mann droben im Mastkorb am 13. Februar 1772 eine hohe, weit ausgedehnte Küstenlinie entdeckte.

Nach fünf Stunden schon verschwand der Anblick im Nebel, ohne daß es möglich gewesen war, einen Landeplatz zu erkennen. Erst am übernächsten Tag konnte nach großen Schwierigkeiten Kapitän St. Allouarne von der »Gros Ventre«, die relativ geringen Tiefgang hatte, mit ein paar Leuten in der später so genannten Seelöwenbucht die Küste der Kerguelen betreten. Doch bevor sich der Expeditionsleiter mit dem Kommandanten des »Gros Ventre« besprechen konnte, wurden durch heftigen Sturm die beiden Schiffe getrennt. Worauf Kerguélen den unverzeihlichen Fehler beging, ohne weiteres den sieben Monate langen Rückweg nach Frankreich anzutreten.

Als er dort anlangte, hatte sich seine Phantasie bis zur Grenze des Wahnsinns entwickelt. Ein wahres Paradies hatte er gefunden, in Wirklichkeit aber nicht betreten, ein grünes, fruchtbares, lachendes und liebliches Land, »Frankreich des Südens« genannt.

»Kein Zweifel kann bestehen«, heißt es in seinem Bericht an König Ludwig XV., »daß alle Früchte dort gedeihen, wie auch in Frankreich, wertvolles Holz, Mineralien, Diamanten, Rubine und Marmor wird man finden . . . sicher leben Menschen dort noch in ganz natürlichen Verhältnissen . . . die nichts wissen von den Schäden unserer Zivilisation. Dieses Frankreich des Südens kann uns wunderbare physische und moralische Fortschritte bieten.«

So ging es weiter über viele Seiten! Aller Wahrscheinlichkeit ist kein anderer Teilnehmer der Expedition zu Wort gekommen, auch nicht Kapitän Allouarne. Auch bei Berichten solcher Art waren oft schöne Wünsche die Väter der Gedanken!

Binnen weniger Wochen schon erhielt der Entdecker des so glückverheißenden Landes neue Schiffe mit frischen Mannschaften, um – wie es ausdrücklich hieß – das »Südliche Frankreich« mit mehr Geduld zu erforschen. Genauere Beobachtungen sollte er anstellen und einen Handelsposten errichten.

Ein böses Erwachen folgte, wie sich denken läßt, wenn man die Wirklichkeit kennt. Kein Tag ohne Stürme in den »fürchterlichen Vierzigern«, schlimmer noch in den »brüllenden Fünfzigern«. Skorbut an Bord bei faulender Verpflegung. Als es schließlich zur Landung kam: pausenloser Regen, fauchender Wind und Schneetreiben. Keine Bewohner natürlich, nur graues, karges, steiniges Land mit hohen, vereisten Bergen. Der Vicomte Kerguelen, gewissermaßen am Boden zerstört, nannte nun sein falsches Paradies »Land der Verlassenheit«.

Nur mit größter Mühe, nur mit knapp der Hälfte ihrer Mannschaft plagten sich die kaum noch seetüchtigen Schiffe zurück in die Heimat.

Kerguélen de Trémarec, der sich mit Recht von allen guten Geistern verlassen sah, fiel nicht allein in tiefe Ungnade, er wurde außerdem vor ein Sondergericht der Admiralität gestellt. Kerguelens Pech war unter anderem, daß während seiner Abwesenheit auf den leichtlebigen Ludwig XV. der sittenstrenge Ludwig XVI. gefolgt war. Der hielt nicht viel von Kerguélens Vergangenheit, hieß es doch von ihm, er habe seinerzeit so berühmte Damen wie der Marquise de Pompadour wie der Gräfin Dubarry, beide königliche Mätressen, ziemlich nahegestanden. Letzthin war dem Vernehmen nach weit Schlimmeres geschehen. Es gehörte zur Anklage, daß der Seefahrer während der so enttäuschenden zweiten Expedition ins südliche Eismeer seine Liebste mitgenommen hatte, eine gewisse Louise Severin. Als junger Matrose war sie verkleidet gewesen, gleich neben seinen Räumen hatte Louise gewohnt. Viele andere Verfehlungen, wirkliche sowie angebliche, kamen hinzu. Der Staatsanwalt beantragte zwanzig Jahre strenger Festungshaft. Zu vier Jahren wurde Kerguelen verurteilt, von denen er drei an Bord eines für Staatsgefangene bestimmten Schiffes verbüßt hat. Die arme Louise Severin verschwand für eine lange Zeit im Kloster. Sein Rang sowie all seine Ehren und Orden wurden Kerguélen aberkannt.

Eben deswegen schöpfte er bei Ausbruch der Französischen Revolution neue Hoffnung. Konnte doch der Entdecker mit Recht behaupten, ein Verfolgter des bisherigen Regimes zu sein. Tatsächlich wurde er wieder Marinekapitän, schließlich sogar Admiral der Republik. Die weitgereiste Louise kam auch wieder frei. Aber trotz seiner unbestrittenen Tapferkeit konnte der vom Schicksal verfolgte Kerguelen bei keiner der gegen England gerichtete Operationen allgemein anerkannte Siege erringen.

Ganz im Gegenteil, angesichts der immer radikaler sich entwickelnden Revolution wurde er als früherer Aristokrat und Volksausbeuter, als Feudalherr und ehemals Königlicher Offizier verhaftet, angeklagt und zum Tode unter dem Fallbeil verurteilt. Schon hatte man sieben Seeoffiziere gleichen Ranges hingerichtet, als mit dem Sturz des ebenso fanatischen wie grausamen Diktators Maximilian Robespierre die Schreckensherrschaft erlosch. Kerguelen erhielt seine Freiheit zurück, aber vorerst noch nicht seine beschlagnahmten Güter. Bis das endlich geschah, durch einen besonderen Erlaß Kaiser Napoleons, war Kerguelen de Trémarec ins Grab gesunken.

Nur ein Jahr später war Cook, der große Cook, im Labyrinth der Kerguelen. Vergleicht man die Phantasie des Vicomte mit den glasklaren, aufs genaueste recherchierten Berichten Cooks, so scheint es, als lägen Jahrhunderte zwischen den beiden Besuchern. Gegenüber dem bretonischen Feudalherren wirkt James Cook, der Sohn eines armen Landarbeiters, wie die Verkörperung der Neuzeit, des modernen Forschers. Alles stimmt, nach den von ihm angefertigten Seekarten kann heute noch jeder in den dortigen Buchten und Fjorden navigieren. Bei Cook ging kein Mann durch Skorbut verloren, wohlbehalten erreichten seine beiden Schiffe die Heimat nach jahrelanger Umsegelung der weiten Welt.

Leider hat aber Captain Cook, wie es seinem Bestreben nach Vollständigkeit entsprach, auch über den schier grenzenlosen Reichtum der Robben, Wale und Pinguine in den antarktischen Gewässern berichtet, dabei auch die Kerguelen erwähnt. Die Folge davon war, daß sich schon bald nach seiner Heimkehr viele Dutzend Robbenschläger dorthin aufmachten. Im Nördlichen Eismeer waren schon gegen Ende des 18. Jahrhunderts die Bestände an Robben, Walen, Seehunden durch rücksichtslose Bejagung, durch massenhaftes Abschlachten der Trankocher und Walfänger so weit vermindert worden, daß um das Jahr 1800 die im Südlichen Eismeer neuerdings entdeckten, überreichen Vorkommen der wehrlosen Beutetiere eine Verlockung sondergleichen darstellten.

Britische Walfänger und Robbenschläger waren die ersten Ausbeuter in der Kerguelen-Gruppe, bald schon erhielten sie amerikanische Konkurrenz. Falls man alten Berichten glauben kann, so waren zwischen 1793 und 1823 zur gleichen Zeit fünfhundert bis sechshundert Schiffe, natürlich relativ kleine Schiffe, meist unter hundert Tonnen, in den Kerguelen einschließlich der Crozet-Insel mit Robbenschlag und Trankochen beschäftigt. Aber echte Berichte und Zahlen fehlen ebenso, wie die Beteiligten aus Gründen des Wettbewerbs um möglichst strenge Geheimhaltung besorgt waren. Schließlich, im Jahre 1893, hatten es Geldgier und Massenmord so weit gebracht, daß nur wenige Wale, See-Elefanten, Pelzrobben und Pinguine übrig waren, daß sich Beutefahrten auf so weite Entfernung nicht mehr lohnten. Wenn auch später mit norwegischer Hilfe, als sich der Bestand an Walen, See-Elefanten und Robben erholt hatte, das Massentöten dieser Tiere wiederaufgenommen wurde.

Zu Beginn des Jahrhunderts begannen die Versuche der Brüder Bossiére, die Inselgruppe wirtschaftlich zu erschließen. Ein Abenteuer war es von über dreißigjähriger Dauer, vielversprechend und stets dramatisch. Nicht nur betrieben sie Schafzucht, sie fanden und förderten auch Kohle, allerdings lohnte es sich nur für den Eigenbedarf. Schweine gedachten sie zu züchten, wollten sie auch der Vermehrung in freier Wildbahn überlassen. Gar nicht schlecht fing es an, nur war für die meisten Mitarbeiter die totale Einsamkeit nicht zu ertragen. Am Ende, das heißt im Jahr 1931, ergriffen die letzten vier Schafhirten die Flucht. Zwei ihrer Kameraden waren gerade gestorben, an Schwermut, wie es den Anschein hatte. Als völlig unerwartet ein Vermessungsschiff auftauchte, sprangen die vier Überlebenden während des Essens vom Tisch, eilten zum Strand und bestiegen das Fahrzeug ihrer Retter. Keiner der Bossiéres, auch kein Vertreter ihrer Gesellschaft, kam jemals auf die Kerguelen zurück. Als während des Zweiten Weltkrieges einer der deutschen Kaperkreuzer, die »Atlantis«, in die Fonderie-Bucht einlief, um bei der Cascade de Lozére Frischwasser einzunehmen, erblickte Kapitän Rogge von Bord seines Schiffes die verlassene Siedlung Port Couvreux. Er schickte ein Boot an Land, um festzustellen, was es mit den Gebäuden auf sich hatte. Sie waren, man sah es an einem Wandkalender, vor gut zehn Jahren ganz plötzlich verlassen worden. Die Reste einer damals begonnenen Mahlzeit standen auf dem Tisch, eingetrockneter Rotwein klebte noch im Glas.

Seit 1950 hat die französische Regierung in der Bucht von Morbihan für wissenschaftliche Zwecke eine hochmoderne, aufs beste ausgestattete und versorgte Station angelegt, mit Namen Port aux Français. Nicht weniger als zweihundert Mitarbeiter sollen dort tätig sein, darunter auch ein Dutzend Sowjetrussen. Mehr wußte man nicht, mehr wurde uns nicht gesagt.

Bei neblig trübem Nieselwetter umfährt die »Explorer« ein Kap namens Suzanne, gleitet mit nur halber Kraft, denn wir haben keinen Lotsen, in die Bucht de Morbihan und läßt vor der weitläufigen Siedlung Port aux Français den Anker fallen.

Wir sind überrascht von der Ausdehnung dieser Station, die dazu noch einen hypermodernen Eindruck macht. Die meisten Gebäude sind aus Stahlplatten zusammengesetzt, viele tiefrot bemalt, andere haben sich mit schlichtem Grauweiß begnügt. Nur wenige, und das sind offenbar die Büros und Wohngebäude, haben über dem Erdgeschoß noch eine zweite Etage. Über allem erheben sich die Funkmaste und weit ausgespannte Antennen. Öltanks natürlich, ein Heizwerk und viele Lagerschuppen. An Land gezogene Frachtschiffe kleineren Typs zwischen Werkhallen, Lagerschuppen und allen möglichen, hellweiß gestrichenen Labors. Sogar ein gewisser Straßenverkehr ist festzustellen, auch Kirche, Kino und Gewächshäuser fehlen nicht.

An Bord eines flotten Motorbootes erscheinen unverzüglich die Beamten an Bord, zur Kontrolle der Pässe und zollpflichtigen Waren. Das Verhalten ist korrekt, pflichtbewußt und betont höflich gegenüber den Damen. Relativ rasch sind die amtlichen Vorgänge erledigt. Drinks an der Bar werden vorläufig nicht akzeptiert. Also erst der offizielle Teil der Begrüßung, dann wird man sehen. Alle tragen Zivilkleider, aber so, als wären sie auch andere gewöhnt. Den Chef zu erkennen, fällt mir nicht schwer. Da ich selber zwölf Jahre im diplomatischen Dienst verbracht habe, außerdem noch Stabsoffizier gewesen bin, kann mir nicht entgehen, wie respektvoll ein Mann von etwa Mitte Vierzig behandelt wird, der sich geflissentlich abseits hält. Als ihn gar einer der Jüngeren mit »mon Commandant« anredet, ist die Sache klar. Wir befinden uns im Kreis von Militärs, die Station hat nicht allein wissenschaftliche Aufgaben.

Die Herren lehnen sich zurück, nicken befriedigt und lächeln den Passagieren zu. Unser Käptn, der stets weiß, was sich wann gehört, winkt Willi, dem Chefsteward, und schon werden Tabletts mit gefüllten Gläsern herumgereicht. Eines davon hebt »mon Commandant«, gibt sich als Inselgouverneur zu erkennen und spricht mit gewisser Feierlichkeit folgende Worte: »Die Kerguélen begrüßen das bisher größte Schiff im Bereich der Inselgruppe, mit nicht minderer Herzlichkeit begrüßen wir Sie, Mesdames et Messieurs, als erste jemals bis zu dieser Insel vorgestoßene Touristen. Außerdem ... cher Captain Nilssen ... bringen Sie zum erstenmal ein Schiff in diese Gewässer, das hier bei uns tanken wird ...à vous Mesdames et Messieurs ... à votre santé!«

Ans Tanken habe ich nicht mehr gedacht, an jene Mengen Dieselöl, ohne deren Aufnahme unsere besonders weite Reise gar nicht möglich wäre. Eigens zu diesem Zweck, nur allein für die »Explorer«, hat man schon im vorigen Jahr ein vieltonnenschweres Pumpgerät nach Port aux Français geschickt. Allein dafür hat unser Schiff einen speziellen Schlauch von mehr als hundert Meter Länge an Bord. Was das gekostet hat – von dreißigtausend US-Dollar wird gesprochen –, hat jeder von uns beim Begleichen der Reiserechnung deutlich gespürt.

Die Zodiacs nehmen uns auf. Über zwar nicht große, aber doch recht fühlbar stoßende Wellenberge schnurren wir zur Landebrücke. Weil sie aber zu hoch ist für Leute, die im Schlauchboot ankommen, rutschen wir ein Stück weiter den Slipway hinauf. Eine schräge Zementbahn ist das, über die man schwere Lasten, sogar kleine Schiffe, mit Hilfe einer Motorwinde nach droben befördert. Also können wir trockenen Fußes die größte der Kerguelen-Insel betreten. Mitten im Hafengebiet natürlich.

Da liegen gleich neben uns ein Haufen dicker, schwerer Säcke von rotbrauner Farbe. Weil ich mir nicht denken kann, was sie enthalten, stoße ich mit dem Fuß dagegen. Da öffnen sie die Augen und ein rosarotes Maul. Es sind See-Elefanten, die an ihrem angestammten Schlafplatz keine Störung gewohnt sind. Ein junger Bulle beschwert sich mit gekränktem Grunzen. Seine Geschwister rollen sich halb auf die andere Seite. Man schenkt uns keine Beachtung. Warum sollten sie auch. Menschen sind hier nichts Ungewöhnliches. Sie gehören ebenso zum Hafen wie knarrende Kräne, vorüberpolternde Lkw, heulende Sirenen und selbstverständlich die schlafenden Elefanten des Meeres.

Wirklich, sie sind überall, wohin man sich wendet. Sie ruhen im Straßengraben, auf den Gehsteigen sowie neben parkenden Autos. Vor offenen Werkstätten schlafen die Fettwänste, auch unter Lkws, die gerade entladen werden, sie haben sich in Schuppen geschoben, schlummern sogar zu viert, zu fünft oder sechst mitten auf der Fahrbahn. Sie können das im Naturschutzgebiet der Kerguelen tun, sie genießen dabei nicht nur Vorfahrt, sondern auch kompletten Schlafschutz. Wer es nicht schon weiß, den erinnert daran ein Dutzend Verkehrszeichen. Sie zeigen im gleichen Format und in derselben rotweißen Farbe wie bei uns eine aufgerichtete Elefantenrobbe. Damit wird gesagt und jedem Passanten und Fahrer ins Gedächtnis gerufen, daß er den schwergewichtigen Mitbewohnern der Ortschaft, gleich ob diese schlafen, wach sind oder sich gerade über die Straße wälzen, ausweichen muß. Notfalls setzen die Fahrzeuge zurück, um über freies Gelände oder einen anderen Weg ihr Ziel zu erreichen. Das wird noch strenger genommen, kann ich bezeugen, als die Rücksicht auf Indiens heilige Kühe.

Der Werkmeister Charles Vidot, dem ich schon an Bord der »Explorer« flüchtig begegnet bin, verläßt seinen Arbeitsplatz, um mich freundlicherweise durch Port aux Français zu führen. Dabei geht er methodisch vor, zeigt mir als erstes im Zentrum des Ortes am Fuß des Fahnenmastes mit der im Wind flatternden Trikolore den riesigen Tripot, jenen Eisenkessel, worin man seinerzeit die abgeschlachteten Robben zu Tran verkocht hat, der einzige erhaltene Tripot aus jener relativ frühen Zeit. Gleich dahinter ein anderes Relikt, das erste in Port aux Français errichtete Gebäude. Zwei Stock hoch ist es, grau gestrichen und aus Fertigteilen zusammengesetzt. Obwohl erst im Jahre 1948 errichtet, wirkt es in seiner neuzeitlichen Umgebung vergleichsweise altertümlich. Es folgen ein halbes Dutzend Labors, wo relativ junge Männer von so verwirrend komplizierten Meßgeräten, Apparaten und dergleichen umgeben sind, daß ich trotz Monsieur Vidots Erklärungen nur schwer verstehe, was sie betreiben. Ich kann nur hoffen, daß es zur Fortentwicklung, vielleicht gar zum Glück des Menschengeschlechts beiträgt.

Treibhäuser und Versuchsfelder, das Hospital, die Bücherei und natürlich auch die Bar (nur Fruchtsäfte) durcheile ich mit meinem Begleiter, ebenso eine Sporthalle und vor allem den gut eingerichteten, sicher auch sehr gemütlichen Speisesaal. Der baumlange Koch wird geholt, den seine weiße Mütze noch größer macht. Freiwillig hat sich der Küchenmeister hierher auf die Kerguelen gemeldet aus dem »Krokodil« in Straßburg, dem weithin berühmten Zwei-Stern-Etablissement, einem der feinsten Eßlokale der Welt.

»Kennese noch elsässerditsch pappele ... hännese noch net als värgässe ...?« frage ich den Wackes in seinem und meinem Heimatdialekt und freue mich so recht von Herzen an seiner maßlosen Verblüffung.

Zum echt Straßburger Essen will er mich einladen, heute abend noch, mit Gänseleber, Escargots, Speckkuchen und anderen guten Sachen nach Art des gesegneten Landes. Aber erst mal sehen, wie das Gemeinschaftsprogramm der »Explorer« gestaltet wird.

Von dreihundert Mann (aber keiner Frau) ist die Rede gewesen, so viele sollen hier tätig sein. Wieder eine Falschmeldung. Nur achtundsechzig sind es wirklich, und davon sind achtzehn auf einer der Crozet-Inseln stationiert. Platz allerdings ist für mehr als dreihundert vorhanden hier in Port aux Français, das stimmt schon. Auch die Verpflegung und sonstige Dinge für mindestens diese Zahl hat man eingelagert.

Für zwölf Monate verpflichten sich die meisten der jungen Männer. Doch es kann womöglich länger dauern, falls die Eisverhältnisse den Weg des nur einmal im Jahr erscheinenden Versorgungsschiffes »Marion Dufresne« versperren. Wer will, kann seinen Kontrakt um jeweils ein Jahr verlängern. Nicht wenige tun das, und es soll Leute geben, die bis auf weiteres nicht mehr weg wollen. Das hat seine Gründe, dieselben wie auf der Amsterdam-Insel.

Wir gehen und blicken in einige Unterkünfte. Sie sind recht behaglich eingerichtet mit Dusche und Bad natürlich. Wer will, kann ein Zimmer für sich allein haben, denn Platz genug ist vorhanden. In manchen Räumen herrscht vorbildliche Ordnung, in anderen schlimmes Durcheinander mit ungemachten Betten. Die meisten der jungen Männer sind ordentlich, sauber und zweckmäßig gekleidet. Andere wieder haben sich mit bunten Kopftüchern ausstaffiert, tragen ihre Haare schulterlang und haben struppige Bärte.

Ich frage meinen Begleiter nach der Ursache solcher Unterschiede, erhalte jedoch nur ausweichende Antworten. Meines Erachtens, was aber niemand bestätigen durfte, besteht die Mehrheit der hier tätigen Leute aus Soldaten verschiedener Dienstgrade, auch Wissenschaftler sind irgendwie der französischen Armee angeschlossen. Die übrigen jedoch, könnte ich mir denken, sind Wehrdienstverweigerer aus Prinzip oder Gewissensgründen. Also leisten sie hier Zivildienst, wofür die Erfassung in Frankreich weit strenger und strikter ist als bei uns. Zwar stehen sie im Vergleich mit den Zivil tragenden Soldaten unter nur lockerer Kontrolle, aber eben doch unter Kontrolle des Kommandanten.

Uns gegenüber sind alle liebenswürdig, hilfsbereit und höflich. Jeder Fahrer, der vorbeirollt, hält an und offeriert den freien Platz in seinem Wagen.

Es soll, verrät mir Monsieur Vidot, hin und wieder »psychologische Fälle« geben, und zwar in drei verschiedenen Arten: aggressive Streitsucht, tiefe Depression mit Selbstmordgedanken sowie völliges Verstummen mit Unlust zu jeder Art von Bewegung. Die beiden Ärzte erkennen schon zu Anfang die typischen Symptome, und meist gelingt es, durch medikamentöse oder soziale Behandlung diese Art von Patienten wieder ins Gleichgewicht zu bringen. Näheres darüber erfährt man nicht.

Nach Besichtigung der kleinen Kirche, deren Innenraum wegen seiner kunstvollen Art der Beleuchtung wahrhaft bewundernswert ist, lenken wir unsere Schritte zum Haus des Kommandanten. Darin befinden sich nicht nur sein Büro mit Sekretariat und Archiv, sondern auch Monsieur M.'s Privatwohnung. Wie es der Zufall will, werde ich beim Betreten des Büros Zeuge einer historischen Handlung. Da sitzen sich nämlich der Kommandant, sein Rechnungsführer auf der einen, unser Käptn Nilssen und sein Rechnungsführer, also seine Frau, gegenüber. Ausgerechnet in diesem Augenblick überreicht Amy Nilssen dem Inselgouverneur jenen Scheck, mit dem seine Rechnung für dreihundert Tonnen Brennstoff beglichen wird, die unser Schiff aufzunehmen im Begriff ist. Zum erstenmal in der Kerguelen-Geschichte, überhaupt in der Geschichte von TAAF, wird hier und am heutigen Tag ein fremdes Schiff aufgetankt. Die »Marion Dufresne«, das einmal im Jahr hier in Port aux Français auftauchende Versorgungsschiff, hat auch für seine Rückreise genügend Sprit im Bauch.

Gewiß ein guter Grund, edel gefüllte Gläser zu heben. So begibt man sich ins Nebenzimmer, wo sich bereits Frau Bieber befindet, die gesellschaftliche Ereignisse zu erahnen vermag, sofern diese bedeutend genug sind. Der Gouverneur läßt Pommery kommen, der schon vorgekühlt ist, und so trinken wir aufs Wohl des Präsidenten der Republik sowie aufs Wohl aller Anwesenden. Zur Erinnerung erhalte ich eine Sammlung der wirklich schönen Briefmarken von TAAF und für meine Frau ein paar polierte Kieselsteine vom Strand.

Als noch wichtiger erachte ich die Gelegenheit, einen Blick in die Bücherei von Monsieur le Commandant zu werfen. Da gibt es mehr als dreißig Bände einer »Documentation d'Administration des Terres Australes et Antarctiques Françaises«, eines für jedes Jahr des Bestehens der Station, und in jedem ein wenn auch leider nur kurzer Rückblick auf historische Erinnerungen, die mich besonders interessieren.

Alles stelle er mir gern zur Verfügung, sagt der Hausherr, wir hätten ja morgen noch einen ganzen Tag in Port aux Français, gefolgt von einem Essen, das man für alle Passagiere, auch für die dienstfreie Besatzung veranstalten werde. Der frühere Koch des Straßburger »Krokodil« als Chefkoch im Kasino der Kerguelen, davon könnte man daheim erzählen! Wegen der allzu knapp bemessenen Zeit nicht selber gesehen habe ich *das südlichste Soldatengrab* der Welt. Ein deutscher Matrose namens Hermann liegt dort bestattet. Er stürzte im Zweiten Weltkrieg beim Anstreichen vom Schornstein des deutschen Hilfskreuzers »Atlantic«, der sich im Labyrinth der Kerguelen verborgen hielt. Wie Fotos beweisen, wird das Grab von den Franzosen gut gepflegt.

Da rufen uns drei durchdringende Sirenen zurück an Bord der »Explorer«. Nicht nur, daß der Käptn uns voranschritt, im flotten Tempo lief er voraus! Aber Besonderes war nicht geschehen. Nur hatte man wegen aufkommenden Windes und dem davon verursachten stärkeren Wellenschlag vorerst das Tanken einstellen müssen. Grund genug, erst einmal das dringend benötigte Frischwasser aufzunehmen. Seit gestern schon reichte der Rest gerade noch für Zahnputz und Katzenwäsche. Dafür mußten wir in eine andere Bucht verholen, und schon gibt unser Käptn Anweisung fürs Ankerlichten.

So einfach nämlich, wie die meisten Landratten glauben, ist das Aufnehmen von Trinkwasser nicht, schon gar nicht bei so wilden, windigen, menschenfeindlichen Inseln wie den Kerguélen. Zwar gibt es dort eine Reihe schmaler Bäche, auch kleine und größere Tümpel, aber diese sind entweder verseucht vom Auswurf vieler Tausend Pinguine, von den Robben und See-Elefanten, oder es liegen noch Kadaver im oft sehr trüben Gewässer. Natürlich hat die Siedlung tiefe Brunnen, um daraus ihr Sauberwasser zu pumpen, aber unsere

Leitung ist nicht lang genug, und die Elektropumpe unseres Schiffes dafür nicht die richtige.

Das einzig richtige, nämlich ein Wasserfall, La Cascade de Lozère, befindet sich anderthalb Fahrstunden weit im Golf der Walfänger, dort wieder am Ende eines von hohen Bergen eingeschlossenen Fjordes, der auf verschiedenen Karten verschiedene Namen trägt. Auf des Käptns Seekarte heißt er »Hopeful Bay«, bei den Franzosen »Baie de la Fonderie«.

Schon Captain James Cook (wer denn sonst?) hat sich dem Vernehmen nach dieses Wasserfalls bedient, vermutlich als erster aller Seefahrer überhaupt. Dann kamen die robusten Robbenschläger, einer nach dem anderen, natürlich auch die Walfänger, schließlich die Fischdampfer unserer Tage und, nicht zu vergessen (bei uns jedoch vergessen), die deutschen Kaperkreuzer im Zweiten Weltkrieg.

Die Landschaft ist grandios, und von wilder, atemberaubender Schönheit sind die Fjorde. Lavagrau bis ascheschwarzer Felsen, fahlgraue Wiesen darüber und weiter oben blaßblau schimmernd die Gletscher und der weiße Schnee. Tiefblau das von laufenden Wellen bewegte Wasser mit Schaumkämmchen auf ihrem Rücken. Wir haben zwei französische Wissenschaftler an Bord, die alles erklären. Sie erkennen im Glas die verschiedenen Pinguin-Arten, unterscheiden Pelzrobben von den Leopardenseehunden, erst recht natürlich von See-Elefanten. Albatrosse schweben uns voran, Sturmtaucher flattern am Heck. Scheidenschnäbel lassen sich nieder auf den Querstangen der Masten.

Als die Kurven im Fjord so eng werden, daß meines Erachtens an Weiterkommen nicht mehr zu denken ist, biegt der Bug unseres Schiffes um die nächste Ecke.

»Voilà . . .«, sagt einer der Franzosen, »da haben wir die Cascade de Lozère.«

Sie erinnert mich an Wasserfälle im Schwarzwald, obwohl daneben die dunklen Wälder fehlen. Aber das Rauschen und Brausen, die lang bemoosten Steinblöcke wie auch das Sprühen und Spritzen scheint mir vertraut. Die beiden hohen, senkrecht abfallenden Felswände in etwa fünfzig Schritt Abstand auf beiden Seiten daneben, wer hat denn sie auf so scheußliche Weise beschmiert?

Nur die Sowjets können es gewesen sein, Politkommissare von sowjetischen Trawlern, die mit französischer Genehmigung in den hiesigen Gewässern reichen Fischfang betreiben. Die Bemaler müssen sich von hochdroben am Seil oder Strickleitern hinabgelassen haben mit Farbtöpfen, großen Pinseln und ausdauerndem Fleiß. Rote Sterne von zwei bis drei Meter Breite, dazu in schwarzer Farbe und kyrillischen Buchstaben die Schiffsnamen sowie das Datum des Besuchs. Dazu noch – ich kann es nur undeutlich lesen – bekannte Zitate aus den Werken von Marx, Engels, Lenin, Stalin und so weiter. Alles bedeckt von diesen Visitenkarten. Da fischen die Besucher in französischen Gewässern, genießen Gastfreundschaft in Port aux Français und bedanken sich durch Geschmier auf Felswänden. Ebendort, wo sie das Trinkwasser beziehen!

»Viel Vergnügen haben sie nicht«, meint neben mir einer der französischen Meteorologen, »wenn man weiß, wie eng, wie streng kontrolliert sie auf den Trawlern leben! Miserabel das Essen, grob die Behandlung und nur Politgewäsch als Lesestoff, sie können einem leid tun.«

Er ist selber acht Tage auf einem sowjetischen Trawler mitgefahren und weiß, wovon er redet.

Von Zeit zu Zeit halten sich in der Station auch sowjetische Wissenschaftler auf, mit denen man gut auskommen könnte, wenn sie nur sein dürften, wie sie vermutlich im Grunde ihres Herzens sind. Ganz offenbar ist aber jeder von ihnen zu pausenloser Neugier verpflichtet. Sie betreten und durchsuchen fremde Zimmer, auch die Labortische der Franzosen, wenn sie meinen, keiner von ihren Gastgebern könne unversehens auftauchen.

»Einmal haben wir uns mit einem von ihnen einen kleinen Scherz erlaubt«, berichtet der ältere Wetterfrosch. »Da hat gelegentlich eines feuchtfröhlichen Abends unser Funker einem Russen, natürlich unter dem Siegel tiefster Verschwiegenheit, anvertraut, wir hätten hinter der Station hoch in den Felsen zwei moderne Geschütze eingebaut, sehr gut getarnt und deshalb nur schwer zu finden, aber gewisse Anhaltspunkte gäbe es schon!«

Noch in der gleichen Nacht sind die Kollegen allesamt aufgebrochen und blieben auch während des ganzen folgenden Tages verschwunden. Nebel kam auf, es regnete in Strömen, und der Wind wurde schlimm. Wieder eine Nacht und ein halber Tag, ohne daß die Sucher nach den verborgenen Geschützen wiederkamen. Schließlich mußten sie ihrerseits gesucht werden von ihren französischen Kollegen. Endlich gefunden, waren sie in ziemlich schlechter Verfassung, hungrig, kalt und erschöpft.

»Fast haben sie uns leid getan«, meinte der Meteorologe.

Vergeblich suchen wir möglichst nahe dem schäumenden Wasserfall nach einer flachen Stelle für die Landung der Zodiacs. Schließlich muß eine enge Bucht genügen, in der wir eine durchaus »nasse Landung« erleben. Danach gleich zehn, zwölf Meter Kletterei über feuchtes, rutschiges Gestein. Erstaunlich, wie auch unsere älteren Bordgenossen, darunter zwei Doppelzentner schwere Männer, das schaffen. Aber sie schaffen es und werden droben durch kilometerweite, nur maßvoll steigende, mit graugrüner Vegetation bedeckte Matten belohnt. Allerdings steigen dahinter kahle Hänge zu schneebedeckten Bergen auf.

Weil Dennis Puleston vom Oberdeck der »Explorer« eine Gruppe von Rockhoppern gesehen hat und dorthin seine Schritte lenkt, laufe ich eilfertig hinter ihm her, muß aber gehörig traben, weil der Endsechziger einen Schritt am

Leibe hat, der auf andere keine Rücksicht nimmt. Das Gehen wird wegen des mit Nässe vollgesogenen Bodens immer schwieriger. Ich sinke bis zu den Knöcheln ein, bis zwei Handbreit tief, was mit schmatzenden Geräuschen verbunden ist. So geht das eine halbe Stunde lang, und bald wird daraus eine ganze. Kein Pinguin, kein Albatros und auch sonst kein Seevogel zu sehen.

Aber kleine, zierliche Skelette liegen alle paar Schritte auf dem Boden. Sie stammen von Karnickeln, von der vielleicht schlimmsten Plage des Landes. Irgendwann, dem Vernehmen nach schon vor der Mitte des vergangenen Jahrhunderts, brachten Robenschläger und Walfänger die Stammeltern der Nager aus dem fernen Europa mit. Möglichst zahlreich sollten sich die Karnickel vermehren, um später den Trankochern als Frischfleisch zu dienen. Mit Schrotgewehren waren sie leicht zu jagen, zumal sie allmählich die Scheu vor Menschen verloren. Doch nahmen die landfremden Nagetiere so überhand, daß auch das zur menschlichen Ernährung aufs beste geeignete, den Skorbut verhindernde Kerguelen-Kraut (Pringlae antiscorbutica) verschwand. Stellenweise fraßen sie die Grasnarbe so weit ab, daß sich Erosion auszubreiten begann. Abhilfe schaffen nur bis zu einem gewissen Grad die Skuas, die Raubmöwen, die eine ebenso grausame wie effektive Jagdmethode anwenden. Sie stürzen sich meist zu zweit von hinten auf das Karnickel. Während sich die eine Raubmöwe festkrallt, stößt die andere auf den Kopf, dem armen Opfer blitzschnell in die Augen hackend. Alsdann öffnen die beiden Raubmöwen gemeinsam die Hirnschale des armen Nagetiers und holen sich heraus, was ihnen besonders schmeckt.

In solcher Menge liegen die Gerippe herum, daß Dennis und ich kaum vermeiden können, darauf zu treten. Mit unheimlichen Knistergeräuschen zerbrechen die zarten Knochen.

Endlich, nachdem wir fünf oder sechs Höhenrücken hinter uns haben, erscheint das »Vorgebirge der Felsenspringer«. Sie verweilen dort, die Rockhopper, mit den so komisch wirkenden Gelbfedern über den Augen bis zum Ohr, sitzen in allen möglichen Vertiefungen und Löchern. Ganz ohne Angst und Scheu wie allgemein üblich blicken sie auf Dennis und mich, rücken keine Handbreit zur Seite und machen halblaut schnatternd Bemerkungen über uns. Viele, wenn nicht die meisten, sind mit dem Ausbrüten von ein oder zwei Eiern beschäftigt. Keine Felsspalte ohne Pinguin, kein überragender Stein, unter dem nicht ein Rockhopper sitzt. Weit drunten, wo sich am dunklen Lavagestein die Brandung bricht, hält sich noch ungefähr eine Hundertschaft auf. Viele sind unter Wasser mit Krillfang beschäftigt, ein gefährliches Unternehmen, denn sie müssen ins Jagdrevier der Leopardenseehunde eindringen, die sich in der Hauptsache von Pinguinen ernähren.

Ein pausenloses Gehüpfe jener, die sich hinab zur anrollenden Brandung begeben, und all jener, die sich auf dem Rückweg befinden. Viele Stunden lang, so glaube ich, vielleicht ein paar Tage lang könnte man ihnen zuschauen, ohne genug von dem einzigartigen Anblick zu bekommen.

Dennis will noch weiter zur Kolonie der Sturmvögel, ich aber strebe hinauf zu einem ziemlich großen Süßwassersee, dessen Umrisse ich auf der Karte gesehen habe. Vom Kommandanten der Station ist heute morgen erwähnt worden, daß einer seiner Vorgänger junge Forellen hat aussetzen lassen, Forellen aus den Vogesen, vor drei Jahrzehnten. Wenn ich auch selbst nur Gelegenheitsangler bin, scheint mir doch die Tatsache faszinierend zu sein, daß es nun auf den fernen Kerguelen ein Forellenangelparadies gibt wie kaum sonst auf der Welt, ein Paradies ohne Angler.

Durch Sumpf muß ich meine Gummistiefel ziehen, daß mir vor Anstrengung die Lungen keuchen. Zweimal bleibt der linke Stiefel stecken, und einmal bekomme ich es mit der Angst zu tun, selber zu versinken. Wie dem auch sei, es dauert sehr lange, bis ich endlich oben bin am steinbestreuten Ufer des süßen Sees. Lieblich plätschern die Wellen zu meinen Füßen, und herrlich weit ist der Blick über die grauschimmernde Fläche. Ringsum kniehohes Tussok-Gras, braungelbe Flechten und Büsche von Azorella-Moos, in denen winzige weiße Pünktchen blühen.

Auch an Forellen fehlt es nicht, viele sehe ich unter überhängenden Kanten und erinnere mich an die Zeiten, als mir die Buben des Dornerbauer am Wiesenbach in Klosterreichenbach (Schwarzwald) beibrachten, wie man, notfalls heimlich, flinke Forellen mit der Hand fängt. So lege ich mich flach auf den Bauch und versuche es, aber leider ohne Erfolg. Es ist eben doch sehr lange her.

Neben der Cascade de Lozére hinabsteigend, habe ich es zwar nicht mehr mit Sumpf zu tun, statt dessen mit dem steilen, von scharfkantigen Steinen besetzten Hang. Auf halber Höhe ruhe ich aus, um mir durchs Fernglas den Vorgang des Wassernehmens anzuschauen. Es geschieht meines Erachtens nach Methoden des ausgehenden Mittelalters. Vom Schiff bis zum Land, ungefähr hundertfünfzig Meter, haben unsere Seemänner den armdicken Schlauch an drei großen, roten Bojen aufgehängt. Weil aber unser Trinkwasser aus eigener Kraft, das heißt durch seinen Druck von oben her die Tanks der Schiffe erreichen soll, ist es mit dem schlichten Eintauchen des Schlauches in den Wasserfall nicht getan. Mit einer schweren Eisentonne, wie man sie für Benzintransporte verwendet, sind unsere kräftigsten Leute ziemlich hoch hinaufgeklettert, wo sie alsdann ihr geräumiges Faß in eine vom Wasser ausgewaschene Grube gestellt haben. Am Boden der Tonne, wo sich der Schraubverschluß befindet, hat man den Schlauch festgemacht. Zwei Mann stehen neben dem Faß, und weil sie zur Zeit nichts anderes tun, muß wohl die Wassernahme wunschgemäß verlaufen.

Der See-Elefant tut nur so! Er will nicht angreifen, er ist fast immer friedlich. Mit seinem »Imponiergehabe« will der Riese nur anderen Bullen klarmachen, daß die Kühe hinter ihm zu seinem Harem gehören.

Oben: Pelzrobben auf der St. Paul-Insel. Bis auf wenige Reste waren sie von Robbenschlägern ausgerottet worden. Seitdem nur noch wenige Menschen dorthin kommen und alle Tiere geschützt sind, vermehren sie sich wieder rasch.
Unten: Königspinguine mit halbflüggen Jungen, den sogenannten Oakum, auf einer der Kerguelen-Inseln.

Oben: Das nennt man Entspannung! Die See-Elefantenkuh fühlt sich wohl in ihrem Speck. Sie steht unter Naturschutz, findet mehr Futter, als sie braucht, und hat ein breites Bett für einen beliebig langen Schlaf.
Unten: Königspinguine halten wie fast alle Pinguin-Arten auf haargenauen Abstand ihrer Nester voneinander. Der Abstand richtet sich nach der Reichweite ihrer Schnäbel.

Wer zählt die Pinguine? Auf manchen Inseln dürften es Millionen sein, unsere Schätzungen für die Zavodovski Insel reichten bis zehn Millionen. Die schnell fortschreitende Vermehrung wirft Probleme auf!

Unwirkliche Welt

Wir sind am nächsten Morgen in der Accessible-Bucht, auch Baie des Baleines genannt, auch Humboldt Fjord, je nachdem welche Kerguélen-Karte vor den Augen des Betrachters liegt. So genau kommt es nicht darauf an.

Eine Landschaft beiderseits des Schiffes und vor dessen Bug, die auch den Weitgereisten an nichts erinnert, was er schon kennt. Die Küste allerdings könnte norwegisch sein wegen der vielen Fjorde, Riffe und der Felseninseln, die aus der Brandung hochkommen, dann wieder im Höllenwirbel verschwinden. Darüber, etwa sechzig bis siebzig Meter oberhalb der Steilküste, eine Folge von gewölbten, mit graugrünem Gras bedeckten Rücken, die an Almwiesen in unseren Alpen erinnern. Wo sie aufhören, öffnen sich mehr oder minder dunkle Täler, ein Gebirge, das wohl noch keiner bestiegen hat. Bäche fließen hervor, Wasseradern rieseln an den Hängen herab. Noch weiter droben grauweißer Schnee und hellblaue Gletscher, die ineinander übergehen. Die Gipfel der Berge, auch die Kämme der bis etwa zweitausend Meter aufsteigenden Höhenzüge sieht man nicht. Sie werden von grauen Wolken verhüllt, von Nebelschwaden verdeckt, möglicherweise durchzogen von Schwefelrauch, der aus nicht erkennbaren Kratern hervorsteigt. Es ist eine vulkanische Landschaft. Wenn auch zur Zeit im Tiefschlaf ruhend, brodeln doch in der unabschätzbaren Tiefe die ewig feurigen Lavamassen.

Aus den leider nur spärlichen Unterlagen dürfen wir entnehmen, daß hier in der Gegend irgendwo in der Nähe oder Ferne mehr oder minder zahlreiche Nachkommen von Tieren ihr Leben fristen, die nicht von Natur aus für die Inseln der Subantarktis bestimmt waren. Sie stammen aus dem fernen Europa, und gewiß hat keine Art den dramatischen Heimatwechsel aus eigenem Antrieb vollzogen.

Weil meine Begleiter mehr an den drei Arten der Albatrosse, die beiden Insektologen mehr an den sechzehn Arten von Käfern, Fliegen und dergleichen interessiert sind, weil die Ornithologen nach bestimmten Kerguélen-Vögeln suchen und die Mammologen keinen der Arctocephales kerguelensis, die nur hier heimische Pelzrobbe, verpassen wollen, lenke ich, allein für mich über den Sumpfboden stapfend und gelegentlich einsinkend, meine Schritte zur nächsten Hügelkette, da ich hoffen kann, von dort oben das Gelände weit zu übersehen und auch tief in die jenseitigen Täler zu blicken.

Die jahrzehntelange Übung beim Erklimmen der Höhen in meinem Tiroler Gamsrevier ist mir von Nutzen, andererseits bin ich schon seit Monaten nicht mehr dort herumgestiegen. Ich hatte letzthin den Eindruck, die Berge wären steiler geworden. Aber mit Ausdauer und Energie ist viel zu machen. Schließlich habe ich es geschafft, lasse mich auf meinen Regenmantel nieder und lehne den Rücken an den Steinblock dahinter. Erst wieder ruhig atmen, Zeit lassen und dann erst das lichtstarke Glas vor die Augen.

Leicht zu sehen und gleich zu erkennen, ebenso drunten an einigen Stellen am Strand wie auch weiter oben und anderswo: die Pinguine. Es sind Adelies, Felsenspringer, Kings und Gentoos. Jede Art in ihrer geschlossenen Gesellschaft, wo sie niemand stören darf. Im üblichen Abstand von etwa fünfzig Schritt auf ihre Eltern wartende Albatrosse, nämlich die Wanderer, die Gelbschnabel und zwei weitere Arten, die mir namentlich nicht bekannt sind. Außerdem ganz in meiner Nähe viele freundliche Inseltauben, englisch Dove prior genannt, wissenschaftlich Pachyptilo desolata.

Alsdann die systematische Suche nach altbewährter Waidmannsart. Langsam und gründlich, von der linken bis zur rechten Seite des Blickfelds. Anfangend ganz unten, dann langsam höher haltend von Streifen zu Streifen. Bestehen Zweifel, ob dies oder jenes ein Tier ist, abwarten, ob es sich bewegt oder nicht. Dauert es zu lange, erst mal andere Stellen beobachten, um nach einer Weile das Zweifelsding wieder zu betrachten. Ist es an der gleichen Stelle geblieben, scheint der Fall erledigt, andernfalls dürfte es ein Lebewesen sein.

Da habe ich ein Schaf entdeckt, gleich danach auch seinen Familienverband. Verwilderte Schafe, die ganz und gar auf sich gestellt sind. Nie geschoren, das ist klar. Graubraun gefärbt, wobei fraglich ist, ob es sich um die natürliche Wolle handelt oder die Farbe von der Umgebung stammt. An zwei Stellen sehe ich ein Dutzend Tiere. Nach Ansicht der Zoologen soll die Zahl aller Kerguelen-Schafe zwischen vierhundert und fünfhundert betragen.

Ungewiß die Zeit ihrer Ankunft, wobei es durchaus möglich ist, daß ihre Vorfahren zu verschiedener Zeit und auf verschiedene Weise in ihrem heutigen Verbreitungsgebiet eingetroffen sind. Von Walfängern oder Robbenschlägern mitgebracht, um Abwechslung in den sonst ewig gleichen Speisezettel zu bringen. Meist wurden sie in solchen Fällen freigelassen, um bei Bedarf gejagt zu werden. Weil diese Tiere nach mehreren Generationen keine Furcht mehr vor Menschen empfinden, ist es kinderleicht, bis auf Schußentfernung an sie heranzukommen. Eines ist sicher, daß schon verwilderte Schafe auf den Kerguélen waren, bevor die Familie Bossiére ihren Versuch großangelegter Schafzucht begann. Die bereits vorhandenen Schafe haben sie wohl auf den Gedanken der Schafzucht gebracht.

Weit, sehr weit hinten in einem Seitental bewegt sich ähnliches Getier. Leider aber kann ich nicht ausmachen, worum es sich handelt. Sowohl Rentiere wie Mufflons könnten es sein. Die Mufflons, höre ich später auf der Station, stammen aus Korsika. Ihre Zahl läßt eine Vermehrung erkennen. Beide Arten, sowohl die korsischen Mufflons wie die lappländischen Ren, müssen mit Vorbedacht transplantiert worden sein. Doch gehen die Meinungen, wann dies durch wen geschehen ist, auseinander.

Die Rentiere sollen, habe ich einer mir nicht mehr erinnerlichen Quelle entnommen, etwa im Jahre 1905 von der Familie Bossiére eingeführt worden sein, Katzen waren hier bereits um das Jahr 1850 »bekannt«. Heute sind auf den Teichen, Seen und Bächen der Kerguelen-Gruppe auch zwei oder drei Entenarten zu Hause, die aus Europa oder Nordamerika stammen.

Ein verheerendes Unglück haben unbekannte Tierimporteure der Inselgruppe (und zahlreicher anderer Inseln auch) durch die Einführung der Karnickel verschuldet. Die so ungemein gebärfreudigen Nager haben einige, früher relativ vegetationsreiche Landschaften völlig kahl gefressen. Als besonders übel hat sich die Vernichtung des Kerguelen-Krautes ausgewirkt, des Pringlae antiscorbutica. Es sieht wie der Zwergwuchs von Blumenkohl aus, hat auch einen ähnlichen Geschmack und ist für Menschen sehr gut genießbar. Wie schon der Name besagt, ist es ein erfreulich rasch wirkendes Heilmittel gegen Skorbut. Gar nicht zu schätzen ist die Zahl der Kranken, vor allem der Mannschaften aus der Segelschiffzeit, die durch Pringlae antiscorbutica gerettet wurden.

Wo aber die Karnickel hinkommen, kann das gute Kraut nicht überleben. Es blieb erhalten an Plätzen, die von steilen Wänden geschützt sind. Dazu gehören auch die meisten kleinen Inseln, wo sich Rentier und Mufflon nicht weiter vermehren, weil sie seit dem weitgehenden Verschwinden des Pringlae antiscorbutica auf Tussok-Gras, auf Moospolster-Azorella sowie auf Moose und Flechten angewiesen sind. Von diesen gibt es zur hellen Freude unserer Experten etwa zweihundert Arten.

Die auf einigen Inseln vorhandene Rattenplage ist nicht durch menschliche Schuld entstanden, jedenfalls nicht mit Absicht. Ratten gab es auf jedem Schiff, sicher noch bis in die neueste Zeit. Nicht erst bei drohendem oder erfolgtem Schiffbruch retten sich die Ratten an Land, sie reisen auch in Kisten, Körben und Kartoffelsäcken. Zu ihrer Bekämpfung, ja, in der Hoffnung, die Ratten restlos auszurotten, hat man Katzen ausgesetzt, und zwar möglichst große und starke Tiere. Sie sollten sich außerdem noch der vielen Tausend Karnickel annehmen. Statt dessen kamen sie auf den guten Geschmack der Vogeleier und dezimierten die Pinguinkolonien. Weshalb die Wildschützer der wissenschaftlichen Stationen auf den zweifelhaften Gedanken kamen, das Abschießen der Katzen, deren Gewicht bis drei Kilogramm betragen soll, mit einem Leica-Film pro fünf Katzenschwänze zu vergüten.

Nicht nur die massenhaft erbeuteten Karnickel werden an Bord der jährlichen Versorgungsschiffe nach Réunion exportiert, tiefgefroren natürlich, sondern auch die erlegten Katzen. Bei der vorwiegend schwarzafrikanischen Bevölkerung sollen beide Tiere ihres besonderen Geschmacks wegen sehr beliebt sein.

Seinerzeit hat man auch Marder gegen die Rattenplage eingeführt. Nach zunächst rascher Vermehrung brach unter ihnen eine nicht zu klärende Seuche aus, wohl wegen des auf Dauer nicht zusagenden Klimas. Wenn irgendwo noch heute Marder vorhanden sind, so spielen sie in der Ökologie keine Rolle.

Die deutsche Gauss-Expedition hat ca. 1895/96 Hunde hinterlassen; vermutlich sind sie entlaufen. Auch ihnen gelang Fortpflanzung und Vermehrung. Etwa bis zum Jahre 1928 konnten sich ihre Nachkommen erhalten, seitdem wurden keine mehr gesehen.

Außerdem gibt es noch kleine Gruppen, vielleicht nur einzelne Exemplare von Maultieren, Ponys, Rindern und Schweinen. Völlig verwildert zwar, aber furchtlos, was die Menschen betrifft. Sie kommen, wenn sie der Hunger plagt, in die Nähe der Stationen, wo sich zum Zwecke von Aufzucht und Forschung ihre Artgenossen hinter Gittern befinden. Verfolgt werden die freilebenden Tiere nicht.

Als uns schließlich die Sirene in den Zodiac ruft, muß ich meine Suche nach weiteren Tieren aufgeben und schwanke über den weichen Boden hinunter. Da, plötzlich, mitten im Gelände, ein etwa meterhoher Betonklotz. Ohne sichtbare Zweckbestimmung, ohne Haken und Ösen steht er im Tussok-Gras. Darin eingedrückt das Wort und die Jahreszahl »Atari 1931«.

Auch in Port aux Français weiß niemand, was es bedeutet.

Die hundert schlimmen Jahre

Gar nicht gut ist die Stimmung an Bord wegen der plötzlichen, um einen Tag vorgezogenen Abreise von den Kerguélen. So viel gab es noch zu sehen und von den neugewonnenen Freunden zu erfahren. Statt dessen gilt es heute, jenen Tag zu feiern, der an Bord von »Lindblad Explorer« zur Tradition geworden ist, nämlich *Halbzeit.* So viele Tage sind seit dem Verlassen von Singapur vergangen, wie uns noch bevorstehen, bis wir am Ende Ushuaia, die südlichste Stadt Argentiniens, erreichen, die südlichste auf der ganzen Welt.

Alle Getränke sind frei, an der Bar wie bei Tisch und danach im Pinguin-Raum. Dort wird insofern etwas Neues geboten, als der Wein, und zwar recht gute Sorten australischen Rotweins, nicht aus der Flasche fließt, sondern aus quadratischen, auf der Innenseite mit Silberfolie ausgeschlagenen Pappschachteln. Steife Schachteln von grauweißer Farbe mit soliden Handgriffen und einem Etikett, wie man sie von unseren Flaschen gewöhnt ist. Zwei Liter enthalten die Pappkartons, sie sollen unzerbrechlich sein, sind handlich und sparen gewiß viel Platz beim Lagern. Aber wer von uns seit der Entwöhnung von der Mutterbrust ein Flaschenfreund gewesen ist, dem wird der Umgang mit Pappschachteln nicht gefallen.

Was auf dieser Reise so unwahrscheinlich ist, für alle Kenner der antarktischen Welt geradezu unglaublich, ist ein Wunder des Wetters. Was man auch liest und hört übers südliche Eismeer, immer spielen da wilde Stürme, treibendes Eis, tiefhängende Dunkelwolken nebst wattegrauen Nebelmauern die beherrschende Rolle. Die Mannschaft gescheiterter Schiffe, gestrandeter Seefahrer, die Schiffbrüchigen in leckgeschlagenen Booten finden ein trauriges Ende. Man hört davon und liest es immer wieder. Die ins Bodenlose fallende Temperatur, die von Eisbarrikaden gesperrte Durchfahrt, der feuerspeiende Ausbruch eines Vulkans. An der Tagesordnung scheint das zu sein. Zerdrückte Segler, entmastete Schoner und Barken, verheerende Feuer auf Motorschiffen, so gut wie alle Berichte sind voll davon.

Gewiß erleben auch wir starke Stürme, und glasgrüne Wellen schlagen heftig über Bug und Heck. Aber kaum taucht eine Insel auf, ziehen sich vor ihr die Wolkendecken zurück. Der Nebel sinkt und gibt die Konturen frei. Mögen unsere Zodiacs noch so hoch über Kämme steigen und in Wellentäler fallen, irgendwie kommen wir an Land, wenn auch zunächst der feste Boden gut einen Meter unter dem Gürtel liegt.

Ein Wetterwunder, so nennt es auch der seit bald zwanzig Jahren pensionierte Captain Irving Johnson. Noch nie hat er die Antarktis oder die Arktis in so freundlicher Laune erlebt. Mit Recht weist er auf die hundert bis zweihundert Jahre alten Berichte der Entdecker hin, die oft wochenlang vor einer Inselgruppe kreuzten, bis es ihnen vielleicht gelang, tief in eine Bucht einzudringen, die durch Vorgebirge geschützt war. Dann war es nicht mehr schwer, im Beiboot an Land zu kommen. Oft jedoch war alle Geduld vergebens, die kühnen Kapitäne konnten nicht mehr tun, als auf ihren Karten ein paar Landflekken einzutragen und mit Namen zu versehen, von denen sie bestenfalls wenige Bergspitzen ganz kurz erblickt oder vielleicht nur das Donnern starker Brandung gehört hatten. Zu welchen Mißverständnissen es dabei kam, welche verwirrenden Folgen eine doppelt fehlerhafte oder gar völlig unbegründete Karteneintragung zur Folge hatte, läßt sich denken. Noch bis zum heutigen Tag steht hinter so mancher Kartenbezeichnung ein Fragezeichen.

Wir sind unterwegs zu den Crozets, die wir binnen drei Tagen erreichen werden, falls das Wetter bleibt, wie es ist. Les Iles de Crozet, ebenso wie die Kerguélen vor beinahe fünfzig Jahren von Frankreich annektiert, bestehen aus fünf größeren und zahlreichen kleinen und kleinsten Inseln vulkanischen Ursprungs. Sie liegen zwischen 45° 57′ und 46° 30′ Süd Länge und 50° 10′ und

52° 20′ Ost Breite. In zwei Gruppen könnte man sie einteilen, die ungefähr siebzig Kilometer auseinanderliegen. Zur westlichen Gruppe gehören die Iles aux Cochons (Inseln der Schweine) und zwei kleine, die Apostel-Insel und die Pinguin-Insel. Ostwärts davon die Ile de la Possession, die größte aller Crozets, sowie die Ile de l'Est mit Dutzenden von anderen, nur äußerst selten besuchten und meist noch nicht erforschten Inseln. Auf Possession leben Menschen, das heißt Wissenschaftler, worunter entgegen allen Bestrebungen der Emanzipation keine Frauen oder junge Mädchen sind. Die Zahl der auf Possession lebenden Einsiedler kennen wir noch nicht. In Port aux Français hatte man von dreißig, dann von zweiundzwanzig und auch achtzehn Mitarbeitern gesprochen, woraus sich ersehen läßt, wie wenig Kontakte zwischen den einzelnen Stationen der TAAF bestehen. Die Insulaner haben keine Gelegenheit, sich zu treffen, auch der Funksprechverkehr scheint in erster Linie über Paris zu laufen.

Die Crozets bestehen aus gebirgigem Land, so erreicht beispielsweise der Pic Mascaron auf Possession etwas über tausend Meter, der Pic Maria auf der Ostinsel sogar tausendzweihundert Meter. (Wieder weiß man nicht, was von solchen Angaben zu halten ist: Die Encyclopedia Britannica nennt zweitausend Meter.) An manchen Stellen erhebt sich die senkrechte Steilküste bis zu zweihundert Meter Höhe aus dem tiefblauen Meer. Leider finde ich auf keiner Karte, auch nicht im »Antarktis Pilot Book«, zuverlässige Angaben über die Ausdehnung der Inseln, auch nicht über die Gesamtgröße der Gruppe.*

Immerhin läßt sich dem 1961 erschienenen Buch von Harold William Tilmann, »Mischief among Penguins«, entnehmen, daß der Verfasser und sein Freund, beide passionierte Bergsteiger, bei schauerlichem Wetter eine gute Woche gebraucht haben, um die Ile de la Possession zu durchqueren. Wenn Tilmann sagt, die Crozets wären eine heute noch unerschöpfliche Fundgrube für Zoologen, besonders Ornithologen, für Botaniker, Insektologen, Vulkanologen und andere Fachleute, muß das wohl stimmen. Dank der von Wind und Sturm aus dem Westen und Norden herangeführten Feuchtigkeit besitzen die Crozets eine für ihre Lage erstaunlich reiche Vegetation. Neben dem schon oft erwähnten, hüfthohen Tussok-Gras, Pringlae antiscorbutica, außer Acaenakräutern und Azorellapolstern gedeihen zahlreiche Moose und Flechten. Es gibt viele Bäche, rauschende Wasserfälle und von Felsen eingeschlossene Süßwasserseen.

Eine herrlich schöne, an norwegische Fjorde erinnernde Landschaft muß es sein, aber leider an fast allen Tagen durch miserables Wetter entstellt. Schon die mittlere Windgeschwindigkeit, haben die Meteorologen der Station festgestellt, beträgt dreiunddreißig Stundenkilometer. Nebel, Regen, dunkle Wolken

* Nach deutschen Lexika 300 Quadratkilometer, nach der Encyclopedia Britannica 505 Quadratkilometer.

weichen fast nie, gleichbleibend naßkalte Witterung läßt jeden Ausflug zu einer Überwindung werden.

Vier Arten Pinguine sind vorhanden, und zwar reichlich, ebenso viele Arten Albatrosse, dazu zahlreiche verschiedene Seevögel, alle in dieser Region nur möglichen Arten. So lese ich, und es muß wohl stimmen, im recht ausführlichen Prospekt zu dieser unserer »Kreuzfahrt des Jahrhunderts«, wir würden auf den Crozets eines »der größten ornithologischen Wunder der Welt« erleben!

Weil man die Entdecker so abgelegener Inseln erwähnen sollte, sei an dieser Stelle auch Marion-Dufresnes gedacht (wobei Marion nicht etwa ein weiblicher Vorname ist, sondern Teil des Familiennamens). Ein Franzose natürlich und Bretone oder Normanne wie die meisten Seefahrer jener Nation. Marion-Dufresne entdeckte die Crozet-Gruppe im Januar 1772 und brachte die Geduld auf, so lange zu warten, bis ihm eine Landung auf der Ile de Possession möglich war.

Nicht lange danach (wie könnte es anders sein) erschien der unermüdliche Captain Cook. Der tat noch mehr als sein Vorgänger. Marion-Dufresne hatte gemeint, daß die erst im Vorjahr von ihm entdeckte Inselgruppe mit dem so lange schon vergebens gesuchten antarktischen Festland zusammenhing. James Cook dagegen hielt das aufgrund seiner weitreichenden Erfahrungen für unwahrscheinlich. Dies zu beweisen, umsegelte er die gesamte Gruppe, und siehe da, keine Spur vom sagenhaften Kontinent.

Was Marion-Dufresne betraf, so hat er die Heimat nicht wiedergesehen. Ihm war beschieden, schon im nächsten Frühjahr von den wilden Kannibalen, den heute so friedfertigen und freundlichen Ureinwohnern auf Neuseeland, erschlagen, vermutlich auch verspeist zu werden. Captain James Cook, ein Gentleman der alten Schule (der zu guter Letzt auch von Kannibalen totgeschlagen und gegessen wurde), gab der Inselgruppe den Namen von Marion-Dufresnes Nachfolger, und das war Käptn Crozet. Statt dessen haben später die Franzosen eine Reihe von hohen Gipfeln, kleinen Inseln und nicht zuletzt ihr Versorgungsschiff »Marion-Dufresne« getauft.

So viel Gutes hat Captain Cook getan und so großartige Leistungen vollbracht, daß man aus dem Staunen nicht herauskommt. Aber leider hat er andererseits, ohne es zu wollen, den Anstoß gegeben zu einem der größten Verbrechen, das jemals Menschen an Tieren begangen haben. Denn er schrieb nach der Heimkehr von seiner zweiten, weltumspannenden Reise über den Besuch der Crozet-Inseln, der Kerguelen, von Südgeorgien und anderen Inselgruppen im Antarktischen Ozean:

»Die Küsten jener wilden, kalten Archipele im Südlichen Eismeer sind von unvorstellbar großen Mengen von Pelzrobben bewohnt, das heißt von den Arctocephalus, im übrigen wimmelt es von See-Elefanten, von mehreren Arten anderer Robben, ebenso von Walfischen in jenen Gewässern, und niemandem wird es gelingen, auch nur auf einer der subantarktischen Inseln die Menge der merkwürdigen Pinguine zu zählen.«

Das wirkte in bestimmten Kreisen und gerade in jenen Jahren wie die Explosion einer Bombe. Überall dort, wo man bisher den Walen und Robben nachgestellt hatte, waren sie weniger, zum Teil sogar seltener geworden. Zwar hatten Eskimos rings ums Nördliche Eismeer schon immer den Säugetieren des Meeres nachgestellt. Sie bildeten ihre Lebensgrundlage, die von der Natur den Naturmenschen angebotene Beute. Ernährung, Bekleidung, Heizung, überhaupt alles und jedes mußten sich die Polarbewohner durch die Erbeutung einer ausreichenden Menge von Polartieren beschaffen. So war es im Plan der Natur vorgesehen, und demgemäß wurde das Gleichgewicht in der von Menschen nur relativ wenig heimgesuchten Tierwelt nicht gestört.

Zunächst auch dann nicht, als sich europäische Beutemacher, zuerst die Nordmänner und die Basken, dann auch die Engländer, die Holländer, die Hamburger, Finnen und andere daran beteiligten. Als jedoch in der zweiten Hälfte des 18. Jahrhunderts die *Industrielle Revolution* einsetzte mit ihrem ständig steigenden Bedarf an Schmieröl für die Maschinen, an Leichtöl für die Lampen, an öligem Fett für Seife und dergleichen, starben die Wale zu vielen Tausenden. Ihre Zahl verminderte sich rasch, immer tiefer mußten die Walfänger in alle erreichbaren Gebiete des Eismeers eindringen, immer länger ausbleiben, um ihre Fässer mit ausgelassenem Tran zu füllen. Von Jahr zu Jahr wurde es schwieriger, bei ständig steigenden Kosten ausreichenden Gewinn einzufahren.

Auch die Walrosse wurden weniger, kaum waren noch Seelöwen zu finden. Da gelang es zur Freude aller Pelzhändler und auch Pelzschneider um 1760 einem Kürschner im chinesischen Kanton, eine Methode zu finden, das rauhe, unansehnliche Oberhaar der Seehunde wie überhaupt der Robben von dem feinen, glänzenden, wunderbar wärmenden Unterhaar (Grannen) zu trennen. Außerdem hatte dies Unterhaar noch den Vorteil einer bisher kaum erhofften Strapazierfähigkeit. Allein daraufhin stieg der Preis für ein Rohfell des Seehundes oder der Pelzrobbe binnen kürzester Zeit von fünfzig amerikanischen Cents auf fünf Dollar, also ums Zehnfache!

Da erschien ausgerechnet in den kritischen Jahren des Geschäfts mit dem »Robbenschlag« jener Reisebericht des erfolgreichsten Seefahrers seines Jahrhunderts. Gerade Cook, ein nüchterner Mann, der sich im Gegensatz zu anderen Weltumseglern niemals einer Übertreibung schuldig gemacht hatte, sondern der ganz im Gegenteil wegen seiner trockenen, oft allzu schmucklosen Darstellung getadelt wurde. Um so größer die Sensation, um so zuverlässiger mußten auf die Geschäftsleute seine Worte wirken, seine Darstellung des unvorstellbaren Reichtums an den mit Öl und Fett gefüllten, in kostbare Pelze gehüllten Tiere im tiefen, im eisigkalten, von Schneestürmen durchtobten Süden.

Sicher, der Weg in die sogenannte Antarktis war unendlich weit und gefahrvoll. Die Seefahrt in jene wilden Gewässer erforderte starken Mut und große Härte. Wer sich dorthin aufmachte, mußte bereit sein, unter primitivsten Bedingungen drei, vier und fünf Jahre durchzuhalten. Aber wo »großes Geld« zu holen ist, wo zumindest feste Hoffnung darauf besteht, da findet sich alles, die Schiffe, der Kapitän, die Ausrüstung und auch die Männer, um auf solchen Seglern ins vielleicht schlimmste Fahrwasser der Welt abzusegeln. Schon im ersten Jahr, nachdem Cooks Bericht veröffentlicht war, liefen Robbenschläger zu jenen Inselgruppen aus, die Cook besucht und einigermaßen genau beschrieben hatte.

Kaum waren die Pelzrobben der arktischen Pribiloff-Insel an den Rand der Ausrottung gebracht und die aleutische Seeotter dem Anschein nach völlig vernichtet, tauchten am entgegengesetzten Ende der Welt, in den antarktischen Gewässern, Dutzende, viele Dutzende, bald schon Hunderte amerikanischer Robbenschläger auf. Vor allem Amerikaner, weil zur gleichen Zeit die seefahrenden Nationen Europas in die lange anhaltenden, verlustreichen Kriege Napoleons verwickelt waren. So hatten die Beutemacher aus den erst vor kurzem entstandenen »Vereinigten Staaten von Amerika« bis auf weiteres freie Bahn im südlichen Eismeer. Sie kamen aus New Haven, Nantucket, Boston, Stokton und anderen Häfen der Westküste. Was das für Leute waren, beschreibt einer von ihnen, der selber Robbenschläger war:

»Diese Männer waren gewiß die härtesten Seeleute, die jemals über Weltmeere gesegelt sind. Sie folgten einem brutalen Ruf zu einem brutalen Auftrag in wildesten Gewässern, und sie wurden bald schon unempfindlich gegenüber den Gefahren in treibendem Eis und Strömungen, die mit Felsen gefüllt waren, verborgen lagen hinter Nebeln und Schneeschauern. Sie riskierten ihr Leben in niemals vermessenen Regionen, erlitten erschreckende Situationen und arbeiteten tagelang ständig bedeckt von Fett, Öl und standen oft hüfthoch im Blut ihrer Opfer. Da sie kein Gefühl hatten für ihr eigenes Leid, waren sie auch gleichgültig gegenüber den ihren Opfern zugefügten Grausamkeiten.«

Zunächst waren die Robbenvernichter nur an zwei der insgesamt dreißig Arten von Seehunden interessiert, am Arctocephalus, dem Träger des feinsten Pelzes, sowie an See-Elefanten, die imstande waren, eine Tonne Öl und mehr zu liefern. Beide Sorten waren, wenn man sich erst an Ort und Stelle befand, ohne große Mühe zu erbeuten. Kinderleicht war es, könnte man sagen, die wehrlosen, völlig harmlosen Tiere zu töten. So rasch, so flink, auch so blitzschnell zur Flucht bereit die Robben unter Wasser sind, das heißt in ihrem eigentlichen Element, so schwerfällig, auch so vertrauensvoll gegenüber ihrer Umgebung verhalten sich die gleichen Tiere an Land. Kein Wunder, denn sie kennen auf festem Boden keinen natürlichen Feind. Gibt es doch in der Antarktis nicht einmal Eskimos als mögliche Gefahr, ebensowenig sind die Eisbären zu fürchten. Mörderische Menschen sind erst zu Beginn des vorigen Jahrhunderts aufgetaucht. Die Feinde der Pelzrobben, überhaupt aller Meeressäuger und der Pinguine, leben und töten nur unter Wasser. Es sind allein die Seeleoparden, Schwertwale und die Haifische. Dennoch verbringen die Pelzrobben etwa drei Viertel ihres Lebens im feuchten Element, nur wenige Monate auf dem Land, stets an den gleichen, seit undenkbaren Zeiten von ihnen und ihren Vorfahren besuchten Versammlungsplätzen.

Dort erscheinen Ende November die stärksten der voll erwachsenen Bullen und besetzen die besten Plätze, jene Stellen, wo zu gegebener Zeit die Kühe an Land rutschen. Zuweilen werden heftige Kämpfe um die beherrschenden Plätze zwischen den Bullen ausgeführt. Der Verlierer und all jene Jungbullen, die vorerst noch solche Kämpfe vermeiden, müssen in den Hintergrund ausweichen. Ihnen fällt dann die für unsere Begriffe beschämende Rolle zu, das Entstehen des Harems, das Vergnügen des Ehelebens und das Erscheinen der Nachkommen zu betrachten, wie es drunten an der Wasserfront die sogenannten »Strandmeister« genießen, die ihre Umgebung völlig beherrschenden Bullen.

Allerdings müssen sie pausenlos das Wohlverhalten ihrer Haremsfrauen kontrollieren, denn gar manche sind nicht abgeneigt, einem frauenlosen Jungbullen ins Abseits zu folgen. Was unter anderem dem Haremsherren an der Futtersuche im Meer hindert. Statt dessen hat der arme Kerl nicht nur zwanzig und mehr seiner Frauen ehelich zu versorgen, er muß auch vier bis sechs Wochen hungern und vom Fett seines eigenen Leibes zehren.

Seltsame Sitten herrschen auch sonst. Drei bis vier Tage nach ihrer Ankunft im Harem bringen die Kühe ihr vor zehn bis zwölf Monaten gezeugtes Junges zur Welt. Ebendeshalb können sie gleich wieder aufnehmen, sind also schwanger, während sie noch ihr frisch geborenes Baby säugen. Der Bulle, dem sie angehören und den sie nur allzu gerne verführen, ist doppelt so groß und schwer als die zierlichen, auch für unsere Begriffe recht hübschen, relativ schlanken und bisweilen geradezu glutäugigen Gattinnen.

Etwa von Mitte Dezember an liegen die Pelzrobben Leib an Leib auf ihren meist zu engen Plätzen. Sie strecken sich, lieben sich und säugen die Kleinen, rutschen durcheinander, kriechen übereinander und vollführen einen Spektakel, wie es auch unter den Menschen in lustiger Gesellschaft üblich ist. Es herrscht ein für unsere Nasen kaum zu ertragender Gestank, aber den Pelzrobben muß es wohl gut gefallen. Der mordbereite Mensch, der Robbenschläger, kann sich ihnen nähern, und wenn er selber robbt (über schmierigen, stinkigen Boden), kommt er bis auf Tuchfühlung an die Leiber der Tiere heran.

Auf den Pribiloff-Inseln, wo nun wieder an die zwei Millionen Robben leben, habe ich selber das Heranrobben versucht, natürlich ohne böse Absicht, und gewann den Eindruck, als wollten mich die wohlgenährten Tiere ohne weiteres in die Familie aufnehmen. Nur der Strandmeister traute mir nicht so ganz. Er watschelte schwerfällig heran und brachte unmißverständlich zum Ausdruck, daß ich verschwinden sollte.

Ich habe die Pelzrobben der Antarktis, der Aleuten und Alaskas gesehen, ebenso auf den Falkland-Inseln, beim Kreuzkap in Südwestafrika sowie in der argentinischen Valdez-Bucht. Wirklich, es sind liebenswerte Tiere und im höchsten Grade schutzbedürftig vor menschlicher Geldgier.

Um Mitte Februar sind die Haremsherren so abgemagert, auch so erschöpft, daß ein Betrachter um ihre Gesundheit fürchten muß. Mir jedenfalls erschien es seinerzeit auf den Pribiloff-Inseln so, daß sie nahe daran waren, an Ort und Stelle zu verenden. Aber, wie gesagt, es schien nur so, sie hatten das Ende ihrer überaus anstrengenden Zeit der Paarung, des permanenten Hungers sowie der pausenlosen Kontrolle ihrer Frauen erreicht. Erlöst von all diesen Pflichten robben sie ins Wasser, tauchen tief hinein und leben während der folgenden Monate allein ihrer Erholung. Erst vier bis fünf Wochen später folgen ihnen die Kühe mit den bei der Ankunft geborenen, nun schon halb erwachsenen Jungtieren.

Die Erforschung der arktischen und antarktischen Pelzrobben, auch der sich ähnlich verhaltenden See-Elefanten hat übereinstimmend ergeben, daß die so vielbegehrten Meeressäuger stets und ohne Ausnahme zu gegebener Zeit an die gleichen Versammlungsplätze zurückkehren. Sie tun das seit Jahrtausenden, vermutlich schon seit vielen hunderttausend Jahren. Sie müssen es tun, sie können nicht anders. Deswegen liegen auch Pelzrobben und See-Elefanten zwischen den verfallenen Hütten und sonstigen Resten verlassener Stationen. Ganz gleich, ob man sie dort vor hundert, zweihundert oder erst vor fünfzig Jahren fast bis aufs letzte Exemplar abgeschlachtet hat, die Nachkommen der Überlebenden kehren dorthin zurück, und wenn wieder Ruhe herrscht, sorgt rasche Vermehrung für die Wiederherstellung des alten Zustandes.

Diese absolute Treue zum Platz der Geburt und der Paarung, der sich alle Jahre wieder aufs neue bevölkernde Versammlungsplatz war das große Glück der Robbenschläger. Hatte erst der Käptn eines Fangschiffes irgendwo an ferner Küste, am Ende tiefer Buchten solch eine »Goldgrube« entdeckt, kam er so lange wieder, bis der Vorrat erschöpft war. Erst dann versuchte er sein Glück in einer anderen Region.

Schon um das Jahr 1800 waren die Fangplätze der am einfachsten zu erreichenden Inseln weitgehend erschöpft. Tiefer mußten die Robbenschläger eindringen in die großenteils noch nicht kartographierte, in die unerforschte Antarktis. Aus Holz gebaute Schiffe von nur siebzig Tonnen Tragfähigkeit, mit mehrfach zerrissenen und immer wieder geflickten Segeln, mit Leuten an

Bord, die kaum noch an menschliche Wesen erinnerten, so schwankten kaum noch seetüchtige Fahrzeuge durch die eisige, die stürmische, großenteils unbekannte Wildnis der Eismeere.

Bewundernswert die Tatkraft, die tollkühne Tapferkeit, die kaum vorstellbare Leistung jener Leute. Entsetzlich ihre Brutalität, abscheulich die Geldgier der Kapitäne wie der Unternehmer, abstoßend auch das Verhalten untereinander. Es sollen Mord und Totschlag zum normalen Ablauf fast jeder Fahrt gehört haben.

Doch ... man weiß nur wenig darüber. Eine nahezu unbekannte Epoche bilden jene hundert schlimmen Jahre im geschichtlichen Bewußtsein, auch wenn sie ja gar nicht so lange zurückliegt. Aber viele Gründe erklären dieses Phänomen: Es spielte sich alles in damals herrenlosen Gebieten ab. Keine Staatsmacht hatte das geringste Recht und auch kein Interesse daran, dort für Ordnung zu sorgen. Niemand, der sich in die Antarktis und Subantarktis begab, machte irgendwo irgendwelche Angaben. Die meisten Schiffsführer, wenn sie überhaupt schreiben konnten, dachten nicht daran, ein Logbuch zu führen. Falls sie Abrechnungen machten, dann nur gegenüber den Unternehmen, die sie entsandt oder ausgerüstet hatten. Die meisten aber waren unabhängig, trugen auf eigene Rechnung die Gefahr. Es entstanden so gut wie keine Listen, Berichte, Dokumentationen oder dergleichen, aus denen sich später ein klares Bild über die hundert schlimmen Jahre gewinnen ließ.

In seinem Buch »Anatomy of Paradise«, einem der wenigen Werke, worin über jene Zeit berichtet wird, schreibt J. C. Furnas:

»Walfänger und Robbenschläger konnten es sich keinesfalls leisten, Informationen über ihre Fanggründe auszutauschen. Vor allem die Erbeutung von Pelzrobben, ebenso auch von See-Elefanten wie das massenhafte Abschlachten von Pinguinen an unbekannten Küsten blieb streng gewahrtes Geheimnis. Jeder neu entdeckte Versammlungsplatz war für die Robbenjäger wie eine Goldader, die schon bald verschwand, wenn andere davon erfuhren.«

Wie aber konnte der Anführer des Unternehmens verhindern, und zwar mit absoluter Sicherheit, daß nicht doch einer seiner Männer, der möglicherweise erkannt hatte, wo sich die schier unerschöpfliche Goldgrube seines Chefs befand, das Geheimnis verriet. Gab es doch immer ein paar gewaltsam an Bord verschleppte Leute, die intelligent genug waren, um herauszubekommen, wie man auch mit einem anderen Käptn dorthin gelangte, mit einem, der gut dafür bezahlte? Die Methode, das zu vermeiden, hat Captain Althearn aus Nantucket geschildert, als er genügend wohlhabend und alt geworden war, um keine Konkurrenz mehr zu fürchten, geschweige denn einen Ruf vors Gericht:

»Hatte ich einen feinen Platz voller Pelzrobben gefunden, vielleicht bedeckt von See-Elefanten, setzte ich alles daran, in möglichst kurzer Zeit so viel Beute an Bord zu schaffen, wie in meinen alten Pott nur hineinging. Dann habe ich es so eingerichtet, daß jene Leute, die womöglich quatschen würden, an Land zurückblieben ... Ausreden und Gründe ließen sich für so was immer finden. Selber fuhr ich mit dem Rest der Mannschaft zum nächstbesten Hafen, um meine Beute bestmöglichst zu verkaufen. So konnte ich getrost erwarten, bei der nächsten, auch übernächsten Saison in meiner schönen Robbenbucht ohne Konkurrenz zu sein.«

Man fragt sich, fügt Ian Cameron an dieser Stelle hinzu, wie viele vermeintliche »Schwätzer« auf solche Weise in schauerlicher Einsamkeit an Hunger, Kälte und Verzweiflung gestorben sind, nur damit der Profit von geldgierigen Gaunern noch größer wurde!

Wie die Schlächterei vor sich ging, darüber wissen wir besser Bescheid als über die Namen und Schiffe von Kapitänen, besser auch als über die Schauplätze, wo es geschah. Robert Filders, ein britischer Robbenschläger, antwortete, nachdem er sich zur (keineswegs wohlverdienten) Ruhe gesetzt hatte, auf die Frage eines Journalisten:

»Manche Strände der subantarktischen Inseln waren derart vollgepackt mit Robben, daß es uns nicht möglich war, ein Boot an Land zu ziehen, ohne vorher den Platz dafür freizuschlachten.«

Die Robbenfangschiffe, nur selten größer als zweihundert bis dreihundert Tonnen, und fast alle Briggs führten an Deck eine Schaluppe oder einen Kutter mit sich. Hatte das Mutterschiff einen vielversprechenden, mit Pelzrobben oder See-Elefanten dicht bedeckten Strand entdeckt, wurde ein großer Teil der Mannschaft an Land gebracht. Die Brigg selber suchte sich nahebei hinter schützendem Vorgebirge oder tief im benachbarten Fjord einen sturmsicheren Ankerplatz, um mit nur wenigen Leuten bis auf weiteres dort zu bleiben.

Die an Land gebrachten Leute bauten sich aus Steinblöcken, mitgebrachten Segeln oder anderem Material eine gewiß äußerst primitive Unterkunft. Kaum waren sie halbwegs damit fertig, ging es an die Arbeit. Sie hantierten mit schweren, etwa meterlangen Knüppeln und halbmeterlangen Haumessern. Die Opfer, denen seit Anbeginn aller Zeiten zu Lande kein Feind begegnet war, machten keinen Versuch zu fliehen, dachten auch nicht im geringsten daran, sich zu wehren. Zwar sahen sie erstaunt, aber vollkommen friedlich und sich kaum rührend dem Totschlag ihrer Gefährten zu. Sie paarten sich inmitten der Schlächterei, lagen im ausfließenden Blut der Nachbarn, ohne zu begreifen, daß sie gleich selber an die Reihe kamen. Erfahrene und fleißige Robbenschläger, versichert uns Captain Filders, schafften gut und gerne fünfzig Pelzrobben pro Stunde. Danach, so beschreibt er, standen sie bis zu den Knien im Blut und Fett ihrer Opfer.

Schlimmer konnte es wohl nicht mehr kommen, möchte man meinen. Aber ein alter, höchst erfolgreicher Anführer von Robbenschlägern sagt:

»Die Haremsbullen, das hatten wir herausgefunden, waren zunächst mal lebend für uns wichtiger als tot. Denn es war ja ihre Natur, daß sie sämtliche Weiber ihres Harems um sich versammelten. Aber leider gab es andererseits immer den einen oder anderen, der zunächst versuchte, sich und die Seinen zu verteidigen, wenn auch nur mit drohenden Gebärden. Natürlich störte das unsere Leute an der Arbeit. Das beste Mittel dagegen war es, dem Bullen ein Auge auszustechen, dann konnte er nämlich nur mehr nach einer Seite schauen.«

»Es war richtig zum Lachen«, so Captain Filders wörtlich, »diese alten Ziegenböcke zu sehen, hoch aufgerichtet inmitten ihrer Weiber, wie sie nun ihr noch übriges Guckloch lediglich auf die eine Hälfte ihres Harems richteten, während wir eifrig mit den Kühen auf der anderen Seite beschäftigt waren.«

Was die Augen sehen, ist nicht zu glauben

An den Spermwalen vor dem Bug ist nicht zu zweifeln. Sie heben sich aus dem Wasser, sekundenlang wölbt sich ihr glitzernder Rücken vor unseren Kameras, dann tauchen sie wieder hinab. Die geselligen Wale begleiten das Schiff, wobei sie ihr Tempo dem unseren anpassen. In hohem Bogen sprüht Wasser aus ihren Atemlöchern, gut erkennt man die kleinen Augen, die uns betrachten. Drei Tiere sind es nur, aber gewiß bei guter Laune, mit ihrem Dasein zufrieden, ohne jede Furcht vor dem fremden Fahrzeug und den nie gesehenen Gestalten, die sich darauf befinden.

Schon möglich, daß auch ihnen, den vielen Tonnen schweren Tieren, das wolkenlose, sonnige Wetter gefällt, denn es ist selten in diesen Breitengraden. Angeblich hat man es so wie heute nur an zwölf bis zwanzig Tagen im Jahre.

Als nach geraumer Zeit die Wale verschwinden, heben sich weit voraus ein paar dunkelgraue Buckel über den Horizont. Es sind die Bergrücken der Crozet-Gruppe, von welcher der Inseln, ist noch nicht auszumachen. Erst auf der Brücke beim Blick auf die vor dem Kapitän ausgebreitete Seekarte, als er mit der Zirkelspitze verschiedene Punkte anpeilt, erkenne ich als nächstes Ziel die Ile de la Possession mit ihrem abgerundeten Gipfel, dem Pic du Mascaron, nach Angabe des Antarctic-Pilot-Book eintausendzweihundert Meter hoch. Nahe der offenbar sturmgeschützten Alfred-Bucht ist die wissenschaftliche Station gleichen Namens eingezeichnet. Sie liegt nicht unmittelbar am Strand, erklärt mir Hasse Nilssen, sondern etwa dreihundert Meter höher auf einer breiten, flachen Stufe im weithin ansteigenden Gebirge. Die Possession-Insel ist in etwa rund, schiebt jedoch etwa ein Dutzend Vorgebirge ins Meer hinaus. Eines davon ist Kap Gauss, so getauft nach dem Göttinger Mathematiker, Physiker und Astronomen, dem Professor Karl Friedrich Gauss, der unter anderem Konstrukteur des ersten elektromagnetischen Telegraphen gewesen ist. Zwar hat K. F. Gauss selber die Antarktis nie besucht, dafür war die »Gauss«, das nach ihm genannte Schiff der deutschen Südpolarexpedition, drei Jahre lang, von 1901 bis 1903, sehr aktiv in den antarktischen Gewässern unter Führung des Professors von Drygalski. Viele deutschen Namen, darunter nicht wenige Berge, Buchten und Küsten, die an Kaiser Wilhelms Zeiten erinnern, stammen von dieser Expedition.

In einem schnellen, schnittigen, aber erstaunlich kleinen Motorboot schnurrt uns der noch jugendlich wirkende Kommandant der Station entgegen, schüttelt alle Formalitäten gewissermaßen aus dem Ärmel und nennt den heutigen Tag einen historischen, weil zum ersten Mal ein Schiff mit »nur Passagieren« im Bereich der Crozet-Gruppe aufkreuzt, die allerersten Touristen, außerdem – es ist gar nicht zu fassen – die ersten Frauen im Archipel!

Die »Explorer« verlangsamt ihre Fahrt bis zur Schrittgeschwindigkeit. Dabei enthüllt sich vor uns, vor unseren Ferngläsern ein Panorama, ein Spektakel, ein derart verwirrendes Schauspiel, daß es so rasch der Verstand nicht erfassen kann.

Nur den Versuch einer Beschreibung kann ich bieten, was in Wahrheit unbeschreiblich ist. Ein ungefähr zwei Kilometer breites, im Vordergrund ziemlich flaches Tal mit erst sanft, dann stärker ansteigenden, von dichtem, grauem Gras und Kraut bewachsenen Hängen auf beiden Seiten, am Ende durch abfallendes Gelände begrenzt. Ein aus dem Hintergrund strömender, nur etwa knietiefer Fluß, der sich aus gut einem halben Dutzend Bächen gebildet hat, durchfließt, nur langsam dahinplätschernd, den weiten, grünen Talboden. Zur Linken die Masten einer Seilbahn, die nicht für Menschen, sondern allein für Transporte hinauf zur Station bestimmt ist. In dem Tal, nicht weit vom sandigen Strand und der Landungsbrücke entfernt, vier bis fünf große Brennstofftanks, zwei oder drei Werkzeugschuppen, einige herumstehende Lkws, außerdem noch vergammeltes und verrostetes Material von Robbenschlägern und Pinguinkochern aus dem »schlimmen Jahrhundert«. Dazu gehören auch einige Tripots, jene bis tausend Liter fassende Riesenkessel, worin man Robbenfett, Waltran und Pinguin-Körper ausgekocht hat.

Da sind noch von der einen bis zur anderen Seite des Alfred-Tales, bis ans fernste Ende des Hintergrunds die Pinguine . . . die Königspinguine. Die stehen und gehen nicht etwa zu Tausenden oder Zehntausenden, sondern zu Hunderttausenden. Wer will, kann über Zahlen streiten, doch wäre das ein müßiger Streit, weil es absolut unmöglich ist, die unabsehbare Masse der Pings zu zählen. Das hört nirgendwo auf, das geht überall in den Seitentälern weiter, übersteigt die Bergrücken und hat dem Anschein nach nirgendwo ein Ende.

Längst haben uns die Zodiacs an Land gebracht, aber ebenso wie die meisten bin auch ich noch immer wie betäubt. Man sieht in der Menge nicht das Einzeltier. Mir ist, als würde ich mitten im Meer der Pinguine versinken, ich bin wohl schon zu tief hineingegangen. Hinter mir hat sich die schwarz-weiße, gelbgetupfte Menge geschlossen.

Es sind nicht nur Pings, nicht nur Königspinguine, man stolpert über junge See-Elefanten, prallt gegen die weichen Leiber von Bullen und Kühen, rutscht in feuchte Mulden, wo ganze Familien tonnenschwerer, samtäugiger Fettkolosse aufeinandergehäuft liegen. Braune Raubmöwen dazwischen, weiße Scheidenschnäbel und andere, mir nicht bekannte Vögel.

Nur stellenweise werden Eier ausgebrütet, es ist hier anders als auf Heard. Schon halb erwachsen sind die Jungen dieses Jahres, sind anstelle des noch fehlenden Fells von Kopf bis Schwimmfuß mit dunkelblonden Federn bedeckt. Dadurch wirken sie über die Maßen aufgeplustert, viel dicker und größer, als sie tatsächlich sind, fast so groß und nicht weniger breit wie ihre Eltern. Oakum-Boys wurden sie von Seefahrern und Robbenschlägern genannt, ganz gleich, ob es sich um Boys oder Girls handelte, was sich auch nicht erkennen läßt. Oakum, auf deutsch Werg, ist ein Material zur Abdichtung der Planken in Ruderbooten und Segelschiffen. So nämlich sehen die halberwachsenen Pinguine wirklich aus. Auch unsere Experten, ja selbst so hochgelehrte Pinguin-Kenner wie Roger Tory Peterson, sprechen von Oakum.

Gelten schon die Pinguine (ganz zu Unrecht) als überaus komisch, so sind die Oakums, vor allem einzeln betrachtet, noch viel komischer, und zwar so komisch, als könne es sie im Ernst gar nicht geben. Stumme Spaßvögel möchte ich sie nennen, weil sie so ausdruckslos, scheinbar selbstvergessen in den Massen von ihresgleichen herumstehen. Sie können piepsen und quietschen, dazu schnattern, krächzen und ratschen die erwachsenen Pings. Das alles geht im Lärm der anderen kreischenden Vögel und der rauschenden Gewässer unter. Eine Wolke von Gestank erfüllt das breite Tal und liegt darüber. Zwischen stehenden Pinguinen und solchen, die sich im Sande hudeln, trippeln überall andere hindurch, die von ihrer Futtersuche in der Alfred-Bucht heimkehren zu ihren Angehörigen, die natürlich stets den gleichen Platz bewohnen. Von Protesten der an ihrem Stammplatz stehenden Pings werden die Durcheilenden angetrieben und überall mit Hackdrohungen belästigt.

Von den Reisegenossen, von den anderen »Explorern«, sehe ich keinen mehr. Sie alle sind irgendwo in der Masse untergetaucht. Als Wegweiser eignen sich gut die hohen Brennstofftanks und auch die Masten der Seilbahn. Am ehesten komme ich im langsam strömenden Wasser des Flusses vorwärts, wo es allerdings auf den großen Kieselsteinen glatt und glitschig ist. Da lassen sich zahlreiche Robben vom Gletscherwasser bespülen. Pinguine schwimmen um meine Füße, picken gegen meine Gummistiefel. Es ist überall etwas los.

Irgendwie erreiche ich den Hang zur Linken, wo auch die Masten der Seilbahn stehen. Ich steige höher, bis es allmählich steiler wird, und komme damit aus dem nervenverwirrenden Gewimmel heraus. Ich befinde mich in einer Region anderer Vögel, die Abstand voneinander halten. Eindrucksvoll immer wieder die Wanderalbatrosse, die auf ihren Nestern ausharren. Außerdem gibt es den hellmanteligen Russ-Albatros und den dunkelmanteligen, von dem ich vorher nie etwas gehört habe. Der grauweiße Sturmvogel ist gleichfalls vertreten. Seeschwalben und Entensturmvögel nicht zu vergessen, Weißbauchmeerläufer und der Schraubenmeerläufer. Ich will nicht vortäuschen, daß ich ihre Namen kannte. Diese verdanke ich einer Aufstellung des liebenswürdigen Landsmanns Klaus Dörnbach, der vor mir den gleichen Weg nahm, alle Vögel bemerkte und sie notierte und mir hinterher das Abschreiben erlaubte. Mit den englischen Namen, die später an Bord genannt wurden, kann ein Deutscher kaum etwas anfangen. Zumindest hätte man dazu die wissenschaftliche, die lateinische Bezeichnung gebraucht, aber sie waren erstaunlicherweise auch von den Experten nicht immer zu erfahren.

Wegen des feuchten, weichen, die Stiefel einsaugenden Bodens war der Anstieg hinauf zur Station recht anstrengend. Dafür um so angenehmer droben der Empfang und die freundliche Bewirtung. Überraschend der Komfort, den hier auf Possession die wissenschaftlichen Mitarbeiter genießen. Eine echte, rechte Klubatmosphäre, sogar in die Privatquartiere werden manche von uns eingeladen und mit (offiziell verbotenen) alkoholischen Getränken erster Klasse verwöhnt. Für die wohltuende französische Verpflegung, für Fruchtgetränke, für die tadellose Unterbringung sowie für die sonstige Versorgung zahlen die Männer nach unserem Geld rund siebzig Mark monatlich, erhalten jedoch zu ihrem Gehalt eine »Härtezulage« von hundert Prozent.

Vier Vogelkundler gibt es auf der Station, keiner älter als dreißig und erfüllt, wie mir scheint, von leidenschaftlichem Forschungsdrang. Von den vier hat jeder sein Jahr um eines verlängert, sogar drei Jahre will der Jüngste auf der faszinierenden Insel bleiben. Dabei kennen sie alle bisher nur Possession, abgesehen von drei Stunden auf der Ile des Cochons. Leider ist es so, daß die Station auf den Crozets über kein seetüchtiges Schiff verfügt. Auch das Motorboot des Kommandanten ist so leicht und klein, daß er sich darin nur in die nächsten Buchten der eigenen Insel wagen darf – bei ausgesprochen gutem Wetter, versteht sich.

Nur wenn die »Marion Dufresne« erscheint, einmal in zwölf Monaten, besteht die Möglichkeit zu einer etwas ausgedehnteren Forschungsfahrt innerhalb des Archipels. Weil die »Marion« einen Helikopter mit sich führt, können ein paar ausgewählte Leute auf Inseln landen, die sonst nicht betretbar sind.

Da wir von der »Explorer« alles daransetzen wollen, ein paar Stunden über die Ostinsel zu wandern, vielleicht den ganzen Tag auf der nur äußerst selten besuchten Ile de l'Est zu verbringen, werden die vier Ornithologen von Possession eingeladen, und sie freuen sich darüber wie Kinder auf eine Märchenoper.

Unsere eigene Vorfreude vergeht, als wir ein paar Seemeilen weit an der Steilküste durch hochsteigende Brandungswogen gefahren sind. Keine Bucht, durch Vorgebirge geschützt, auch kein Fjord ist zu finden, an dessen Ende eine flache Stelle die Landung erlaubt. Aber zumindest zwei bis drei »landings« muß es geben, denn so steht es auf unseres Käptns Karte.

Endlich ... endlich, als wir erneut ein drohend scharfes Kap umrundet haben, scheint sich in der senkrechten Wand ein Spalt zu öffnen. An dessen Ende, hinter einigen den Wogenanprall abschwächenden Basaltblöcken öffnet sich ein Strand von etwa zehn Meter Breite. Von dort aus dürfte es möglich sein, durch eine mit Geröll gefüllte Schlucht auf das höher liegende Plateau zu gelangen. Den schmalen Kieselstrand beherrscht ein See-Elefant, ein vollerwachsener Bulle. Unmittelbar neben seiner halb im Wasser liegenden Masse, die rissige Haut des Ungetüms streifend, knirscht unser Zodiac auf den Kies. Den Elefanten stört das nicht, er ist zwar aufgewacht, starrt uns an, knurrt etwas ungehalten, rührt sich aber nicht vom Fleck.

Keith Shackleton warnt durch Sprechfunk den Ersten Offizier auf der Brücke des »Explorer«. Mit dem Abschicken des nächsten Schlauchbootes soll man warten, bis wir alle droben sind. Erst mal sehen, ob das möglich ist ... möglich schon, aber verbunden mit Schwierigkeiten. Weil das Gestein überwachsen ist mit Flechten oder Algen, wo Hände und Stiefelsohlen abrutschen.

Keith holt ein langes, leider fabrikneues Tau aus dem Gerätesack im Zodiac. Mit unserem Fahrer, einem dunklen Mann von den Tonga-Inseln, steigen beide geschickt wie gelernte Akrobaten in der triefend feuchten Schlucht hinauf. Mit geübten Griffen echter Seeleute befestigen sie den langen, noch hellgelben Strick um die Zacken, Nasen und Spitzen im Fels.

Dann steigt der erste von uns hinauf und schafft es auch, laut schimpfend. Bald ist der zweite oben, und ich folge als dritter. Auch bei mir geht's nur mit lautem Fluchen. Dauernd rutsche ich mit dem Fuß ab, halte mich nur durch festes Umgreifen des noch gar nicht durch Gebrauch verbesserten Stricks.

Sechs von uns sind schließlich oben, nur Monsieur Henry Gallon, pensionierter Oberst und Überlebender aller Feldzüge, die Frankreich seit 1940 geführt hat, ist noch drunten. Während der ersten Klimmzüge erhält er von Keith Shackleton und dem Tonga-Mann Hilfestellung, hat gut und gerne die halbe

Höhe erreicht, da verlieren seine Hände den Halt. Den Kopf vornüber, fällt der wohlbeleibte Mann hinab.

Aber seine Stunde ist noch nicht gekommen! Kein Stein hemmt seinen Sturz, auch keine zurückflutende Welle trägt ihn fort oder beutelt den alten Herrn gegen das Riff. Ganz im Gegenteil, er taucht hinein ins Kelp, in das so oft verfluchte Durcheinander armdicker Algen. Dieses eklige Zeug verhindert, daß der Betäubte sinkt. Er wird über Wasser gehalten, bis die beiden Helfer ihn packen und über den Wulst in den Zodiac zerren.

Obwohl gerettet, ist dennoch keine Zeit zu verlieren. Wenn auch die Wassertemperatur nur um 0 Grad Celsius beträgt, muß Monsieur Gallon sofort ins Warme. Durch Sprechfunk ist der Arzt verständigt, und ab geht die Post, was nur der Außenborder hergibt.

Wir sechs Mann droben an der Kante des Plateaus sind allein auf windiger Flur. Kein Zodiac, keine Sprechfunkverbindung zum Schiff, notfalls nur wenig zu essen, auch kein Gasthaus weit und breit.

»Machen wir das Beste draus«, sagt Stuart Holm, der alle in seinem Geburtsland Alaska erworbenen Erfahrungen mit den in seinem Gastland Saudi-Arabien gewonnenen Erkenntnissen verbindet, und gemeinsam stapfen wir über die sumpfigen, saugenden Bodenwellen einem noch ziemlich fernen Rücken entgegen, wo viele helle Punkte Geschöpfe der Vogelwelt vermuten lassen.

Was wir dort gesehen haben und nach jedem Höhenzug in schier unglaublicher Menge, dafür fehlen die passenden Worte. Was noch weiter hinzukam während zwei bis drei Stunden ermüdenden Marsches, würde ich gerne beschreiben, wenn es nur möglich wäre. Aber ich selber war am Ende so verwirrt vom Übermaß der Lebewesen auf allen Seiten, daß sich mir heute noch der Kopf zu drehen beginnt, wenn ich daran denke.

Vier Arten von Albatrossen waren sicher dabei, und zwar verschiedener Altersklassen. Äußerst eindrucksvoll nahmen sich die Riesenvögel aus zwischen und auf den Azorella-Hügeln, der niedrigen, steinharten Moosbuckel. Im Hintergrund die seltsamsten Felswände, so steil, als wollten sie die Himmelsdecke auf schnellstem Wege erreichen. An ihnen herabführend senkrechte, gelbfarbige Schläuche, »dykes« ist ihr englischer Name, bei vulkanischen Ausbrüchen sollen sie entstanden sein. Nirgendwo auf der Welt habe ich dergleichen gesehen.

Dann wieder Pinguine, ohne daß irgendein Ende abzusehen ist. Auch von ihnen vier Arten, die sich getrennt halten. Sehr weit hinauf reichen die Kolonien, so daß die flugunfähigen Vögel meilenweit wandern müssen, um ins Wasser zu gelangen und sich ihr Futter zu holen. Diese Wege sind ausgetreten wie Promenaden, natürlich auch bedeckt von plattgedrücktem Kot. Die Gegend stinkt auf unvergleichbare Weise.

In regelrechten Marschkolonnen bewegen sich die Pings zum Meer hinunter, dann wieder herauf zu ihren seit Jahrtausenden angestammten Brutplätzen. Im gleichen Tempo allesamt, fast möchte man glauben, im gleichen Schritt und Tritt. Ihre Geschlossenheit bedeutet Sicherheit, sowohl beim Durchqueren fremder Kolonien wie beim Sturz ins Meer. Da lauern die Seeleoparden, und die schnappen sich schnell das einzelne Tier. Während in der Masse das Einzeltier verschwindet. Erst die anderen, so mag der Instinkt bestimmen, dann noch lange nicht ich ...

Tory Peterson, dreifacher Professor und bekanntester Vogelkenner der USA, folgt meiner Bitte und versucht hier und dort die Zahl zu schätzen. Von einer Anhöhe zur anderen, so möchte er das machen, und er kommt dabei auf vier Ansammlungen von jeweils einer Viertelmillion. Freund Dörnbach, viel zu bescheiden, als daß er sich mit einer Koryphäe wie Peterson messen will, bleibt mit seiner Schätzung unter einer halben Million. Aber wenn man bedenkt, was wir nicht sehen auf der anderen Seite und so weiter, da würde ich für die ganze Ostinsel nicht einmal zwei Millionen für überschätzt halten.

Alles gut und schön, aber wo sind wir aufs Plateau geklettert, wo ist der Abstieg zu unserer engen Bucht mit dem breiten See-Elefanten? Was uns zunächst nur komisch erscheint, wird zum Problem, dann sogar zu echter Sorge. Alles sieht gleich aus, Merkmale gibt es nicht, ans Hinterlassen von Zeichen hat keiner gedacht. Ich wenigstens sollte es wissen, von welcher Wichtigkeit es ist, in unbekannter, in stets gleichartiger Landschaft den Rückweg zu markieren. Ein ganzes Buch habe ich geschrieben voll guter Ratschläge für andere Leute, wie man unter allen Umständen die freie Natur überlistet.*

Dann jedoch, nach doppelter Umkehr, sehe ich die beiden Bendelius tief drunten neben dem treuen Elefanten des Meeres und dem Schifflein, das uns brachte. Mit allergrößter Vorsicht turnen wir hinunter. Dem alten Monsieur Gallon geht's wieder gut, erfahren wir von den Bootsleuten. Er wartet auf uns in der Bar, alle Heimkehrer von der Ostinsel sind zu Drinks eingeladen bis zu mitternächtlicher Stunde.

Aber nach diesem Unfall hat der Kommandant keinen Zodiac mehr zur Ostinsel gelassen. Zwei von den vier Ornithologen haben uns begleitet. Die beiden anderen müssen mit dem Schicksal fertig werden, nicht dort gewesen zu sein. Sicher ein harter Schlag, wenn man dem Ziel so nahe gewesen ist, gilt doch die Ile de l'Est im Kreis studierter Vogelkundler als die »große Geheimnisvolle«.

Das Wunder des Wetters kann nicht länger halten, warnt uns der Käptn. Auch wenn das Barometer noch so hoch steht und wenn sich bis zum Horizont kein Wölkchen blicken läßt, das hat in diesen Breitengraden nicht viel zu sagen. Mag auch das Südliche Eismeer spiegelglatt sein, als wolle es die Zwei-

* »Überlistete Wildnis«, C. Bertelsmann Verlag, München.

füßler an Bord der »Explorer« zum Baden einladen, so ist das möglicherweise nur Lug und Trug.

»Der rasche Umschlag kann uns jederzeit überfallen hier in dieser Gegend. Mit dem unvorsehbaren Wechsel muß man immer rechnen, von Viertelstunde zu Viertelstunde. Das hat schon vielen Menschen das Leben gekostet in den alten Zeiten, in den Segelzeiten. Viele Hundert sind umgekommen, als man hier noch in Holzpötten herumschipperte, ohne Radar, Echolot, Sprechfunk und all unserem Klimbim, der doppelt und dreifach vor Gefahren warnt.«

Hasse schiebt mir sein Pilotbuch vor die Nase und zeigt auf einen Absatz, der gleich vielversprechend beginnt: »Zahlreiche Gefahren lauern im Bereich dieser Inselgruppe: Felsen unter Wasser, starke Strömung, die oft zu spät erkannt wird, rapider Wechsel des Wetters. Drei flache Inseln sind leicht zu übersehen, nämlich Ville Kari, Rock Kari und Stone Kari. Sie liegen nur zwei bis drei Meter unter Wasser, kommen jedoch bei starkem Westwind wieder zum Vorschein. Andere Felsen sind mit Eis bedeckt, weshalb man sie leicht für treibende Schollen hält. Vorsicht auch mit dem Kelp, denn er kann in engen Buchten sogar relativ große Schiffe aufhalten.«

So geht das seitenlang weiter, und es gilt für alle Archipele in diesem Teil der Antarktis. Danach eine Aufstellung der Schiffsverluste, soweit sie dem Verfasser des Pilotbuches zur Kenntnis gelangt sind. 1805 sinkt die amerikanische Dreimastbark »Catherine«, keine Überlebenden. Zwischen 1820 und 1835 scheitern drei britische Robbenfänger an der Küste von Possession. Die amerikanischen Robbenschläger und Walfänger »Uxor« und »Frank« retten Überlebende der »Mildred«. Vierundvierzig Schiffbrüchige der »Strathmore« halten sich vom Juni 1875 bis Januar 1876 auf der winzigen Apostel-Insel auf, werden dann durch Zufall entdeckt und gerettet. 1886 gelangen ein Dutzend Franzosen im leckgeschlagenen Rettungsboot zur Ile de l'Est, finden einen Schuppen mit Vorräten des britischen Kanonenbootes HMS »Cosmos«, sterben jedoch ohne Ausnahme an einer nicht erkannten Krankheit. 1908 erleidet der Norweger »Solglint« Schiffbruch, den niemand überlebt. Die »Wakefield« sucht 1910 vergebens nach Schiffbrüchigen der »Waratak«. Ein südafrikanischer Walfänger namens »Seablend« sinkt 1912 vor der Ile des Cochons. Dreizehn Mann retten sich an Land, überwintern und werden im April nächsten Jahres abgeholt. 1929 suchen dänische Kriegsschiffe nach dem spurlos verschwundenen Schulschiff »Kopenhagen«. Es wird keine Spur davon entdeckt, die siebzigköpfige Besatzung, in der Hauptsache Seekadetten, bleibt verschwunden.

Interessant ist eine Bemerkung, wonach die Crozets schon seit 1805 »eifrig« von amerikanischen Robbenschlägern, dann auch von Walfängern heimgesucht werden. Wörtlich sagt das Pilot-Book: »Keine Berichte und Angaben darüber.«

Seit 1976 ist niemand auf der Schweine-Insel gewesen, und auch damals gab es nur einen Kurzbesuch mit dem Hubschrauber. »Also, wer will's versuchen«, wird schon gleich am frühen Morgen gefragt, »vorläufig mit zwei Zodiacs, aber in jedem nur sieben Landgänger.« Eine schwierige Sache würde es bestimmt und sicher eine sehr nasse Landung. Wenn es den ersten Schlauchbooten gutgeht, würden noch andere Boote folgen.

Ich bin dabei, wie sich denken läßt, und einige andere von den älteren Intrepids. So ist's nun einmal, die Leute unter Fünfzig bleiben bei solchen Unternehmungen lieber im Bett. Irving Johnson mit seinen fünfundsiebzig Jahren hat sich mit gemsengleichem Sprung als erster ins heftig hüpfende Boot begeben. Andere Senioren folgen ihm ohne weiteres.

Ganz so ruhig und spiegelglatt ist die See nicht mehr. Ein Windchen ist aufgekommen, das uns entgegenweht. Je näher wir dem Lande kommen, desto wildromantischer die Küste. Lavagrau und senkrecht die Felsen mit unzählbar vielen Riffen und Klippen davor. Dagegen rauscht die Brandung mit beachtlichem Lärm. Auch hier ein paar Rinnsale, die nach ihrem Sturz über die Kante gleich ein schneller Wind erfaßt, in zahlreiche Fäden zerlegt und zurück nach oben treibt. Wir haben ähnliches ja schon in viel größerem Maßstab erlebt.

Wie eine geschlossene Bastion wirkt die Insel, uneinnehmbar für jeden anschwimmenden Feind, als habe sie Vauban entworfen, der größte aller Baumeister trutziger Festungen. Dennoch, kaum einer von uns hielt es für möglich, klafft plötzlich eine Lücke, öffnet sich ein Fjord, der dank einer Biegung am Ende einen geradezu idealen Landeplatz bietet. Das Hinaufkommen zum Gelände darüber ist kein Problem, und das melden wir auch beim Zurückfahren ans Schiff.

Später höre ich, wie der Landeplatz heißt, nämlich Crique Loneawski, wenn auch längst vergessen ist, wer Loneawski gewesen ist. Doch ist allein schon die Tatsache, daß dieser Einschitt getauft und auf Karten vermerkt wurde, ein Beweis für die Wichtigkeit des Platzes. Vermutlich wird es andere, ebenso bequeme Landeplätze auf der Ile des Cochons nicht geben.

Das Gelände droben besteht aus Hügelwällen, dahinter schneebedeckte Berge. Wie auf der Ostinsel ist das Gehen und Wandern, erst recht das Ansteigen auf dem weichen, nachgiebigen Boden schwierig und ermüdend.

Die Freunde des alten Weltenbummlers Roger Tory Peterson sehen, wie er überraschend vor einem Greatwingpetrel (Langflügel-Sturmvogel) steht, sogar vor ihm niedersinkt. Des alten Mannes Verhalten erweckt mein Mitgefühl. Der große Gelehrte scheint wie festgenagelt vor Überraschung. Gewiß ist der Grund ein äußerst seltener Vogel, der keineswegs hier zu erwarten war, eine ganz besondere Entdeckung. Sturmvögel sind es, die bisher noch niemand auf einer Insel der Crozet-Gruppe gesehen hat. Insofern tatsächlich eine Entdekkung. Ein paar Junge, erst vor kurzem geschlüpft, sind in der Nähe. Andere immerhin schon so groß, daß sie ihr volles Federkleid besitzen und ihre

Schwingen schlagen. Vorerst kommen sie nicht weiter als nur ein paar Meter. Erwachsene Albatrosse sind bei der Brautwerbung, sicher eines der wunderbarsten Liebesspiele, das man bei Vögeln, überhaupt bei Tieren beobachten kann. Vor allem das Geklapper ihrer Schnäbel, die auf freundschaftliche Weise miteinander fechten, ist ein Anblick, den man nicht vergißt, eine Kostbarkeit für den Film. Freund Lazi ist ganz hingerissen davon.

Weiter oben, da sind Entensturmvögel noch und noch. Es brüten auf dieser Insel auch Salvis-Sturmvögel, die dunklen und hellen Russ-Albatrosse und natürlich die Pinguine, unter denen die Kings zahlreich vertreten sind. Erwachsene und halberwachsene, auch die noch ganz in Flaum gehüllten Oakums, stehen in unvorstellbarer Menge herum. Franz Lazi, vollbepackt mit Kamera, Stativ, Filmkassetten und Koffer mit Objektiven plagt sich ab ähnlich einem Marathon-Läufer beim Endspurt. Seine unermüdliche Lydia schleppt nicht weniger Gewicht, und dabei geht es immer bergauf. Doch winkt dafür eine Belohnung seltenster Art, denn Lazi entdeckt einen Albino, einen wirklich total weißen Pinguin inmitten vieler tausend normalerweise überwiegend dunkler Gentoos. Ich habe so etwas noch nicht gesehen und er auch nicht. Weiter hinauf durch das sumpfige Gelände. Als ich so mitlaufe, wenn auch nur mit zwei Kameras und anderem leichten Krimskrams, weiß ich noch nicht, daß es wenige Wochen später meine Sache sein wird, den Text für Lazis großartigen Antarktis-Film zu entwerfen.

Wenn es noch eine Steigerung gibt, was die meilenweite Ausdehnung von Pinguinkolonien betrifft, so ist das hier und heute ein wahrhaft atemberaubendes Spektakel. Beim letztenmal, als Menschen auf der Ile des Cochons gewesen sind, nur zwei Ornithologen für knapp zwei Stunden, wie schon gesagt im Jahre 1976, schätzten diese beiden den Pinguinbestand, soweit sichtbar, auf vierhunderttausend Paare. Jetzt, so glaubt Tory Peterson, käme wohl die Annahme von anderthalb bis zwei Millionen in die Nähe der Wahrheit.

Zu bedenken, daß niemals vor uns ein Tourist die Insel betreten hat, daß nie zuvor ein Schiff wie das unsere in der Nähe war! Die meisten Menschen dürften das für eine allzu kühne Behauptung halten. Aber es ist wirklich wahr!

Wir wandern zu unserem Landeplatz, besteigen das Schlauchboot und tukkern durch den Kelp vorbei an ruhenden Robben auf freie See hinaus. Aber nicht zurück ans Fallreep der »Explorer«, sondern entlang der Steilküste, wo sich womöglich noch ein anderer Fjord öffnet. Drei Schwertwale sind unsere Begleiter, die so sehr von allen Pings und Robben gefürchteten Killer. Aber mit uns fremdartigen Besuchern haben sie nichts Böses im Sinn, spielen herum, steigen hoch, atmen aus und atmen ein. Sie lassen dabei ihre wunderschöne Färbung sehen. Ziemlich lange sind wir schon unterwegs, haben das Kap Verdoyant passiert und sehen zur allgemeinen Überraschung vor uns einen richtig breiten, flach im Meer liegenden Strand. Landen ist eine Kleinigkeit, wenn man davon absieht, daß uns beim Waten an Land das anrollende Wasser bis in die Achselhöhle steigt. Aber dazu passend sind wir angezogen.

Wieder Wanderalbatrosse, manche bei der Gattenwahl, andere auf Nestern und wieder andere bei ihren Übungen zum baldigen Abflug. Weniger schön die Menge von Walknochen, die Unmenge von Knochenresten der hier erschlagenen See-Elefanten und Robben. Auch ein scheußlicher Tripot steht hier im Gelände, schief, verlassen und vom Rost zerfressen, ein Mahnmal, eine Erinnerung an die schlimmen hundert Jahre.

Weil nun die Zeit drängt, weil sich zusehends das Wetter verschlechtert, bleiben wir nicht lange am Kap Verdoyant, am grünen Vorgebirge. Schon ruft die »Explorer« alle Boote zurück, und wir eilen an Bord.

Da erkenne ich im letzten Augenblick, daß der runde Haufen dunkler Steine drüben am Bach nicht von der Natur angehäuft wurde, sondern zweifellos von Menschenhand. Eine Art Rundbau, knapp zwei Meter hoch und vielleicht sieben im Durchmesser, sicher war das Ganze mit Segeltuch, vielleicht auch mit Robbenhäuten abgedeckt. So primitiv ist das Gebilde, so behelfsmäßig, daß ich eher an Schiffbrüchige glaube als an eine Behausung von Robbenschlägern. Was hat sich hier zu welcher Zeit abgespielt, welche Tragödie oder wunderbare Rettung?

Wie die »Princess Mary« sank, aber ihre Männer überlebten

Es sind erst zwanzig Jahre vergangen, da hat ein ausnehmend kühner Seefahrer, Harris William Tilman, ein hochinteressantes Buch veröffentlicht, »Mischief among the Penguins«.

Insofern ein irreführender Titel, weil in diesem Fall »Mischief« nicht »Unfug« oder ähnliches bedeutet, es ist nur der Name, der völlig harmlose Name eines Segelboots. Immerhin stellt das Segelboot etwas Besonderes dar, ebenso sein Eigner, der schon erwähnte Harris William Tilman. Zusammen mit drei Freunden, deren Bedarf an lebensgefährlichen Abenteuern sich nicht so leicht befriedigen läßt, segelt Tilman über die wildesten Gewässer der Welt und hat deshalb auch manche der menschenleeren Archipele in der Antarktis und Subantarktis besucht. Dabei führen die vier kühnen Männer außer allen sonstigen

Notwendigkeiten noch eine vollständige Ausrüstung zur Erstbesteigung bisher unbezwungener Gebirge mit.

Weshalb Tilmans Buch gerade mich fasziniert hat, ist die Fülle geographischer und sonstiger Informationen, die es enthält. Darunter sind auch Berichte und seitenlange Zitate aus alten, sogar uralten die Antarktis betreffenden Büchern, die meines Wissens nirgendwo mehr im Original zu finden sind. Wie schon erwähnt, gibt es ja leider nur wenig oder gar kein Quellenmaterial über »die schlimmen hundert Jahre«.

Tilman hat dennoch manches gefunden, in sein Buch aufgenommen und damit der Nachwelt erhalten. Nur ist leider auch sein Werk »Mischief among the Penguins« selten oder gar nicht zu finden. Den Hinweis darauf und eine Fotokopie der wichtigsten Stellen verdanke ich wieder dem hilfreichen Klaus Dörnbach.

Was Tilman aus dem vor gut hundertfünfzig Jahren erschienenen Erlebnisbericht des vielgeprüften Charles Medyett Goodridge zitiert, über acht Seiten hinweg im Wortlaut, läßt mit großer Wahrscheinlichkeit darauf schließen, daß es sich bei dem noch guterhaltenen Rest der am Ende des vorigen Kapitels erwähnten, aus Lavasteinblöcken errichteten Hütten um die Zuflucht der Schiffbrüchigen der »Princess of Wales« gehandelt hat. Die Beschreibung der Landschaft, auch der weiteren Umgebung, entspricht durchaus der Baíe Verdoyant, der Grünen Bucht.

Natürlich wurde dieser Name nicht genannt, er stammt aus viel späterer Zeit von den Franzosen. Dafür hat Tilman dort Überreste eines Seglers von der Größe und dem ungefähren Alter der »Princess of Wales« gefunden, dazu noch primitive Kochtöpfe und stark abgewetzte Stahlklingen, wie man sie damals fürs Feuerschlagen benutzt hat.

Aber ich möchte, bevor wir zum Schiffbruch der »Princess of Wales« kommen, noch eine recht aufschlußreiche Stelle aus dem 1860 erschienenen Werk des seinerzeit hochberühmten Naturforschers Alexander Chapman, »Ozeanic Birds«, zitieren. Erst in diesen Tagen, als das Manuskript dieses Buches fertig war, habe ich jene Zeilen entdeckt und schiebe sie ein in den schon vorhandenen Text:

»Die Kolonie der Felsenspringerpinguine wird so erbarmungslos verfolgt, daß schon jetzt ihr Ende abzusehen ist (1860). Die zu diesem Zweck ausgesandten Schoner erscheinen im Frühjahr, wenn die Pinguine am fettesten sind, und treiben die Vögel zu vielen Tausenden in eingezäunte Plätze. Dort werden sie zum Auskochen des Trans in die Tripots geworfen. Dabei gewinnt man aus jedem Pinguin eine Pinte Öl (0,568 Liter). Vor drei Jahren, 1857, haben vier kleine Fangschiffe von den Falkland-Inseln fünfzigtausend Gallonen (227,5 Millionen Liter) Pinguinöl heimgebracht, das bedeutet die Abschlachtung von mindestens einer halben Million Vögel in der Saison. Kürzlich hat einer der

Kapitäne berichtet, daß sein Jahresdurchschnitt siebzigtausend erbeutete Pinguine beträgt.«

In Tilmans Buch ist zu lesen:

»Als Beispiel für die Gefahren, die man seinerzeit beim Besuch der Crozet-Inseln zu bestehen hatte, und auch für die Härte des Lebens an Land möchte ich einen Bericht über den Schiffbruch der ›Princess of Wales‹ und über das furchtbar harte Dasein der Überlebenden wiedergeben, den einer von ihnen, Charles Medyett Goodridge, niedergeschrieben hat. Nachdem wir so ausführlich von der Grausamkeit, Geldgier und dem millionenfachen Mord an Seevögeln gesprochen haben, muß gerechterweise auch der unerhörte Mut, die Erfindungsgabe und beispielhafte Zähigkeit jener Leute erwähnt werden, die damals auf gebrechlichen Holzschiffen in die Antarktis gesegelt sind. Was Charles M. Goodridge beschreibt, ereignete sich im Jahre 1820 und danach. Er selber stammte aus Devon in England und war gerade fünfundzwanzig Jahre alt geworden, als er nach seiner Heimkehr von den Fischbänken bei Neufundland vom Skipper des Kutters ›Princess of Wales‹ zu einer Beutefahrt ins Südliche Eismeer überredet wurde. Ein Schiff von nur fünfundsiebzig Tonnen Tragfähigkeit, noch aus dem vorigen Jahrhundert stammend, keineswegs in bestem Zustand. Der Anreiz für das Abenteuer war der für damalige Verhältnisse relativ hohe Anteil für alle Mitglieder der Besatzung an der Beute. Nämlich anderthalb Prozent am Reingewinn.

Das Schlagen der Robben und das Auskochen von Tran begann in kleinen engen Buchten der Prinz-Edward-Insel, wo jeweils fünfzehn Mann für ein bis zwei Wochen an Land blieben, einigermaßen gut versorgt mit Salz, Brot, Kaffee, Molasse und eingepökeltem Schweinefleisch. Die Leute hausten, wenn man es so nennen darf, unter einem umgekehrten Boot, wobei man den *Lebensraum* durch untergeschobene Steine erhöht hatte. Ein Feuer, genährt vom Fett der See-Elefanten, wurde vor dem Boot entfacht. Das gab genügend Wärme in den Schlafraum ab. Bedenklich wurde die Situation nur dann, wenn brausende Stürme das Mutterschiff zwangen, aus der Bucht zu segeln, um anderweitig einen geschützten Ankerplatz zu finden.

Bald schon waren die Pelzrobben in der Bucht vernichtet, und so wurde die Landgruppe von der ›Princess of Wales‹ erst zur Ile des Cochons gebracht, wo man leider feststellen mußte, daß es sich bei den von der See aus erblickten ›Robben‹ um verwilderte Schweine handelte, die in großer Menge vorhanden waren. Deshalb trug die Insel schon damals den Namen Hog Island, also Insel der Schweine. Robbenschläger der ›Princess of Wales‹ landeten am Weihnachtstage 1820, wurden aber von den – wie Goodridge schreibt – zahlreichen, sehr großen und wilden Schweinen so heftig angegriffen, daß sie nicht lange bleiben konnten.

Wie und wann die Schweine dorthin gekommen sind, ist nach wie vor ein

Rätsel. Der berühmte Polarforscher James Clark Ross, der sie im Jahre 1840 vorgefunden hat, glaubt zwar, daß sie erst 1834 von einem Captain namens Distance ausgesetzt worden sind, aber das kann nicht stimmen. Sie waren ja schon 1820, wie Goodridge schreibt, in großer Menge auf der Insel vorhanden. Auch Captain Ross beschwert sich über die Aggressivität der wahrlich wilden Schweine und sagt, wegen dieser Gefahr sei es kaum möglich, sich dort an Land zu bewegen. Dennoch hat Ross dort Robbenschläger vorgefunden, und was er über sie berichtet, kann sehr wahrscheinlich auch für Goodridge und dessen Gefährten von der ›Princess Mary‹ gelten:

›Der Anführer dieser Robbenschläger und seine Gefährten waren mehr den Eskimos der Arktis ähnlich als zivilisierten Menschen. Sie wirkten noch schlimmer, weil ihre Kleidung und ihre Person von Schmutz überzogen waren. Ihre Kleider waren buchstäblich in Fett und Blut getränkt, auch rochen sie auf geradezu beleidigende Art.‹

Im Februar 1821 brachte ›Princess Mary‹ acht Mann zur Ostinsel, während die übrigen sieben an Bord blieben und in der Baie Navire der Possession-Insel vor Anker gingen. Einmal in der Woche, sofern das Wetter mitmachte, erschien wieder die ›Princess Mary‹, einerseits um den Männern in der Baie Navire die Lebensnotwendigkeiten zu bringen, und andererseits um die angesammelten Robbenpelze an Bord zu nehmen, wo sie eingesalzen wurden.

Am 17. März, einen Tag vor dem geplanten Besuch, kam ein gewaltiger Südoststurm auf. Gerade noch konnte der Skipper das Kabel der ›Princess of Wales‹ loswerfen und aus der offenen Bucht entfliehen, wo sich der Sturm austobte. Danach legte sich zwar die Aufregung der Lüfte, aber ein mächtiger Strom mit hochgehenden Wogen trieb das Schiff dem Land wieder zu. Nichts war dagegen zu machen, weil kein Wind die Segel füllte und damit eine Richtungsänderung erlaubte. Gegen Mitternacht scheiterte die ›Princess of Wales‹ an den Klippen. Die sieben Mann an Bord waren rechtzeitig in das allein noch verbliebene Boot gegangen, hatten aber die allergrößte Mühe, aus dem Kelp herauszukommen. Danach gelang es ihnen, unter sehr vielen Mühen eine Stelle zu erreichen, wo das Erklimmen der Küste möglich war. Ihr Besitz bestand aus einem Kochkessel, einer Bratpfanne, einem Messer sowie Stahl und Feuersteinen und Zunder fürs Entfachen eines Brandes. Außerdem hatten sie etwas Segeltuch an Bord. Später gelang es dann, einige Holzplanken, den Hauptmast, etwas Werkzeug und die Schiffsbibel zwischen den Küstenfelsen zu finden, sonst war von der ›Princess‹ nichts übriggeblieben.

Sie schleppten alles zu einem breiten, relativ flachen Strand, errichteten dort eine runde Steinmauer und bespannten sie mit den Häuten erschlagener See-Elefanten. Tussok-Gras diente ihnen als Bett und die Häute von Pelzrobben als Zudecke. Beim Durchwandern der Umgebung entdeckten sie eine 1805 von amerikanischen Robbenschlägern gebaute Hütte, fanden dort einen größeren

Topf, aus dem sie eine Bratpfanne herstellten. Noch nützlicher war ihnen eine ebenfalls dort gefundene Axt sowie ein Wetzstein, der untere Teil einer Schaufel und eine größere Menge eiserner Haken. Aus dem Griff ihrer alten, durchgerosteten Bratpfanne machten sie mit Hilfe des Wetzsteins eine Lanzenspitze, verlängerten sie durch eine Stange aus Treibholz, um eine Waffe zu haben, mit der sie auch große Bullen töten konnten.

›See-Elefanten dienten uns als Fleisch, wir lebten unter ihren Fellen, brauchten ihr Fett fürs Feuer, auch als Licht‹, liest man wörtlich im Bericht von Goodridge. ›Ich kann sagen, daß wir vollkommen auf See-Elefanten angewiesen waren, ohne sie hätten wir nicht überlebt! Aus ihren Sehnen machten wir Nähfäden, aus ihren Knochen allerhand Werkzeug, ja sogar Tabakspfeifen. Teile ihrer Haut, in Gruben gelegt, dienten als Waschbecken. Was wir von ihnen mit Vorliebe verzehrten, waren das Herz, die Zunge, die Nasen, der Gaumen und die Flossen. Als Beigerichte wählten wir die Eier der Pinguine, wilde Tauben und Seehühner [wobei nicht klar ist, was der Verfasser meint]. Das Blut der See-Elefanten eignete sich gut zum Waschen unserer Kleidung, weil es Fett beseitigt. Unsere leichten Schuhe bestanden aus der Haut und den Federn von Königspinguinen, die festeren Schuhe stellten wir aus der Haut von See-Elefanten her, zusammengenäht mit den Sehnen des Tieres, wobei wir Knochensplitter als Nadeln verwendeten. Weil wir keinen Tabak hatten, rauchten wir trockenes Gras, was allerdings nicht gut schmeckte. Etwas anderes blieb uns nicht übrig. Die Knochen der See-Elefanten legten wir kreuz und quer über Steine, um darauf dies oder jenes zu braten. Fettstreifen derselben Tiere dienten als Brennstoff und ebenso als Lampen. Das Hirn der See-Elefanten war fast so süß wie Zucker, so daß wir es roh aßen. Der größte See-Elefant war etwa acht Meter lang und hatte sechs Meter Durchmesser, die Fettschicht war zwanzig Zentimeter dick oder noch dicker. Die neugeborenen See-Elefanten sind anfangs ganz schwarz und haben eine schöne glänzende Haut. Daraus haben wir unsere Mützen hergestellt.

Eine große Anzahl von Vögeln der verschiedensten Arten leben auf diesen Inseln oder besuchen sie regelmäßig. Dazu gehören vor allem die Pinguine. Das Fleisch der Königspinguine, von denen ich schon öfters sprach, hat uns nicht geschmeckt. Aber da waren drei andere Arten, die Macarony, die Johnnys und die Rockhopper. Die Johnnys legen Eier im Winter und im Sommer. Indem wir ihre Nester ausraubten, veranlaßten wir diese Vögel, immer aufs neue zu legen. Wenn wir die Eier unter ihnen wegnahmen, schauten sie uns an, als wollten sie um Mitleid bitten. Dabei stöhnten sie leise, als ob ihnen der Raub tiefste Verzweiflung bereite, aber sie machten keine Anstalten, sich zu verteidigen. Die Königspinguine dagegen schlugen ganz energisch mit den Stummelflügeln um sich, und mitunter waren ihre Schnabelhiebe recht schmerzhaft. Eine der Vogelarten, die sich als sehr wertvoll für uns erwies, waren die Nellys oder auch Stinker genannt. Sie sind größer als eine Gans und erscheinen in zahlenmäßig sehr starken Schwärmen auf den Inseln. So raubgierig sind sie, daß schon bald, nachdem wir einen See-Elefanten erschlagen haben, diese Vögel auch den kleinsten Fetzen Fleisch oder Haut davongetragen hatten, wenn man nicht sehr gut aufpaßte. Sie haben sogar das Dach unserer Unterkunft abgedeckt, das aus der Pelzhaut von See-Elefanten bestand. Auch dort mußten wir ständig eine Wache zurücklassen.

Aber ihre Jungen sind im März ein sehr schmackhaftes Gericht und wurden von uns hoch geschätzt.

Nützlichster aller Vögel aber ist der Albatros. Dieser Vogel ist größer als ein Schwan. So ungefähr zur Weihnachtszeit legt jeder Albatros ein Ei, dessen Inhalt ungefähr einer Pinte entspricht. Während des Monats Mai sind die Jungen außerordentlich zart und haben uns manch gute Mahlzeit geboten. Die kleineren Vögel haben wir mit Hilfe eines hellen Feuers gefangen, das wir nach Einbruch der Dunkelheit am Fuß einer hohen Felswand entfachten. Es hat in großer Zahl die Vögel angelockt, und sie prallten mit solcher Wucht gegen die Felswand, daß sie betäubt hinunterfielen. Darunter befanden sich Sturmtaucher, Blaue Sturmtaucher, Schwarze Adler, Nachtfalken und verschiedene andere. Dann haben wir auch Enten gefangen. Diese schwammen auf den kleinen Teichen herum, wenn sie in der Mauser waren. Wenn wir hinter ihnen herwateten, konnten wir einen guten Vorrat einfangen. Es gab auf diesen Inseln auch Landvögel, die wir einfach Tauben nannten [Scheidenschnäbel]. Sie sind ganz weiß und waren so zutraulich, daß wir sie anfangs ganz einfach mit den Händen greifen konnten. Aber sie wurden vorsichtiger, so daß wir sie in Fallen einfangen mußten.

Mit Hilfe des Wetzsteines konnten wir Angelhaken herstellen und mit Hilfe von Tauwerkresten aus unserem Wrack mit derselben Methode angeln wie zu Hause in England. Fisch diente der Abwechslung auf unserer Speisekarte. Wir konnten sie auch dadurch erbeuten, daß wir lange Streifen von Robbenfett dicht an die Kante des Wassers legten, die Fische waren so furchtlos, daß sie zwischen den Küstenfelsen im flachsten Wasser noch näher kamen. Wir standen daneben und schlugen sie über den Kopf. Aber bald kannten die Fische diese Gefahr, und so leicht ging es dann nicht mehr.

Hatten wir eine junge Robbe gefangen, so bekamen wir damit nicht nur eine ausgezeichnete Mahlzeit, sondern auch weiche Felle, um daraus das eine oder andere Kleidungsstück herzustellen. Ich war einmal glücklich genug, ein ganzes Seehundfell für mich zu haben. Als meine mitgebrachten Kleider zerfielen, machte ich mich an die Arbeit, aus diesem Fell einen Anzug zu schneidern und zu nähen. Der Erfolg war immerhin befriedigend, denn ich konnte nun komplette Seehundhosen mit einer kompletten Seehundjacke tragen. Bedenkt man noch, daß wir alle sehr lange Bärte trugen und selbstgemachte Pelzmützen und daß in unserem Gürtel lange Messer steckten, so haben wir ziemlich wild ausgesehen.

Merkwürdig war es, daß wir gelegentlich auf der Insel ganze Baumstämme fanden und auch angetriebene Schiffstrümmer. Wie sie dorthin kamen, weiß ich nicht. Nachdem wir uns eine Art von Säge hergestellt hatten, war es möglich, dieses Holz in Teile zu zerlegen, sogar Planken daraus herzustellen, aber es war eine sehr schwere, äußerst ermüdende und langwierige Arbeit.‹ (Soweit das Zitat aus dem Bericht von Goodridge).

Indessen lebten jene acht Mann, die auf der Ostinsel geblieben waren, auf ungefähr gleiche Weise. Auch sie konnten kaum hoffen, aus ihrer Lage erlöst zu werden. Sie mußten annehmen, daß die ›Princess of Wales‹ mit allen Leuten, die sich noch an Bord befunden hatten, ein Opfer der Stürme geworden war. Man hatte Teile des Wracks im Westen der Inseln gefunden und sie eindeutig als Reste des eigenen Schiffes erkannt.

Als im Dezember 1821, das heißt nach zehn Monaten, die Versorgungslage auf der Ostinsel verzweifelt geworden war, beschlossen die acht ihre Übersiedlung zur Possessions-Insel. Sie besaßen ja noch ein Boot, wenn auch nur ein kleines, wenig passend für die hohe See, aber es blieb ihnen gar nichts anderes übrig, als die Fahrt zu versuchen.

Ein unwahrscheinlicher Zufall führte sie ausgerechnet in jene Bucht, wo ihre Gefährten seit ihrem Schiffbruch lebten. Zunächst ließ das glückliche Wiedersehen die Stimmung steigen, doch kehrte alsbald die Befürchtung, besser gesagt, die Gewißheit zurück, daß früher oder später ihr Leben hier auf der unwirtlichen Insel enden würde. So legten sie schon fest, wo sich der Friedhof befinden sollte, und bedauerten nur, daß es für den letzten von ihnen keinen Totengräber mehr geben werde. Weil aber, solange sie noch lebten, irgend etwas geschehen mußte, begannen sie, ein größeres Boot zu bauen. Es sollte ungefähr zehn Meter lang sein und eine Last von zwölf Tonnen tragen. Auch über die Art der Besegelung und was alles sonst noch zu einem seetüchtigen Boot gehören sollte, wurde man sich klar.

Wir Heutigen aber, selbst wenn wir vom Schiffsbau nicht die geringste Ahnung haben, können uns nur wundern und jene Männer bewundern, die sich an eine Arbeit machten, die aus praktischen Gründen unmöglich war. Hatten sie doch kaum das nötige Material, gewiß nicht das passende Handwerkszeug für solch ein Unternehmen. Wie sie das scheinbar Unmögliche auf irgendeine Weise möglich machten, dies zu beschreiben, fehlt hier der Platz.

Das von der Ostinsel mitgebrachte Boot wurde zerlegt, jedes Stück Treibholz wie auch Reste der ›Princess of Wales‹ verwendet. Jedes Stück Eisen, ganz gleich, in welcher Form es vorhanden war, wurde für den Bau des Bootes glühend gemacht, gehämmert und geschmiedet. Aus den Häuten der Robben und See-Elefanten nähten die Männer auf umständliche Weise Segel zusammen.

Auf Pech mußte man ganz einfach verzichten. Werg zum Dichten der Fugen wurde aus den Daunen der Albatrosse und Seehundfell hergestellt. Um auf ihrer geplanten Reise Wasser zu haben, verwendete man als Gefäße das Fell neugeborener See-Elefanten. Als Proviant wurden Pinguineier gesammelt und die Zungen von Elefantenbullen eingesalzen. Zur Herstellung von Salz ließ man in einem der alten, hier vorgefundenen Riesenkessel Seewasser verdampfen.

Indessen war die Ernährungslage für alle fünfzehn so schwierig geworden, daß fünf von ihnen sich wieder auf die Ostinsel begaben. Dort blieben sie auch ohne Boot, weil ja nur noch eines vorhanden war, und damit kehrten die Männer von der Possessions-Insel zurück ins eigene Lager.

Im Januar 1823, zweiundzwanzig Monate nach dem Schiffbruch, war das neuangefertigte Segelboot bereit und konnte zu Wasser gelassen werden. Weil man dazu aber alle Kräfte brauchte, machten sich sieben Mann auf den Weg zur Ostinsel, um die dort verbliebenen Leute zu holen. Es wurde eine Fahrt unter schwierigsten Verhältnissen. War auch das Boot der Abholer glücklich auf der Ostinsel angekommen, für die Rückfahrt war es zu spät. Einer der schrecklichsten Stürme begann während der Nacht, ergriff das am Strand liegende Boot und warf es dreißig Meter weit auf den kiesbedeckten Strand, wobei der Bug eingedrückt wurde. Da es auf der Ostinsel keine Möglichkeit der Reparatur gab, auch nicht mehr der geringste Rest an verwendbarem Holz, blieben damit alle zwölf Mann ihrem Schicksal überlassen.

Damit gab es auf Possession nur noch drei Mann, deren Kraft unter keinen Umständen ausreichte, um das neue Boot ins Wasser zu schieben. Eine wirklich verzweifelte Lage, die nicht den geringsten Ausweg erkennen ließ. Nur ein wirkliches Wunder konnte helfen!

Wunder jedoch kann nur der Gläubige für möglich halten. Hier ereignete sich genau an dem Tage, als es am notwendigsten war, gleich ein doppeltes Wunder. Gerade waren die drei Mann dabei, Goodridge selbst unter ihnen, den Pinguinen ein paar frisch gelegte Eier fortzunehmen, als ein amerikanischer Robbenschläger um das Kap Verdoyant in die Bucht segelte. Es erschien nicht nur ein rettendes Schiff, es glitt ausgerechnet in die Bucht der Schiffbrüchigen hinein. Wie Goodridge wörtlich schreibt:

›Die Eier fielen uns aus den Händen, der eine rannte, der andere stolperte, ein dritter lief schreiend den Hang hinunter, und vor Freude sprangen uns fast die Augen aus ihren Höhlen. Schon hatte man uns erkannt, schon wurden unsere Schreie vom Schiff aus durch lebhaftes Winken quittiert.‹

Die Männer auf der Possessions-Insel wurden abgeholt, wobei die Retter sich nicht genug über das neugebaute Schiff wundern konnten, das hier mit so geringen Mitteln unter so primitiven Verhältnissen entstanden war. Die Geretteten verbrachten zusammen mit ihren Rettern drei Monate auf der – für uns so geheimnisvollen – St.-Paul-Insel. Goodridge lebte danach sieben Jahre auf der großen, heute zu Australien gehörigen Insel Tasmanien, die damals noch nicht von England annektiert worden war.

Als er nach so langer Abwesenheit in die Heimat zurückkehrte, versuchte es Goodridge zunächst mit dem Betrieb einer Kneipe in der Nähe von Dartmouth, und als die nicht florierte, eröffnete er ein Stoffgeschäft in Brixham. Aber da er unerfahren in solchen Geschäften war, wurde es ebenfalls ein Mißerfolg. So blieb dem armen Teufel gar nichts anderes übrig, als Schriftsteller zu werden. Da lag es nun nahe, über seine Abenteuer im Südlichen Eismeer und über den Aufenthalt in Tasmanien zu berichten. Doch war kein guter Verlag an seinem hochinteressanten Werk interessiert, es fand sich auch keine Zeitung, um das Manuskript in Fortsetzungen abzudrucken. Aber ein wohlmeinender Freund streckte die Druckkosten vor, und Charles Medyett Goodridge, der Verfasser persönlich, bot sein Werk von Haustüre zu Haustüre selber an.

Um überhaupt Beachtung zu finden, legte er dem Buch einen Brief bei mit der folgenden, fast herzergreifenden Bitte:

›Verehrter Leser, wenn Sie nach Kenntnisnahme meines Berichtes geneigt sein sollten, mir Glauben zu schenken, obwohl es so viele Fälschungen gibt, würden Sie bitte die Güte haben, mich durch ein Empfehlungsschreiben an Ihre Freunde zu verpflichten.‹

Er fügte noch hinzu, daß es gerade für Reiseschriftsteller so überaus schwierig sei, ihr Werk an die Leser heranzutragen.

Es gelang Goodridge, sich mit dem Buch über Wasser zu halten, denn es erreichte schließlich sechs Auflagen. Am Ende der sechsten findet sich eine Liste aller Städte und Ortschaften, wo er selbst das Buch vertrieben hat, und auch die Namen aller Käufer dieses Buches, etwas über viertausendsechshundert.«

Die geheimnisvolle Bouvet-Insel

Sechs Monate im voraus schon hatte Lars Erik Lindblad, der Eigner und Organisator von »Lindblad Explorer« um die amtliche Erlaubnis zum Besuch der Inseln Marion und Prinz Edward gebeten. In diesem Fall, dem einzigen während der insgesamt sechzig Reisetage, ohne Erfolg. Schriftliche, dann telegrafische Rückfragen, auch Anrufe über Sprechfunk blieben ohne Antwort.

Nichts dergleichen hätte man vor zwanzig, noch vor zwölf Jahren gebraucht. Aber das ist nun anders, sehr viel strenger geworden. Beide Inseln sind gesperrt, ihr Betreten ist rigoros verboten. Angeblich zum Schutz der artenreichen Tierwelt, der besonderen Vegetation und natürlich zugunsten der Robben, Seehunde wie auch See-Elefanten, die sich dort auf Marion und Prinz Edward von ihrer fast völligen Ausrottung im vorigen Jahrhundert erholen.

Doch gilt dieser Schutz für alle Inseln der Antarktis, auch der Subantarktis, die wir besucht haben und noch besuchen werden. In dieser Hinsicht genießt unsere »Explorer« Vertrauen bei allen Organisationen des Umweltschutzes und ebenso bei den darüber schwebenden Regierungen. Sofern man überhaupt eine Empfehlung nötig hat, eine Tür zu öffnen ist, hat bisher stets ein Funkspruch an hohe Gönner genügt, und schon war die Schwierigkeit beseitigt. Man kennt ja die große Rücksicht, mit der unsere Passagiere wie Besatzung der Tierwelt begegnen. Aber was die Marion- und die Edward-Insel betrifft, ist nichts zu machen, da werden wir keiner Antwort gewürdigt.

Irgendwie müßte man ja die Absage begründen, und eben das wollte man vermeiden. Es ist nämlich so, daß beide Inseln zur Republik Südafrika gehören, wenn auch noch gar nicht lange. Erst im Jahre 1948 wurden sie von Sendboten Südafrikas vermessen, erkundet und gleich danach zum Naturschutzgebiet erklärt. Niemand sonst, keine andere Nation hatte sich bis dahin für Marion und Prinz Edward interessiert. Einsam und nie besucht lagen beide im kühlen Meer. Ganz plötzlich, für alle Welt überraschend, griffen die Südafrikaner zu, deren südliche Landspitze, das Kap der Guten Hoffnung, nicht allzu weit entfernt ist, nämlich rund tausendsiebenhundert Kilometer. Noch im gleichen Jahr entstand auf der Marion-Insel eine meteorologische Station.

Und darum geht's, behaupten mißtrauische Leute. Aber Gewißheit gibt es nicht, nur Vermutungen. Wie dem auch sei, wir sind entschlossen, uns den geheimnisvollen Inseln so weit zu nähern, wie es das internationale Seerecht gestattet. Alsdann wollen wir noch einmal durch Sprechfunk um Landeerlaubnis bitten, zumindest sehen und hören, was daraufhin geschieht.

Wie gesagt, es sind zwei Inseln mit ein paar unbedeutenden Nebeninseln. Die Prinz-Edward- (103,6 Quadratkilometer) und die wesentlich größere Marion-Insel (217,56 Quadratkilometer) liegen etwa auf dem 47. Längengrad und 38 Grad Ost. Entdeckt wurden beide im Jahre 1772 von dem schon öfter erwähnten französischen Seefahrer Marion-Dufresne. Aber beim Versuch einer Landung wollte es sein Pech, daß beide Schiffe kollidierten und er froh sein mußte, sie vor dem Scheitern zu bewahren. So hatte Marion-Dufresne andere Pflichten, als zu bemerken, daß es zwei Inseln waren. Nur eine befand sich auf der von ihm heimgeschickten Karte. Doch wurde dieser Irrtum bald – wer sonst hätte es sein können – von Captain Cook aufgeklärt! Er segelte zwischen beiden hindurch, und in seiner feinen englischen Art nannte er die zweite Insel nach Marion-Dufresne. Was danach folgte, war unvermeidlich, nämlich Robbenschlag, Walfang und die fast völlige Ausrottung der vier Arten von Pinguinen. So gut wie keine Einzelheiten sind darüber bekannt außer der traurigen Tatsache an sich. Der Verlust an Schiffen und Menschenleben soll gerade bei den Marion- und Prinz-Edward-Inseln besonders schlimm gewesen sein. Dafür sprechen schon die steilen Küsten, schroffen Riffe und hohen Brandungswellen.

Die Menge der Brutplätze und Vielfalt der Vogelwelt soll »atemberaubend« gewesen sein. Was die Pelzrobben und See-Elefanten betrifft, hat sich der Bestand auf höchst erfreuliche Weise erholt. Nicht minder reich und abwechslungsreich sei die Vegetation, steht im Buch, und so können wir es gar nicht erwarten, das subantarktische Paradies zu sehen, sei es auch nur von weitem. Sogar von Zwergbirken und kniehohem Holzgestrüpp ist die Rede.

Doch wir sehen nichts. Entweder ist wirklich eine Warnung vor schlechtem, stürmischem Wetter der Grund dafür, oder unser Captain hat, wie man gerüchtweise hört, eine scharfe Warnung erhalten. Droben am Bootsdeck kann ich in meinem Zehnfachglas mit zusammengekniffenen Augen gerade noch die Umrisse von Marion sehen, von Prinz Edward vielleicht einen Schatten erkennen. Viel ist das nicht, dennoch bedeutend mehr, als die meisten anderen Leute unserer Welt von diesen beiden Inseln erblickt haben.

Vier Tage mit Kurs auf Bouvet, vier Tage kein Blick auf Land geworfen, und sei es noch so fern. Zum Ausgleich geben sich fünf Pottwale die Ehre ihres Besuches. Vielleicht zwanzig Minuten lang bleiben sie, auftauchend und wieder sinkend, dicht neben unserem Bug. Noch am gleichen Tag folgen ungefähr hundert Delphine ihrem Beispiel, solche der antarktischen Art, deren Lebensweise noch den Ichthyologen zu erforschen bleibt. Verglichen mit den ihnen verwandten Walen sind es nur kleine, fast zierliche Geschöpfe, ähnlich den Schwertwalen schwarz und weiß gefärbt.

Am folgenden Tag, dem 13. Dezember, genießen wir drei Erlebnisse, nämlich den Anblick der ersten, allein ihrer Größe wegen sehenswerten Eisberge sowie den vorerst noch schönen Schauer über Deck fegender Schneewolken und das Fest von Santa Lucia. Das typisch schwedische Fest aus Anlaß der Wintersonnwende fällt eigentlich auf den 20. Dezember, aber die Skandinavier haben es für ihre Breitengrade anders beobachtet und sich für den 13. Dezember entschlossen.

Weil sich unser Schiff vorläufig noch fest in schwedischer Hand befindet, was den Kommandanten, die Offiziere und einen großen Teil der Stewards und Stewardessen betrifft, feiern wir Santa Lucia ganz nach schwedischer Art. Das ist ebenso schön wie ergreifend. Unsere Friseuse, im Zivilberuf Gattin des Zweiten Offiziers, stellt die Heilige dar, und zwar als Lichtgestalt, wie es uraltem Brauch entspricht. Vier brennende Kerzen im Stirnband auf ihrem blondgelocktem Haar und die fünfte Kerze in der Schale ihrer gefalteten Hände. Ihr folgen sechs bis sieben andere Damen des Schiffs, die dank ihrer blonden Perücken nicht leicht zu definieren sind. Sie aber müssen sich mit nur einer, in beiden Händen gehaltenen Kerze begnügen. Alle tragen, wie sich das gehört, lange, weiße, die mehr oder minder schlanken Körper umfließenden Gewänder. Dazu singen sie mit meist schönen Stimmen das fromme Lied von der heiligen Lucia. Dabei läßt sich erkennen, wer nicht aus schwedischem Geblüt stammt. Diese Damen nämlich halten so verdeckt wie möglich einen Zettel mit dem zu singenden Text in der Hand.

Als sich der kerzengeschmückte Chor anschließend zur Bar begibt, um die angestrengten Kehlen zu kühlen, schrillen plötzlich im ganzen Schiff Sirenen, Feueralarm . . . Feuer an Bord!

»Keine Angst, bitte, bleiben Sie ruhig.«

Es sind nur die flackernden Kerzen der heiligen Lucia den überall an Deck angebrachten Feuermeldern zu nahe gekommen. Diese reagieren schon auf wenige zusätzliche Wärmegrade, die sich in ihrer Nähe ausbreiten. Weil die Decke wie meist auf Schiffen relativ niedrig ist, haben zum Alarm schon die milde schimmernden Kerzen genügt.

Darauf trinken wir noch einen Glögg zu Ehren des heutigen Tages, eine Stiftung des Schiffes für Mitreisende und Mitglieder der Besatzung, ein ganz spezielles Heißgetränk, ein hochprozentiges, versteht sich. Zwar ließ ich mir vom guten Willy, dem deutschen Chefsteward, das Rezept geben, aber man braucht so viele verschiedene Dinge für Glögg und auch die Zubereitung ist so umständlich, daß es bis heute weder mir noch meinen Hausgenossen gelungen ist, dem wahren Glück des Glöggs nahezukommen.

Weiter nach Bouvet auf südwestlichem Kurs bei schwerer, uns entgegenlaufender See.

Drei Tage, hat man uns zunächst gesagt, würde es dauern. Dann aber, wegen des sich zum Sturm steigernden Windes, ist von vier Tagen die Rede. Weil aber Himmel und Horizont noch dunkler werden, die Wogen über Bug und Heck klatschen, spricht man auf der Brücke von fünf Tagen als dem Minimum. Dabei können wir uns, können sich alle leidenschaftlichen Inselfreunde noch glücklich preisen, wenn sie schließlich von Bouvet auch nur einen Schimmer zu Gesicht bekommen.

»Bouvetoeya, die Geheimnisvolle«, sagt Hasse Nilssen und muß seine knappe Bemerkung wegen des Gerüttels und Geratters, das der Sturmwind an den Schiebetüren veranstaltet, wiederholen. Dabei wirbeln ein paar nicht festgepinnte Seekarten vom Tisch. Wenn unser Käptn nicht *Bouvet* sagt, sondern *Bouvetoeya,* so hat das einen Grund, zumal ja Hasse Nilssen aus Skandinavien stammt. Das *oeya* am Ende bedeutet Insel, und weil Bouvetoeya offiziell zu Norwegen gehört, geht das in Ordnung.

Natürlich wußte ich Bescheid, weshalb er Bouvetoeya geheimnisvoll nannte, oder ich glaubte es jedenfalls.

»Ja, weil man sagt, es sei jenes Stück Land auf der Welt, das am weitesten von jedem anderen Land entfernt ist. Aber ich meine doch, verehrter Käptn, darüber streiten sich noch die Gelehrten.«

»Natürlich gibt's Gelehrte, die sich immer streiten«, ist seine Antwort, »auch hier bei uns an Bord. Aber mit dem Geheimnis von Bouvetoeya meine ich was anderes. Nachdem ein Seefahrer, der berühmte Bouvet de Lozère, die Insel entdeckt hatte, blieb sie fast hundert Jahre lang unauffindbar. Die erfahrensten Kapitäne auf erstklassigen Schiffen haben immer wieder nach Bouvetoeya gesucht, aber vergebens.«

Dabei geschah die erste Entdeckung erstaunlich früh, bedenkt man die antarktischen Verhältnisse. Schon im Januar 1739 erschien der Franzose Bouvet de Lozère, Kommandant der beiden Schiffe »Aigle« und »Marie«, vor der schneebedeckten Insel, konnte aber wegen der donnernden Brandung an Eiswänden und steilen Felsen nicht landen. Immerhin hat der hartnäckige, sicher auch sturmerprobte Lozère zehn Tage lang versucht, irgendwo einen Streifen Strand zu erreichen, der erstmals einem Menschen erlaubte, die Felseninsel zu betreten. Schon möglich, daß Lozère bei der Lagevermessung gravierende Fehler beging, es standen ihm ja nur vergleichsweise primitive Instrumente zur Verfügung. So hat auch der sonst unfehlbare James Cook die hochaufragende Insel nicht gefunden. Was ihm bei seiner ersten Weltumseglung nicht gelang, wollte er bei seiner dritten und letzten erzwingen. Aber wieder blieb ihm Bouvet verborgen. Gerade deshalb gaben sich andere Seefahrer die größte Mühe, so der Franzose Fournaux, ein sonst recht erfolgreicher Entdecker. Aber auch vor ihm versteckte sich die geheimnisvolle Insel. Ebenso erging es 1808 Captain Lindsay, worauf ein nicht mit Namen bekannter britischer Walfänger behauptete, er habe Bouvet zum zweiten Male entdeckt, ganz umsegelt, aber nirgendwo landen können. Niemand weiß, ob das stimmt oder nicht.

Wirklich gelandet ist dann erst, und zwar im Jahre 1822, der amerikanische Robbenschläger Morell, doch konnte er wegen anhaltend stürmischen Wetters sein blutiges Geschäft nicht ausüben. Ein anderer Amerikaner namens Novis, der von allen früheren Versuchen und Besuchen in dem wetterwendischen Seegebiet keine Ahnung hatte, hielt sich, als er Bouvet zu sehen bekam, für den ersten Entdecker und taufte das gebirgige Meer nach sich selber Novis-Insel. Unbekannt ist, ob er die Insel betreten hat oder nicht. Ihm folgte 1845 der in beiden Polargebieten bekannte Forschungsreisende James Clark Ross mit seinen in der Entdeckungsgeschichte berühmten Schiffen »Erebus« und »Terror«. So sehr sich auch Clark Ross bemühte, er konnte die geheimnisvolle Insel nicht finden. Ebenso mußte der nächste Bouvet-Sucher, Leutnant Moor, britischer Marineoffizier auf »HMS Tagoda«, Fehlanzeige melden. Die deutsche

Südpolarexpedition des Professors von Drygalski 1898, mit dem Forschungsschiff »Valdivia«, war wohlversehen mit allen Berichten der Vorgänger, natürlich auch mit den besten nautischen Instrumenten, die es inzwischen gab. Sie hatten schließlich Erfolg und blieben für einige Tage in der Nähe, jedoch gelang es nicht zu landen, wegen der schon bekannten, allzu gewaltigen Brandung. Außerdem, kaum ist es zu glauben, irrten sich die gelehrten Herren bei der Vermessung um drei Seemeilen. Mit dem Erfolg, daß weiterhin andere Schiffe bei Nacht, Nebel und Schlechtwetter an Bouvetoeya vorüberfuhren. Wieder entdeckt, fast könnte man sagen zum viertenmal entdeckt, wurde Bouvetoeya im Januar 1916 vom amerikanischen Schiff »Carnegie«, aber auch in diesem Fall war keine Landung möglich.

Das deutsche Forschungsschiff »Meteor« ankerte 1877 vor Bouvet, aber erst der »Norwegia« glückte eine Folge von Landungen, sogar kilometerweit ins eisbedeckte, von tiefen Schluchten zerrissene Innere gelangten die unerschrokkenen Norweger. Sie schafften große Vorräte von Proviant auf die Insel und errichteten eine Blockhütte zu deren Schutz. Sie sollte notfalls dazu dienen, das Leben von Schiffbrüchigen zu erhalten. Als im Jahr 1934 ein norwegisches Schiff diese Hütte besuchte, fand man ihre Tür aufgeschlagen und alle Vorräte verschwunden. Weil es im südlichen Eismeer keine Raubtiere gibt, die Hütten aufreißen, wie es die Eisbären im hohen Norden gerne tun, können nur Menschen den Raub begangen haben. Ein schweres Verbrechen, dürfte es doch für Schiffbrüchige den Hungertod bedeuten. Aber keine Spur der Schuldigen wurde gefunden, niemals sind irgendwo Nachrichten oder Gerüchte aufgetaucht. Wirklich eine geheimnisvolle Insel!

Frische Vorräte, Heizöfen und Brennmaterial wurde in die alte, wieder hergerichtete Hütte geschafft. Mehrfach ist das neuseeländische Forschungsschiff »Milford« vor Bouvet gewesen, zum erstenmal 1934, als keine Landung möglich war. Dafür ist es 1955 der »Milford« gelungen, ein paar Wissenschaftler an der Küste abzusetzen, und von ihnen stammt alles, was man bisher über die reiche Fauna und dürftige Flora weiß oder bis heute erfahren konnte.

Indessen hatte schon 1928 das Parlament des Königreichs Norwegen beschlossen, Bouvetoeya zu annektieren. Aus welchem Grund, ist nicht klar zu erkennen, praktische oder gar wirtschaftliche Gründe dafür gibt es nicht. Vielleicht war der Wunsch, auf der so menschenfeindlichen Insel eine Forschungsstation zu errichten, maßgebend. Es ist aber nicht dazu gekommen, nur zu einem knapp wochenlangen Aufenthalt norwegischer Wissenschaftler 1979. Leider aber waren sie durch schlechtes Wetter behindert. Seitdem hat kein Mensch an irgendeiner Stelle Bouvetoeya betreten.

Jetzt sind wir vor der geheimnisvollen Insel. Unser Schiff schwankt in den Gewässern, die Bouvetoeya umgeben. Gleich bedrängen wir den Käptn um zwei Zodiacs. Einen Landeversuch will er nicht erlauben, zu so großer Gefahr für unser Leib und Leben möchte er seine Hand nicht geben. Aber eine Rundfahrt um Bouvet kann er gerade noch verantworten, selbstverständlich nur mit größter Vorsicht und bei mindestens hundert Meter Abstand von der so gefährlichen Küste. Zwölf Intrepids machen das mit, darunter alle sieben Mitglieder des »Explorer-Clubs«.*

Sechs Abenteurer in jedem Zodiac, dazu ein Bootsmann vom Schiff mit langer Stange und Haken daran. Fahrer und Betreuer des Außenmotors ist in unserem Boot Keith Shackleton. Bei ihm verpflichtet schon der Name zur Sicherung seiner Gefolgschaft. Griffbereit liegt neben ihm der Rettungsring mit Leine und vor seinen Füßen der Gummisack mit Erster Hilfe. Jeder von uns steckt in Ölzeug, das ebenso vor Spritzwasser schützt wie auch bei nassen Landungen seinen Träger bis unter die Arme trocken hält. Darüber noch ein wasserdichter Anorak mit Kopfschutz und Handschuhen. Natürlich tragen wir auch die Kameras, vor Wasser geschützt, aber sonst schußfertig. Franz Lazi filmt bei diesem Unternehmen, beim Hochspringen und Abfallen der Schlauchboote ein paar seiner tollsten Streifen.

Drei bis vier Stunden dauert die Umfahrt. Nach allem, was wir erlebt haben, könnten es auch zwanzig Stunden gewesen sein, sogar Tage und Wochen. Alle paar Minuten ein anderes Bild, und es waren viele Bilder, die unsereins – so glaubt man hinterher – während seiner ganzen Existenz nur einmal erlebt. Niemand vermag das zu beschreiben, wäre er noch so begabt, mit Worten umzugehen. Es war ungefähr wie das oft wiederholte Aufreißen eines Vorhangs und das gleich danach folgende Verschwinden der Szene. Eine davon überraschender als die andere. Hinreißend jede einzelne, aber deren Erscheinen viel zu kurz für den Genuß des Betrachtens. Alle entworfen von einem Künstler, einem höchst eigenwilligen Schöpfer, der ungebetenen Gästen nur kurze Blicke gönnt auf seine unvergleichlichen Werke.

Dabei sind wir nicht mehr als achtzehn Personen insgesamt und seit sieben Jahren die ersten Menschen, denen das Glück zuteil wird, hier eine so schnelle Folge von Schauspielen der Natur zu erblicken. Schauspiele sind das, die seit Jahrhunderten, seit vielen tausend Jahren unter Ausschluß der Öffentlichkeit stattfinden.

* Der »Explorer-Club«, Sitz New York, hat mit dem gleichnamigen Schiff, mit unserer »Explorer«, nichts zu tun. Schon in den ersten Jahren dieses Jahrhunderts gegründet von den damals berühmtesten Entdeckern der Welt wie Robert Peary, Roald Amundsen, Fritjof Nansen. Seinerzeit waren die Mitglieder einzig und allein *echte Entdecker*, und zwar solche mit geographischen *Erstleistungen*. Dank einer Multimillionenstiftung verfügt der Klub nahe dem Central Park in New York über ein fast zu großes, hochherrschaftliches Klubhaus mit geographischer Bibliothek, wertvollen Sammlungen, Vortragsräumen und so weiter. Wenn heute die Bedingungen für die Aufnahme nicht mehr so exklusiv sind wie noch vor zwanzig bis dreißig Jahren, müssen doch der Aufnahme eines neuen Mitglieds alle bisherigen Mitglieder zustimmen. Wirkliche Erstleistungen im alten Sinne braucht man heute nicht mehr vollbringen, es genügen auch Forschungsarbeiten, Expeditionen und sonstige Leistungen auf naturwissenschaftlichem Gebiet. War der »Explorer-Club« bisher ganz allein Männersache gewesen, so hat man im Jahre 1981 – nach langen, erbittert geführten Debatten – zwei verdiente Damen zugelassen.

Hier blicken wir sekundenlang in eine schmale Schlucht zwischen haushohem, hellblau schimmernden Eis. Den Hintergrund am Ende des Einschnitts bildet ein weißglitzernder Turm, ebenso hoch, aber nicht stärker als ein Schornstein. Da genügen schon die Schallwellen unseres Motors, ihn zu erschüttern. Das dünne Gebilde neigt sich vornüber ... wir vernehmen das Knistern und Krachen, sehen sodann die aus der Schlucht hervorschießenden, von schäumenden Wellen getragenen Bruchstücke, haben jedoch nicht unmittelbar den Zerfall des Turmes miterlebt.

Auf dem Rücken eines sanft schaukelnden Eisbergs stehen viele Dutzend, vielleicht mehr als hundert Kinnstreifenpinguine. Wie Abfahrtsläufer auf steiler Piste rutschen alle paar Augenblicke einige von ihnen hinab ins hochspritzende Wasser, um sich drunten am Krill zu sättigen. Andere, die das schon getan haben, klettern an einem sanfter steigenden Glitzerhang wieder auf ihre Stammplätze zurück. Man wundert sich, wie wenig Mühe es ihnen macht. Tatsächlich ist das nur eine Kleinigkeit für fast alle Pings. Sie verfügen, wenn man genau hinsieht, über sehr starke und tiefgreifende Krallen, die sie meist unter ihren Federn verborgen halten.

Auch Bouvet ist vulkanischen Ursprungs. Wo nicht Eis und Schnee die Insel bedecken, sehen wir dunkelgraues bis schwarzes Gestein. Manche der senkrechten Küstenfelsen stehen vor uns wie Höllenwände, bedeckt von roten Streifen und schwefelgelben Flecken auf nachtdunklem Grund. Hier und dort öffnen sich Höllentore, in die hinein sich Wogen wälzen, um drinnen zu zerbrechen. Das poltert und donnert ganz fürchterlich.

Wieder andere Hohlräume, deren Eingang knapp über der Brandung liegt, sind bewohnt. Pelzrobben und Seeleoparden liegen darin, auch Weddell-Robben und Krabbenfresser, nehme ich an, in kleinen Gruppen auch Pinguine. Echt unheimlich wirkt der Anblick schon erwachsener See-Elefanten, die aus hochgelegenen Höhlenwohnungen auf uns herabschauen. Wer nicht weiß, was für harmlose Tiere es sind, kann die tonnenschweren Geschöpfe für Drachen halten, für furchterregende Ungeheuer der Sagenwelt. Dort bewachen sie kostbare Schätze vor unserem Zugriff. Wer möchte sich da nicht in die Brandung stürzen und stolz hinaufsteigen zu Fafnirs verlockenden Kostbarkeiten. Die schönsten Jungfrauen, so könnte man fabulieren, haben sie von tropischen Inseln geraubt, um sie verborgen zu halten. Welch großartiges Erlebnis müßte es sein, dort einzudringen mit blankem Schwert in der Faust und lodernd leuchtender Fackel in der Linken.

Blödsinn natürlich ... keiner möchte das. Vorbei die Zeit edler Ritter, und müde sind die Helden von gestern.

Drei, vier kleine Felseninseln erheben sich mit drohender Gebärde. Darauf eine Unmenge von Seevögeln, die sich kreischend erheben, davor krachende, laut knallende Brandung. Absolut sicher können wir sein, daß niemals menschliche Wesen auf eine dieser Teufelsinseln gekommen sind. Weshalb auch, es muß noch manches, möglichst viel bleiben auf dieser Welt, frei bleiben von unserer Art.

Eiswände vor uns, keineswegs in Schweigen gehüllt. Nein, ob man's glaubt oder nicht, sie flüstern und knistern, aus ihrem Inneren hören wir deutliches Grollen ... sie rühren sich aus dem Glied, und wirklich, sie treten vor. Da gibt Keith Gas und dreht schnell ab von der Eiswand. So einer wie er aus Ernest Shackletons Sippe kennt natürlich die Gefahr. Er weiß, welch tödliche Gefahr das Knistern, Flüstern und Grollen ankündigt. Schon bricht ein Tausendtonnenklotz aus der Eisfront, zerteilt sich und setzt gewaltige Wellen in Bewegung.

Auf der Nordseite müssen wir nun sein, so ungefähr habe ich das Kartenbild im Kopf. Der weite, breite, aus dem Inneren von Bouvetoeya kommende Gletscher dürfte der Pasodowski sein und das Vorgebirge östlich von uns Kap Valdivia.*

Wieder ein Anblick, der sich nicht beschreiben läßt, diese Masse von schimmerndem Eis, tiefgespalten unter der darüberliegenden Schneedecke. Hat es auch den Anschein, als ruhe der Gletscher in felsenfester Beharrung, er bewegt sich doch! Langsam, im Zeitlupentempo, aber unaufhörlich bei Tage wie bei Nacht rückt er vor. Nicht zu bemerken fürs menschliche Auge, aber doch um ein paar Handbreit binnen zwölf bis zwanzig Stunden. Ganz vorn am Meer auf kilometerweiter Front stößt er große Teile seiner Stirne ab. Sie werden als Eisberge ausgestoßen ins antarktische Meer.

Weiter schaukeln wir in den Schlauchbooten, umgeben von schwimmendem Eis, aber stets die Bouvet-Inseln vor unseren Augen. Ein nach Norden ziehendes Vorgebirge dehnt sich weit hinaus ins große Meer. Das hebt und senkt sich wie eine schweratmende Brust. Dabei wird jedesmal das Ende des Ausläufers von der gerade anrollenden Woge bedeckt, um gleich danach für etwa ein Dutzend Augenblicke frei zu bleiben.

»Wer's unbedingt will ... wer mal wieder kindisch sein möchte«, läßt Keith Shackleton verlauten, »hat gleich dazu Gelegenheit.«

Was er meint, hat uns der Kapitän streng verboten, nämlich eine Landung auf Bouvetoeya. Eine Landung von bestenfalls zehn Sekunden. Gleich hier auf dieser schmalen, von Kieselsteinen bedeckten Landzunge. Kindsköpfe gibt es allemal unter erwachsenen Männern. Vier sind allein in unserem Boot, während die beiden Damen entrüstet ablehnen.

Wie gewollt, so wird's getan ... Nichts leichter als das! Während der Motor läuft, steuert Keith den Zodiac im Schwall der sinkenden Wellen über den

* Namengebung der deutschen Gauss-Expedition 1898. »Valdivia« hieß das Schiff, und »Pasodowski« (Arthur Graf Pasodowski-Wehner, 1845–1932, genannt der »Rote Graf«) war damals Reichsinnenminister und Staatssekretär des Schatzamtes, dem Professor von Drygalski die Finanzierung seiner Expedition zu verdanken hatte.

zehn bis zwanzig Meter breiten Kiesstreifen. Hebt dann geschickt die Schraube aus dem Wasser . . . während im gleichen Augenblick unser Bootsmann den Haken einstößt. Zwar dreht sich das Boot, sinkt aber schon im nächsten Augenblick mit dem ablaufenden Wasser auf festen Boden. Alle vier Buben, auch Freund Albert, Franz und Stuart springen hinaus, stehen stolz auf nassem Kiesgeröll. Sieben Jahre lang hat kein Mensch die geheimnisvolle Insel betreten, aber wir sind da . . . soeben haben wir Bouvetoeya betreten!

Aber trotz aller Kühnheit, hier wäre Leichtsinn fehl am Platz. Mit zumindest einer Hand hält sich jeder fest am Schlauchboot.

Meinerseits habe ich die Geistesgegenwart, mich rasch zu bücken, um mit der anderen Hand drei, vier der glatten Kieselsteine zu ergreifen. Dasselbe noch einmal und noch mal . . . hastig in die Tasche damit. Franz Lazi hat es gesehen, auch Albert Bendelius. Weil sie rasch von Begriff sind, tun sie das gleiche.

Keith braucht nicht erst zu rufen, wir haben selbst die heranrollende Welle gesehen. Sind im Zodiac, bevor er in die Höhe steigt. Die Schraube wieder ins Wasser, und ab geht die Post auf weitem Weg und in großem Bogen zurück an die Gangway unseres Schiffes. Natürlich können wir den Mund nicht halten:

»Landung geglückt . . . haben Bouvetoeya betreten, hier die Beweise!«

Vom Käptn werden wir auf die Brücke gebeten. Mir kommt das vor, als wenn Schulbuben zum Herrn Direktor gerufen werden. Aber wie seinerzeit das vorüberging, so haben wir es auch an Bord der »Explorer« bald hinter uns.

Vom schönsten Stein ließ ich für Marianne einen Anhänger machen. Wenn jemand fragt, was es wohl sei, dieser an sich wie ein Kieselstein aussehende Stein, lächelt meine Frau geheimnisvoll und sagt leise, aber so, daß es gerade noch die Umstehenden hören: »Ein echter Bouvet . . . von meinem lieben Mann . . . sind im Handel nicht zu haben, der Bouvet-Stein . . . sogar bei Cartier würden Sie umsonst danach fragen!«

Die reinste Wahrheit, nichts als die Wahrheit.

Auf Saunders keine Landung möglich

Alle wissen, was ein Sandwich ist, kennen Sie auch die Sandwich-Inseln?

Das sind, vielmehr waren auf Seekarten des späten 18. und frühen 19. Jahrhunderts die Hawaii-Inseln. Der allgegenwärtige Captain Cook hatte sie 1778 entdeckt und zu Ehren des damaligen Ersten Lords der Admiralität Sandwich-Inseln genannt. Damit nicht genug der ehrenwerten Inseltaufe, hat Cook auch eine andere, schon im Januar 1775 von ihm entdeckte Gruppe, nicht weit vom antarktischen Festland gelegen, nach dem gleichen Vierten Earl of Sandwich genannt. Wenn Cook den gleichen Namen zweimal für Inseltaufen verwendet hat, so mag der Grund dafür gewesen sein, daß der große Entdecker ein über die Maßen dankbarer Mensch war. Bei der Ausrüstung seiner Schiffe hatte ihm der Admiral großzügig geholfen, ihn auch gegen Neider und Gegner abgeschirmt. An den Südsandwichs ist bis heute der Name hängengeblieben, nicht jedoch an den Hawaii-Inseln.

John Montagu Sandwich war nämlich nicht der edle Lord, für den ihn der gute Cook gehalten hat. Vielmehr stand der Vierte Earl Sandwich in dem üblen Ruf, seine besten Freunde der Reihe nach zu verraten, auch viel Geld des Staates und der Steuerzahler in seine Tasche zu schieben. Die Encyklopaedia Britannica sagt von ihm: »Was Korruption wie auch Unfähigkeit betrifft, war die Führung der Admiralität zu Zeiten des Earl of Sandwich einmalig in der britischen Marinegeschichte. Sogar in dem während seiner Amtszeit entstandenen Volksstück *Dreigroschenoper* spielt der unedle Lord als *Jemmy Twitcher* eine negative Rolle.«

Im Unterschied dazu war sein Urgroßvater Edward Montagu Sandwich ein Seeheld ersten Ranges, der seine siegreiche Laufbahn damit beschloß, daß er während der Schlacht von Solebay gegen die Holländer mit seinem Schiff, der »Royal James«, in die Luft flog. Sein Körper wurde aus dem Wasser gefischt und in der Westminster-Abtei beigesetzt. Für Briten gibt es keine größere Ehre als diese.

Wenn trotz allem der unwürdige Nachkomme, also der Vierte Earl, noch heute in aller Munde ist – im wahrsten Sinne des Wortes –, liegt es an den beiden Scheiben Weißbrot mit Belag dazwischen. Das soll, wie man sagt, eine Erfindung des damaligen Ersten Admirals der britischen Flotte sein. Er war nämlich besessen von der Leidenschaft des Kartenspiels. Wenn er und seine Gäste am Spieltisch saßen, wurden nur »Sandwich« serviert. Man brauchte zum Verzehr nur eine Hand, konnte also mit der anderen noch die Karten halten.

So viel zu dem Mann, dessen Name bis zum heutigen Tage die Südsandwich-Inseln tragen.

Vorerst haben die friedlich heranwogenden Wellen noch keine Kämme.

Aber von einem kommenden Unwetter, das uns bei den Inseln auflauert, hat man auf der Brücke erfahren. Vorsichtshalber werden aufs neue die Haltetaue an den Treppen, im Speisesaal, in der Lobby und in den sonstigen Gemeinschaftsräumen ausgespannt.

Wir sehen Filme und hören Vorträge im Pinguin-Raum. Auch ich komme zur Geltung, von Mitreisenden angeregt, gelegentlich von ungläubigen Zuhörern angezweifelt, berichte ich von der dreißigjährigen Herrschaft des geistesgestörten Père Laval, eines französischen Missionars mit offenbar hypnotischen Kräften, über das unglückliche, ihm hundertprozentig ergebene Volk der polynesischen Insel Mangareva. So geschehen zwischen den vierziger und den siebziger Jahren des vorigen Jahrhunderts. Selber kann ich an sein überwältigendes Wirken in gutem wie schlechtem Sinne nur glauben, weil ich mit eigenen Augen die teilweise noch gut erhaltenen Reste von Lavals phantastischen Bauwerken gesehen habe. Es gibt in der Tat noch viele, sehr viele Regionen auf der Welt, von denen sich kein Reiseveranstalter träumen läßt. Auch Südsee-Inseln gehören dazu, die nur selten oder nie ein Tourist betritt.*

An landschaftlicher Schönheit, so meine Überzeugung, können beide Polarmeere die vielgelobte Südsee übertreffen. Vorausgesetzt natürlich, man hat helles Wetter und relativ ruhige See. Außerdem gehören auch Eisberge ins Bild, damit es seine einmalige, romantische Wirkung entfaltet. Wir stehen an Deck und bestaunen das von schwimmenden Naturwundern geschmückte Meer. Die schimmernden Berge segeln dahin, hoheitsvoll und erhaben ein jeder in Einsamkeit. Sie fahren durchs Meer, vornehm und langsam, auf geheimnisvollem Kurs. Sie kommen von irgendwo her, manche mit Gestein auf ihrem Rücken und oft tief im Eiskörper. Dann haben sie einst zu Gletschern gehört, die sich über festes Land ins Meer schoben. Dies und das haben sie dabei mitgenommen. Wohin letzten Endes ihre Reise geht, weiß man nicht.

Die Erosion durch Sonne, Regen, Tauwetter und Stürme hat ihre ursprünglichen Konturen stark verändert. Wir sehen alle möglichen Formen, Fronten und auch Farben. Kompakte Klumpen von Riesengröße, auch zartes Filigran, wie geschaffen von Steinmetzen für gotische Kathedralen. Tafeleisberge ziehen still vorüber, manche sind gerade dabei, sich zu drehen. Ihre blaukristallene Unterseite wendet sich nach oben, und so wandern sie nun weiter durch den antarktischen Ozean. Die Eisgestalten begleiten uns, folgen dem Schiff oder sind nahe, vielleicht auch fern von unserem Bug.

Wir sind mit Gewißheit die ersten und letzten Menschen, denen es vergönnt ist, sie zu sehen. Vergänglich ist fast alle Schönheit. Auch diese wird über kurz oder lang aufgelöst in nichts als Wasser sein. Niemand weiß, wie alt so ein Berg aus gefrorenem Wasser werden kann. Sie treiben nicht zielbewußt in wär-

* »Inseln der Südsee«, C. Bertelsmann Verlag, München.

meres Klima, wo sie vergehen. Sie drehen sich, geraten in Strömungen, die wieder näher ans ewige Eis führen. Manche stranden an grimmig kalter Küste oder vereinen sich mit dem Packeis. Mir blieb nicht in Erinnerung, wo ich gelesen habe, daß man auf treibendem Eis die Reste vom Lager einer Polarexpedition gefunden hat, die nachweislich vor etwa hundert Jahren gestartet war.

Auf weißen Schollen, ebenso am Rande der Berge liegen und schlafen die Robben. Wir sehen Weddell-Robben und Krabbenfresser, Seeleoparden, Pelzrobben und natürlich See-Elefanten. Als wir uns der ersten Insel der Südsandwich nähern, erleben wir eine Scholle, auf der sich Todfeinde gemeinsam der so seltenen antarktischen Sonne erfreuen, nämlich Pinguine und Seeleoparden. Die gefräßigen Raubtiere und ihre wehrlose Beute liegen fast auf Tuchfühlung nebeneinander. Nur unter Wasser jagen die Leoparden, der Instinkt, vor ihnen zu flüchten, erfaßt die Pinguine nur, wenn sie im Wasser sind. Außerhalb des nassen Elements herrscht zwischen beiden Arten Frieden.

Der herrscht aber nicht mehr lange für uns. Am 19. Dezember sehen wir die erste von vierzehn Sandwich-Inseln. Von den anderen tauchen nur Schatten auf, erblicken wir schneeschimmerndes Gebirge oder steilen grauen Fels, knappe Lichtblicke in sonst scheußlichem Wetter.

Auf keiner vorherigen Reise hat unser Schiff die Saunders-Gruppe oder überhaupt eine von den Sandwichs besucht. Wann das letzte Mal Menschen auf Saunders gewesen sind, darüber gibt unser »Antarctic Pilotbook« keine Auskunft. Auch in dieser unwirklichen Gegend, dem »whirlpool of wild witches«, dem »Strudel der wilden Hexen«, haben die Robbenschläger und ihresgleichen die schlimmsten Verheerungen angerichtet. Danach aber, so scheint es, hat sich für die Südsandwich niemand mehr interessiert. Zwar gehören sie, jedenfalls auf dem geduldigen Papier, zu den Resten des britischen Weltreiches. Sie gelten als »dependency«, als offizielles Anhängsel der weit entfernten Falkland-Inseln. Der dort amtierende Gouverneur Ihrer Majestät verwaltet auch die Südsandwich-Gruppe, hat sie aber seit Jahrzehnten nicht mehr besucht und niemanden hingeschickt. Man stelle sich vor, vierzehn gar nicht so kleine Inseln mit vielleicht hundert Nebeninseln sind über ein Seegebiet, so groß wie das alte England, verteilt, haben jedoch keine Bewohner und nur gelegentlich Besucher. Es gibt dort keine Seezeichen, keinen Fahnenmast oder sonst ein Erkennungszeichen des Staates, zu dem diese Länder, Gebirge und Millionen von Tieren gehören.

Als sich die Regierung von Argentinien am 2. April 1982 aus heiterem Himmel zur militärischen Besetzung und Annektion der Falkland-Inseln entschloß, ließ sie gleichfalls verlauten, daß von Stund an auch die große, bisher britische Insel Südgeorgien sowie die Kette der Südsandwich-Inseln als Landesteile von Argentinien zu betrachten seien.

Die Saunders-Insel, über deren Länge, Breite und Fläche ich nichts erfahren konnte, hat die ungefähre Form eines Halbmondes, der mit ausgebreiteten Armen eine große Bucht umfaßt, die Cordelia Bay. Flach ist die linke Halbinsel und jetzt im antarktischen Sommer auch eisfrei. Die rechte jedoch erhebt sich bis zur imponierenden Höhe von tausendeinhundert Metern, sie ist zum größten Teil mit Eis und Gletschern bedeckt. Rings um den Gipfel liegt ein dunkelgelber, teilweise auch schwarzer Ring, denn Mount Michael ist noch immer aktiv. Schleier von Rauch steigen aus dem Krater, und nackte Lavablöcke an seinem Hang beweisen, daß der Vulkan bei passender Gelegenheit noch genügend Kräfte aufbringt, um vieltonnenschwere Felsbrocken aus seinem Schlund zu schleudern.

Was die Welt der Tiere betrifft, stammt darüber die letzte Nachricht aus dem Jahre 1937. Demnach besteht oder bestand damals eine große Pinguin-Kolonie am Westrand der Cordelia Bucht. Silbergraue und schneeweiße Sturmvögel haben bei Natris Point genistet, in geringerer Zahl auch Pintails, See-Elefanten liegen vereinzelt an jeder flachen Stelle der Küste. Sonst sind über die Fauna von Saunders keine Angaben zu entdecken, schon gar nicht über die Flora.

Zwei Zodiacs werden ausgesetzt, um eine Landestelle zu finden, sie melden schon bald durch Sprechfunk, daß nichts zu machen sei. Das Wetter hat sich verändert. Wenn vorerst kein Sturm über uns dahinbraust, geht doch die Brandung hoch und überschlägt sich mit Getöse, das deutlich an Bord zu hören ist. Selbst wenn es einigen Intrepids gelingen sollte, an Land zu kommen, gegen die machtvoll anrollenden Brecher wäre es kaum möglich, Saunders wieder zu verlassen.

Also machen wir es wie bei Bouvet, steigen in unser Schlauchboot. Einigermaßen geschützt gegen das eiskalte Spritzwasser, umfahren wir die menschenfeindliche Insel. Wegen der unruhigen See brauchen wir dafür alle Stunden von Mittag bis zum Dunkelwerden. Ein starkes, aber kein frohes Erlebnis. Zu düster ist die Insel, sogar furchterregend, möchte ich sagen. Hier hat kein Fremder Zutritt, hier will uns niemand sehen. Saunders, der dunkle Klotz im Meer, besteht seit Millionen Jahren. Was haben da Menschen, was haben Eintagsfliegen in seiner Nähe zu suchen?

Wir sehen im Fernglas, sofern uns das auf und ab tanzende Boot für ein paar Sekunden Ruhe schenkt, unschätzbare Mengen von Sturmvögeln an den steilen, grauen Basaltklippen. Sie halten dort alle querlaufenden Rinnen besetzt ähnlich wie festlich gekleidete Besucher in den übereinanderliegenden Rängen des Theaters. Alle Vögel schauen seewärts, auch unser winziges Boot müssen sie vor Augen haben. Doch wie es scheint, erregen wir nicht das geringste Interesse.

Am Hang des rauchenden Mount Michael sind Adelie-Pinguine versammelt, von ihnen getrennt auch ihre Vettern mit den Kinnstreifen. Seeschwalben zu Tausenden am eisfreien Fels. Dazu Kaptauben, Raubmöwen und anderes Getier, das keiner von uns so rasch bestimmen kann. Die Luft ist erfüllt von Krächzen, von pfeifenden Rufen und klapperndem Geschnatter. Die Vögel flattern über unsere Köpfe, führen auch Scheinangriffe, um die ungebetenen, vielleicht gar unfriedlich gesonnenen Besucher zu vertreiben.

Pinguine, Adelie wie Chinstraps, halten herumtreibende Schollen besetzt, sind auch droben auf den sich drehenden Eisbergen zu entdecken. Im Wasser, wir können das bis auf drei, vier Meter Tiefe ganz gut sehen, ist die wilde Jagd im Gang. Der Kampf ums tägliche Futter, die Flucht der Krillfresser vor den Pinguinfressern. Da flattern und sausen die flugunfähigen Vögel durch ihr eigentliches Element. Wir sehen sie nebeneinander . . . untereinander . . . tiefer ins Dunkel stoßen. Dabei wird mancher verfolgt . . . gejagt . . . gepackt von Seeleoparden.

Wie solche Raubtiere ihre Beute greifen und verschlingen, ist leichter gesagt, als wirklich zu sehen. Hat der Leopard sein Opfer gefaßt, hält er den Ping, so haben Naturwissenschaftler beobachtet, nur an der Haut und am Federkleid fest. Es genügt ein einmaliges oder zweimaliges Herumschleudern, um den Körper von seiner Hülle zu trennen. Wie das möglich ist, vermag ich nicht zu klären, ich habe es nicht gesehen. Jedenfalls verschwindet der nackte, blutige Kadaver ruckartig im Rachen des Seeleoparden. Der Rest, nämlich Haut und Federkleid, steigt auf zur Wasserfläche, wo sich die Raubmöwen und andere hungrige Vögel darüber hermachen. Sie zerfetzen alles und tragen Teilchen davon zu ihrem Nachwuchs in die Felsennester.

Zweimal ein unvergeßlicher Zwischenfall: Pinguine im Zodiac. Vom Feind verfolgt, will sich in seiner Todesangst der Vogel auf eine vermeintliche Scholle retten und landet zwischen uns! Vor Schreck schnattert das enttäuschte Tier, weil weder unser Zodiac noch wir aus Eis bestehen. Schlägt mit seinen Stummelflügeln, hüpft auf dem Wulst des Bootes, taucht wieder ab in sein gewohntes lebensgefährliches Jagdrevier. Wir können nur hoffen, daß inzwischen sein Todfeind, der ihn schon fast gepackt hatte, ganz woanders ist. Im Zodiac von Keith Shackleton wollen tierfreundliche Hände den Vogel festhalten, aber mit festen Hieben hat er sich gleich wieder befreit.

Als wir bei Dämmerlicht von der Saunders-Insel abdrehen, bietet sich ein gespenstischer Anblick. Aus dem Mount Michael steigt kerzengerade eine graurosa Wolke, die gleichmäßig nach allen Seiten hin auseinanderfließt. Darunter schimmert gelbgefleckter Schnee. Am Ufer, man sieht es noch bei zunehmender Dunkelheit, schäumt das weiße Band der Brandung. In deren Geräusche mischt sich Gepolter aus dem Feuerberg. Wenn er ausbricht . . . ausbrechen sollte in naher Zukunft, kein menschliches Auge wird es sehen.

Menschenstimmen im Niemandsland

Alle erreichbaren Karten habe ich mir angesehen, sogar mit der Lupe, um eine Liste der Südsandwich-Inseln zu bieten. Wenigstens ein Dutzend sollten es sein, doch bin ich nur auf elf gekommen. Zählt man aber die kleinen Inseln mit und die Nebeninseln der großen, müssen bestimmt ein paar hundert dabei herauskommen.

Die Kette aller Sandwich-Inseln reicht über mehr als drei Längengrade (von 56° 18′ bis 59° 28′ S) und zwei Breitengrade (von 26° 14′ bis 28° 11′). Aber das ändert nichts daran, daß diese Gruppe kaum bekannt ist. Kein anderes Gewässer auf der Welt wurde während der letzten zweihundert Jahre so selten befahren. Aber was sollte man auch dort im vorigen, ja noch im ersten Drittel unseres Jahrhunderts? Abgesehen vom Robbenschlag, dem Pinguin-Kochen und dem Walfang gab es dort nichts zu verdienen und nichts zu holen.

Robben und Pinguine sind nun geschützt, Wale bis auf geringe Reste ausgerottet. Für die Forschung aber gibt es auf den Südsandwich-Inseln noch viel zu tun, hat man doch bisher noch nicht einmal die Zahl der Pinguine geschätzt.

Betrachtet man die Inselnamen, sind sie in gewisser Hinsicht aufschlußreich. Man liest von Süden nach Norden: Cook, Bellingshausen, Thule, Bristol, Montagu, Saunders, Candlemas, Vindication, Lyeskow, Visokoi, Zavodowski. Es folgen auf acht englische Namen drei russische. Es gab nämlich für die Inselgruppe zwei verschiedene Entdecker, den uns schon gut bekannten Captain Cook und Fabian Gottlieb von Bellingshausen, einen in russischen Diensten stehenden Baltendeutschen aus Estland.

Bei James Cook ist alles klar, zu den Südsandwich gelangte er mit HMS »Resolution« im Januar 1775 und hatte dabei das seltene Glück guten Wetters. Der Schiffsjunge mit den besten Augen konnte vom Mastkorb der »Resolution« jeweils die Konturen der nächstgelegenen Inseln erblicken. Auf diese Weise segelte James Cook von einem Landfleck zum nächsten. Bis hinauf nach Vindication. Dann verließ ihn sein Wetterglück, was von der Gruppe noch zu entdekken blieb, verschwand in Nebel und Wetterwolken. Weil der große Kapitän auf keiner der Inseln zu landen versucht hatte, vielmehr aus Gründen seemännischer Vorsicht möglichst respektvollen Abstand hielt von der klippenreichen, durch unberechenbare Strömungen gefährlichen Küste, unterlief ihm beim Zeichnen der Karten, auch beim Abfassen seiner Berichte ein schwerwiegender Fehler. Er hielt manche der Inselberge für die Gipfel eines zusammenhängenden Gebirges, glaubte sogar entlang einer Küste zu segeln. Und zwar konnte das seines Erachtens eine schon lange gesuchte Küste sein, nämlich der Rand des antarktischen Festlandes, des sagenhaften Südlandes, um die von allen ernsthaften Gelehrten in der Gegend um den Südpol vermuteten TERRA AUSTRALIS.

So unglaublich, ja, so unvorstellbar es klingt, man hat schon im antiken Griechenland, schon vor annähernd dreitausend Jahren, ans Vorhandensein eines großen Kontinents am jenseitigen Ende der Erdachse geglaubt. Einfach als Gegengewicht zum Eis und den Erdmassen am Nordpol, dem sogenannten Nordland, mußte doch an der »gegenüberliegenden Seite« das Südland existieren. Zwar wußten die Griechen, auf welchen Wegen auch immer, von den langen Polarwintern, vom ewigen Eis und von den Eskimos im hohen Norden, konnten aber nicht ahnen, daß auch im tiefen Süden ewiger Schnee, Eis und Kälte vorherrschend waren. Eher meinten sie, es wäre dort sehr heiß.

Was die Entfernung betrifft, auch die Größe des vermuteten Südlandes, so hatten davon die Griechen schon vor zweitausendzweihundert Jahren eine überraschend gute Vorstellung. Sie verdankten sie ihrem hochgelehrten Eratosthenes von Alexandria (295 bis um 275 v. Chr.), der auf höchst geniale Weise den Erdumfang berechnet hatte. Übertragen in unsere Kilometer, hat sich der kluge Mann nur um knappe achtzig Kilometer geirrt. Was bei der wirklichen Länge des Äquators von vierzigtausend Kilometern kaum eine Rolle spielte. Die eiskalte Region hoch im Norden wurde von den Griechen nach dem Sternbild des Bären Arctos genannt (Bär altgriechisch »arctos«). Weshalb es bei so logischen Leuten folgerichtig war, daß sie das Gegenstück zur »Arktis« die »Antarktis« nannten.

Also war der dort gelegene Erdteil der zivilisierten Menschheit weit mehr als tausend Jahre vor der Entdeckung Amerikas und Australiens schon bekannt. Nur in der Theorie versteht sich. Nicht früher als gegen Ende des 18. Jahrhunderts sind die ersten Menschen in die Nähe des antarktischen Erdteils gekommen.

Was seinerzeit die Griechen wußten, was ihnen die Römer ohne weiteres abnahmen, wurde anderthalb Jahrtausende lang von der christlichen Kirchenlehre als Irrglauben verdammt, war todeswürdige Ketzerei. Die Welt, auf der wir leben, war keine Kugel, sondern eine Scheibe, war das ruhende Zentrum eines Weltenraumes. Wer anderes glaubte, vielleicht gar von einer TERRA AUSTRALIS redete, von einem Südpol, vielleicht gar von der Antarktis, riskierte den Scheiterhaufen.

Als jedoch das »finstere Mittelalter« zu Ende ging, auch die Kirche zur Erkenntnis kam, daß wir auf einer Kugel leben, die zwei Pole hat, gelangten auch die alten Griechen wieder zu Ehren. Bei den seefahrenden Nationen, bei vielen kühnen Entdeckern regte sich der Wunsch, das Südland zu finden!

Aus keinem anderen Grund trägt »Australien« seinen Namen, glaubte man doch, die »Terra Australis« entdeckt zu haben, als nach den Reisen von Abel Tasman, William Dampier und noch anderen in den dreißig Jahren nach 1640 die Küste eines neuen, bisher unbekannten, gewiß sehr großen Landes auftauchte. Weil aber dann unser Freund, der Captain Cook, auf dem Schauplatz erschien, wurde bald jedem Kartographen klar, daß dieses »Australien« nicht die so lange gesuchte und noch viel länger vermutete Terra Australis sein konnte. Der wirkliche sechste Kontinent konnte erst viel weiter südlich beginnen, wo es Eisberge gab und ewigen Schnee.

Wie gesagt, hatte sich der große Kapitän geirrt, als er bei den Südsandwich-Inseln glaubte, wenn auch nicht mit Sicherheit behauptete, er habe einen Küstenstrich der Terra Australis entdeckt. In dieser Hinsicht wurde James Cook wahrhaft vom Pech verfolgt. Er hat den gesamten sechsten Erdteil umsegelt, jedoch an keinem Tage und an keiner Stelle auch nur ein winziges Stück, einen Punkt des antarktischen Festlandes gesehen.

Wem das als erstem gelang, darum streiten sich die Gelehrten bis heute und werden es weiter tun. Es geht dabei um viele Namen, Schiffe und Jahreszahlen. Ein Streit, in den wir uns nicht einmischen, es wäre verlorene Liebesmühe.

Weit interessanter scheint mir der zweite Entdecker, der bei den Südsandwich-Inseln aufkreuzte, ein Vierteljahrhundert nach Captain Cook. Wenn jemand Fabian Gottlieb mit Vornamen heißt, im alten Estland, und zwar auf der Insel Ösel, geboren ist und seine Vorfahren als Deutschordensritter in den Osten gezogen sind, kann er kaum ein »richtiger Russe« gewesen sein. Aber wohin man schaut und was man auch liest, von ganz wenigen Ausnahmen abgesehen, wird Fabian Gottlieb von Bellingshausen als »russischer Seefahrer« vorgestellt. Wobei lediglich stimmt, daß zu jener Zeit (und heute wieder) seine estländische Heimat eine Provinz des russischen Riesenreiches gewesen ist.

Bellingshausen erkannte die Chance für eine relativ rasche Laufbahn in der Kaiserlichen Marine. Sie war eben erst entstanden, den Kinderschuhen aus der Zeit ihres energischen Gründers, Zar Peter des Großen, entwachsen. Tüchtige, junge Leute, besonders wenn sie mehrere Fremdsprachen beherrschten, wurden gesucht und auch vom Zaren Alexander I. gefördert. So konnte Fabian Gottlieb von Bellingshausen teilnehmen an der von seinem Landsmann Krusenstern geführten ersten russischen Weltumsegelung. Danach, von seinem Chef beim Zaren hochgelobt, erhielt er das Kommando über eine Fregatte im Schwarzen Meer, wo er sich dank navigatorischen Könnens ausgezeichnet hat. Noch keine vierzig Jahre alt, wurde Kapitän von Bellingshausen vom Zaren, der ihn persönlich kannte, zum Leiter der bisher größten russischen Expedition bestimmt. Tief in das bisher nur an seinen Rändern bekannte südliche Eismeer sollte er vorstoßen, womöglich auch den sagenhaften sechsten Erdteil betreten, vielleicht umrunden.

Er bekam dafür Vollmachten, auch Gelder bewilligt wie kaum ein anderer Entdecker vor ihm. Als erstes bewilligte Bellingshausen jedem Mitglied der Besatzung beider Schiffe den achtfachen Lohn! Vierfache Kleidung wurde ausgegeben, doppelte Verpflegung und beheizte Mannschaftsräume waren vorgesehen. Außerdem nahm der Kommandant drei Ärzte an Bord. Ein ausgezeichneter Maler namens Michailow, dessen besondere Fähigkeit es war, oft nur kurz auftauchende Landschaften rasend schnell zu malen, war gleichfalls mit von der mehrjährigen Partie.

Was den Kapitän und späteren Admiral von Bellingshausen besonders sympathisch macht, war seine Menschenkenntnis und die daraus resultierende, höchst erfolgreiche Behandlung seiner Mannschaften wie überhaupt aller Menschen an Bord. Für sie sorgte er aufs beste im Rahmen der gegebenen Möglichkeiten, blieb für sich aber die Bescheidenheit in Person. Ein Mann mit denkbar besten Umgangsformen, gebildet, kultiviert und kenntnisreich, mit heutigen Worten gesagt: ein Gentleman von Kopf bis Fuß. Keine der von ihm entdeckten Inseln hat er nach sich benannt. Es war, soweit sich feststellen läßt, die Royal British Geographic Society, die eine von Cook entdeckte Insel nach Bellingshausen benannt hat.

»Sie werden das Unternehmen nur aufgeben«, hieß es in der Anweisung des Zaren, »wenn die Widerstände absolut unüberwindbar sind.«

Als die »Wostok« und »Myrni« des Kapitäns von Bellingshausen nach vierjähriger Abwesenheit wieder in St. Petersburg (heute Leningrad) erschien, läuteten alle Kirchenglocken, die gesamte Bevölkerung eilte zum Hafen, auch der Zar in Person begrüßte Bellingshausen und beförderte ihn zum Admiral. Kein Wunder, daß die Russen, auch die Sowjetrussen, stolz sind auf den Fabian, Gottlieb von Bellingshausen. Ihre größte und bedeutendste wissenschaftliche Station im Südlichen Eismeer haben die Sowjets nach ihm benannt, nach dem deutsch-baltischen Baron, dem Erben eines Rittergutes und Admiral des Zaren!

Das hat er auch verdient, wenn man bedenkt, was seine Schiffe und Männer durchmachen mußten. Gerade hier zwischen den Südsandwich-Inseln, den riesenhaften Eisbergen und messerscharfen Gletscherzungen, bei Nacht, Nebel und Sturmgebraus hat das russische Geschwader besonders schlimm gelitten.

Am 11. Januar 1819 schreibt Bellingshausen in sein Logbuch:

»Die letzten Tage waren sehr schwer. Bei verschiedenen Gelegenheiten mußte ich befürchten, daß uns der Sturm auf die Felsen treibt und wir zugrunde gehen. Nun schneit es ohne Pause, überdies sind wir von dichtem Nebel umgeben. Nur zu gut ist uns bekannt, daß sich zahlreiche, sehr große Eisberge in unserer Nähe befinden. Alle Mannschaften habe ich an Backbord und Steuerbord beider Schiffe postiert, damit wir ja nicht das Geräusch von Brandungswellen überhören. Diese können die unmittelbare Nachbarschaft sonst nicht erkennbarer Eisberge bedeuten, ebenso, daß wir auf naheliegendes Land zutreiben.

Gegen fünf Uhr nachmittags hörten wir backbords das Rauschen starker Brandung, konnten aber nicht weiter sehen als zehn Schritt. Vorsichtshalber ließ ich wenden, was bei so dichtem Schneefall und tiefer Kälte viel Zeit in Anspruch nahm. Den Befehl an ›Myrni‹, das gleiche zu tun, konnte ich nur durch Trompetensignal übermitteln. Leider ist der Versuch, von dem Packeis frei zu kommen, mißlungen. Um zehn Uhr waren wir aufs neue von Eisbarrieren umgeben. Also wagte ich ein paar Rammstöße, um eine Fahrrinne für beide Schiffe zu öffnen. Dann jedoch konnten wir wegen der Schneelasten darauf die Segel nicht mehr bewegen, auch die Taue waren durch Eis zur Armesdicke angeschwollen. Endlich gelang es den ohnehin überanstrengten Seeleuten, beide Schiffe in den Wind zu bringen, so daß der schon gefrorene Schnee von der Leinwand absprang und klirrend auf das Deck fiel. In so unglaublichen Mengen ging Schnee auf uns nieder, daß es auch beim Einsatz aller verfügbaren Männer erst nach Stunden möglich war, die weiße Last über Bord zu schaufeln. Drei Tage und drei Nächte konnte kein Mensch an Bord durch erquickenden Schlaf seine Kräfte regenerieren. Waren wir doch stets in der Nähe von unsichtbarem Land oder von Eisbergen. Hörten wir doch von allen Seiten das von Felsen oder Eis widerhallende Krächzen der Pinguine.«

Weiter hat Bellingshausen berichtet, sobald das Schreiben ihm wieder möglich war, daß seine Schiffe vom Sturm gebeutelt wurden, wie das in anderen Gewässern noch keiner erlebt hatte. Ringsum berstendes Eis und weiße Berge, die auseinanderbrachen.

»Gewaltige Wogen donnerten über unser Deck, die zu allem Überfluß Eisblöcke mitbrachten, die Teile der Reling zerschlugen. Stunde um Stunde tobte der Orkan mit solchem Furio, daß wir keine Hoffnung mehr hatten zu überleben. Unsere Schiffe rollten erschreckend tief auf die Seite, der Bug stieg gen Himmel, während das Heck in der Tiefe zu versinken drohte. Bei anscheinend guter Gelegenheit versuchte ich die ›Wostok‹ an einer Scholle festzumachen. Aber die Taue rissen wie Bindfäden. Auch zerbrachen immer wieder die tonnenschweren Eisblöcke mit messerscharfen Kanten, die versuchten, durchs Deck in unser Schiff zu dringen. Jeden Augenblick schien das bittere Ende gekommen. Dennoch tat jeder Mann an Bord weit mehr als seine Pflicht. Nebst der Güte Gottes verdanken ›Wostok‹ und ›Myrni‹, verdankt jeder von uns seine Rettung dem unermüdlichen Opferwillen sowie der großartigen Tapferkeit der Besatzung« (und ihm selbst, dem Kapitän von Bellingshausen, muß man hinzufügen).

Mehr als hundertsechzig Jahre später sind wir von der »Explorer« in den gleichen Gewässern, erblicken auch jene drei Inseln, die Bellingshausen nach der kurz geschilderten Sturmfahrt vor dem Bug der »Wostok« auftauchen sah. Es waren Lyeskow, Visokoi und Zavodowski. Die letzte nach dem Kapitän der »Myrni« genannt, Visokoi und Leskow tragen die Namen anderer, gewiß hochverdienter Schiffsoffiziere. Michailow, der fleißige Maler und Zeichner an Bord, hat mit der bei ihm gewohnten Windeseile, aber sicher und markant die Umrisse der neuentdeckten Inselgebirge aufs Papier gebracht. Seine Darstellungen sind so klar und einprägsam, daß sie meines Erachtens die optische Wirkung jeder Fotografie übertreffen. Dies um so mehr, als der Zeichner den unschätzbaren Vorteil zu nutzen vermochte, die Nebelschwaden, Dunstwolken und alles, was sonst seine Darstellung behindert hätte, wegzulassen. Was der beste Fotograf heutiger Zeit nicht fertigbringt, das konnten die Zeichner und Maler zu allen Zeiten, nämlich gar nicht beachten, was ihre Darstellung störte.

Es war Bellingshausen, der zu seinem Bedauern den von ihm hochverehrten Captain Cook berichtigen mußte. Die Kette der Südsandwich-Inseln war nicht, wie der große Kapitän vermutet hatte, ein Küstenstrich des antarktischen Festlands, sondern bestand aus einem Dutzend düsterer Inseln. Statt dessen ist durchaus möglich, sogar wahrscheinlich, aber nicht zu beweisen, daß Fabian Gottlieb von Bellingshausen als erster Mensch einen nicht zu definierenden Streifen des südpolaren Festlandes gesehen hat. Das sagt er nicht, er spricht nur von Eisflächen. An jenen Stellen aber befindet sich flaches Festland. Weshalb sollte dazu unsereins Stellung nehmen, wo sich doch Bellingshausen, um dessen Erstrechte der Streit geht, weder damals noch später zu der Sache geäußert hat.

Auch wenn es strenggenommen nicht zum Thema unserer Reise durch jene wilden Gewässer gehört, möchte ich doch, weil es so dramatisch ist, berichten, wie bald danach die »Wostok« und »Myrni« zu Geisterschiffen wurden, wie sie durch ihr unheimliches Erscheinen drei Dutzend hartgesottene Robbenschläger von der amerikanischen Ostküste um den Verstand brachten, sei es auch nur für wenige Stunden.

Nathaniel Palmer hieß der wackere, der bärenstarke Mann, dem die »Hero« gehörte, eine robuste, aber nur kleine Brigg. Wie so viele andere während des ersten Viertels im vorigen Jahrhundert hatte auch er sich dem gewinnbringenden Robbenschlag verschrieben. Nach schweren Sturmtagen hatten Palmer und seine Männer im Kratersee von Deception Island Zuflucht gefunden, aber leider auch dort Konkurrenz angetroffen, mit der es schon bald zu Faustkämpfen, sogar zu Messerstechereien kam. Angewidert von ihresgleichen, verließen Captain Palmer und seine Mannschaft den an sich absolut sturmsicheren Ankerplatz von Deception Island, kaum daß sie mit ihren Reparaturen fertig waren. Wieder gerieten sie in Orkane der übelsten Sorte. Schlimmer noch war danach eine Meeresströmung, die sie durch herumwirbelndes Eis so weit nach Süden trieb, wie bisher noch kein anderes Schiff gekommen war. Die Männer auf der »Hero« konnten mit Gewißheit glauben, daß sie in diesen wilden, weißen Regionen die ersten Menschen waren. Endlich legte sich der Sturm, und

Strömung war kaum noch zu spüren. Dafür senkte sich so dichter Nebel aus dem wolkenverhangenen Himmel, daß man nicht von Steuerbord nach Backbord sehen konnte. Der Nebel, meinten die Leute, sei zum Anfassen, und wäre er im Geschmack besser, würde man ihn gerne essen.

Still lag die »Hero« vor Anker, und alle Mann pflegten der Ruhe. Nur das Glas wurde geschlagen, das heißt seemännisch die Uhrzeit durch Klopfen an eine Glocke verkünden.

»Als ich ein Uhr schlug«, berichtet Nathaniel Palmer, »glaubte ich, ein Echo zu hören. Dasselbe beim zweiten und dritten Mal. Vor dem Vierten Glas rief ich ein paar Leute nach oben, und die hörten dann auch ein Echo. Es war jedoch, als wir den Anker fallen ließen, keine Felswand in der Nähe, auch nirgendwo ein großer Eisberg. Recht unheimlich war uns zumute ... immerhin befanden wir uns dicht am 70. Breitengrad, und da war bisher noch niemand gewesen. Vielleicht standen wir am Rand einer von Gott für Menschen verbotenen Welt ... womöglich in einer Gegend, die der Allmächtige dem Teufel überlassen hatte. Zwar halte ich mich selber fern von solchem Aberglauben, aber die meisten meiner Männer waren von primitiver Natur.«

Da klang ein Geräusch herüber, das wie Getrappel von vielen Füßen klang. Die Männer auf der »Hero« begannen zu zittern, weil sie plötzlich froren oder Angst hatten. Einige schlugen das Kreuz, ob sie katholisch waren oder nicht, spielte keine Rolle. Stimmen ... deutlich Stimmen! Die hörten sich ähnlich an wie Menschenstimmen, konnten es aber nicht sein. Die Männer der »Hero« zogen die Köpfe ein, zogen die Schultern hoch ... wer es nicht verlernt hatte, murmelte ein rasches Gebet.

Eisen klirrte aus dem Nebel, ein oder zwei Segel schienen zu flattern und dazu wieder Stimmen ... Kommandostimmen. Auf der »Hero« gedachte mancher der langen Liste seiner Sünden. Nichts zu verstehen von den Stimmen, der Teufel mit seinen Gehilfen bediente sich gewiß einer anderen Sprache. Zu sehen ist nichts, aber riecht es nicht nach Schwefel? Die Männer auf der »Hero« halten die Reling umklammert, schnaufen durch die Nasen, und einige klappern mit den Zähnen.

Da, plötzlich ... teilt sich der Nebel, ein Windstoß kommt, und frei ist die Sicht. Die Männer auf der »Hero« prallen zurück, wollen schreien, bringen aber keinen Ton aus den Kehlen. Zwei Schiffe vor ihren Augen ... so groß ... so mächtig und sauber gehalten, wie man bisher keines im Südlichen Eismeer gesehen. Kanonen hinter Stückpforten, Offiziere in blauer, goldbetreßter Uniform, auch alle Mannschaften in dunkelblauer Kleidung.

Die Männer auf der »Hero« glauben an Geisterschiffe. Kein anderer als der »Fliegende Holländer« liegt in doppelter Ausführung vor ihnen. Dann werden auch sie, wie es der furchtbare Fluch bestimmt hat, zur ewigen Seefahrt verdammt ... ohne Hoffnung, jemals die Heimat wiederzusehen.

Natürlich hat man auch drüben schon auf den zwei Geisterschiffen die »Hero« gesehen. Maßlose Überraschung auch bei den Russen. Aber wie dem auch sei, verlangt es der seemännische Brauch, die Flagge zu zeigen. Was auf den Geisterschiffen gehißt wird, haben die Männer auf der »Hero« noch nie gesehen. Das sind weder die französischen, weder die spanischen, die portugiesischen, auch nicht die britischen oder gar amerikanischen Fahnen. Es ist statt dessen ein Doppeladler mit goldener Krone auf dem Kopf, also die Flagge und das Wappen des Zaren aller Reussen. Eine in damaliger Zeit auf den Weltmeeren noch nicht bekannte, nur äußerst seltene Nationalfahne. In diesem Falle kein anderer als Bellingshausen mit seiner »Wostok« und der »Myrni«.

Auf unserem Schiff, der »Explorer«, hat einer der Mitreisenden mit Hilfe seines Taschencomputers die Wahrscheinlichkeitsquote dieses Zusammentreffens auf vergleichsweise winzigem Punkt bei 74° 15′ Süd ausgerechnet, am gleichen Tage des Jahres 1819, als sich einerseits Nathaniel Palmers »Hero« und andererseits die beiden Schiffe Bellingshausens, alle drei am gleichen Tag und gleichen Ort, so weit in der Antarktis, so nah am Südpol wie bisher kein anderer Mensch trafen. Die Wahrscheinlichkeit, daß so etwas geschehen konnte, steht ungefähr 1 zu 1 000 000 000 000 000. Genau weiß ich das nicht mehr.

Einen Zufall, glaube ich, darf man das längst nicht mehr nennen. Es muß etwas anderes gewesen sein.

Warmer Boden auf Candlemas

Schon morgens um halb fünf rasseln die Anker in den Nelson-Kanal. Er ist nur dreieinhalb Kilometer breit. Der Kanal trennt die östlich gelegene Insel Candlemas von Vindication im Westen. Candlemas wollen wir betreten, weil unser »Pilotbook« zwei Buchten nennt, wo das andere Seefahrer mit Erfolg versucht haben. Wann das zuletzt gelungen ist, kann uns das sonst so hilfreiche Buch nicht mitteilen.

Wenn ich jetzt beim Schreiben dieser Zeilen aus meinem Fenster im Jagdhaus Siebenschlaf sehe auf die grünen Berge, den Fichtenwald und die von Fleckvieh belebten Almwiesen und dabei zurückdenke an die Südsandwich-Inseln, taucht unvermeidlich die Frage auf: Wie blöd muß einer sein, um für viele Wochen dorthin zu fahren? Worauf ich selbst die Antwort gebe und geben muß: Weil man nur dann so recht begreift, wie schön es zu Hause ist!

Aber so vernünftig sind nur wenige Menschen, und manche Abenteuer, besonders Reisen in die wilde antarktische Welt, sind sehr verlockend. Ebendeshalb, weil es dort so wild, so einmalig und vollkommen anders ist als überall sonst. Im totalen Kontrast zur gewohnten Umgebung bestehen die Reize der so menschenfernen Polarwelt im Südlichen Eismeer.

Eine recht gute Erklärung, wie mir scheint, aber dennoch bleibt es die reine Wahrheit, nämlich daß es bei uns daheim viel schöner ist, besonders hier in Oberbayern der Blick von unserem alten Bauernhof auf friedliche, freundliche Waldgebirge. Beim Betrachten dieser gottbegnadeten Landschaft muß auch ich zugeben: Die Südsandwichs sind häßlich, die Insel Candlemas ist sogar spukhäßlich.

Gerade im fahlen Licht jenes schlecht gelaunten Morgens erscheint die graudüstere Insel so abstoßend wie kaum eine andere. Wie gar viele andere Eilande in der antarktischen Unendlichkeit ist auch Candlemas ein vulkanisches Gebilde, bestehend aus Lava-Fels, Lava-Kies und Lava-Sand. Nicht alle der südlichen Sandwichs sind noch aktiv. Candlemas aber raucht aus zahlreichen Fumarolen, und aus dem Krater seines höchsten Gipfels, den Bellingshausen bezeichnenderweise Luzifer genannt hat, puffen grauweiße Wolken zum verhangenen Himmel.

Von Bord aus können wir keine Vegetation erkennen, obwohl es, falls dem »Pilotbook« zu glauben ist, im Landesinnern bescheidenes Pflanzenleben geben soll. Im allgemeinen erscheint alles kahl, karg, steinig und von graubrauner Farbe. Die kalte Strömung aus der meist zugefrorenen Weddell-See soll schuld sein am rauhen Klima gerade der Sandwich-Inseln, die unmittelbar vor uns liegen.

Die ersten Intrepids begeben sich mit mehr oder weniger sicherem Sprung an Bord der Zodiacs, und schon schnurren wir davon, dem abweisenden Land entgegen. Wir passieren ein paar Schollen mit Kinnstreifen-Pinguinen darauf. Im Wasser ist nicht nur die wilde Jagd der Leoparden auf Pings im Gange, auch Schwertwale beteiligen sich am Kampf um die Existenz. Nicht zu schätzen die Zahl der vor Candlemas gestrandeten Eisberge, zwischen Klippen, Riffen und auf Uferstreifen sitzen sie fest. Die meisten dürften Abgesandte aus der großen, kalten Weddell-See sein. Nicht wenige von ihnen hundert Jahre und noch älter. Hat sie doch die Erosion durch Wind, Wetter, Regen, Sturm und Frost tief gespalten, von Kopf bis Fuß zerrissen. Für Menschen sind damit die aus erstarrtem Wasser bestehenden Berge greisenhafte Gestalten geworden. Gespenstisch sehen sie aus vor dem Hintergrund der hohen, dunklen Küste. Tolle Bilder, muß ich sagen, wenn es auch keine schönen sind. Vieltausend Vögel, die allesamt in Spalten nisten, begrüßen den Morgen mit grellem Geschrei.

Andere lassen spitzgefeilte Pfiffe hören, während wieder andere mit lautem Geschnatter lärmen, das vorläufig kein Ende nimmt.

Wir erreichen nach intensiver Suche eine Bucht, die nach der Beschreibung des klugen Buches die Kraken Cove sein könnte. Eine mögliche Landestelle aber sehen wir nicht. Also steuert unser Fahrer entlang der rauschenden, schäumenden Brandung, und schon bald wird seine Geduld belohnt. Ein Streifen Sand läßt sich erkennen, ganz und gar bedeckt mit faustgroßen, kohlschwarzen Steinen. Weil die Fläche etwa hundert Meter weit ins Land hineinreicht, können sich die mächtig anrollenden Wellen darin verlaufen. Das Anlegen im Gestrudel, auch das Verlassen der Boote macht keine Mühe. Aber auf festem Boden rutscht man aus und stürzt auf beide Hände, noch bevor der erste Schritt getan ist. Selten habe ich meinen langen Bergstock, das sogenannte dritte Bein des Jägers, so schmerzlich vermißt wie beim Betreten von Candlemas.

Aber es muß sein, anders geht es nicht. Mit Hilfe der Knie, der Hände und des Hintern kommt schließlich jeder, wenn auch durchnäßt vom eigenen Schweiß und kühlen Wasser, auf besseren, nicht mehr von auslaufenden Brandungswellen bespülten Boden. Aber von dort geht's nicht weiter. So weit nach rechts und links die Augen reichen, steht eine gläserne Wand. Sie besteht aus Eis, das ist klar, ganz und gar von blauer Farbe, aber unterschiedlicher Schattierung. Keine Spalten oder Sprünge sind darin, statt dessen topfartige Mulden, ähnlich den Weihwasserbecken in katholischen Kirchen. Winzig klein, fast senkrecht rieseln allenthalben Rinnsale die Eisglaswand herab. Schmelzwasser natürlich, denn die Temperatur liegt einige Grade über Null.

Wenn bei Flut die Brandung anrollt, kann sie die Wand gut erreichen, auch hat sie bis etwa zwei Meter tief das Eis ausgewaschen. Also hängt der obere Teil vornüber, ganz wie das Vordach einer Alpenhütte, Bank und Tisch hätten gut darunter Platz.

Es ist ebenso unterhaltsam wie fotogen, jene Gefährten zu betrachten, die daruntergetreten sind. Über sie wölbt sich die rosarot gefärbte Eisdecke. Darauf sitzen in Reih und Glied die Pinguine, und zwar die mit den Kinnstreifen. Alle sind gewohnt, immer nur auf die Bucht zu blicken, das heißt auf die heranrollende Brandung und die Wasserfläche dahinter. Allein schon wegen ihrer Todfeinde, die sich dort herumtreiben. Nun aber die fremdartige Erscheinung von aufrecht gehenden und stehenden Robben, für die sie uns vermutlich halten, so seltsame Gestalten veranlassen alle Pings zur intensiven Betrachtung der Menschen.

Das droben auf der Eiskante versammelte Volk ist zwei oder drei Schritt vorgetreten, unmittelbar an den Rand. Alle beugen sich weitmöglichst vor, biegen den Hals, um die unter ihnen stehenden Fremdlinge zu betrachten. Unsagbar komisch sieht das aus im Sinne von Situationskomik. Allein dieser Anblick, höre ich später von so manchem Mitreisenden, habe die ganze lange Fahrt gelohnt. Ich selber kann das nicht behaupten, weil mir stets bewußt ist, daß kein Tier die Absicht hat, Humor oder Komik zu entfalten. Auch hier die Chinstraps verhalten sich absolut natürlich. Sie wollen nur wissen, was da unter ihnen vorgeht.

Sie stehen auf ihrem altgewohnten Stammsitz, da passiert nun etwas ganz Unglaubliches: Aufrecht schreitende Robben betreten ihren Keller!

Die Kinnstreifen-Pings sind überall auf der gläsernen Mauer, und die nimmt kein Ende. Wo sie zu Ende ist, läuft stark bewegte Brandung unmittelbar an den dunklen Fels. Wir kommen nicht daran vorbei und erst recht nicht über die Eismauer. Die Pinguine betrachten unseren Abzug mit Gelassenheit.

Wieder hinein in die Boote, und weiter schaukeln wir entlang der menschenfeindlichen Küste. Keith Shackleton, unser Steuermann, sucht den schmalen Eingang zur Medusa Bay. Dort könnte bei ruhigem Wetter eine Landung möglich sein, so las man es im »Pilotbuch«. Bei ruhigem Wetter, wie gesagt, aber »ruhig« ist ein relativer Begriff in dieser Gegend. Sturmtaucher, Kaptauben, auch Scheidenschnäbel schauen uns nach, noch viele andere Vögel hausen in den Klippen, streichen tief übers Wasser, segeln knapp über unsere Köpfe. Keith glaubt, die enge Einfahrt vor uns müsse die richtige sein. Etwa sechs Meter breit, aber gefährlich flach. Ein paar Lavarippen schauen aus dem Fahrwasser wie beißlustige Zähne.

Keith wartet auf die passende Welle, läßt dann kurz den Motor heulen und reißt genau im rechten Augenblick die wirbelnde Schraube aus ihrem Element. Glatt gleiten wir durch die Passage, sind schon in der Medusa-Bucht, die scharfen Steine haben sich zu früh gefreut. Knapp ein Kilometer breit und weit ist es in der Bucht. Verglichen mit draußen ist es ziemlich ruhig, also können wir ohne weiteres einem flachen Strand entgegensteuern.

Da liegen sie wieder zuhauf, unsere alten Bekannten, die Elefanten des Meeres. Auf Fellfühlung nebeneinander die Halbjährigen, die Jungfern und die Jungbullen, auch ein paar erwachsene Kühe gehören dazu. Aber kein Bulle ist zu sehen, erst recht keiner der ganz großen, möglicherweise zornigen. Pelzrobben sind stark vertreten, zwar halten sie Abstand von den meist jungen Elefanten, aber Feindschaft oder stets waches Mißtrauen scheint nicht zu herrschen. Wer zu Anfang noch Furcht, zumindest Scheu hatte vor diesen mächtigen, schweren und superfetten Tieren, fühlt sich mittlerweile völlig sicher, selbst in greifbarer Nähe. Nicht nur gehen wir sorglos an ihnen vorbei, sondern steigen auch über ihre Körper hinweg. Selbst wenn man sich dabei mit den Händen abstützt, macht das nichts.

Chimaeraflat heißt die weite, feuchte Fläche, die wir betreten. Diesen Namen und andere habe ich der Inselkarte im oft erwähnten Buch entnommen. Wer irgendwann die Namen verteilt hat, weiß heute niemand mehr. Wollte man damit guter Menschen gedenken oder verdiente Leute ehren, so sind auch diese lange vergessen.

Rechts und links der Chimaeraflat laufen Höhenrücken in nordsüdlicher Richtung. In der weiten Fläche dazwischen ist fast jeder Quadratmeter besetzt von mindestens einem Kinnstreifen-Pinguin. Am Rande haben sich Felsenspringer niedergelassen, das sind die mit den gelben Federbüscheln über den Augen und weiter bis zum Hinterkopf. Auch hier herrscht einerseits die übliche Statik, andererseits Bewegung in den Massen. Geschlossene Gruppen, auch einzelne Pings befinden sich auf dem Weg zum Wasser und zurück. Für jeden ein Spießrutenlaufen zwischen den schnatternden, mit Schnabelhieben drohenden Artgenossen. Schlimm sieht es aus, ist aber in Wirklichkeit völlig harmlos. Alles nur Wichtigtuerei im tiefsten Frieden.

Die Mehrheit jedoch, die man durchaus mit Recht die schweigende Mehrheit nennen darf, sitzt still und ruhig auf den Nestern, auf den kniehohen Kuppeln zwischen den zahllosen von Robben geschaffenen Kriechfurchen.

Sonst nichts Neues auf dem Chimaeraflat. Aber dahinter und etwas höher im Gelände gedeiht grünes Kraut, gelbrote Flechten und kniehohes Gras. Wie kann das sein, wie ist das möglich? Ted Walker dreht sich zu mir und meint, ich solle mal den Boden anfassen. Mann, oh, Mann, das gibt's doch nicht ... der Boden ist warm! Die Fußbodenheizung der alten Römer konnte nicht besser funktionieren, genauso macht es seit Jahrtausenden, vielleicht seit Jahrmillionen die Natur auf Candlemas. Eine vulkanische Insel mit aktiver Tätigkeit im Mount Lucifer. Glühende Lava im Leib, ewiges Feuer tief im Boden, dazu die Eiswand nahe der Brandung und ewiger Schnee an den Flanken des höllischen Berges.

Das Chimaeraflat wird angeheizt von unten, deshalb die Vegetation. Unser »Pilotbook« nennt sie »luxuriant«, üppig. Das ist zuviel gesagt, ganz so toll treibt es der Pflanzenwuchs nicht. Aber was da am Boden hinkriecht und sich daraus erhebt, ist zweifellos eine Überraschung angesichts der antarktischen Breitengrade, wo im Winter die furchtbarsten Stürme fauchen.

Auf den Südsandwich, sagt auch das Buch, sei noch viel zu erforschen, bisher aber kaum etwas geschehen. An sich müßte jeder Botaniker beim Anblick dieser unterirdisch angewärmten Flächen vor Wissensdurst und Forschungsdrang aus allen Nähten platzen. Unsere beiden Experten sind gewiß sehr interessiert, verlieren aber nicht die Fassung vor Freude, dies zu sehen. Sie registrieren, notieren und fotografieren. Aber soviel mir bekannt, haben sich der seltenen Pflanzen wegen bisher noch keine botanischen Experten nach Candlemas auf den Weg gemacht. Viele hundert Mooskissen warten auf die Fachgelehrten, noch viele Namen, so glaube ich, sind an neue Entdeckungen zu vergeben. Von allem Grünen auf Candlemas habe ich nur einen Namen gehört: Dechampia-Gras.

Ein Siebziger, der in Begleitung des Mittsiebzigers Roger Tory Peterson viel weiter gekommen ist als ich, hat auch mehr gesehen:

»Da gibt's noch viele solche Stellen«, berichten sie später in der Lounge, »einen guten halben Kilometer weit hat vulkanisches Feuer den Boden angewärmt und damit die Vegetation entfacht. Im Winter, wenn die Luft so richtig kalt ist, werden sicher gewaltige Wärmewellen darüber schweben.«

Nicht allein auf Candlemas hat die Schöpfung solche Phänomene entwikkelt. Die gleiche Erscheinung gibt es noch ... soll es noch geben auf Lyeskow, Visokoi und Bellingshausen.

Wie schon gesagt, ist Candlemas eine häßliche Insel. Aber sehenswert und interessant ... hinreißend interessant.

Es wird stürmisch während der Nacht, und morgens hängen die Wolken so tief über See und Insel, daß sich unser Käptn entschließt, bis auf weiteres im Nelson-Kanal zu bleiben, zwischen Candlemas und Vindication.

Die Filmer und Berufsfotografen, dazu andere »Unentwegte«, treffen sich in der kleinen, aber gemütlichen Bücherecke, auch Hasse Nilssen kommt hinzu.

Ohne daß es unsere Absicht ist, wird die Unterhaltung zum Austausch von Kenntnissen und Meinungen über die Südsandwich-Inseln. Obzwar jeder von uns nur wenig weiß, da umfassende Berichte fehlen, kommt aus dem vielen Wenig doch einiges zusammen. Allerdings nur Bruchstücke, denen die historischen wie auch naturwissenschaftlichen Zusammenhänge fehlen.

Der britische Robbenschläger Norfolk, so hat unser Kapitän irgendwo gelesen, hat 1819 dreimal versucht, auf Montagu an Land zu kommen. Aber weder ihm selber noch einem aus seiner Mannschaft ist es gelungen. Es war ungefähr zur gleichen Zeit, als sich Bellingshausen mit der »Wostok« und der »Myrni« bei den Südsandwich befand. Aber keiner hat vom anderen gewußt. Erst Jahre nach seiner Heimkehr hat der zum Admiral beförderte Bellingshausen erfahren, daß dieses fremde Schiff in seiner Nähe gewesen war, in relativer Nähe, besser gesagt.

Die bald danach kommenden Robbenschläger hielten, wie es Brauch war, ihre Fahrten geheim. Anders Offiziere und Mannschaften einer nationalen Marine, die von ihrer Admiralität Aufträge zur Forschung, erst recht zur Entdeckung unbekannter Inseln erhalten hatten. Sie durften nicht nur, sie mußten berichten. Da gibt es eine (leider im Original nicht mehr vorhandene) Aufzeichnung des britischen Captain Morell, der weisungsgemäß 1836 einige der Südsandwich-Inseln besucht hat. Weit segelte, ebenfalls in offiziellem Auftrag, der Engländer John Biscoe an Bord der nur 148 Tonnen großen »Thule« durch unruhige Gewässer. Er soll auf den Inseln Montagu und Bristol gelandet sein, aber furchtbares Wetter vertrieb ihn bald hinauf in den Norden.

»Alles Material habe ich durchsucht, das zu erreichen war«, erklärte Ralph Harrison, einer der Ornithologen, »aber nichts war dabei, absolut gar nichts, das über irgendwelche Ereignisse zwischen 1830 und 1908 Auskunft gibt.« Ganz selbstverständlich sind gerade in dieser Zeit nicht wenige, sondern zu viele Robbenschläger und Walfänger, auch die schrecklichen Pinguinkocher hier gewesen, das ist sicher. Doch werden keine Namen genannt, auch keine der Inseln, wo die Schufte so übel gehaust haben. Es ist wie verhext ... mehr als siebzig Jahre sind auf den bereits entdeckten, in den Seekarten eingetragenen Südsandwich-Inseln vergangen ohne Nachricht, ohne daß man irgendwo eine Auskunft bekam. Erst im Jahre 1911 erschien eine regelrechte Expedition mit einer Reihe bekannter Wissenschaftler an Bord, das Dampfschiff »Deutschland«. Führer des Unternehmens war der berühmte Professor Wilhelm Filchner.*

Ihm gelang es, auf Candelmas und Visokoi zu landen, er veröffentlichte auch von beiden Inseln die ersten Fotos. Aber wo heute seine Aufnahmen sind, falls sie überhaupt noch existieren, danach habe ich vergebens gefragt.

1914 war Sir Ernest Shackleton mit seiner »Endeavour« im Bereich der Südsandwich, acht Jahre später der britische Seeoffizier F. Will mit der »Quest«, auf der Insel Zavodowski konnte er landen, sich sogar ein paar Tage aufhalten. Bis um das Jahr 1935 trieben Robbenschläger ihr Unwesen auf den Sandwichs, ohne daß man näheres darüber weiß. Eine leider nur oberflächliche Untersuchung hat 1930 der Naturwissenschaftler Dr. S. Kemp unternommen, danach herrschte wieder nur Schweigen. Zwar sollen an verschiedenen Stellen der Inselgruppe einige Schiffe gelandet sein, aber bestenfalls nur für wenige Stunden. Viel erkundet oder beobachtet hatten sie offenbar nicht, jedenfalls sind keine detaillierten Berichte vorhanden.

Ted Walker kommt wieder auf seine Lieblinge zu sprechen, die Grauwale. Immerhin sind das wesentlich andere Lieblinge, als sonst gar manche Männer haben. Seine Hilfe, sein emsiges Bemühen hat viel zur Erhaltung, zu ihrem Schutz vor gewinngierigen Walfängern beigetragen.

»Um so mehr muß ich bedauern«, meint Hasse Nilssen, »daß wir manchmal ein paar Grauwale unmittelbar vor dem Bug hatten. Wir sind verschiedentlich mit dem Versorgungsschiff ›Vega‹ frontal gegen einen von ihren Lieblingen gestoßen.«

»Und was ist passiert«, fragt bekümmert der weißhaarige Professor, wohl der größte Walexperte unserer Zeit.

»Mit sechzehn Knoten Geschwindigkeit«, sagt ihm Nilssen, »so richtig mit voller Kraft voraus haben wir die Ungetüme glatt durchgeschnitten.«

Ted Walker senkt den Kopf und meint, das sei schrecklich.

* Wilhelm Filchner, 1877–1957, war als Geodant ausgebildet, führte 1903–1905 die deutsche China-Tibet-Expedition, durchquerte 1910 Spitzbergen, war 1911/12 in der Antarktis, von 1934 bis 1937 war Filchner wieder in Zentralasien, von 1938 bis 1948 in Nepal und Indien. Ein außergewöhnlicher Mann von größter Ausdauer und Zähigkeit. Er verkehrte in meinem Elternhaus, als Kind, später auch als Student bin ich ihm begegnet.

»Ja, so war's, es tut mir leid. Der Stoß lief durchs ganze Schiff ... Tassen und Teller flogen durch die Gegend ... und im Bug blieb zur Erinnerung eine schöne Beule. Bei langsamer Fahrt hätte es aber noch schlimmer sein können, das arme Tier hätte vielleicht noch stundenlang gelebt ... schwer verletzt natürlich.«

Wobei die Frage auftaucht, warum der Grauwal denn nicht die Nähe des Schiffes spürte, warum er nicht rechtzeitig abdrehte? Eine Frage, die Ted Walker ohne Antwort läßt. Ebensowenig konnte er sagen, weshalb es relativ häufig vorkommt, daß Wale stranden, was in den meisten Fällen zu ihrem traurigen Ende führt. Angeblich können sie doch über sehr weite Entfernung ihre Beute finden und sich mit Artgenossen verständigen.

Zehn Millionen Pinguine ... wer soll das glauben?

An Bord ist eine Party im Gang, aber Stimmung kommt nicht auf. Ruhig liegt das Schiff vor Anker, und beschwingt können wir tanzen in der Lounge. Jedoch fehlt es wieder an Tonbändern mit Tempo, ein altes Leiden auf der »Explorer«. Angeblich werden sie in exotischen Häfen geklaut, obwohl doch kein Fremder wissen kann, wo die Kassetten stehen. Jedenfalls gibt es niemanden, der sich um den Ersatz des gestohlenen oder verschwundenen Gutes bemüht. Also verzichten wir aufs Vergnügen, obwohl gerade die älteren Damen, wie mir von anderen Fahrten auf dem gleichen Schiff wohlbekannt ist, sehr gerne übers Parkett schweben oder sich schieben lassen. Aber, wie schon gesagt, es ist nichts zu machen.

Wenn auch am nächsten Morgen das Wetter besser ist und die See ziemlich ruhig, unternehmen wir keinen Versuch auf Vindication zu landen. Von Deck aus gesehen hat die Insel nicht mehr zu bieten als Candlemas gestern. Ebenso düster und feindlich auf alle Menschen wirkt auch Vindication. Ebenso reich, so vielfältig würde wohl auf Vindication die nie gestörte Tierwelt sein. Auch dort rauchen an den Seiten des beherrschenden Berges die Fumarolen, grauweiße Wölkchen verlassen hin und wieder den Krater des bisher namenlosen Vulkans.

Die »Explorer« nimmt langsam Fahrt auf nach Norden, und so haben wir eine halbe Stunde Gelegenheit, die Insel Vindication zu betrachten. Als sie schon fast hinter uns liegt, sieht man zurückschauend einen Teil der anderen Seite, und die ist vollständig von Gletschern bedeckt.

Im Jahre 1930, habe ich unlängst gelesen, sind drei Landeversuche mißglückt. Wo das gewesen ist, kann sich auch der Käptn nicht denken. Soweit wir das überschauen, gibt es keine Stelle, die so wirkt, als würde sie zum Betreten der Insel einladen. Wer trotzdem die drei mißglückten Versuche unternahm, wird nirgendwo erwähnt. So ist das in der Antarktis, deren Geschichte bestenfalls aus Bruchstücken besteht.

Zwei gewaltige Felsen ragen aus dem Meer. An ihrem Fuß bricht sich mächtig die Brandung, obwohl die See heute morgen vergleichsweise friedlich rollt. Dort hinauf können nur durchtrainierte Bergsteiger gelangen mit Nägeln, Haken und Ösen. Einige hundert Chinstraps schaffen es auch ohne technische Kletterhilfe. Reihenweise stehen sie droben auf den Felsbändern, als sei es üblich, so hoch und steil zu wohnen.

Weiter durch die graue See. Zweimal ruft uns die Meldung, daß vor uns Wale spritzen, auf die Brücke. Grauwale müssen es sein, versichert uns Ted Walker. Die Entfernung ist aber so groß, daß wir nur die Fontänen erkennen. Trotz der Distanz, vielleicht gerade wegen der Unklarheit ein besonderer, ein sehr romantischer Anblick.

Visokoi kommt in Sicht, die erste, seinerzeit von Bellingshausen entdeckte Insel. Groß ist sie nicht nach dem Kartenbild, dafür unverhältnismäßig hoch mit ihrem bis über tausend Meter ansteigenden Gipfel. Leider kann ich seinen Namen nicht nennen, weil er in keiner Karte steht. Abstoßend erscheint mir besonders auch Visokoi, ja als geradezu böse, weil zur Ergänzung des allgemein finsteren Eindrucks noch viele gelbe Schwefeldämpfe kommen, die allenthalben aus Ritzen und Klüften steigen. Den Pinguinen, wie man schon weiß, macht das nichts aus, sie leben auch hier in hellen Scharen auf lavadunklem Grund.

»Keine Landung bekannt«, ist alles, was unser »Pilotbook« über die Erforschung Visokois zu sagen weiß. Dennoch wird von der Brücke aus eine schmale Bucht entdeckt, die möglicherweise das Landen erlaubt. Obwohl Hasse Nilssen, wie ihm anzumerken ist, keine Zeit versäumen möchte, schwimmen zwei von unseren Schlauchbooten in den Fjord. Wie sich dann herausstellt, geht zwar die Brandung hoch, verläuft sich aber an einer Stelle auf ansteigendem Geröll. Aber nur den Berufsfotografen und den Fernsehfilmern vom Dienst wird zum Versuch einer Landung geraten. Ich gehöre zu keiner von beiden Kategorien, bin aber doch mit von der Partie. Wen sollte es auch stören.

Eile wird uns anbefohlen, und so springt unser Zodiac wie ein Fohlen über die Wellenkämme. Zwar erleben wir eine nasse Landung bis unter die Achselhöhlen, sind jedoch bald auf gut begehbarem Boden.

Kaum zu glauben, wie sich meine Gefährten von Film und Foto anstrengen. Beruf und Leidenschaft dürften sich bei ihnen decken. Sie stapfen, keuchen und steigen so rasch einen glitschigen Hang hinauf, als würden da oben die Pings gleich davonfliegen. Sie schleppen ihre schweren Kameras, die sperrigen Stative und scharfkantigen Filmkästen, als wären es leichte Lasten. Aber welche Plage und ständige Gefahr das bedeutet in einem Gelände wie diesem, ist den wackeren Männern nicht anzusehen. Sie könnten ausgleiten, abrutschen oder gar mit Herzinfarkt zusammenbrechen. Wir planschen durch Bäche und Wasserpfützen, von einem Volk der Pinguine zum anderen. Wir schwanken durch weichen, wäßrigen Schnee, laufen vorbei an gelbumrandeten Löchern, aus denen heißer Schwefel zischt.

Mein Gott, wenn jemand hier durch die Kruste bricht, die vermutlich nur dünne Erdkruste. Darunter brodelt Schwefelsuppe, die den Eingebrochenen zu Tode kocht.

Weiter oben stehen die flugunfähigen Vögel, die Gentoos, die Kings, Adelies und Chinstraps, beschränkt auf einige Hundert von jeweils ihrer Art. Danach einen halben oder viertel Kilometer nichts. Alsdann eine neue und andere Kolonie. Dazwischen Schneeflächen, Schlammpfützen, Sumpfstreifen, und wieder mühen wir uns einen steilen Hang hinauf. Mir wird das zu viel, erst bleibe ich stehen, um zu verschnaufen, gehe dann zurück an die Landestelle. Deshalb konnte ich leider den völlig schwarzen Ping nicht sehen, den Franz Lazi aufgenommen hat.

Die Sirene vom »Explorer« ruft uns zurück, länger als zwei Stunden waren uns nicht vergönnt. Wenn aber die nächste Ausgabe des »Antarctis Pilotbook« erscheint, kann das eminent kluge Buch nicht mehr behaupten, es sei bisher noch von keiner Landung auf Visokoi berichtet worden. Hier ist sie geschehen!

Am gleichen Abend wollen wir in die Nähe von Lyeskow gelangen, vielleicht noch Zavodowski ereichen, können aber vorerst wegen der Dunkelheit nichts von der Insel sehen. Genannt hat sie Bellingshausen nach Kapitän Zavodowski, dem Kommandanten der »Myrni«, des zweiten Schiffes seiner Expedition. Am 3. Januar 1819 notierte er:

»Wir hatten in dieser Nacht starken Seegang, der uns hohe Wellen an Deck warf. Aber der Himmel war klar, und hell schien der Vollmond. Das Thermometer reichte nur wenig unter den Nullpunkt. Beim ersten Morgengrauen begegneten wir meilenweiten Flächen von treibendem Eis. Es begann dann zu schneien, so daß wir gezwungen waren, gegen den Wind zu kreuzen. Dann jedoch, gegen elf Uhr, bot sich für knapp zwanzig Minuten freie Sicht, die uns den Blick auf bisher nicht bekanntes Land erlaubte, auf Nordkurs, etwa dreizehn Seemeilen weit. Ich ließ alle Segel setzen und fuhr dieser Küste entgegen.«

Nur wenige Zeilen weiter schreibt der Entdecker, offenbar enttäuscht:

»Es war nur eine Insel, und solche hatten wir während der letzten Monate sehr viel gesichtet.*

Im Norden hingen dicke, schwarze Wolken, weil sich deren Standort und auch ihre Formation nicht veränderte, nahmen wir an, daß es in der Nähe hohes Land geben müsse, und wirklich, so war es. Sahen wir doch, nachdem beide Schiffe einige Stunden in jene Richtung gesegelt waren, eine wieder recht dunkel wirkende Insel, die gebirgig war. Eine Vulkaninsel ohne Zweifel, denn aus dem höchsten Gipfel stieg ein übelriechender Rauchpilz, der sich droben auflöste. Dabei quoll aus dem Vulkan heraus ständig Nachschub des stinkenden Rauchs.«

Das war Zavodowski, und bis zum heutigen Tage hat sich an dem Anblick der Insel nichts, absolut nicht das geringste verändert. Ebenso wie Bellingshausen die erste Erscheinung der Insel vor Menschenaugen beschreibt, sehen wir das Phänomen des Rauchpilzes hundertsechzig Jahre später. Es dürfte auch der gleiche Geruch nach Schwefel und faulen Eiern sein, der uns in die Nase steigt.

Ein seltsames Gefühl nicht zu definierender Art löst diese Vorstellung aus. Ich selber stehe neben Bellingshausen. Stehe auf dem Deck der »Wostok« neben dem Entdecker und erlebe bei gleichem Wetter das gleiche Schauspiel. Sicher hat sich seit vielen hunderttausend, vielleicht Millionen Jahren nichts daran geändert, und nach menschlichem Ermessen wird es bis in ferne Zukunft so bleiben.

Natürlich wollen die Intrepids an Land, und sei es bis zum Halse durch eiskalte Brandung. Aber Käptn Hasse bleibt unerbittlich, er will es unter keinen Umständen erlauben. Kann doch jeder mit eigenen Augen sehen, was über Zavodowski im »Pilotbook« steht. Zwar sind das nur zwei kurze Abschnitte, beide zusammen kaum zwanzig Zeilen, aber die haben es in sich. Strömung, große Mengen von treibendem Kelp, eine fast immer starke Brandung, dazu noch der rasche Wechsel des Wetters würden jeden Landeversuch erschweren. Deshalb sei äußerste Vorsicht geboten. Was hätten wir schon davon, meint Hasse Nilsson, wenn zwar die Landung gelungen sei, man aber die unwirtliche Insel nicht mehr verlassen könne. Wärmequellen seien zwar vorhanden, fügt er launisch hinzu, nämlich rotglühende Lava und auch Nahrung in Menge, ausgesprochen kalorienreiche Nahrung in Gestalt von Pelzrobben, Meereselefanten und vier Arten von Pinguinen. Sonst aber könne er Zavodowski nicht empfehlen.

Dem ist nur beizupflichten, habe ich doch genau im »Pilotbook« nachgelesen und könnte die zwanzig Zeilen über Zavodowski aus dem Gedächtnis her-

* Bellingshausen, bewundernswert in seiner Bescheidenheit, schrieb nur »gesichtet«, in vollem Recht hätte er schreiben können »entdeckt«. Es war und ist natürlich die Lyeskow-Insel. Im übrigen hat bisher noch kein Mensch die Lyeskow-Insel betreten, steht im Pilotbuch!

Die »Lindblad Explorer« in tiefgefrorenem Rahmen.

Oben: In Grytviken. Vor dem Anker ein »Tripot«, ein etwa tausend Liter fassender Eisenkessel, in dem Walspeck, Robbenfett und auch Pinguine zu Tran verkocht wurden.
Unten: Harpunkanone, noch bis 1967 bei Grytviken in Gebrauch. Im Körper des getroffenen Wals öffnet sich der Widerhaken. Das Opfer kann nicht flüchten, es verblutet langsam bei den vergeblichen Versuchen, sich zu befreien.

Oben: Vor unserem Schiff in Grytviken zwei der zwölf alten Walfangboote, die seit 1967 nicht mehr benutzt werden. Sie verrosten und versinken.
Unten: Verlassen und fast schon vergessen liegt Grytviken auf Südgeorgien. Die einstige Hauptstadt der Walfänger und Robbenschläger, wo zeitweise bis zu tausendsechshundert Menschen ihrer blutigen Arbeit nachgingen, wurde 1967 geschlossen. Niemand ist mehr dort.

Oben: Junger Albatros in Erwartung seiner Eltern. Sie kommen nun immer seltener, um das herangewachsene Kind aus ihrem Kropf zu füttern. Es übt schon seine Schwingen für den ersten Flug, denn bald muß der Jungvogel für sich selber sorgen.
Unten: Verlassene Station australischer Wissenschaftler auf der Heard Insel. Die See-Elefanten haben wieder den angestammten Platz ihrer Sippe übernommen.

sagen. Zum Schluß heißt es: »Auf der Insel Zavodowski befindet sich die größte Pinguin-Masse der Welt. Eine Schätzung ihrer Zahl war bisher auch nicht annähernd möglich.«

Weil wir einigermaßen freie Sicht genießen, hat der Commander beschlossen, die Insel zu umfahren. Nur mit der halben, streckenweise nur mit einem Viertel der Maschinenleistung. Der ganze Tag, hören wir im Lautsprecher, werde darüber hingehen, falls nicht das plötzliche Auftreten von Schlechtwetter den Abbruch des Unternehmens erzwingt.

Davon abgesehen, werden zwei Zodiacs zu Wasser gelassen für Leute, die näher ans klippenreiche Land, tiefer in die von schwimmendem Eis belegten Fjorde hineinwollen. Selber mache ich das nicht mit, denn mitunter gelingt es mir, logisch zu überlegen. Wenn schon kein Streifzug ins Hinterland möglich ist, dann sieht von solchen Inseln, wie Zavodowski eine ist, am meisten, wer hinaufsteigt ins Krähennest, dem höchsten Standplatz an Bord. Man erreicht die verglaste Kuppel über eine schmale Eisenleiter innerhalb einer aus dem Bauch des Schiffes hochführenden Stahlröhre. So eng und steil sie auch ist, der Kletterer bleibt doch geschützt darin, auch vor schärfstem Wind und eisiger Kälte. Droben ist nur für drei Personen Platz, vielleicht noch für eine vierte, falls sie beneidenswert schlank ist. Meiner Schätzung nach befindet man sich im Krähennest gut fünfzehn, wenn nicht zwanzig Meter über der Wasserfläche, jedenfalls turmhoch über den Intrepids im Schlauchboot.

Der beste Platz ist schon der meine, als Freund Albert mit Gattin Geneva erscheint, denen noch die sardinenschlanke Theresa folgt, die ehemalige Primaballerina der Scala und der Met. Aber nicht auf ihrer engen Taille ruhen jetzt die Augen, sondern auf Zavodowski, dieser unglaublichsten aller Inseln, die ich jemals zu sehen bekam.

Zwei gewaltige Gipfel ragen hoch in den fahlgrauen Himmel. Nur aus einem steigt der von Bellingshausen geschilderte Rauchpilz, der sich droben ruckweise auflöst, während schon von unten der nächste Stoß erfolgt. An eine Lokomotive alten Stils muß ich denken, an eine Dampflok, die kraftstrotzend vor sich hinpufft. Auch im Krähennest hören wir die einzelnen Puffs und Paffs, das rhythmische Grollen aus dem Innenleben des antarktischen Vulkans. In unsere Nasen zieht immer stärker der keineswegs unangenehme Schwefelgeruch.

Kein Schnee liegt rings um den Krater, wohl wegen der aus sehr vielen Fumarolen verbreiteten Wärme. Darunter jedoch, ich möchte meinen von etwa der halben Höhe abwärts, bedecken grauweise Schleier Zavodowski. Wie Schneeflocken auf Lava sieht die Insel aus, eine recht ungewöhnliche Färbung für eine Südsandwich-Insel.

Deutlicher sehen wir, weil näher gelegen, die grauschwarze, tief gespaltene, vielfach aufgerissene Küste. Da sind Höhlen mit hohen Toren, und dort hinein donnert die Brandung mit mächtig anrollenden Wogen. Wo Licht einfällt, erkennen wir im Glas grandiose Eiszapfen, die wie Stalaktiten von der Felsendecke bis dicht übers dunkle Wasser hängen. Ein Bild ist das, wie ich es nie zuvor erlebt habe ... phantastisch ... nicht zu beschreiben!

Hätten wir doch einen so federgeschwinden Maler wie den Paul Michailow an Bord, der damals die Expedition des Kapitäns von Bellingshausen begleitet hat. Er besaß die Fähigkeit, solche Eindrücke festzuhalten. Keiner hat so gut wie er die wesentliche Erscheinung antarktischer Inseln auf Papier, auf pergamentenes Papier gebannt. Nicht umsonst enthält die letzte Angabe des »Pilotbook« typische Zeichnungen von seiner Hand. Meines Erachtens sind sie packender als jede Leistung der Fotografie. So sehr gefiel die Kunst des Paul Michailow seinen Landsleuten, ja, sogar dem Zaren aller Reußen, daß er zum Mitglied der Kaiserlichen Akademie in St. Petersburg gewählt wurde, und das einstimmig.

Wunderbar, mit Worten nicht auszudrücken, das Eis ... die blaugraue, blaßgrüne, mitunter hellrosa schimmernde Eisfront der Zavodowski-Insel. Hoch ragt sie auf, höher noch als die Vorderfront eines Bankgebäudes, sogar eines Versicherungspalastes, steht hier und dort etwas vornüber geneigt ... nicht mehr fest eingemauert ins Gefüge ... kann sich hier und dort kaum noch halten, klafft auseinander ... knistert ... bricht und stürzt!

Eine Naturkatastrophe wäre es, würde sich daneben eine menschliche Siedlung ausbreiten. Jedesmal wenn solch Tausendtonnenklumpen aus der Eiswand fällt, entsteht gewaltiger Aufruhr. Es ist fast immer die Geburt eines gleich davonschwimmenden Eisberges. Ein Strom ist jeder Gletscher, auch wenn er im Monat kaum eine Meile vorwärts kommt. So langsam, daß es der Mensch mit seinen Augen nicht sieht, kriecht die Masse aus gefrorenem Wasser über Land, bewegt sich aber doch, immer und ewig.

Auch in der Gletscherstirn öffnen sich Spalten und Höhlen, die weit ins glasige Innere führen. Wir schauen in Buchten, Bögen und auf Binnengewässer. Alles schimmert und schillert in Farbschattierungen, die man normalerweise nicht für möglich hält, und alles ist bestimmt zur alsbaldigen Zerstörung.

Langsam, kaum mit dem vierten Teil ihrer Kraft, so als zögere sie, den Schauplatz großartiger Geschehnisse zu verlassen, umfährt unser Schiff ein scharfkantig ins Meer strebendes Vorgebirge. Es bringt uns vor einen etwa drei Kilometer breiten Hang, der sich nur mäßig steil dem anwogenden Meer zuneigt. Was sich dort vor den Augen der Betrachter ausbreitet, überbietet alles bisher Gewesene. Weder können Worte das wiedergeben noch die Aufnahmen unserer besten Fotografen.

Pinguine, so weit das Auge, so weit das Fernglas reicht und ... noch viel weiter. Ein Meer von Pinguinen, eine so unübersehbare Menge der flugunfähigen Vögel, daß sie weder mit Blicken menschlicher Augen noch mit dem Bewußtsein unseres Verstandes zu erfassen sind. Individuen sind nicht mehr wahrnehmbar im Millionenvolk. Ich glaube nicht, daß auf der Welt ein zweites Bild dieser oder ähnlicher Art zu sehen ist.

Es sind keine Schneeflocken auf grauer Lava, die bis etwa zur halben Höhe hinauf die Berghänge der Insel Zavodowski verhüllen, sondern Tiere ... die Bevölkerung dieser unvorstellbar dicht bewohnten Insel. Alles ... alles ... Pinguine, so viele Pinguine, wie es sie eigentlich gar nicht geben kann. Als wir dem Lande näher sind, als wir Augen und Glas auf Einzelgeschöpfe richten, sind vier Arten vorhanden. Die Königspinguine und die Kinnstreifen, die Eselspinguine und an steinigen Stellen die Felsenspringer. Natürlich getrennt in große Völker mit nur wenig freiem Raum dazwischen.

Viele sind in Bewegung, das heißt auf dem Wege zum Wasser oder zurück. Weite Wege müssen das sein, zwei bis drei Kilometer schätze ich, weil doch manche Pinguine bis auf halbe Inselhöhe zu ihren Stammplätzen hinauf müssen. Eine gute Stunde kann das dauern und noch mehr. Zweimal täglich der stundenlange Spießrutenlauf durch die schnatternde, mit Hackhieben drohende Masse.

Dicht am Wasser liegen, schlafen und verdauen die schon oft gesichteten See-Elefanten. Leib an Leib ruhen sie nebeneinander, rutschen auch übereinander, weil nicht genug freier Platz vorhanden ist. Auch Pelzrobben sind auf Zavodowski zu Hause. In erhöhter Lage, mit freiem Blick nach drunten und draußen erheben sich die »Strandmeister« genannten Bullen aus ihrem bis zu zwanzig Köpfen zählenden Harem. Ein beglückender Anblick für jeden Tierfreund, der weiß, wie grausam man diese schönen Pelztiere verfolgt hat bis fast zur Mitte unseres Jahrhunderts.

Näher beim Schiff, auf den weißen, hin und her schwankenden Schollen, liegen schlangengleich die Seeleoparden, vielfach in Gemeinschaft mit Weddell-Robben. Auch die »Krabbenfresser« genannten Robben lassen es sich gut gehen am Krill in diesen so nahrungsreichen Gewässern. Wer kennt die Vögel, kennt all die Namen? Freund Klaus ist nicht dabei, sie zu nennen. Albatrosse, Sturmtaucher, Scheidenschnäbel, Raubmöwen, Kaptaucher sind gewiß dabei. Noch viele andere mehr, sehr viele andere, aber leider kann ich sie nicht auseinanderhalten.

»Wie lange mag's her sein, daß zum letztenmal ein Mensch über die Insel gelaufen ist?« fragt mehr sich selbst als uns die einstige Primaballerina. Auch sie vermag nicht recht zu glauben, was wir vor uns sehen.

Keiner kann es sagen, und wer es sagen könnte, wissen wir nicht. Es ist nun einmal so, daß kein Mensch von Amts wegen verpflichtet ist, es zu wissen oder sich um Auskunft zu bemühen. Keine Stelle ist zuständig, nirgendwo verstauben Akten, die man entstauben und befragen könnte. Sehr weit entfernt liegt Stanley, die winzige Hauptstadt des britischen Territoriums Falkland-Insel, zu dem bürokratisch gesehen auch die Südsandwich-Inseln gehören, Zavodowski inklusive.

»Ich weiß nicht, was ich das nächste Mal tue ... vor Zorn, Ekel und Empörung«, sagt neben mir Freund Albert, »wenn ich wieder in so 'nem Blatt der angeblichen Weltpresse lese ... in so 'ner Mistsendung des Fernsehens höre, mit den letzten Oasen der Wildnis sei es bald vorbei ... auch die abgelegensten Inseln würden jetzt von Touristen überlaufen ... die fernsten Winkel der Welt.«

Genauso liest und sieht man es. Ich brauche gar nicht erst zu sagen, wie ich mit dem Freund übereinstimme. Eine Schande fürs ganze Gewerbe, so schamlose Lügen zu verbreiten. Unwissende Schreibtischtäter verdummen viele Tausend wehrlose Leser und Hörer. Zur wohlverdienten Strafe sollte man sie aussetzen auf einer antarktischen oder auch arktischen Insel, lebenslänglich!

Todmüde bin ich am Ende des Tages. Dabei habe ich weiter nichts getan, als droben im Krähennest auf einem Hocker zu sitzen und hinauszusehen ... durchs Fernglas zu schauen, habe nur die Insel Zavodowski betrachtet ... ihre Berge, ihre Pinguine und sonstigen Tiere. Die unglaubliche Küste, das Eis in so verschiedener Gestalt, die Seevögel, die See-Elefanten und ... und ... zu viel auf jeden Fall, um alles zu begreifen.

Später im Pinguin-Raum betreiben wir Rätselraten. Einer von uns hat angeregt, die Gesamtzahl der Pinguine auf Zavodowski zu schätzen. Wer die niedrigste Zahl nennt, nämlich eine Million, weiß ich nicht mehr. Jedenfalls wird er von den meisten ausgelacht.

Danach folgen zwei Millionen. Aber so wenige könnten es nach Meinung der Mehrheit nicht sein! Auch als drei, vier und fünf Millionen zur Sprache kommen, sind die Experten noch nicht zufrieden. Wie nun Roger Tory Peterson an die Reihe kommt, den man weltweit für den besten Pinguin-Kenner hält, meint er nach längerem Wiegen seines weißen Hauptes hin und her, daß er sechs Millionen für ungefähr richtig halte.

Keith Shackleton, auch ein guter Kenner der antarktischen Tierwelt, will bis acht Millionen gehen. Aber Jerry Molton, der sonst nur selten seine Meinung hören läßt, versteift sich auf zehn Millionen. Wir übrigen meinen, das wäre bestimmt zu hoch gegriffen, wer soll denn zehn Millionen glauben.

»Ich wette«, beharrt Jerry, »ich wette, daß es mindestens zehn Millionen sind. Wette darauf die Perlenkette meiner Frau ... alles echte Orientperlen ... wer hält dagegen?«

Befreiendes Gelächter.

»Redet nicht herum ... schaut lieber mal raus«, ruft jemand von der Treppe, die zum Deck führt.

Bei sinkendem Licht sieht man gerade noch die Silhouette von Zavodowski, die scharfgezackte Linie des Gebirges mit den beiden Gipfeln. Über der linken, etwas eingedrückten Kuppel steht der Rauchpilz, von unten rosenrot angestrahlt. Puff auf Puff erhält er Nachschub für die Auflösung droben. Nach wie vor liegt der üble Geruch von Schwefel in der Luft.

Sir Ernest Shackleton, der letzte Entdecker alter Schule

Südgeorgien ist bei weitem die größte Insel der Antarktis mit der längsten Küste und dem höchsten Gebirgszug im Südlichen Eismeer. Allerdings darf man hierbei nicht die Falkland-Inseln mitrechnen, weil deren Klima, die Lage und Vegetation ganz anders sind. Im übrigen werden die britischen Falklands von ungefähr tausendachthundert Menschen bewohnt und können als zivilisierte Gegend gelten. Südgeorgien, obwohl nahe demselben Breitengrad, ist weit wilder als die vergleichsweise »zahmen« Falklands. Großenteils von Gletschern und ewigem Schnee bedeckt, wird Southgeorgia von schrecklichen Stürmen heimgesucht und, soweit mir bekannt, wurde das bis auf nahe dreitausend Meter hochsteigende Gebirge, das von Anfang bis Ende durchlaufende Rückgrat der Rieseninsel, bisher nur dreimal von Menschen überstiegen. Sir Ernest Shackleton mit zwei Begleitern waren davon die ersten.

Hundertfünfzig Kilometer ist Südgeorgien lang, maximal fünfzig Kilometer breit, und seine Fläche erreicht 4134 Quadratkilometer. Im Vergleich damit ist unser Saarland wesentlich kleiner mit nur 2567 Quadratkilometern.

Wer zu welcher Zeit dieses große Land entdeckt hat, ist nicht klar. Gar manche der besonders frühen Seefahrer im Südmeer kommen wegen bestimmter, dort vorherrschender Windrichtungen dafür in Frage. Schon zu Beginn des 16. Jahrhunderts könnte der allerdings wenig wahrheitsliebende Amerigo Vespucci, nach dem unverdientermaßen »Amerika« genannt wird, Südgeorgien gesehen haben. Manches und vielleicht noch mehr spricht im Jahre 1762 für die »Aurora« und ihren Kapitän, den wir namentlich nicht kennen. Alle Zweifel hat danach unser altvertrauter Freund, der Captain Cook, beseitigt. Er hat die Küste vermessen und Südgeorgien ganz umfahren. Dabei stellte er unter anderem fest, wie steil und stürmisch, wie vereist, klippenreich und gefahrvoll sich die Südseite im Gegensatz zur viel besseren, weil buchtenreichen Nordküste darstellt. Dort war an vielen Stellen die Landung möglich.

Kaum war die langgestreckte Insel von Cook endgültig entdeckt, der in seinen Berichten leider die Masse von Robben, See-Elefanten und Walen erwähnte, erschienen auch schon die Ausbeuter, um alsbald im Blut ihrer Opfer zu waten.

Anhand der zufällig erhaltenen Abrechnung des amerikanischen Captains Faning, der bereits im Jahre 1800 mit seinem Kutter »Aspasia« die Buchten von Südgeorgien heimsuchte, läßt sich errechnen, daß die Beute dieses ersten Jahres ... kaum ist es zu fassen, 57000 Pelzrobben betrug! James Weddell, ein englischer Robbenschläger und nebenbei als Amateur, wenn man so sagen darf, hochverdienter Südpolarforscher, erklärte schon 1825, seiner Schätzung nach wären bis dahin bereits 1,2 Millionen Pelzrobben erschlagen worden. Allein aus den See-Elefanten habe man im Jahresdurchschnitt zwanzigtausend Tonnen Öl erbeutet. Weil man rücksichtslos auch die weiblichen Tiere mit Holzknüppeln totschlug, auch wenn Neugeborene und Säuglinge neben ihnen lagen, muß vermutet werden, daß viele Tausende von Jungtieren verhungert sind, vielleicht der gesamte Nachwuchs eines Jahres.

So kam es, daß es im letzten Viertel des vorigen Jahrhunderts mit den Pelzrobben und bald auch mit den See-Elefanten zu Ende ging. Nicht weniger blind gegenüber den Folgen hatte man die Jagd auf Wale betrieben. So sehr war der Bestand vermindert worden, daß sich Beutefahrten in die Antarktis wie Subantarktis kaum mehr lohnten. Besonders bei Südgeorgien ließ sich kaum noch etwas verdienen.

Doch erholten sich binnen etwa dreißig Jahren der Rest so gut und wurde wieder so zahlreich, daß die Schlächterei aufs neue begann. So wurde um die Jahrhundertwende Südgeorgien das Zentrum der Antarktis und blieb es fast bis zum Ende des Walfangs.

Fünf Landstationen gab es und gibt es in verlassenem Zustand noch heute an der Nordküste von Südgeorgien: Grytviken, Stromness, Leith Husvik und Olav Haven.

Endlich aber kamen die Nationen der Welt, fast alle Nationen der Welt überein, den Walfischen einigen Schutz zu gewähren durch Beschränkung der Fangquoten, durch Schonzeiten, auch durch Bestimmung von Schutzgebieten. Viel war erreicht durch die Konvention von 1961 zum Schutz der antarktischen Tierwelt, sodann ergänzt durch die Wal-Konventionen von 1966 bis 1968 und 1972. Wenn eines Tages auch die letzten Walvernichter, die Sowjets und Japaner, bereit sind, mit dem blutigen Geschäft aufzuhören, besteht echte Hoffnung fürs Weiterleben, für die Wiederkehr der Wale. Jedesmal, wenn sich vor uns ein Leviathan aus den Fluten erhebt, wünschen wir seinen Kindern und Kindeskindern alles Gute.

Grytviken, die letzte südgeorgische Landstation der Walgewinnung, wurde endgültig erst 1967 geschlossen. Wo zeitweise tausendzweihundert Menschen, meist Norweger, gelebt haben, wo selbst im Winter bis zu sechshundert Personen geblieben sind, allesamt mit Walfang und Walverarbeitung beschäftigt, ist heutigentags keiner mehr anzutreffen. Sonst aber ist alles und jedes geblieben wie seinerzeit. Auch ein Dutzend Fangschiffe rosten an ihren Ankerketten vor sich hin, manche ganz oder teilweise neben dem verfallenen Landepier auf dem Grund liegend.

Menschen leben noch in der British Antarctic Survey Station, eine knappe Stunde Fußmarsch von Grytviken entfernt. Davon abgesehen, ist ganz Südgeorgien unbewohntes Land. Es gehört offiziell zu Großbritannien und wird ebenso wie die Südsandwich-Gruppe als »Dependency« vom Gouverneur der Falkland-Inseln verwaltet. Einmal, so hörten wir, hat der in Port Stanley amtierende Falkland-Gouverneur die Großinsel besucht. Es geschah gelegentlich des fünfzigsten Todestages von Sir Ernest Shackleton zur Niederlegung eines Kranzes am Grab des großen Forschers, der als Mensch noch größer war.

Es ist schon etwas Besonderes, die Shackleton-Story von einem Verwandten gleichen Namens zu hören. Keith Shackleton, der Großneffe, ist sichtlich bewegt von der Aufgabe, gerade hier vom Leben und den Leistungen des berühmten Mannes zu berichten, gerade hier, wo der Forscher ganz plötzlich starb und seine sterblichen Reste in steiniger Erde liegen.

Am heutigen Abend haben wir Südgeorgien erreicht bei fast windstillem Wetter. Hängen vor der Südseite an unseren Ankern, um erst bei Hellwerden auf weitem Umweg den Norden der Insel zu erreichen, wo die ehemalige Walstation liegt und auch Shackleton Station mit rund zwanzig britischen Wissenschaftlern. In der mondhellen Nacht sehen wir die eisglänzende Kette des Allenby-Gebirges, das als erster Sir Ernest überstiegen hat, um dreiunddreißig Menschenleben zu retten.

Keith Shackleton hat Karten der verschiedenen Schauplätze an die Tafel gehängt, dazu eine Menge von Daten und Namen daneben geschrieben. Auch einen Film werden wir sehen, hat Keith wissen lassen, jedoch – wie er vorsorglich warnt – einen sehr alten, technisch mangelhaften Film. Ernest Henry Shackleton, um den es geht, entstammt zwar einer alten englischen Familie, wurde aber 1874 in Irland geboren. Nach der damals im gehobenen Mittelstand üblichen Ausbildung ging er zunächst in die Handelsmarine, muß aber dort schon durch besondere Leistung wie Begabung aufgefallen sein. Als der später auf so tragische Weise zur Weltberühmtheit gelangte Captain Falcon Scott* seine erste Expedition plante, die »British National Antarctic Expedi-

* Er verlor mit allen Begleitern sein Leben, als er versuchte, vor dem Norweger Roald Amundsen den Südpol zu erreichen. Zwar kam auch er an den Pol, stand aber dort zutiefst enttäuscht vor dem verlassenen Zelt seines siegreichen Konkurrenten. Zermürbt von dem Mißerfolg, geschwächt von Hunger wie Enttäuschung, haben die Briten den Rückweg nicht mehr geschafft. Captain Scott starb als letzter, nur noch einen Tagesmarsch entfernt von dem rettenden Notlager mit Proviant und Medikamenten. Siehe H. O. Meissner, »Mein Leben für die weiße Wildnis«, Klett-Cotta Verlag, Stuttgart.

tion« mit dem Schiff »Discovery«, wurde Ernest Shackleton als dritter Offizier ausgewählt. Zusammen mit Captain Scott und Edward Wilson überquerte er die Ross-Eisplatte bis 82° 16′ Südlicher Breite. Einige Jahre später, im Januar 1908, war Shackleton selbst der Führer einer britischen Antarktis-Expedition, die infolge besonderer Eisverhältnisse nicht das vorgesehene Ziel, nämlich Edward-VII.-Land, erreichen konnte. Statt dessen gelang ihm zusammen mit seiner Mannschaft die Überwinterung auf der Ross-Insel in der McMurdo-Bucht. Danach versuchte der Unermüdliche, den Südpol zu erreichen. Die Schwierigkeiten waren enorm, die Anstrengungen übermenschlich. Trotzdem gelangten die Männer bei noch relativ gesunder Verfassung und einigermaßen guten Kräften in die Nähe des Pols. Nur knapp hundertfünfzig Kilometer fehlten bis zum heißbegehrten Ziel.

Hätte Shackleton das geschafft, sein Name wäre unsterblich geworden. In ihrem übersteigerten Nationalgefühl hätten ihn die Briten als einen der größten Helden ihrer Nation gefeiert.

Aber Ernest Shackleton befahl die Umkehr gegen den Willen und Protest seiner Begleiter. Er allein trug die Verantwortung und hatte berechnet, daß bis zum Pol und zurück die Vorräte nicht ausreichten. Schon hatten die Kräfte der Hunde nachgelassen, und mit Kräfteverfall bei den Menschen war zu rechnen. Vermutlich hätte man den Pol geschafft, aber wahrscheinlich die Heimkehr ins Basislager nicht mehr erlebt.

Wenn man später von Sir Ernest Shackleton gesagt hat, er sei die Idealfigur eines Führers gewesen, des wohlüberlegenden, verantwortungsbewußten Führers der ihm anvertrauten Menschen, hat er das mit dieser Entscheidung bewiesen, durch die Aufgabe des Südpols knapp hundertfünfzig Kilometer vor dem einmalig verlockenden Ziel.

Von seinen Landsleuten wurde er deshalb nicht getadelt oder gar gescholten. Im Gegenteil, König Eduard VII. verlieh ihm den Ritterschlag (»Sir«) und das Viktoria-Kreuz, Großbritanniens höchste Auszeichnung. Beides für einen Mann, der – wenn man es allein nach der Kosten-Erfolgs-Rechnung beurteilt – zweimal die ihm gestellte Aufgabe nicht erfüllt hatte!

Im März 1914, kurz vor Ausbruch des Ersten Weltkrieges, verließ Sir Ernest Shackleton an Bord der »Endurance« wieder die Heimat, diesmal zur Durchquerung des antarktischen Kontinents von der Weddell-See zum McMurdo Sund. Bereits an Bord der »Endurance« unterwegs, schon südlich der Kanaren, erhielt er die Nachricht vom Ausbruch des Krieges. Worauf Shackleton seinen höchsten Vorgesetzten, den Marineminister Winston Churchill, um Erlaubnis zur Heimkehr bat. Er wollte, wie sich das seiner Meinung nach so gehörte, an die Front. Für Churchill typisch die nur aus einem Wort bestehende Antwort »proceed«, auf deutsch »weitermachen!«

Auch bei dieser Expedition ein Unglück nach dem anderen. Die »Endurance« wurde vom Eis hoffnungslos eingeschlossen, und zehn Monate lang trieb das hilflose Schiff durchs tiefgefrorene Südpolarmeer.

»Ich bitte, das Licht zu löschen«, ruft Keith Shackleton, als er im mündlichen Vortrag so weit gekommen ist. »Sie alle hier sollen selber sehen, was mit dem Schiff geschah ... im Jahre des Unheils 1915.«

Gleich wird es dunkel im Pinguin-Raum mit Ausnahme der rasch herabgelassenen Leinwand. Man sollte meinen, daß seit Mai 1915 sehr viel Zeit vergangen ist, zwei Generationen und noch eine halbe dazu. Dennoch habe ich, haben alle Teilnehmer unserer denkwürdigen Reise den Untergang der »Endurance« mit eigenen Augen gesehen. So, als betrachte man eine Schiffskatastrophe unserer Tage im Fernsehen. In Wirklichkeit waren seitdem fast siebzig Jahre vergangen!

Das tragische Ende der »Endurance«, die Umklammerung, das Zerdrücken und Verschlingen des Schiffes hat tagelang gedauert. Nie hat dabei der Kameramann die Nerven verloren. Bedenkt man die technische Beschaffenheit einer Kamera dieser Zeit, die Umständlichkeit der Filmeinführung, das Problem des Transportes, das Aufbewahren und Entwickeln der Filme, so ist es wirklich ein Wunder, ein kinomatographisches Wunder, das wir heute und hier auf der Leinwand sehen. Was hat nach Ende der »Endurance« der belichtete Film nicht alles mitgemacht, um schließlich doch die Londoner Studios zu erreichen, um letzten Endes vor uns an Bord der »Explorer« zu erscheinen, hier auf dem Rükken des antarktischen Meeres.

Wir sehen verblüffend klar und deutlich, wie man sich bemüht, alles nur mögliche aus dem schon backbords eingedrückten Schiff zu bergen. Männer steigen aus den Luken mit Säcken, Kisten und Kasten bepackt. Fässer werden von Bord aufs Eis gerollt, Pelze und Wolldecken aufgetürmt, Kessel und Küchengerät holt man aus der Schiffskombüse. Die Beiboote, die Rettungsboote und sogenannten Walboote läßt man herunter und verstaut darin die Vorräte, die Segel, die nautischen Instrumente.

Dann ist es soweit, wir schaudern beim Herunterbrechen aller Masten, beobachten das Auseinanderklaffen der Planken, das Zersplittern der Decks und Aufbauten. Dann, viel rascher als erwartet, verschwindet die »Endurance« vor den Augen ihrer Besatzung, verschwindet auch vor unseren Augen.

Die Überlebenden, und alle haben überlebt, kampieren auf dem Eis ... treiben mit dem Eis durchs Polarmeer ... fünf Monate lang! Vergeblich trotz aller Mühen und Plagen versucht man, mit den vorangeschobenen oder nachgezogenen Booten offenes Wasser zu erreichen. Endlich, endlich blicken die Männer auf freie See, das heißt aufs Meer mit treibenden Schollen.

Erfüllt von neuer Hoffnung, läßt Shackleton die schwerbeladenen Boote ins Wasser schieben, und eine Seereise beginnt, die sich wohl mit der berühmten Bootsfahrt des Captain Blight von der »Bounty« vergleichen läßt, der am Ende das rettende Timor erreicht hat. Hier kommen noch eisige Kälte, fauchende Stürme und tanzende Eisbrocken hinzu.

Trotz aller Mühsal, Gefahr und ständiger Todesnähe gelingt die Landung auf der Elephant-Insel. Aber sie bedeutet noch längst nicht die Rettung, denn im Umkreis von vielen hundert Meilen gibt es keinen Menschen, auch keine Möglichkeit, die Notlage irgendwohin zu melden. Viele halten das endlich geglückte Betreten festen Bodens nur für einen Aufschub des Untergangs. Auch Shackleton weiß, daß Hilfe nicht von selbst kommt, man muß sie holen.

Während dreißig Mann auf der trostlosen Insel zurückbleiben, unter primitivsten Verhältnissen natürlich, aber doch mit der notwendigen Ausrüstung sowie umgeben von zahlreichen eßbaren Tieren, begibt sich Shackleton mit fünf Mann, die er ebenso aufgrund guter körperlicher wie geistiger Verfassung ausgewählt hat, mit dem leichtesten seiner Boote auf die Suche nach Verbindung zur Außenwelt. Gelingt ihm das nicht, sind mit absoluter Sicherheit die Zurückgelassenen verloren.

Viel muß Shackleton dem Wind, dem Wetter und den Strömungen überlassen. Die vielgebrauchte, oft mißbrauchte Redensart vom »Spielball der Wellen«, hier wäre sie zutreffend. Als Hoffnung besteht, die Landmasse von Südgeorgien zu erreichen, setzt Shackleton seine und seiner Männer letzte Kräfte ein, um mit Ruderkraft hinzugelangen. Er weiß, daß dort drei oder vier Walstationen bestehen. Unter tiefhängenden Wolken, in prasselndem Regen kommt man dem Lande näher und kann es mit dem eben leckgeschlagenen Boot gerade noch erreichen. Äußerst schwierig ist das Erklettern der Küste, mehr noch das Hinaufbringen des zum Überleben notwendigen Gepäcks. Leider aber stehen die erschöpften Männer an der unbewohnten, absolut menschenfeindlichen Südseite.

Von dieser Region und erst recht vom Inneren Südgeorgiens gibt es keine Karte. Niemand weiß, wie hoch die Berge sind und ob sie Menschen hinüberlassen.

Aber Shackleton muß hinüber, nicht nur um sein Leben geht es, sondern um das Überleben aller Gefährten. Drei der Begleiter können nicht mehr, mit dem letzten Rest der Vorräte läßt er sie in einer Felsenhöhle zurück. Was er selber, was Crean und Wortley mitnehmen, ist nicht mehr als nur ein neun Meter langes Tau. Sie binden es sich um die Hüften wie hochalpine Bergsteiger, um einander beim etwaigen Sturz in Gletscherspalten zu retten. Kein Proviant, kein Zelt und keine überflüssigen Pelze belasten die drei Männer. Niemand wird unter normalen Umständen glauben, was Sir Ernest Shackleton in seiner Eigenschaft als militärischer Vorgesetzter seinen Leuten aufs strengste verboten hat: *auszuruhen!*

»Wir marschieren ohne Pause bis zum Ziel«, sagt er ihnen, »oder in den Tod!«

Auf welchem Wege sie das Gebirge überstiegen, über welche Pässe sie als erste Menschen Südgeorgien durchquert haben, weiß man nicht.

Als dreizehn Jahre später eine andere Expedition von Shackletons Landestelle über die Berge zur ehemaligen Walstation Stromness zog, wohlversehen mit allen Notwendigkeiten, sind dabei vierzehn Tage vergangen. Beim nächsten Versuch mußten die Teilnehmer einer Bergsteigergruppe durch Funksignale Hilfe herbeirufen. Captain Shackleton mit den beiden, ihm hartnäckig und verbissen folgenden Begleitern hat die Erstüberquerung binnen *siebenunddreißig Stunden* geschafft! Tatsächlich ohne Pause, ohne jede Nahrungsaufnahme, immerfort in Bewegung. Ganz einfach, wie er später sagte, weil es sein mußte, weil nur so das Leben aller ihm anvertrauten Menschen zu retten war.

Das letzte Stück, der Abstieg nach Stromness, war das schlimmste. Wie sie die Steilwände hinunterkamen, über Eisflächen abrutschten, hinterher wußte es keiner mehr. Nur noch wenige Meilen von der Walstation entfernt, blieb erst Wortley, dann Crean liegen. Allein fiel am Ende Captain Shackleton durch die von ihm aufgestoßene Tür in den Wohnraum der Station, vornüber schlug er auf den Boden. Drei Männer, die am Tisch Karten spielten, brauchten einige Zeit, um sich von dem Schrecken zu erholen. Schon am nächsten Tage wurden mit Hilfe eines Walfangbootes die auf der Nordseite verbliebenen Gefährten geholt.*

Alsdann unternahm Sir Ernest Shackleton nicht weniger als vier Versuche, jene zu retten, die noch immer auf der Elephant-Insel ausharrten. Wegen ungünstiger Eisverhältnisse gelang erst der vierte Anlauf, und alle lebten noch. Besonders bewährt bei diesem Unternehmen hat sich ein chilenischer Pilot namens Pardo, dem schließlich an Bord seines Lotsenschiffes »Yeldo« der Durchbruch gelang. Als diese »Yeldo« aus Altersgründen stillgelegt wurde, taufte die chilenische Marine das Nachfolgeschiff auf den Namen »Piloto Pardo«, und davon werden wir noch hören.

»Was mein Großonkel uns Kindern immer wieder erzählte«, beschloß Keith Shackleton seinen dramatischen, den Atem raubenden Bericht, »das war die Geschichte vom vierten Mann ... dabei lief es uns jedesmal kalt den Rücken herunter. Am Tage nachdem sie das rettende Stromness erreicht hatten, wollte jeder von seinen beiden Begleitern den Chef allein sprechen, ganz alleine nur unter vier Augen. Wortley und Crean jeder für sich wollten ihm etwas Unglaubliches sagen. Dann erklärte erst Crean und nach ihm Wortley: ›Wir waren drei bei dem Marsch über die Berge ... aber ... aber mir kam es immer so vor ... bin jetzt davon überzeugt, daß ein Vierter mit uns war ... bitte, Sir,

* Natürlich war der Commander selbst mitgefahren, aber seine auf der Südseite verbliebenen Männer erkannten ihn nicht, weil er nun rasiert, gewaschen und ordentlich gekleidet war. Immer wieder fragten sie ihn, wie es denn ihrem Chef ginge.

halten Sie mich deshalb nicht für verwirrt ... geistig verwirrt, meine ich.‹«

Der Commander, hat uns Keith Shackleton versichert, war bis zu seinem Lebensende zutiefst bewegt von dem, was ihm die beiden versichert hatten. Weil auch er ständig die Gegenwart eines Vierten gespürt hatte.

Rettet die kleine Nuß den großen Pottwal?

»Die vielen Pinguine, die Millionen und Abermillionen Pinguine«, erkundigt sich Gladys Cooper, eine sympathische vollrunde Mitreisende, »die unglaubliche Menge hungriger Vögel, von was leben die ... wirklich nur vom Krill, ich kann's nicht glauben?«

Mit diesem Zweifel steht die gute Gladys nicht allein, es fällt schwer, nur an den Krill als Futter zu glauben.

Professor Roger Tory Peterson, der älteste Ornithologe in unserem Kreis, lenkt ein und nennt auch Namen. Königspinguine verzehren noch anderes, sagt er, Seesterne zum Beispiel, die erstaunlicherweise im Südlichen Eismeer gedeihen. Selbst Fische verschmähen sie nicht, wenn sie nur klein genug sind für Schnabel und Speiseröhre. Wie es die Art großer Gelehrter ist, bleibt Peterson allzu lange bei Details und Nebensachen, worüber die Hauptsache in Vergessenheit gerät, nämlich die Grundnahrung der Pinguine.

»Krill natürlich ...«, übernimmt Dennis Puleston, »zu neunzig Prozent leben sie eben doch alle vom Krill.«

Krill, bei uns auch Krüll geschrieben, ist der Sammelname für verschiedene Arten daumenlanger durchsichtiger Krebse, die in unvorstellbaren Mengen fast alle Regionen der antarktischen wie auch subantarktischen Gewässer bevölkern. Euphasia superba ist der relativ hübsche und auch klangvolle Name, den die Wissenschaft für Krill gewählt hat. Ein rosenroter bis blaßrosa Krebs, oft so durchsichtig, daß man seine Innereien, Magen, Darm und Herz, von außen erkennen kann. Eine stark eiweißhaltige Garnele nennt sie der Fischbiologe Gotthilf Hempel, derzeit Direktor des Polarforschungsinstituts in Bremerhaven. Nicht nur die Menge des Krill ist unglaublich groß, stellenweise ist sein Vorkommen derart dicht, daß es als kompakte Masse erscheint. Es ist schon öfter vorgekommen, versichert wenig später Kapitän Nilssen, auch wäh-

während unserer gegenwärtigen Fahrt, daß auf der Brücke große Aufregung herrschte und der jüngste Offizier schreckensbleich wurde, als plötzlich das Echolot eine Meerestiefe von nur wenigen Metern anzeigte. Es waren jedoch auf der Seekarte zweitausend bis dreitausend Meter eingetragen, und aus Erfahrung wußte die Schiffsführung, daß in dieser Gegend nichts zu befürchten war. Es konnte kein rätselhaftes Unterwassergebirge existieren, das aus nachtdunkler Tiefe nahezu senkrecht vom Meeresboden bis dicht unter die Oberfläche emporsteigt. Dennoch ließ das Echolot vermuten, warnte, sogar dringend vor einem Riff ... in zwei bis drei Sekunden.

Das hatte mit seiner Zusammenballung der Krill bewirkt. So eng beisammen schwebt an dieser Stelle eine Vielmillionenwolke der Minikrebse, daß die Signale des Echolots nicht hindurchkommen, statt dessen werden sie von der Biomasse des Krill zurückgeworfen wie vom festen Meeresgrund. Also kann das Lot nur jene Tiefe anzeigen, bis zu der die von ihm ausgesandte Schallwelle gelangt. So unvorstellbar groß soll die Menge der Minikrebse sein und so weit verbreitet in antarktischen wie auch subantarktischen Gewässern, daß angeblich die jährliche Entnahme von nur zehn Prozent des Bestandes genügt, um den gesamten Eiweißbedarf der Menschheit zu decken. Ein kühnes, sogar großes Wort, das ich jedoch als vorsichtiger Mensch nur halblaut wiederhole. Wenn das stimmt, wenn allen Ernstes ein Zehntel des Krillvorkommens genügt, um den Fleischbedarf aller Menschen auf Erden zu befriedigen, wenn es dazu noch gelingt, alle Weichen richtig zu stellen und alle Wege bis zum Tisch der Verbraucher zu ebnen, könnte damit bei allen notleidenden Völkern der Hunger beseitigt werden und damit auch alle sozialen, politischen und gesundheitlichen Folgen, die sich daraus ergeben. Welch wunderbarer Gedanke, welch ein Gottesgeschenk wäre alsdann Euphasia superba, gemeinhin Krill genannt.

Aber leider ... höchst bedauerlicherweise müssen zuvor noch einige Probleme gelöst werden! Frischgefangener Krill verdirbt binnen kurzer Zeit, und sein Fluorgehalt soll vielfach größer sein, als es die Gesundheit des Menschen verträgt. Ein paar Mahlzeiten meeresfrischer Minikrebse schaden nicht, dem Vernehmen nach soll gegrillter Krill recht gut schmecken. Die wertvollen Nährstoffe sind ohne Zweifel vorhanden, nur muß es gelingen, die Nachteile auszuschalten. Professor Hempel erklärt der deutschen Antarktis-Expedition an Bord der Fischereiforschungsschiffe »Meteor« und »Walter Herwig«, daß sich nach ersten Ergebnissen die extrem hohe Menge von Fluoriden in der Schale, nicht im Fleisch der Krill-Garnelen befindet. So muß denn eine wirtschaftlich praktische Methode gefunden werden, gleich nach dem Fang die Schale vom Fleisch zu trennen. Gerüchten zufolge ist es sowjetischen Wissenschaftlern gelungen, den Minikrebs so weit zu entgiften, daß man ihn als Viehfutter verwenden kann. Es soll in der UdSSR eine Krillpaste namens

Oceanu angeboten werden, die sich auch für menschlichen Verzehr eignet, und zwar als Brotaufstrich. Auch westliche Biologen sind seit bald zehn Jahren gezielt mit Krillforschung beschäftigt. Gerade in der Shackleton-Station, die wir demnächst anlaufen, sind schon seit langem Untersuchungen im Gange. Sie sollen vielversprechend sein.

Es forschen auch die Experten anderer Staaten, die Amerikaner, die Briten, die Franzosen und neuerdings die Bundesrepublik mit zwei, bald sogar drei Spezialschiffen. Seit 1980 besteht eine deutsche Station in der Antarktis, die sich vornehmlich mit Krill beschäftigt. An materiellen Mitteln dafür fehlt es nicht, zweihundertsechzig Millionen D-Mark hat für die Dauer von drei Jahren das Bundesforschungsministerium zur Verfügung gestellt. Die besten und modernsten Instrumente sind gerade gut genug, ebenso die qualifiziertesten Biologen. Allein schon die Hoffnung, weitgehend den Hunger in der Welt zu mildern, lohnt jeden nur denkbaren Aufwand.

FIBEX nennt sich das Vierzehn-Nationen-Programm zur Erforschung des antarktischen Ökosystems und stellt mit seinen fünf Buchstaben die Abkürzung dar für »First International Biomass Experiment«. Zweihundertdrei Tage lang war zunächst das deutsche Forschungsschiff »Meteor« über achtundzwanzigtausend Seemeilen unterwegs. Nicht weniger als fünfundzwanzig Wissenschaftler waren daran beteiligt, sogar zweiundsiebzig, wenn man es im internationalen Rahmen sieht. Ein neues polares Forschungsschiff befindet sich im Bau. Mehrere antarktische Stationen der Bundesrepublik sollen binnen kurzem entstehen, zwei bis drei haben schon die Arbeit aufgenommen oder werden es in Kürze tun.

Nicht alles ging so rasch und reibungslos wie erwartet. Zunächst haben extrem ungute Eisverhältnisse verhindert, daß man die Menschen und das Material dorthin bringen konnte, wo die Stationen arbeiten sollten. Weit schlimmer noch wurde am 18. Dezember 1981 die »Gotland II« auf 70° 21′ Süd, 167° 31′ in der Yule Bucht vom Eis zerdrückt, um sodann zu sinken. Was zum Glück so langsam geschah, daß es nicht nur mit bordeigenen Mitteln gelang, alle Menschen, darunter auch dreizehn wertvolle Wissenschaftler, zu retten, sondern mit Hilfe von Hubschraubern auch sämtliche Instrumente nebst Lebensmitteln, Treibstoff und so weiter zu bergen. Hinterher wurde von angeblichen Eisexperten gesagt, die »Gotland II« wäre nicht genügend eisfest gewesen, was man hätte wissen müssen. Ende Februar 1982 stürzte ein Hubschrauber ab. Auf fast wunderbare Weise kam der Pilot mit dem Leben davon.

Von was aber leben die kleinen Krebse, was verhilft dem Krill zu derart großer Verbreitung? Das sind einzellige Lebewesen, Plankton, winzige, im Wasser umhertreibende Vegetation. Deren Myriadenmenge hängt zusammen mit den eigenartigen Strömungsverhältnissen in südpolaren Gewässern. Von dem beherrschenden Westwind veranlaßt, fließt das Oberflächenwasser rings um den antarktischen Kontinent erst nordwärts, dann westwärts bis zum 60. Breitengrad. Dort begegnet es dem antarktischen Tiefenwasser, das wegen des wärmeren Klimas in der Subantarktis nach oben steigt. Davon die Folge ist eine Vermischung beider Ströme, auch das Absinken des bisherigen Oberflächenwassers nach unten. Wie dem auch sei, es ist von größter Wichtigkeit für alle Lebewesen jener Region, daß die nun aufsteigenden Tiefengewässer angefüllt sind mit Phosphaten, Nitraten und organischen Abfallstoffen, die seit Jahrhunderten mit keinem Schimmer von Licht konfrontiert waren. So entwikkelt sich einzelliges Plankton in sagenhafter Menge. Das dient als Futter für Kleintiere, und im weiteren Verlauf der Nahrungskette leben davon Krill, Fische, Pinguine, Robben, Wale und ein großer Teil der Seevögel.

Genaugenommen unterscheiden die Wissenschaftler zweiundachtzig verschiedene Arten von Krill, worunter die weit verbreiteten, bis fünf Zentimeter langen Euphasia superba am zahlreichsten sind. In einem Kubikmeter Wasser wurden bis dreißig Kilogramm Krill festgestellt. Also genügt die Biomasse von Krill, daß auch die größten Walfische satt werden. Mit weitgeöffnetem Maul schwimmen sie ziemlich dicht unter der Oberfläche des Südmeers, und dabei wirken die sogenannten Barten, eine Art von Kiefer im Rachen des Wals ähnlich einem Kamm zum Sammeln und Festhalten des Krill. Viel Mühe macht das den größten Säugetieren der Welt gewiß nicht.

Noch viel, sehr viel mehr ist über Krill oder Krüll zu sagen, außerdem haben Experten wichtige und gewichtige Bücher über Euphasia superba geschrieben. Aber das überlassen wir den Gelehrten und Studierten, allein schon weil ihre Fachsprache für normale Menschen nur schwer verständlich ist.

Es ist aber mit dem Krill allein nicht getan, sondern daraus ergeben sich noch viele andere, bisher nicht gelöste Fragen. Wieviel Wale mögen gelebt haben, bevor die Menschen anfingen, sie mit allen nur möglichen Mitteln zu verfolgen bis nahe an den Rand völligen Verschwindens? Wie stets, wenn Experten, vielleicht gar weltbekannte Gelehrte, in einer Runde beisammen sind, stoßen sehr verschiedene Meinungen hart aufeinander. Ted Walker, dem besonders die Grauwale am Herzen liegen, meint, daß heute kaum noch ein Zehntel der ehemaligen Population vorhanden ist. Keith Shackleton glaubt dagegen, es gäbe noch gut ein Viertel. Statt dessen vertritt ein anderer Ichthyologe mit geradezu aggressiver Heftigkeit die Auffassung, daß in allen Weltmeeren zusammen kaum noch ein Prozent der Wale ihr Leben fristet, neunundneunzig Prozent seien ausgerottet.

Wie dem auch sei, war jedenfalls im Südpolargebiet die Abnahme erschrekkend. Liest man die Berichte von Cook, von Bellingshausen, James Clark Ross und anderen, die vor dem Beginn der »hundert schlimmen Jahre« durch antarktische Gewässer gesegelt sind, und vergleicht man die alte Beschreibung vom massenhaften Vorkommen der Wale mit dem, was heute noch vorhanden ist, dürfte wohl Ted Walkers Meinung zutreffen, daß die Vernichtung neunzig, wenn nicht gar fünfundneunzig Prozent erreicht hat.

Seit Jahrzehnten schon bemühen sich, ja kämpfen Tierfreunde sowie zahlreiche Verbände fürs Überleben der Wale, für eine weltweite Konvention zum Schutz, wenn irgendwie möglich zum völligen Schutz der Wale. Sie haben Erfolge erzielt, Schritt für Schritt, von einer Jahreskampagne zur anderen immer weitreichendere Erfolge, aber noch nicht ihr Ziel erreicht.

Neben vielen Tausend eifrigen Idealisten haben höchst namhafte und einflußreiche Persönlichkeiten dabei mitgewirkt, z. B. Sir Peter Scott und Roger Tory Peterson Seite an Seite mit Prinz Philipp. Vor allem hat sich Prinz Bernhard der Niederlande, Vater der Königin Beatrix, durch seinen aktiven Einsatz für die Bewahrung bedrohter Tierarten, besonders zugunsten der Wale, großen Verdienst erworben. Der von ihm mitbegründete, lange von ihm geleitete, über den gesamten Globus verbreitete World Wild Life Fund hat viel, sehr viel erreicht und zahlreiche, knapp vor dem Verschwinden stehende Arten gerettet.

Abgesehen von zwei unrühmlichen Ausnahmen haben alle walfangenden Nationen ihre Fänge eingestellt, drastisch beschränkt oder auf bestimmte, ständig sinkende Quoten herabgesetzt. Zögernd folgen endlich auch die Japaner, und hoffentlich wird von den Sowjets binnen Kürze das gleiche zu berichten sein. Tatsache ist, daß sie schon jetzt eine gewisse Zurückhaltung beweisen.

Bei der letzten International Whaling Commission in Brighton/England ging es vor allem um den Spermwal (deutsch Pottwal, lateinisch Physeter catadon). Zur Zeit ist er wohl von allen Walen am meisten gefährdet. Wenn der Pottwal nicht bald totalen Schutz erhält, wird es ihn binnen weniger Jahre nicht mehr geben.

»Der größte Durchbruch für den Walschutz, den ich kenne«, so rief freudig bewegt Roger Tory Peterson in den Saal, als sich nach äußerst lebhafter Diskussion in Brighton 25 Nationen von 26 für den totalen Spermwalschutz entschieden. (Nur Japan war wieder einmal dagegen.) Zwar genügt gemäß Satzung der Konvention eine Dreiviertel-Mehrheit, die Anträge durchzubringen, aber wer kann irgendeine Nation daran hindern, trotzdem weiter den Walen nachzustellen oder unter Protest die »Konvention« zu verlassen? Weil es aber von Fall zu Fall bestimmte Druckmittel gibt, ist es doch nicht so leicht für eine einzelne Walfangnation, sich gegen alle Walschützer zu stellen. So brauchen beispielsweise die Japaner die amerikanische Erlaubnis, um vor Kalifornien zu fischen. Die bedrohliche Aussicht, jeder Fischfang könnte ihnen dort verboten werden – und Präsident Reagan hat dergleichen durchblicken lassen –, vermochte die maßgebenden Männer in Tokio umzustimmen, bis zu einem gewissen Grade allerdings nur.

Während im großen ganzen die Zukunft der meisten Wale gut aussieht, ja bei langer Vorschau fast gesichert erscheint, besteht noch immer tödliche Gefahr für den Spermwal. Von ihm wurden im letzten Jahr noch 1320 auf die übliche, grausame Weise vom Leben zum Tode gebracht. Trotzdem erfreuen wir uns am weiter verbesserten Schutz der Wale allgemein, obwohl die Erholung der Art nach Einschränkung des Walfangs viel langsamer vor sich geht als etwa bei Pinguinen und Robben. Wenn überhaupt die alte, seinerzeit von der Natur gegebene Zahl wieder erreicht werden soll, werden Jahrhunderte darüber vergehen.

Welche Rolle dabei der Krill spiele, werden unsere Experten gefragt. Haben sich etwa die kleinen Krebse deshalb so gewaltig vermehrt, weil die Wale so dezimiert wurden, weil sie kaum noch ein Zehntel der früher notwendigen Futtermenge verzehrten?

Unlängst hat das Fernsehen in einer recht kuriosen Sendung über deutsche Forschung, auch Krillforschung in der Antarktis, durch den Mund eines selbstsicher auftretenden Kommentators, der bestimmt nie über den südlichen Polarkreis hinausgekommen ist, ebenso kühn wie phantasievoll behauptet, früher hätten die Wale pro Jahr zweihundert Millionen Tonnen Krill verschlungen. Was man unmöglich nachwiegen kann, schon deshalb nicht, weil es so lange her ist. So bleibt nur die freie Schätzung, und da sehe ich für zweihundert Millionen Tonnen keine zuverlässigen Ziffern. Aber geduldig sind Nullen auf dem Papier. Der Sprecher meinte, dies wäre an Gewicht das Doppelte des Fischfangs auf allen Meeren der Welt. Man könne ohne weiteres die seinerzeit von den Walen verbrauchte Menge der menschlichen Ernährung zuführen. Ich glaube, die vielgenannten Milchmädchen rechnen besser.

Denn bei dieser Rechnung hat man die Pinguine vergessen. Zweifellos gibt es heute viel mehr der Stummelflügler gibt als vor der Zeit ihrer Verkochung zu Tran. Ganz gewiß hätten so ausgezeichnete Beobachter wie Cook, Bellingshausen, Clark, Palmer und all die anderen derart massenhafte Vorkommen wie zum Beispiel auf Zavodowski erwähnt und sich ausführlicher darüber ausgelassen. Zwar schreiben sie über große Pinguinkolonien, sprechen vom Anblick zahlreicher Robben und See-Elefanten, auch vom Reichtum der Wale, jedoch hält sich ihr Staunen in Grenzen. Von Millionen und Abermillionen Pings, die bis zur halben Höhe hinauf die Hänge der Berge besetzten, ist nicht die Rede.

Wieder treten in unserem Kreis Taschenrechner und Minicomputer in Tätigkeit, weil Fachleute versuchen, die mutmaßliche Vermehrung der Pinguine zu bestimmen. Auch wenn man selbstverständlich den jährlichen Abgang durch Raubtiere, ebenso den Verlust von Gelegen und befruchteten Eiern in Rechnung stellt, ist ganz ohne Zweifel die Zunahme der Pinguine atemberaubend.

Wie viele es sind, kann niemand sagen, es hat auch kein ernsthafter Vogelkundler jemals versucht, die Gesamtzahl zu schätzen. Unvorstellbar groß, wie im vorigen Abschnitt erwähnt, ist allein schon die Pinguinmenge auf Zavodowski. Mögen es »nur« zwei bis drei Millionen sein, vielleicht aber doch vier, fünf oder sechs, wie von uns die meisten schätzen, oder kommt Jerry Molton mit seinen zehn Millionen der Wahrheit am nächsten, auf jeden Fall drängt sich die Frage auf, wie es mit ihnen weitergehen soll.

Irgendwann muß es doch ein Ende haben. Die Natur, die planvoll angelegte Schöpfung, kann Explosionen, ich meine Bevölkerungsexplosionen, solcher Art nicht dulden. Wenn weiterhin Futter in unerschöpflicher Menge vorhanden ist, bleibt zur drastischen Vernichtung der Pinguine nur eine verheerende Epidemie oder das Erlöschen der Lebenskraft. Auf die eine oder andere Weise wird früher oder später das Gleichgewicht hergestellt. Ebenso wird es den Robben und See-Elefanten ergehen.

Tory Peterson erinnert an die Schnee-Eule am nördlichen Polarkreis, und daß diese Tiere acht bis zwölf Monate im voraus wissen, ob das kommende Jahr wieder ein »Lemming-Jahr« sein wird, eine Zeit des Überflusses ihrer meistbegehrten Futtertiere. Ist das zu erwarten, legt die Eule drei oder noch mehr Eier, die sie geduldig ausbrütet. Steht aber ein mageres Jahr bevor, vielleicht eines mit so schlechtem Wetter, daß junge Lemminge gar nicht hochkommen, verzichtet die Eule ganz und gar aufs Brutgeschäft. Nicht umsonst war sie bei den alten Griechen das Symbol großer Klugheit. Dies nur ein Beispiel für sehr viele im Haushalt der Natur.

Geht man von der Meinung unseres größten Experten aus, Professor Roger Tory Peterson, daß im Durchschnitt allein die Pinguine, alle Arten auf einen Nenner gebracht, pro Tag ein halbes Pfund Nahrung benötigen, knapp geschätzt, müßte allein die Population von Zavodowski, mit nur vier Millionen angenommen, an jedem Tag des Jahres zehntausend Tonnen Futter aus dem Meer holen, im Jahresdurchschnitt mehr als drei Millionen Tonnen.

Endlich wirft Dennis Puleston, wohl der am stärksten engagierte Tierfreund und Retter so mancher Art, ein erlösendes Wort in unsere Debatte, nämlich das Wort »Jojoba«. Wer es nicht besser weiß, meint, das sei lediglich eine kaffeebohnenkleine Nuß namens Jojoba. Mit antarktischen Gewässern und deren Geschöpfen könne das wohl kaum etwas zu tun haben. Die Nuß stammt aus einer ganz anderen Gegend, aus Kalifornien, und sie gedieh vor der Entdeckung ihrer fabelhaften Eigenschaften einzig und allein im unfruchtbaren wüstenähnlichen Boden, den man aus guten, vielmehr schlechten Gründen vor etwa hundert Jahren dem Indianerstamm der Apachen gelassen hatte, um darauf ihr dürftiges Leben zu fristen. Erst vor kurzem, und dem reinen Zufall war es zu danken, entdeckten kluge Leute, daß die unscheinbare Nuß das feinste, damit auch das wertvollste Öl der Welt enthält!.

Nun sieht es ganz so aus, als werde die Jojoba-Nuß den Pottwal retten, der international besser als Spermwal bekannt ist.

Der Pottwal nämlich besitzt in seiner Stirnhöhle das bisher einzigartige

Spermöl. Seiner besonderen Eigenschaften nach ist es unentbehrlich für bestimmte Kosmetika, feinste Parfüms und besonders für feinmechanische Geräte. Aus diesen Gründen wird es von einschlägigen Betrieben hochbegehrt und teuer bezahlt. So konnte nicht ausbleiben, daß bis zum heutigen Tage zwei Nationen, Japan und die Sowjetunion, zu ihrer Schande sei es gesagt, keineswegs alle Bestimmungen der internationalen Wal-Konvention befolgen, vielmehr und ganz besonders dem Pottwal nachstellen. Beide, die Sowjets und die Japaner, entsenden modernste Fangschiffe in deren Verbreitungsgebiete. Auf das Spermöl vor allem kommt es dabei an, mit dem traurigen Erfolg, daß die Pottwale dicht vor ihrer Ausrottung stehen.

Dem kommt nun fast schon in letzter Stunde die Jojoba-Nuß zu Hilfe, veranlaßt durch die unausrottbare Gewinnlust des Menschen. Viel ist daran zu verdienen, auch wenn der Preis für Jojoba-Öl tief unter dem fürs Spermöl bleibt. Ein unverdientes Glück für die Jojoba-Pflanzer, daß die kostbare Nuß gerade auf mageren Böden am besten gedeiht, daß sie keine künstliche Bewässerung und außerdem für die Ernte nur wenige Arbeitskräfte braucht. Welch Aufwand dagegen erfordert die grausame, die anstrengende und sogar lebensgefährliche Jagd auf den Pottwal. Jojoba-Öl erfüllt alle bisher ans Spermöl gestellten Ansprüche. Angeblich sollen seine guten Eigenschaften jene des Spermöls noch übertreffen.

Davon abgesehen übersteht die Jojoba-Pflanze supertrockene Temperaturen bis 45 Grad Celsius, übersteht auch lange Dürrezeiten und nimmt anderen Kulturpflanzen keinen guten Boden weg. Ärmlich dahinlebende Menschengruppen in Halbwüstenregionen, Dornensteppen und dergleichen könnten sich durch Jojoba-Kulturen wesentlich verbessern. Die genügsame Pflanze läßt sich auch von salzhaltigem Boden nicht stören, regeneriert abgebrochene Äste und wird als Nahrung von den meisten Tieren verschmäht. Die Lebensdauer der lederblättrigen, normalerweise zwischen sechzig und neunzig Zentimeter hohen Büsche beträgt hundert bis zweihundert Jahre und vielleicht noch mehr. Wird Jojoba bewußt gepflegt, werden die Pflanzen bis drei Meter groß, entsprechend höher sind ihre Erträge.

Die kleinen Nüsse, der Samen, enthalten etwa fünfzig Prozent des wertvollen, zunächst wachsartigen Öls. Ausgepreßt ist nur noch eine geringe Weiterverarbeitung notwendig. Es wird erst nach langer Zeit ranzig. Die Zähflüssigkeit und Brennbarkeit ist fast gleich dem Spermöl, öfteres Erwärmen auf hohe Temperaturen und Wiederabkühlung ändern nichts an den vielen Qualitäten des Jojoba-Öls.

Allerdings vergeht viel Zeit, bis man es gewinnen kann, nämlich vier bis fünf Jahre vom Anpflanzen bis zur ersten, bescheidenen Ernte. Noch drei bis vier Jahre muß man warten, bis sich finanziell gesehen der Anbau rentiert. Aber fabelhaft wird es sich auf Dauer rentieren, denn mehr und mehr von dem kostbaren Öl wird gebraucht. Schon erscheinen in Tageszeitungen vielversprechende Angebote. Gerade heute lese ich wieder: »Jojoba – das Zauberwort für Kapitalanleger. Setzen Sie auf die wirksame Ölfrucht. Es ist das Superinvestment der achtziger Jahre, sagenhafte Rendite.«

Recht vollmundig ausgedrückt, aber dem Spermwal und seinen Freunden soll es recht sein.

Wird erst genug des piekfeinen Nußöls produziert, und angesichts der hohen Gewinnspanne wird das nicht mehr lange dauern, können alle die noch übriggebliebenen Pottwale der Welt aufatmen. Furchtlos werden sie leben und sich hoffentlich rasch vermehren.

Die Walstatt von Grytviken

Von Mitternacht bis Tagesanfang bleibt der Nebelvorhang zwischen Schiff und Land geschlossen. Nichts ist bei Morgengrauen von Südgeorgien zu sehen. Mein frühes Aufstehen findet keinen Lohn, ebensowenig mein flinkes Erscheinen droben auf Deck. Fröstelnd im feuchtkalten Wind, mein Fernglas und die beiden Kameras umgehängt, lehne ich an der Reling und schaue in Nebel. Aber die Hoffnung aufgeben kommt nicht in Frage. Wetterwendisch ist die Welt, ganz besonders die antarktische. Und wirklich ... beginnt völlig unerwartet, ohne Klingelzeichen oder Ansage durch den Lautsprecher, die Vorstellung. Sie beginnt ohne das erwartungsvolle Hüsteln des Publikums, hinter mir, auch neben mir raschelt niemand mit dem Programm. Schon hat sich der Vorhang gehoben oder ist schlagartig in die Versenkung gefallen. Mit einem Mal sind Nebel, Dunst und Wolken völlig verschwunden. Der himmlische Beleuchter hat die Morgensonne eingeschaltet, die nur zögernd erscheinende, nicht ganz ausgeschlafene Sonne. Ihre Rosenfinger berühren als erstes den Allardy-Gipfel, tasten bald schon ein wenig tiefer, lassen auch unterhalb des Bergrückens die Schneefelder glänzen und vertreiben die Schatten der Nacht aus den nach Südwest geöffneten Tälern. Ein Panorama breitet sich aus, ein Bühnenbild wird dem Betrachter geboten, wie er vergleichbares nur selten gesehen hat.

Das Zentralgebirge Südgeorgiens, die bis dreitausend Meter hohe Allardy-Kette, dehnt sich nach beiden Seiten hin aus, so weit, daß sich ihr Ende nicht erkennen läßt. Weil der geographischen Lage wegen auch jetzt im antarktischen Sommer der Schnee tief hinabreicht, bis etwa vierhundert Meter über dem Meer, glaubt man, ein alpines Hochgebirge vor sich zu haben. Eine Bergkette im Himalaya könnte es sein, vielleicht das Massiv des Mount Everest, vom Tigerstop bei Darjeeling aus betrachtet. Alles erscheint in gelbrotem Licht, das keine Sekunde lang dieselbe Schattierung behält. Allein die Wandlung ist beständig, wobei sich dem Anschein nach auch die Konturen verändern. Das Ganze von berauschender Schönheit und beherrschender Würde, unnahbar in stolzer Einsamkeit. »Splendid isolation«, sagt Keith Shackleton, der hinter mich getreten ist. Er kann Gedanken lesen, zumindest die Empfindungen in anderen Menschen ahnen.

Niemand ist dort oben zu Hause, keines Menschen Heimat ist die herrliche Bergwelt. Grandiose Verlassenheit, eine sich selbst genügende Wunderwelt. Auch in allen kommenden Zeiten kann sie auf Besucher verzichten.

Das lärmende Einholen des Ankers ist mir entgangen, weil mich das Betrachten der nun ganz vom Morgenlicht übergossenen Berge zu sehr beansprucht. Aber unsere »Explorer« ist wieder unterwegs, hält jedoch gehörigen Abstand von der gefährlichen Küste, die bisher nicht durchgehend vermessen wurde. Wir durchziehen die Wogen in Richtung des Kap Disappointment, dem Kap der Enttäuschung, wo Käptn Nilssen auf Gegenkurs wenden wird, um der Nordküste zu folgen. Ein paar Stunden später werden wir unser heutiges Tagesziel erreichen, die Walfängerstadt Grytviken.

Sie gleiten vorbei, die blitzend weißen Gipfel, die ewig schneetragenden Buckel und Zacken der Rücken und darunter die freien Hänge mit bescheiden graugrüner Vegetation. Vorgebirge sind tief eingeschnitten, als dunkle Täler reichen sie noch weit ins Land hinein. Ein Bild der Schöpfung, deren Vielfalt zwischen immer wechselnder Beleuchtung dem Betrachter keine Ruhe gönnt.

An Steuerbord haben wir die kleinen, aber nadelspitzen Pickersgill-Inseln, sechs oder sieben an der Zahl, so steil und scharfkantig, daß nur Seevögel darauf nisten. Pinguine kämen nicht hinauf an den Wänden, geschweige ein menschliches Wesen. Das Enttäuschungs-Kap gleitet vorüber, so genannt vermutlich, weil hier die ersten Seefahrer gehofft hatten, das Ende der stürmischen Südküste zu erreichen. Aber es geht an der gleichen, von Riffen und Klippen gespickten Küste noch weiter bis zum Drygalski Rock, dem Fjord gleichen Namens. Beide erinnern an den deutschen Geophysiker und Polarforscher Erich von Drygalski, der zwei Expeditionen nach Westgrönland und von 1901 bis 1903 seine dritte, die Gauss-Expedition, in die Antarktis geführt hat. Zu diesem Unternehmen gehörte auch ein Besuch von Südgeorgien. Andere typisch deutsche Namen in Südgeorgien, wie beispielsweise Moltke-Bucht, gehen zurück auf den gleichen Taufpaten.

Nun haben wir das Ostkap der Rieseninsel umfahren, erblicken klar und deutlich den Mount Paget, mit gut dreitausend Meter der höchste Berg auf Südgeorgien, und die etwas tiefer liegende, aber wahrhaft wildromantische Salvesen-Range. Nicht mehr lange, und wir biegen ein in die Cumberland Bay, die von zwei Vorgebirgen abgeschirmt ist. Weil sich beide Halbinseln gegen die See hin fast berühren, können auch wildeste Orkane, so scheint es, in der Cumberland-Bucht nicht wesentlich stören. Auch diese große Bucht wäre menschenfern zu nennen mit ihren grünen Matten am Fuß der weißen Schneeberge, würde sich nicht inmitten des schönen Bildes ein scheußlicher Schandfleck ausbreiten: Grytviken, die ehemalige Hauptstadt von Südgeorgien, das seinerzeit größte Walfangzentrum der Welt.

Nur mit großer, ja peinlicher Vorsicht, bestimmt nicht rascher, als sich ein betagter Mensch seinem Hause nähert, so schiebt sich unser Schiff an den breiten, nicht mehr sicheren Pier. Kein Mensch ist da, der beim Anlegen helfen könnte. Alles müssen unsere Leute besorgen, die in weitem Bogen auf schwankende Holzplanken springen zum Festmachen der Trossen am längst nicht mehr gebrauchten Landesteg. Eine Meisterleistung wieder einmal vollbringt Hasse Nilssen, der sein 2300-Tonnen-Schiff so geschickt längsseits legt, daß man nicht den geringsten Bumser spürt.

Unmittelbar vor uns haben wir das völlig verlassene Grytviken. Ganz anders sieht es aus als eine zerstörte, von all ihren Bewohnern verlassene Stadt nach dem Krieg. Weil ja nichts zerstört wurde, nicht das geringste. Es steht eben nur leer seit 1967. Deshalb zu glauben, es sei nun alles von Kraut und Gras überwachsen, alle Eisenteile habe Rost zerfressen und viele Fenster zerbrochen, das wäre ebenso falsch. Ganz anders präsentiert sich das allein von der Zeit nur leicht ruinierte Zentrum der Walvernichtung.

Ungefähr achthundert Menschen mußten ohne lange Vorbereitung die Stadt verlassen. Im Mittelfeld des Blickes ein zweistöckiges Bürohaus mit noch einer halben Etage, vermutlich für die Schlafräume des Verwalters und seiner Gehilfen unter dem Giebel. Daneben und dahinter ohne Zäune oder sonstige Abgrenzung zwei andere, ähnliche Gebäude. Alle in ziemlich gutem, völlig abgedeckten Zustand. Auch dort sämtliche Fensterscheiben unbeschädigt, wenn auch mit Staub und Schmutz bedeckt. Die Türen hat man beim Fortgehen für immer nicht geschlossen, nur angelehnt.*

Allerdings sind die ursprünglichen Farben der Gebäude häßlich grau geworden und viel Farbe ist abgeblättert. Links hinten eine mit seiner Front dem Pier zugewandte Halle, über dem vernagelten Portal steht »Cinema«, und die

* Eine ebenso alte wie menschenfreundliche Sitte in so weit abgelegenen Regionen, auch bei Hütten in echter Wildnis. Es soll damit dem verirrten oder geschwächten Wanderer eine vielleicht rettende Unterkunft geboten werden. So war es auch noch bis vor etwa dreißig Jahren bei uns in den Bergen, auch bei Almhütten in meinem Tiroler Jagdrevier. Allerdings wurde vom Fremden erwartet, daß er verbrauchtes Brennholz ersetzte. Aberglauben zufolge würden verschlossene Berghütten und Almen während des Winters von einem Berggeist namens Schladerer verwüstet, zumindest abgedeckt.

Jahreszahl 1930 ist lesbar. Noch weiter zurück, hinter einem noch mit Fußballtoren versehenen Platz steht der am besten erhaltene, offenbar frisch gestrichene Holzbau einer spitzgiebligen Kirche mit Turm.

Alles übrige kann kurz gesagt werden. Lange Wohnschuppen mit teilweise gesprungenen Fenstern, ohne jede Planung in die Landschaft gestellt. Platz genug für einige Hundert, dem Vernehmen nach sogar für mehr als tausend Leute. Die müssen aber zu dritt, vielleicht gar zu viert in der gleichen Kammer gehaust haben. Am verwaschenen Roten Kreuz ist das einstige Hospital zu erkennen, an einem Gebirge leerer Flaschen und Büchsen die Kneipe sowie das Versammlungslokal, also der Freizeitmittelpunkt von Grytviken.

Weiter nach hinten, auch nach rechts und links, hat sich seinerzeit die Tranindustrie ausgebreitet. Sie beginnt mit den Slips, schräg zum Wasser führende Gleitflächen, über die man mit Hilfe von Dampfwinden die erlegten Wale hochgezogen hat. Daneben Schuppen und Maschinenhallen, riesige Kochkessel, enorm große Tranfässer, lange und niedrige Werkstätten, außerdem Vorratskammern aus Blech und Zement sowie Gleisanlagen und Hebekräne, zwei elektrische Schmalspurloks mit dazugehörigen Loren. Ein schiefstehender Funkmast mit herabhängender Antenne. Vier oder fünf alte Lkws ließ man im Jahre 1967 einfach stehen, wo sie gerade standen, ebenso zwei Jeeps, denen die Reifen und auch Räder fehlen. Alles in allem ein Gelände von gut zwei Kilometer Breite und anderthalb Kilometer Tiefe. Ein trauriges und trostloses Gelände, Schandmal der Zivilisation!

Wir sind voller Erwartung, daß nun seitens der Expeditionsleitung eine Führung veranstaltet wird. Sicher hat man das Bestreben, den »Explorern«, die viel gutes Geld für ihre Fahrt bezahlt haben, eingehend zu erklären, wie hier alles funktioniert hat. Kenner und Experten des Walfangs haben wir ja an Bord, und das gleichfalls auf unsere Kosten. Unser Freund Ted Walker, Verfasser vieler Bücher zum Thema, ist viermal in Grytviken gewesen, einmal sogar als hier noch voller Betrieb herrschte. Auch Roger Tory Peterson hat früher schon Grytviken besucht, mindestens so oft wie Ted Walker. Aber die Gelehrten folgen eigenen Interessen, wobei sie nach Art der Spezialisten wünschen, allein zu sein. Vom soganannten Reiseleiter ist keine Spur zu sehen.

Zu meinem Vorteil habe ich mir in verschiedenen Büchern einiges angeschaut, was die Bedeutung, die überwiegend negative Bedeutung von Grytviken betrifft. Es sind mir auch Erlebnisberichte eines schottischen Abenteurers in die Hände gefallen, der während der dreißiger Jahre auf einem Robbenfänger angeheuert hat, um alsdann einige Wochen in Grytviken zu leben, auch in der Trankocherei zu arbeiten. Gerade weil der Mann einfach und ganz schlicht geschrieben hat, wirkt sein Buch hautnah, ganz lebensecht.

Allein verlasse ich das Schiff, wandere zunächst über die knirschenden, schon beachtlich angefaulten Bretter des Piers. Er hat U-Gestalt, und wir liegen am Fuße des U. An den beiden Längsseiten, die zum Ufer führen, schwammen früher zwölf Fangboote, je sechs auf der einen wie anderen Seite. Auch heute liegen sie noch da. Ganz oder teilweise ruhen sie auf dem Boden der Bucht. Weil diese aber neben dem Landesteg nicht tiefer ist als drei bis vier Meter, sind Schornsteine, Aufbauten, meist auch das Deck mit Steuerhaus gut zu sehen. Einige der Walfangschiffe haben sich auf die Seite gelegt, so daß vom Wind leicht bewegtes Wasser in den Schornstein gluckst.

Harmlos sehen sie heute aus, die kleinen, kaum dreihundert Tonnen großen, mit starken Maschinen ausgerüsteten Jagdschiffe aufs größte Wild der Welt. Nur langsam, sehr langsam gehen sie zugrunde am Ende ihrer blutigen, wenn auch hohen Gewinn bringenden Laufbahn. Von ihren fest am Bug eingebauten Spezialkanonen wurden Harpunen abgefeuert auf viele Tonnen schwere Beute. Gegen die nicht nachlassende Maschinenkraft des Stahlbootes kämpfte das Opfer seinen Todeskampf, einen in jedem Fall vergeblichen Kampf. In noch gutem Zustand, vollkommen diensttauglich mit anderen Worten, hat man im Jahr 1967 auch die Fangboote ihrem Schicksal des Rostens und Verrottens überlassen. Ganz einfach, weil in den Kontoren der großen Walfangunternehmen die Kasse nicht mehr stimmte.

Wegen der durchgefaulten Planken der Pier muß ich bei jedem Schritt aufpassen. Fast noch mehr beim Betreten des kieselsteinigen Ufers. Es liegt dort viel Dreckzeug herum, über das man fallen und sich verletzen kann. Hier die krumme Spitze eines Boothakens, dort ein Anker mit Ösen und Kanten, außerdem Ketten, Schmalspurgleise, leere und noch gefüllte Benzintonnen, nicht zu vergessen aufgeplatzte Sandsäcke. Natürlich erheben aus all dem Gerümpel auch vollfette See-Elefanten ihr schnauzbärtiges Haupt. Vorläufig sind es nur Jungtiere, aber bald werde ich auch den großen, sogar den ganz großen Bullen begegnen.

Schon mehrfach haben wir erlebt, daß in der Erinnerung der Riesenrobben zwar die Lage des Stammplatzes ihrer Sippe festgeschrieben ist, aber nicht der etwa hundert Jahre andauernde Massenmord durch Robbenschläger. Sobald das Unheil aufhörte, und das war auf Südgeorgien vor gar nicht so langer Zeit, kamen schon die ersten Überlebenden zurück, brachten wieder die Kühe am uraltgewohnten Platz ihre Nachkommenschaft zur Welt. Die hier lagernden Fettwänste sehen im Menschen keinen furchtbaren Feind, ganz im Gegenteil den friedlichen Freund. Es kommen aus der so nahe gelegenen Shackleton Station des öfteren ein paar Leute nach Grytviken, auch in diesem Jahre sind schon Touristen hier gewesen. Alle waren rücksichtsvoll gegenüber Pings, Robben und See-Elefanten. Mensch und Tier haben sich gut vertragen. So rollen sich gar manche Robben auf den Rücken und erwarten, daß sie am weichen Bauch gekrault werden. Wohliges Grunzen ist die Antwort des dankbaren Pelztieres.

Als ich dem pensionierten Oberst Henry Gardiner über den Weg laufe, zeigt er mir die Stelle, wo es nach seiner, auch nach meiner Ansicht zu Beginn des vorigen Jahrhunderts mit Walfang und Robbenschlag begonnen hat. Vor uns ein urtümliches Gemäuer aus nichtbehauenen Steinblöcken, gleich daneben einer von den riesigen gußeisernen Tripots, die gut und gerne tausend Liter fassenden Trankochkessel. Nicht weit davon ein etwa drei Meter langer, tonnenschwerer Eisenanker der Segelschiffzeit. Zu einem ungewöhnlich großen Schiff muß er gehört haben. Wie gerne würde ich den gewichtigen Zeugen vergangener Seefahrt mitnehmen für meinen Garten. Aber bestimmt würde unser Käptn solch umfangreiches Mitbringsel nicht an Bord lassen, und außerdem bleibt ja die Devise für »Explorer«: Nimm nur Aufnahmen mit, laß nichts zurück als deine Fußspuren.

Was sonst noch steht von Grytviken, stammt überwiegend aus dem ersten Viertel dieses Jahrhunderts. Damals wurde in den Gewässern um Südgeorgien der seit langem wegen Abnahme des Bestandes ruhende Walfang mit ganz neuen Methoden wiederaufgenommen. Ein Raubbau sondergleichen, woran übrigens auch deutsche Unternehmen beteiligt waren. Immer weiter hinaus dampften die vielen Fangboote, um noch Beute in lohnendem Umfang zu machen.

Alles in allem hat es mit verbesserten Methoden und raffinierten Mitteln des Tötens und Verarbeitens noch sechzig Jahre gedauert, bis der Gewinn die hohen Kosten nicht mehr deckte.

Man gab sich beim Abzug, wie man heute sieht, keine Mühe mehr, das noch vorhandene, brauchbare Material mitzunehmen. Fast auf jedem Bett liegt noch die Matratze, sogar viele Jacken hängen noch am Nagel. Abgetragene Ölstiefel sieht man in den Ecken, ungewaschenes Geschirr auf den Spültischen, auf dem fleckigen Wachstuch stehen Teller, Tassen und Glasbecher im Speiseraum. Vergammelte Vorräte in der Kammer, eine womöglich noch gebrauchsfähige Schreibmaschine im Büro. Selbstverständlich hatte man elektrisches Licht, dafür den Generator, Glühbirnen und Tischlampen, Schalter wie Leitungen und Steckdosen, alles noch vorhanden.

In dem schon erwähnten Buch habe ich gelesen, wie es damals in Grytviken zuging. Der Verfasser ist streitsüchtigen wie auch still zufriedenen Menschen begegnet, Eigenbrötlern, Überspannten und Halbdurchgedrehten. Fleißige Gutverdiener waren dabei und gescheiterte Existenzen. Manche davon, die daheim niemand mehr hatten, in Grytviken längst entlassen waren, wurden durchgefüttert. Es wollte auch in der Verwaltung niemand so hartherzig sein, sie, diese armen Teufel, zwangsweise mit dem nächsten Schiff irgendwohin zu schicken. Dabei hatten sie in Grytviken keine Besoldung mehr, keine Kammer, keinen Platz am Tisch. Dennoch bekamen sie ihr täglich Brot, hatten eine stille Stelle, ihre Matratze, trugen warme Kleider und litten keine Kälte. Eine Art

Wohlfahrtsempfänger, die es in gleicher oder ähnlicher Weise heute nicht mehr gibt.

Der deutsche Besucher aus den dreißiger Jahren erzählt in seinem Buch von einem Uraltgreis, der übriggeblieben war aus der ersten Robbenschlägerzeit und noch den Anschluß an die zweite gefunden hatte. Dabei war er mit so vielen, ganz verschiedenen Sprachen konfrontiert worden, daß er sich nur in gemischter Mundart auszudrücken vermochte. Von einem Chef der Station wird erzählt, dem offenbar seine Stellung derart zu Kopf gestiegen war, daß er Grytvikens ansehnlichstes Haus für »das Schloß« hielt und auch so nannte. Demgemäß verlangte er von seinen Tischgästen, daß sie »im Abendanzug« erschienen, in weißem Hemd mit Schlips.

Auch ich gehöre zu den Leuten, die für möglich halten, daß an bestimmten Plätzen, wo früher besonders intensives Leben geherrscht hat, das Fluidum jener Menschen und ihrer Tage erhalten bleibt, jedenfalls für empfindliche Gemüter spürbar ist. Dies besonders, wenn die Stelle abseits liegt und nicht von neuem Leben beherrscht wird. Hier stehen noch Korbstühle auf einer gedeckten Veranda, in der Kammer dahinter ein Regal mit Büchern. Manche sind herausgefallen und zeigen vergilbte Seiten. Ganz verschiedener Lesestoff durcheinander, von Krimis bis zu Klassikern. Mir kommt es vor, als seien die Bewohner nur eben fortgegangen zu einem Besuch in der Nachbarschaft. Jeden Augenblick kann der Buchbesitzer wiederkommen und mich fragen, was ich denn in seiner Bibliothek suche.

Über eine Brücke aus Eisenplatten wandere ich hinaus nach Westen. Am Strand liegt mit dem Bug fest auf trockenem Land ein ehemals stattlicher Segler, den ich auf ungefähr fünfhundert Tonnen schätze. Sein Heck ruht im Wasser auf schlammigem Grund. Ich vermute nicht, sondern weiß, daß vor Zeiten dies Wrack gute und stolze Tage gesehen hat, denn im Buch ist ein Foto der damaligen Dreimastbark enthalten. Ein Seemannstraum in Weiß mit wunderbar geschwellten, herrlich gewölbten Segeln bei flotter Fahrt über blaue See. Das muß Anfang der dreißiger Jahre gewesen sein.

Hier und heute verkommt der traurige Rest. Ein paar Königspinguine stehen dicht neben dem Bug, der einst die Weltmeere zerteilt hat. Im Tiefschlaf ruhen junge See-Elefanten im Vordergrund. Auf sumpfigen Wegen vorbei an Barakken, alten Tanks für Sprit und Tran. Verbrauchte Dampfkessel liegen herum, über rostige Röhren steige ich hinweg. Eine sanfte Hügelkette folgt der anderen. In den Mulden dazwischen, in den von ihren schweren Leibern ausgewälzten Gruben liegen die größten Bullen, die mir jemals zu Gesicht kamen. Endlich begegne ich den gewaltigen Herren, den allmächtigen Gebietern im Volk der See-Elefanten. Bis sieben Meter lang sollen sie werden, und ich glaube, das haben sie erreicht. Drei bis vier Tonnen an Gewicht können die Elefanten des Salzwassers auf die Waage bringen, hat man mir gesagt. Meines

Erachtens dürfen es auch fünf Tonnen und mehr sein. So großartig wirkt auf Betrachter die Masse ihres Fleisches, die Wölbung ihres Leibes.

Da will mein Glück, daß sich zwei Bullen streiten, weil aus der nächsten Mulde ein liebeslustiges Weib heranrobbt. In Robbenbullenaugen, zumal bei beginnender Brunft, muß die überaus füllige Frau reizvoll und begehrenswert sein. Zwei der Schwergewichter heben ihre Häupter, stoßen lockende Rufe aus, verdrehen dazu ihre tennisballgroßen Kulleraugen. Dann geht's schon los mit der Eifersucht. Einer ist zu viel auf der Welt, abgesehen von allen anderen Bullen, die weiterschlafen. Dieser eine aber schläft nicht, statt dessen wendet er sich dem Weibe zu, das schon vergeben ist. Schon hat der Haremsherr den frechen Nebenbuhler bemerkt. Die beiden wenden sich gegeneinander, erheben sich so hoch vom feuchten Boden, wie es ihr Körperbau gestattet. Ein jeder öffnet seinen gewaltigen, Schrecken und Furcht einflößenden Rachen. Beide stoßen kräftige Schreie aus, ähnlich den Schlachtrufen heidnischer Helden, auch die Drachen alter Sagen könnten sich so aufgeführt haben.

Was weiter geschieht, muß auch die stärksten Nerven erschüttern. Die Nase nämlich, die ohnehin schon dicke Nase eines jeden Bullen, wächst und wächst. Sie bläht sich auf wie ein Ballon und hat bald die Größe eines Männerarms erreicht. Doch weiter wächst sie nicht, obwohl man von Elefantenbullen spricht. Aber es genügt den Zoologen, um die Säugetiere des Meeres in die Gruppe der Probesciden zu verweisen.

Beide Kameras sind gerichtet, um jede Phase des Kampfs der Kolosse zu knipsen. In dieser Hinsicht jedoch erweisen sie mir keinen Gefallen. Sie wollen angeben, weiter nichts. Imponiergehabe nennen es die Verhaltensforscher. Die schweren Köpfe haben sie erhoben, die fetten Hälse vorgestreckt, mit dumpfen Schreien drohen sie, ihre Nasen pumpen sie auf, bis nichts mehr geht. Das ist alles ... wirklich alles. Dafür tun sie es gut eine halbe Stunde lang. Es fließt kein Blut, der eine fällt nicht über den anderen her, es bleibt bei aufgeblasenen Nasen.

Wie das auf die Weiber wirkt, ist schwer zu sagen. Irgendeine Wirkung muß es ja haben, sonst täten sie es nicht! Mir fehlt die Zeit, auf das Ergebnis zu warten. Die Nasenroller werden es unter sich ausmachen. Jene Kuh, um die es geht, weiß es zu würdigen, nehme ich an.

Ich lenke meine Schritte zum Friedhof, zum Gottesacker von Grytviken. Er liegt einen halben Kilometer außerhalb, ziemlich weit droben auf einem grauen Hügel. Ein halbes hundert Gräber dürften es sein hinter dem baufälligen Eisengitter. Schlecht gepflegt, viele Kreuze sind zerfallen, stecken schräg im Boden oder sind umgestürzt. Nur wenige Namen sind noch zu lesen. Ganz hinten links in einer Ecke für sich steht knapp zwei Meter hoch und einen halben Meter breit eine fest im Grund verankerte Granitplatte. Darunter liegen, tief im kalten, steinigen Grund, die sterblichen Reste des Sir Ernest Shackleton.

Der große Polarforscher, letzter in seiner Art der heroischen Epoche, ist am 5. Januar 1922 gestorben an Bord seines Expeditionsschiffes »Quest«. Ganz unerwartet binnen einer Stunde nach Auftauchen des ersten Unwohlseins. Sein Arzt und Freund Dr. Wilson war bei ihm, konnte aber nicht mehr helfen, wußte auch nicht, welches Leiden ihn befallen hatte. Wie Keith Shackleton sagt, glaubt man heute, daß der so plötzlich niederstürzende Herztod eine Spätfolge der übermäßigen Anstrengungen, auch des durchlittenen Hungers während der Expedition in den Jahren 1915/16 gewesen ist. Sein Pflichtgefühl, unter allen Umständen die ihm anvertrauten Menschen zu retten, war eben doch über seine Kraft gegangen.

Nur wer Bescheid weiß, kann auf Shackletons Grabmal den Namen erkennen. Es sind die beiden ersten Buchstaben ausgebrochen, obwohl sie aus Stahl bestehen und in Granit eingeschlagen waren. Nur »Sir Ernest . . ackleton« steht noch auf dem Stein. Die britischen Wissenschaftler der nach Shackleton genannten Station erreichen das Grab zu Fuß in etwa einer Stunde, mit ihrem Jeep in etwa zehn Minuten. Über Werkstätten aller Art verfügen sie, und zwei Buchstaben, möchte ich meinen, lassen sich schnell herstellen. Rasch hätte sie ein Mann eingeschlagen, der über technische Hilfsmittel verfügt. Wie Kapitän Nilssen sagt, hat er schon beim letzten Besuch vor drei Jahren das Fehlen von »Sh« bemerkt.

»Beim nächsten Mal bring ich das in Ordnung . . . wenn's halt die Engländer nicht tun!«

Oberhalb des Friedhofs andere Kreuze, die aus dem vorigen Jahrhundert stammen, als noch die alten Walfänger hier waren, mit Segelschiffen. Drei Kreuze, sagt mir Dennis Puleston, waren früher mit deutschen Namen beschriftet. Sie sind jetzt nicht mehr zu lesen.

Geht man weiter nach Westen, ist bald nichts mehr von Grytviken zu sehen. Es fehlen alle Anzeichen für das ehemalige Bestehen der bis 1967 noch so aktiven Wal-Verwertungsindustrie. Nur drunten am Strand, großenteils eingebettet in Mooskissen, Tussok-Gras und verfaulenden Kelp, liegen Mengen von gelbbraunen Walknochen. Hier und dort die Reste eines verrotteten Walbootes, dann gibt es nichts mehr, gar nichts mehr, was an die »einstige Hauptstadt« von Südgeorgien erinnert.

Auf der anderen Seite, also nach Osten hin, liegt auf einer Halbinsel der sehr ausgedehnten Cumberland-Bucht die Station des British Antarctic Survey Service. Eine gewiß zweckdienliche Anlage, aber ohne jede Spur von Charme und Schönheit oder Baustil. Weitläufig hat man die Häuser, Hütten und Hallen in die Gegend gestellt, nach meinem Dafürhalten kostspieliger als für die Aufgabe notwendig. Bei der Anlegestelle, die man fast einen Hafen nennen darf, stehen ein Dutzend früher weißgetünchter Holzgebäude mit geschlossenen Fensterläden. Ein schmuckes Motorboot, an dem sich drei marineblau gekleidete Gestalten zu schaffen machen, ist das einzige Wasserfahrzeug weit und breit.* Am Bug sowie auf beiden Rettungsringen die Bezeichnung »British Antarctic Survey«. Wir grüßen die drei Briten, gewinnen aber dadurch keinen Gegengruß.

An der Pier, wo viermal während des Jahres das Versorgungsschiff »John Biscoe« anlegt, wird emsig gearbeitet. Die nicht mehr wetterfesten Schuppen werden abgeräumt, um Platz für Neubauten zu schaffen. Etwa zweihundert Meter führt vom Hafen eine schmale, feste Landstraße zum Haupthaus der Station. Belebt, mehr noch blockiert wird der Weg von zahlreichen Jungtieren aus dem Volk der See-Elefanten. Natürlich genießen sie das Privileg, zu ruhen und zu robben, wo sie wollen. Ebenso wie auf den französischen Kerguelen weist auch ein Verkehrszeichen mit Robbensymbol darauf hin. Ein paar Wohnhäuser stehen auf fast zwei Meter hohen Zementpfählen beiderseits des Weges. Aus einigen Fenstern schauen junge Leute mit vollen Bärten, die verächtlich auf uns herabschauen. Fremde Besucher, das ist klar, werden hier nicht gern gesehen. Tussok-Gras, bedeutend höher als sonst, bedeckt das Gelände und verhüllt viel von dem Abfall, den man sorglos in die Gegend wirft.

Das eigentliche »Shackleton-Haus«, ein Riesenkasten mit grüngestrichener Holzfassade, steigt vier Stockwerke hoch aus der antarktischen Landschaft mit einem halben Dutzend Funkmasten daneben und anderen Masten auf dem Dach. Die Umgebung ein Sammelsurium von Liftvans, Vorratszelten, Ölfässern und Abfalltonnen. Vom Umweltschutz hält man hier nichts!

Weil meine Mitreisenden die Treppe hinaufsteigen, tue ich es auch und gelange in die Lobby mit vielen Sesseln und einem langen Bartisch. Darin leben zahlreiche junge Männer britisch-schottischer Herkunft. Ich kenne den Typ aus meiner lange zurückliegenden Studienzeit in Cambridge. Damals und dort haben wir auch so getan, als wären wir die einzig bemerkenswerten Menschen auf der Welt. Von anderen Erdbewohnern Notiz zu nehmen, kam nicht in Frage. Die hier verhalten sich genauso arrogant, snobistisch und dämlich, wie seinerzeit wir das getan haben. Nun ja, wir Explorer dringen ein, niemand hat uns hergebeten. Drinks werden nicht angeboten, selbst gegen englische Pfund ist an der Theke, wie einige feststellen, nichts zu haben.

Schließlich gelingt es unserem Keith Shackleton, nicht auf den ersten Anhieb, aber dann doch durch seinen magischen Namen, Beachtung zu finden. Jedenfalls kann er für unsere Wissenschaftler Gesprächspartner anlocken, letzten Endes auch für unsere Berufsfilmer und Fotografen. Weil ich selber dazu nicht gehöre, ist es wohl besser, das ungastliche Haus zu verlassen. Ich habe später von Lazi gehört, daß sie alle sehen durften, mit welcher Hingabe hier

* Nach meiner Heimkehr las ich mit Bedauern, daß dieses Motorboot mit seiner dreiköpfigen Besatzung verschollen ist.

fünf Experten schon seit fünf Jahren das Studium des Krill betreiben. Welche Hoffnungen bestehen, eines Tages die Minikrebse für menschliche Ernährung zu verwenden, darauf gab es keine Antwort. Weil die Sowjetrussen angeblich seit zwanzig Jahren mit Krillforschung beschäftigt sind, aber kein Wort darüber durchsickern lassen, schweigen jetzt auch die Briten.

Am Hope-Point, einem etwa zwanzig Meter hohen, leicht besteigbaren Kap östlich der Station, hat man ein menschengroßes Steinkreuz zu Ehren von Sir Ernest Shackleton aufgerichtet. Keine Bank davor, kein Dekor daran, vorbei und vergessen der Mann und seine Zeit.

Abends kommt Besuch an Bord, sechs bis sieben der inzwischen aufgetauten Briten aus dem »Shackleton House«. Interessant, daß sie nichts über das Hinterland Südgeorgiens erzählen können. Keiner ist dort aufgestiegen oder bis zum Ende eines Tales gewandert. Was sollten sie dort auch suchen? Das Meer und seine Bewohner, der Krill besonders, sind bei weitem wichtiger. Schon möglich, daß irgendwo im Innern der Insel, vielleicht im noch nicht erforschten Zentralmassiv (Mount Paget, 2934 Meter hoch), bedeutende Mengen wertvoller Rohstoffe vorhanden sind. Aber die gibt es auch an vielen anderen Stellen der übrigen Antarktis. Zu groß sind dic Schwierigkeiten, zu hoch die Kosten und zu weit die Entfernungen, um die Förderung zu lohnen. Reserven für die Zukunft vielleicht, für ferne Zukunft. Vorläufig kann die vollkommene Einsamkeit bleiben, wie sie ist.

Zwei junge Leute erzählen von Sonderaufgaben, zu denen man sie herangezogen hat. Sie müssen in zwei Buchten der Nordküste Rentiere jagen. Den vor langer Zeit, man weiß nicht mehr genau, wann es war, aus Norwegisch-Lappland nach Südgeorgien transportierten Rentieren haben die hier vorgefundenen Verhältnisse so gut gefallen, daß ihre Vermehrung kaum noch zu bremsen ist. Wenn das so weitergeht, müßte die Vegetation darunter leiden, vor allem das Tussok-Gras. Dessen Verbreitung ist auf die Küste beschränkt, auch dort nur auf bestimmte Täler und Buchten. Deshalb muß man die Rentiere bejagen, ihre Zahl auf etwa die Hälfte vermindern. Sie können ihre Lebensräume an der Cumberland-Bucht und an der Royal Bay nicht verlassen, weil senkrechte Felswände und breite Gletscher jeden Ausweg versperren.

Die Besucher vom Land erzählen noch, daß man die Wintermannschaft der Station auf lediglich neun Mann beschränken will. Für sie wird am Hafen ein neues Haus, besser gesagt, ein Betonbunker errichtet. Man glaubt, der scheußliche Kasten sei billiger zu beheizen und zu bewirtschaften als das bisherige sehr große Gebäude aus Holz.

Noch haben wir gutes Wetter, wenn auch schlechtes gemeldet ist. Im hellen Glanz der Sonne sehen wir vom Deck aus Mount Paget, dann auch Mount Cars und Sugar Top, jeder ungefähr zweitausendsechshundert Meter hoch. Ein paar bucklige Felsen vor der Küste sind die Filchner-Rocks. Bei der Albatros-Insel sollen wir anlegen und auf ihren grasbewachsenen Rücken steigen. Aber leider rollt die sich mächtig aufbäumende Brandung dagegen, erste Vorboten des kommenden Unwetters. Immerhin läßt der Käptn unser Schiff für etwa eine halbe Stunde auf der Stelle treten, damit wir zumindest von Deck aus in aller Ruhe die Albatrosse beobachten können. Es wird gesagt, und alle unsere Ornithologen sind der gleichen Meinung, daß nirgendwo auf der Welt die Albatrosse so zahlreich sind wie gerade hier. Ihre Brutplätze bedecken die ganze Insel. Nur muß natürlich der übliche Abstand eingehalten werden. Der beträgt ziemlich genau fünfzig Meter. Auf den Kerguelen konnte ich die Entfernung abschreiten, und fast immer war es dieselbe. Auf diese Art verteilt, hat jedes Elternpaar seinen bestimmten Platz, den es lebenslänglich behält, wahrscheinlich an einen Nachkommen weiter vererbt. Zur Zeit sind nur Jungvögel anwesend, groß genug, um die ersten Schritte beim Brutplatz zu unternehmen, auch schon Versuche mit den Schwingen. Hin und wieder schwebt ein Ernährer herbei, um Futter zu bringen. Das geschieht durch Herauswürgen der Nahrung direkt in den Schnabel der Jungen. Bei meiner ersten Antarktis-Reise vor zwei Jahren konnte ich direkt danebensitzen, konnte auf Armeslänge zusehen und fotografieren. Die Anwesenheit eines Menschen hat weder die großen Vögel noch die relativ kleinen gestört. Auf der Deception-Insel ist es gewesen, der unvergeßlichen Insel, die ihren seltenen Besuchern das Baden und Schwimmen in warmem Wasser gestattet.

Wir passieren die Jason-Insel, steuern in die Bay of Isles, deren wilde, dennoch hinreißend schöne Landschaft nicht so leicht zu übertreffen ist. Für nur kurze Zeit bringen uns die Zodiacs in Rositha Harbour an Land, wo es – wieder einmal – von pelzumhüllten Tierleibern nur so wimmelt.

Wir verzichten, müssen verzichten auf die Reste von vier anderen, relativ kleinen Walstationen, die am Ende von tiefen Fjorden liegen. Es sind Leith, Haskomer, Stromness und Olaf Haven. Alle sind früher entstanden, wurden auch früher geschlossen als Grytviken. Sie sollen, wie uns gesagt wird, nur eine Wiederholung von Grytviken sein, in wesentlich geringerem Ausmaß. Gerade daß ich durchs Fernglas einen Leuchtturm erkenne, dessen Lampen schon vor Jahrzehnten erloschen sind. Auch dies tote Licht ist fürs »Antarctic Pilotbook« ein guter Grund zu warnen: »Die einst hier vorhandenen Seezeichen existieren nicht mehr, seit 1955 werden auch die Bojen nicht mehr unterhalten. Im übrigen ist für Landungsversuche der Kelp eine große Gefahr.«

So haben wir das Ende von Südgeorgien erreicht. Die letzten Grüße sind sechs dunkle Felsen vor leuchtend hellem Hintergrund, als düstere Wolken heranziehen und alles verhüllen. Argentinische Streitkräfte haben am 2. April 1982 auch Südgeorgien besetzt und für ihren Staat annektiert. Dannach wurde unter anderem erklärt, man habe die größte britische Walfangstation »erobert«

und geschlossen. In Wahrheit haben sich dort in Grytviken – bis 1967 funktionierten gewisse Teile der Station noch – keine Briten, sondern in der Mehrheit Norweger aufgehalten. Neunzehn Wissenschaftler (meines Wissens waren es nur neun), die sich dort mit der Krillforschung beschäftigten, wurden festgenommen. Das argentinische Fernsehen präsentierte sie dem nichtsahnenden Publikum als »Kriegsgefangene«. Inzwischen sind die Briten wieder die Herren der Insel.

Auf ein Riff gelaufen

Heute ist Weihnachtstag, aber leider beginnt er mit schlechten Nachrichten. Schon lange tobt in Nordost ein schrecklicher Sturm, der eine Menge Unheil angerichtet hat. Selbst haben wir von dem Unheil noch nichts gespürt, nur über Bordfunk Meldungen davon gehört. Ein argentinischer Frachter mit Baumaterial für die antarktische Station Almirante Brown soll gesunken sein. Das allbekannte Versorgungsschiff »John Biscoe« hat auf dem Weg nach Südgeorgien eine Schraube verloren, auch Schaden an der Steuerung erlitten und ist zur Zeit nicht manövrierfähig. Die deutsche Südpolarexpedition, auf dem Wege zur vorbestimmten Stelle, wo die erste antarktische Station der Bundesrepublik entstehen soll, wurde von Eismassen aufgehalten, die ganz ungewöhnlich sind für diese Jahreszeit.

Unser Schiff, die »Explorer« mit ihren so polarfreundlichen Passagieren, wird nicht in die Weddell-See gelangen, in die eine der beiden großen, tief ins antarktische Festland reichenden Buchten. Alles sei von Eis verschlossen, meldet auch die McMurdo-Station. Dabei haben wir Hochsommer, und sonst ist zu dieser Zeit die Weddell-See ohne weiteres befahrbar. Schade drum, sehr schade! Also werden wir bei dieser Fahrt keinen Kaiserpinguinen begegnen, werden keinem der metergroßen, nur auf dem antarktischen Festland und dem Ewigen Eis lebenden Emperors ins stahlblaue Auge blicken.

Weihnachten auf der »Explorer« ist leider nicht das, was wir darunter verstehen. Die Amerikaner sind bei weitem in der Mehrheit an Bord, und sie begehen, was wir den Heiligen Abend nennen, auf ihre Art. Gewiß hat Willi Gebel, unser aus Österreich stammender Chefsteward, vier knapp meterhohe Tannenbäume (aus Plastik, anders geht's ja nicht) in verschiedene Ecken gestellt, ein paar Girlanden daran gehängt und dazu noch Flitterkram. Aber die rechte Stimmung muß von den Menschen kommen. Zwar hat unsere liebenswürdige Friseuse, Gattin des Zweiten Offiziers, Weihnachtslieder auf dem Klavier probiert, aber sehr weit ist sie damit nicht gekommen. Zur entscheidenden Stunde fehlt ihr der Mut, »Stille Nacht« zu klimpern. Zwar hat der Chefsteward zusammen mit seinem chinesischen Vizechef eine herrliche Tafel hergerichtet. Unter anderem ist sie geschmückt mit schönen Hummerschalen, die von innen heraus leuchten. Aber so gut sich die Tafel fotografieren läßt, am Ende der langen Reise sind die Genüsse mehr optischer Art. Das Dinner selbst hält sich in relativ bescheidenem Rahmen.

Mit Nori und Raymund Burmeister, mit Albert und Geneva Bendelius sowie mit einem netten, sehr kultivierten Amerikaner verbringe ich das Essen. Der einsame Mann ist traurig, weil ihn seine Frau verlassen hat. Ausgerechnet heute kam das Telegramm. Wir alle versuchen, ihn aufzuheitern.

Danach, in der Lounge, erscheint Björn Gilsätter, Sohn und Nachfolger des ersten aller Tierfotografen in Skandinavien. Als Weihnachtsmann ist er kostümiert und verteilt kleine Geschenke an die Damen. Die Geschenke sind eine wirklich großartige Idee unseres Kommandanten, nämlich polierte Steine von einigen der Inseln, die wir wahrscheinlich als die ersten Besucher betreten haben. Hasse Nilssen, handwerklich sehr geschickt, hat selber die echten Inselsteine mit Anhängern und Ketten versehen. Stellvertretend für meine Frau Marianne, darf auch ich eine davon in Empfang nehmen.

So weit, so schön, und alle sind wir guter Dinge. Notfalls geht 's auch ohne Weihnachtslieder, aber es geht nicht ohne irgend etwas, das an die eigentliche Bedeutung der Heiligen Nacht erinnert. Statt dessen beginnt ein Gelage, das schon bald in zunehmende Besäufnis übergeht. Für manche, auch für einige der Amerikaner, ist das nicht die rechte Art. Auch Leute, die sich sonst gerne amüsieren, treten den Rückzug an.

Bei Tagesanbruch am 25. Dezember können Mitreisende, die keinen schweren Rausch zu bewältigen haben, vom kühlen, windigen Deck herab ein halbes Dutzend Inseln bestaunen. Alle stehen dicht nebeneinander und sehen aus wie Kirchtürme ohne Kirche. Vermutlich sind es die höchsten Spitzen eines im tiefen Meer verborgenen Gebirges.

»Schon mehr als ein halbes Jahrhundert ist darüber vergangen«, sagt neben mir der längst schon pensionierte Kapitän Irving Johnson, »damals war ich gerade Vollmatrose geworden auf der ›Clementine‹, einer der sturmerprobtesten Viermastbarken, die's je gegeben hat ... und von Valparaiso waren wir unterwegs nach Durban, Südafrika. Wir mußten dabei einen Umweg machen, einen ziemlich kuriosen Umweg zu den Inseln hier. Ein Passagier mit achtzig oder mehr Jahren auf dem Buckel hatte viel Geld dafür bezahlt. Also taten wir ihm den Gefallen. Der Alte versicherte jedem, der geneigt war, ihm sein Ohr zu leihen, er habe länger als zwei Jahre auf einem dieser Kirchturmfelsen verbracht. Sein Schiff war gescheitert in dem schrecklichen Labyrinth aus Fels und Wellen. Wie er durch die donnernde Brandung gekommen war, dann hinauf an einer der senkrechten Wände, wie er droben gelebt hatte in einer Art Tropfsteinhöhle, war seinem Gedächtnis entfallen. Seine Ernährung waren Vogeleier und Jungvögel gewesen. Er wärmte sich an einem Feuer, das Robbenspeck am Flakkern und Schwelen hielt. Aus dem Menschen, sagte er selbst, war ein Tier geworden, das nichts mehr kannte und wollte als irgendwie überleben. Ständig unterhielt der weiße Wilde ein weithin sichtbares Feuer in der Hoffnung, ein Schiff zu alarmieren.

Wer diese Gegend kennt«, meint Irving Johnson, »kann nichts von der Geschichte glauben ... davon abgesehen, hätte unsereiner schon längst die Geschichte gehört ... wenn davon nur ein geringer Teil gestimmt hätte. Nach seiner Behauptung wurde er schließlich gerettet ... rettete sich selbst durch einen tollen Sprung von seinem Felsenturm ins schäumende Meer, weil er anders nicht heruntergekommen wäre ... so hat er letzten Endes das Schiff erreicht. Wie dem auch sei, gibt's eben Sachen, die es vernünftigerweise nicht geben kann.«

Nachmittags ein Film von Lazi, ein herrlich schöner und, man darf wohl sagen, ein künstlerisch wertvoller Film von etwa fünfzig Minuten Dauer, ein Film über die Antarktis natürlich, Lazis Bericht seiner vorjährigen Reise auf der »Explorer«. Dabei hat nicht viel gefehlt, und das Schiff wäre für alle Zeiten im Südlichen Eismeer versunken. Gerade noch rechtzeitig rauschte eine ganze Schar von Schutzengeln herbei, um Schiff und Menschen zu retten.

Für diese ganz besondere Reise war die »Explorer« von einer der großen japanischen Filmcompanies gechartert worden. Es ging darum, hier in den antarktischen Gewässern einige hochdramatische Szenen für den Science-fiction-Film »Virus« zu drehen.

Alles ging so weit gut, und an Bord herrschte zwischen den so verschiedenen Nationen denkbar beste Stimmung. Kapitän Hasse Nilssen aber, das gilt es zu bedenken, war auf Urlaub. Ein anderer Kapitän vertrat ihn. Man befand sich nicht weit entfernt von der Paradise-Bucht, an deren Rand sich eine Station der USA befindet. Das Wetter konnte nicht schöner sein, die Sonne schien, und absolut ruhig war die See.

Plötzlich, man war gerade beim Mittagessen, ein donnerndes, knatterndes, grausig knirschendes Geräusch. Alles, was auf Tischen und Theken stand, klirrte zu Boden. Fast alle Menschen rutschten aus ihren festgeschraubten Stühlen, und mit gräßlichem Ruck blieb die »Explorer« stehen. Gleich heulten die Sirenen großen Alarm. Erregte Stimmen von der Brücke baten »all people on board«, ganz ruhig zu bleiben, aber vorsichtshalber Schwimmwesten anzulegen. Bei den Rettungsbooten sollte man sich einfinden.

Wie Freund Lazi betont und wie man auf seinen Filmstreifen sehen kann, ist keine Spur von Panik ausgebrochen, weder bei den Verantwortlichen noch bei den Passagieren. Die Japaner, wie man es von ihnen nicht anders gewohnt ist, bewiesen bewundernswerte Disziplin. Draußen lag ruhige See, und aus wolkenlosem Himmel strahlte die Sonne. Einer der so seltenen Tage idealen Wetters, um so recht die landschaftlichen Schönheiten der Paradiesbucht zu genießen.

Aber wer über die Reling blickte, schaute unmittelbar auf Felsen. Wenn nicht alles täuschte, lag das Schiff auf einem Riff, drei bis vier Kilometer vom Land entfernt. Wie sich alsbald herumsprach, strömte Wasser in den Maschinenraum, stellenweise stand es den Leuten schon bis zur Hüfte.

Folgendes war geschehen: Bevor sich der Kommandant zur Mittagsruhe begab, hatte er den Kurs festgelegt und alles übrige, was durchaus in Ordnung war, dem Offizier vom Dienst überlassen. Dieser glaubte, was nicht in Ordnung war, man könnte doch eigentlich, um Zeit und Sprit zu sparen, dichter an die Küste herangehen. Das Echolot meldete zweitausend Meter Tiefe, und auf den Seekarten war nichts anderes zu sehen.

Wahrlich konnte niemand ahnen, erst recht niemand befürchten, daß sich ausgerechnet hier aus der dunklen Tiefe ein steiler Bergrücken bis wenige Meter unter die Oberfläche erhob. Genau gegen dieses Riff fuhr mit dreizehn Knoten Geschwindigkeit die »Explorer«. Auf das Echolot hatte allem Anschein nach gerade in den entscheidenden Sekunden niemand geachtet. So ist es denn passiert.

Das sagenhafte Glück im Unglück war der abrupte Stillstand des Schiffes. Mit etwas mehr Schwung hätte die »Explorer« das Riff überquert und wäre vorne abgesunken. Je nachdem, wie rasch das Wasser einströmte, wäre das Schiff allmählich vollgelaufen und langsam gesunken oder rasch verschwunden mit den meisten Menschen an Bord.

So wie es war, mit ganzer Länge auf dem Rücken des Riffes, bestand keine akute Gefahr, nicht bei dem vorbildlich guten Wetter. Ein Sturm allerdings, hochgehende Wogen hätten die Gefahr des Kenterns mit sich gebracht. So jedoch war es möglich, in aller Ruhe die Boote ins Wasser zu lassen, auch das wichtigste und wertvollste Gepäck mitzunehmen. Ohne Spur von Ängstlichkeit hielten sich die Passagiere bereit, ihrem Gepäck und den Vorräten zu folgen. Auch die Mannschaften bewahrten Ruhe und Ordnung.

Ein chilenisches U-Boot war ganz in der Nähe, für bestimmte Filmaufnahmen hatten die Japaner es gechartert. Gleich war auch Verbindung mit der Außenwelt hergestellt, darunter mit einem russischen Versorgungsschiff. Wer jedoch am schnellsten bei dem Havaristen erschien, und das nicht zum erstenmal, war das chilenische Lotsenschiff »Piloto Pardo«. So genannt nach dem tüchtigen Kommandanten jenes Lotsenbootes »Yeldo«, das seinerzeit (1916) unter tausend Gefahren die Verlassenen der Shackleton-Expedition von der Elephant-Insel geholt hatte.

Alles weitere war Routine. Ein gewaltiges Bergungsschiff rauschte heran, holte mit seiner mächtigen Maschinenkraft die »Explorer« vom Riff und schleppte sie nach Montevideo. Alle Schäden zahlte die Versicherung. Niemand kam zu Schaden, niemand erlitt persönliche Verluste.

Ganz Ähnliches war schon früher passiert. Da wollte die »Explorer«, wie das öfter bei Schiffen geschieht, die speziell für den Verkehr im Eismeer gebaut sind, eine vor dem Bug liegende Scholle durch Hinauffahren zerdrücken. Unendlich oft habe ich das miterlebt und mir weiter nichts dabei gedacht, nur gestaunt, wie selbst meterdickes Eis unter dem Gewicht des daraufliegenden Schiffteils zerbricht. So war das auch in diesem Fall, aber . . . direkt unter dem Scholleneis lag solider Fels.

Wieder stand nicht Hasse Nilssen auf der Brücke, sondern ein Urlaubsvertreter. Der verlor den Kopf und gab sogleich Befehl, das Schiff zu verlassen. Land lag nahe, und sogar ein Schuppen für Schiffbrüchige war nicht weit entfernt. Auch bei diesem ersten Unglück der »Explorer« erschien das brave Lotsenschiff »Piloto Pardo«. Es übernahm alle Menschen vom gestrandeten Schiff ohne Panik und besondere Eile. Aber viel Platz gab es nicht auf der »Piloto Pardo«, man befand sich deshalb in drangvoll fürchterlicher Enge etwa sieben Tage lang bis zum Eintreffen im nächstgelegenen chilenischen Hafen. In beiden Fällen ist aufs höchste der chilenische Kommandant zu loben: Capitano Roberto I. Suazo.

Solche Sachen kommen vor, besonders in entlegenen, nur selten besuchten Gewässern. Hauptsache, es endet so gut wie beide Male mit unserer starken, tüchtigen »Explorer«.

Der Kombüsenbrand auf der Jungfernfahrt, als schwelender Rauch einige der Flure durchzog, ist längst vergessen. Wir selber kommen am vorletzten Tag mit dem Schrecken davon, einem relativ kurzen Schrecken. Davon später.

Die Südorkneys und Südshetlands

Wieder ein halbes, vielleicht auch ein Dutzend Inseln, die dem graugrünen Meer entsteigen, alle sind großenteils von Eis, Schnee und Gletschern bedeckt. Die Südorkneys werden sie genannt wegen ihrer äußerlichen Verwandtschaft mit den anderen, den richtigen Orkneys, die nördlich von Kap Wrath insulare Ausläufer von Schottland sind.

Wenn ich die Südorkneys nicht näher beschreibe, so um Wiederholungen zu vermeiden. Sie bieten, großzügig betrachtet, den ungefähr gleichen Anblick wie die Südlichen Sandwichs. Droben vom Krähennest der »Explorer« ist die Menschenfeindlichkeit jeder einzelnen Insel unverkennbar. Im Fernglas ist nichts wesentlich anders als schon gehabt. Dank der steilen Küsten, dank auch der tosenden Brandung blieben die Südorkneys weitgehend von menschlichen Besuchern verschont. Viele Tausend scharfkantige, im Vorfeld der Inseln herumtreibende Eisblöcke lassen so leicht kein Boot heran. Natürlich sind Pinguine die zahlreichen Bewohner, aber nicht in solchen Mengen und Massen wie auf so manchen anderen Inseln. Es fehlt ihnen dafür, möchte ich glauben, an ausreichendem Platz, auch an brauchbaren Stellen für den Einstieg ins Meer. Im zehnfachen Glas ist zu sehen, daß sie zwei bis drei Meter hoch springen, um wieder an Land zu kommen. Auf Eisflächen vor der Küste liegen zahlreiche Weddell-Robben, und natürlich fehlen auch nicht Seeleoparden.

Nirgendwo versuchen wir zu landen, dafür wäre die Zeit zu kostbar. Wir haben anderes vor, nämlich ein Ersatzprogramm anstelle der Weddell-See, die ausgerechnet in diesem Sommer von massivem Packeis versperrt ist. So begnügt sich der Käptn, allein in unserem Interesse, wie er sagt, die Südorkney-Gruppe in großem Bogen zu durcheilen. Allerdings sind zwei Schleifen in dem Bogen enthalten, um besonders wildromantische Felsformationen betrachten zu können.

Die Südshetlands, zu denen wir am folgenden Tag gelangen, sind nicht viel anders. Noch etwas kälter als die südlichen Orkneys dürften sie sein, weil allenthalben weiße Krusten und altgrauer Schnee das Land bedecken. Sie liegen näher dem »Antarctic Circle«, dem Südlichen Polarkreis, und viel fehlt nicht bis zum Festland, dem schrecklich kalten sechsten Erdteil.

Zunächst erscheint im Dunstschleier der Wolken die Clarence-Insel. Ein relativ kleines, aber durch den Mount Irving (2200 Meter) imponierendes Hochgebirge im Meer. Schon der Entdecker R. Bruce, der 1893 die Insel gesichtet, aber nicht betreten hat, schildert Clarence als über alle Maßen wild und majestätisch. Die erste Landung, soweit bekannt, ist erst 1936 dem britischen Forschungsschiff »Discovery« geglückt.

Hinter Clarence erhebt sich Cornwallis, ein Buckelberg im südpolaren

Ozean, noch immer so unbekannt, vermutlich auch unbetreten, daß selbst unser superkluges Buch auf der Brücke nichts davon zu sagen weiß, absolut nichts außer dem Namen. Größtenteils ist auf dem Kartenbild der Umriß von Cornwallis nur gestrichelt. Man weiß nicht, wo das vorgelagerte Eis aufhört und festes Land beginnt.

Nicht weit entfernt, aus großer Entfernung noch im gleichen Blickfeld, liegt als grauer Schatten eine Insel, von der wir mehrfach gehört haben. Während einiger Monate war Elephant Island von knapp drei Dutzend Menschen bewohnt, und allein dieser kurzen Episode verdankt Elephant (so genannt nach den dort zahlreichen See-Elefanten) seine Namensgebung in der Polargeschichte. Hier erreichte die von Shackleton geführte Expedition nach dem Verlust der »Endurance« durch Eispressung sowie nach der langen Sturmfahrt in offenen Booten das lebensrettende Land. Im Osten legten sie an und zogen die Boote in Sicherheit, 1915 bei Point Wild unterhalb des 722 Meter hohen Pinnacle Rock.

Keith Shackleton hat uns geschildert, wie sie lebten und wie sie die lange, die völlig ungewisse Wartezeit überlebten. Aber wo sie dort gehaust haben, wußten weder Keith noch die anderen britischen Seeleute, als er vor etwa zehn Jahren die Insel zum erstenmal betrat. So ungefähr kannte er die Gegend aus den Schilderungen, aber nicht die Stelle, wo sich definitiv das Camp befunden hatte. Sturmfluten, Hurricane, Schneewolken und was nicht noch alles hatten alle Spuren gelöscht.

Nach einer erst oberflächlichen, dann systematischen Suche sämtlicher Beteiligten, die keinerlei Hinweis ergab, blieb plötzlich Keith Shackleton stehen. Durch keinen Spott, durch kein Hohngelächter der anderen ließ er sich in seiner festen Überzeugung erschüttern, daß hier vor ihm, nur an dieser ganz bestimmten Stelle das »Camp der Verlorenen« gewesen sei. Das sage ihm mit aller Deutlichkeit sein Gefühl! Die »überaus intensive« Anwesenheit von dreißig Menschen, verzweifelt auf ihre Rettung hoffend, liege noch in der Luft, stecke noch im Boden, gehöre zum Fluidum des Platzes.

Er hatte recht. Was man vor der Abreise hätte tun sollen, geschah nach der Heimkehr, nämlich intensives Studium der Tagebücher der Schiffbrüchigen, vor allem das Studium ihrer Karten. Danach war kein Zweifel mehr möglich, genau an der von Keith bezeichneten Stelle hatten sie ihr Lager eingerichtet.

An Landung, wie schon gesagt, können wir nicht denken. Aber die genauen Angaben von Keith machen es immerhin möglich, daß wir im starken Glas die Stelle sehen, jene schicksalhafte Stelle, wo die schiffbrüchigen Männer in dunkler Polarnacht ihr Leben gefristet haben. Vom Deck der »Explorer« betrachtet, sieht Elephant Island aus wie eine uralte Burg. Wie ein Bollwerk aus ferner Sagenzeit. Wie gerne hätte ich am historischen Lagerplatz gestanden, aber auf der Elefanten-Insel dürfen wir keine Landung riskieren.

Statt dessen können drei unserer Zodiacs in eine vom Wellengang geschützte Bucht der Carcass-Insel tuckern, wo uns eine Stunde Aufenthalt gegönnt ist. Um eine Erkenntnis werden wir dabei reicher, weil uns Roger Peterson die keineswegs allgemeinen Gewohnheiten der hier lebenden Königspinguine erklärt. Auf Carcass, wo der Talboden feucht und weich ist, wechseln die Kings ihre Stammplätze, wenn sie für ihre Begriffe zu schmutzig sind. Was sie täglich, ja stündlich fallen lassen, nämlich die rosaroten, kaum verdauten Reste von Krill, wächst gute drei Finger hoch, bis die Vögel umziehen. Wie das geschieht, wer den Anstoß gibt in einer Gemeinschaft ohne Anführer, hat niemand beobachtet.

Andere Südshetlands gleiten vorbei, nur schemenhaft in Dämmerung und Nebelschleiern. Auf des Käptns Karte sehe ich die Namen Allison Island, Aspland, Gibbs und andere. Das »Pilotbuch« sagt von Aspland nur, daß man von keiner Landung weiß, während auf der Gibbs-Insel 1936 ein paar Mann von der »Discovery« gestanden haben an nicht mehr bekannter Stelle.

Wir sehen das antarktische Festland beim Durchfahren des Bransfield-Meeresarmes. Da liegt es an unserer linken Seite, ist nicht so hochgewölbt wie die meisten Inseln, dafür fast völlig weiß. So zieht in scheinbar endloser Länge die Palmer-Halbinsel an uns vorbei.

Wir hören im Pinguin-Raum einen Vortrag über die Streitfrage, wer als erster Seefahrer den sechsten Kontinent gesichtet und als erster betreten hat. Fest steht, daß es irgendwo hier in der Nähe gewesen ist, am nördlichsten Ausläufer der Palmer-Halbinsel. Manches spricht für Nathaniel Palmer, jenen Robbenschläger, nach dem die Halbinsel genannt ist. Manches hat Bransfield für sich, nach dem die Meeresstraße getauft wurde. Meines Erachtens spricht sehr viel für den allzu bescheidenen Bellingshausen, der stets bemüht war, sein Licht unter den Scheffel zu stellen.

Selber sehe ich die festländische Küste zum zweiten-, stellenweise zum drittenmal. Während meiner ersten Antarktis-Fahrt an Bord des gleichen Schiffes hatte man die Reiseroute nicht so weit ausgedehnt wie diesmal bei unserer Sieben-Wochen-Reise, die man nicht wiederholen wird. Viel länger, fast während der ganzen Zeit, hatten wir uns während meiner ersten Antarktis-Fahrt bei der Palmer-Halbinsel aufgehalten. Sie hat viel zu bieten, darunter eine Reihe wissenschaftlicher Stationen ganz verschiedener Art. In der Almirante-Brown-Station bei den Argentiniern sind wir gewesen, in der Palmer-Station bei den Amerikanern, auch in Bellingshausen bei den Russen. Hinzu kam noch die britische Station auf Adelaide Island und die von den Chilenen verlassene Esperanza-Station. Erst vor kurzem war sie geräumt worden, vollständig hatten seitdem die Pinguine wieder alles übernommen. Ein paar von ihnen saßen auf jeder Treppenstufe, hielten die Fenstersimse besetzt und hockten in leeren Schubkarren.

Das größte Erlebnis war der Aufenthalt, unser Ankerplatz im kreisrunden Kratersee der Deception-Insel. Auch dort, ganz ähnlich wie bei St. Paul, hatte eine Eruption den Inselring aufgebrochen mit dem Erfolg, daß sich der zuvor mit glühender Lava gefüllte Krater in eine von Meerwasser erfüllte Bucht verwandelte. Nur eine verhältnismäßig sehr enge Durchfahrt erlaubte unserem Schiff die Passage in den Kratersee.

Noch immer sind Vulkane tätig auf Deception, sie rauchen und fauchen, sie glühen und riechen nach Schwefel. Darunter sind Heißwasserquellen, die den See anwärmen. Wir sind durch lauwarmes Wasser gefahren und haben in antarktischen Gewässern heiß gebadet. Wer keine Vorsicht walten ließ, konnte sich an manchen Stellen verbrühen.*

Die Insel King George gehört auch zu den Shetlands, zu den Südshetlands. Die eigentlichen, die nördlichen Shetlands, nach denen die südpolare Gruppe genannt ist, hätten uns mehr zu bieten, wären auch leichter zu erreichen. Wenn man von der schottischen Nordspitze weiter vorstößt ins graue Nordmeer, über die Orkney-Inseln hinaus, gelangt man zu den Shetlands, den Ur-Shetlands. Wer sie kennt, und diese Bekanntschaft möchte ich allen empfehlen, wird überrascht sein von den vielen Zeugen der Vergangenheit. Teils stammen sie aus den unergründlichen Zeiten der Vorgeschichte und der nordischen Sagenwelt, andere wieder gehen zurück auf die Wikinger. Fast bis zum heutigen Tag blieb die Überlieferung lebendig aus einer in sich abgeschlossenen, shetländischen Sonderwelt mit ihrer eigenen, ans Altgermanische erinnernden Sprache.

Wer über einige der Nordshetlands gewandert ist mit ortskundigem Führer und vielleicht einem gepäcktragenden Shetland-Pony, erlebt hautnah die recht rauhe, meist windigfeuchte, in Nebel gehüllte, weithin menschenleere Landschaft. Weil die schottischen Seeleute an Bord der Entdeckungsschiffe im Südlichen Eismeer so sehr an ihre heimatlichen Shetlands erinnert wurden, fanden sie, daß Südshetlands dafür der am besten passende Name sei.

Von den schätzungsweise zwanzig Inseln der Gruppe ist King George die größte. Sie so zu nennen, glaubte man dem damals regierenden König schuldig zu sein. King George ist für jene Gegend eine ungewöhnliche Insel, weil Menschen dort wohnen. Bevor wir jedoch unsere Artgenossen besuchen, steuern wir erst zu einer Reihe anderer Inseln der ungefähr vierhundertfünfundzwanzig Kilometer langen Südshetland-Kette. Sie erstreckt sich, wie ein Blick auf die Karte deutlich macht, entlang der westlichen Seite jenes ausgestreckten Fingers, den wir Palmer-Halbinsel nennen. Allerdings sind auch andere Namen für die Halbinsel gebräuchlich wie etwa Graham-Land, Antarctic Peninsula und so weiter. Auch die Südshetlands verdanken ihren Ursprung vulkani-

* Mehr darüber in meinem Buch »Es war mir nie zu weit«, C. Bertelsmann Verlag, München.

scher Tätigkeit. Mancherorts rauchen die Berge, Schwefeldämpfe entsteigen ihren Flanken. Bis zur Höhe von zweitausend Meter erheben sich Gebirge, zum Beispiel auf der Smith-Insel. Obwohl der größte Teil allen Landes während des ganzen Jahres unter Eis, Schnee und Gletschern verborgen bleibt, hat es stellenweise der von innen beheizte Boden möglich gemacht, daß grüne Flecken existieren. Gras, Moos und Flechten sind ebenso in der Grauzone von Lava wie in der weißen Umgebung zu erkennen.

Das »Pilotbuch« enthält über die Südshetlands noch einiges mehr als nur die sonst üblichen Warnungen. Ebbe und Flut, so wird betont, seien unregelmäßig und hielten sich nicht an bestimmte Zeiten. Es könne geschehen, liest man mit Erstaunen, daß sich am Wasserstand vierundzwanzig Stunden lang gar nichts ändert, dann jedoch die Flut so rasch wie nirgendwo anders bis zur höchsten Marke steigt. Ebenso häufig kommt es vor, daß die Ebbe so schnell hereinbricht, wie man das unter normalen Umständen kaum für möglich hält. Hin und wieder kann es möglich sein, daß die Gezeitenunterschiede noch weiter auseinanderklaffen als in der berühmten Bay of Fundy an der kanadischen Südostküste. Auf der King-George-Insel, um nur ein Beispiel zu nennen, liegt das Wrack eines 1820 hier gestrandeten Robbenfängers namens »Lady Trowbridge« weit über der sichtbaren Hochwassermarke. Noch heute ist es gut erhalten, es wurde bei der Strandung nur leicht beschädigt. Auch von »hohen Winden« ist im vielzitierten »Pilotbuch« die Rede, von Windböen, die plötzlich aus dem Landesinnern hervorbrausen. Von September bis März überfallen sie nichtsahnende Schiffe, Landungsboote und die Lagerplätze beutegieriger Menschen.

Auf manchen der Inseln (auch das entnehme ich dem klugen, viel zu kurzen Buch) haben verschiedene seefahrende Nationen, die britische Admiralität an erster Stelle, wetterfeste Hütten und Schuppen zur Rettung von Schiffbrüchigen aufgestellt. Nicht allein mit Lebensmitteln, Brennstoff, warmen Kleidern und Wolldecken sind die Schuppen ausgerüstet, sondern auch mit Funkgeräten Rauchsignalapparaten und anderem mehr. Schon im nächsten Satz enttäuscht das Buch durch die Mitteilung, daß die alle drei Jahre stattfindende Kontrolle der Rettungshütten ergeben hat, sehr viele, wenn nicht gar die meisten seien vom Sturm verweht. Schlimmer noch, manche wurden offenbar ausgeraubt, ja sogar durch Brandstiftung vernichtet. Wie ist so etwas möglich? Welche Menschen machen bewußt die Rettung anderer Menschen unmöglich?

Man mag nicht an den Besuch Krimineller glauben, denn die lebenserhaltenden Hütten stehen auf Inseln, die nur äußerst selten besucht werden. Robbenschläger, Walfänger und Pinguinkocher gibt es nicht mehr, vor mehr als zwanzig Jahren sind die letzten von den Südshetlands verschwunden. Jeder Wissenschaftler, der sich dorthin begibt, braucht eine amtliche Erlaubnis, und deshalb ist er namentlich bekannt. Wer bleibt also, wer ist der Veranstalter solcher Raubzüge, derart infamer Zerstörung? Niemand anders kommt in Frage als ... *Seevagabunden.*

Sehr wahrscheinlich hat der verehrte Leser von diesen Menschen, einer an Zahl nur kleinen Gruppe, nie etwas vernommen. Dabei ist es durchaus möglich, daß er selbst solchen Strolchen im Mittelmeer, in stillen Buchten unbewohnter Griecheninseln, gar nicht selten auch in der so unendlich weit ausgedehnten Südsee begegnet. Moderne Seeräuber sind es, seefahrende Landräuber könnte man sie ebenfalls nennen. Die relativ harmlosen unter ihnen plündern nur alleinstehende Strandhäuser, holen aus vorübergehend stillgelegten Sportbooten, Segeljachten und Fischkuttern alles heraus, was sie brauchen können, vor allem Lebensmittel, Brennstoff, Werkzeug und nautische Instrumente. Die Gauner brauchen es für sich, für ihren Unterhalt, für ihre Fortbewegung. Ich habe dies Art Leute öfter gesehen, möglicherweise auch hier und dort jene Typen, die vor Totschlag nicht zurückschrecken. Selbst im Mittelmeer ist es geschehen, unlängst wieder wurde eine dreiköpfige deutsche Familie von Seevagabunden ausgelöscht, die ihr eigenes, nicht mehr ganz seetüchtiges Fahrzeug mit dem weit besseren Boot der Opfer vertauschen wollten. Im Hafen von Papetée (Tahiti) werden Sportsegler von den Behörden davor gewarnt, länger als unbedingt nötig in entlegener Bucht zu ankern. Sie sind dort weder ihres Lebens noch ihres Eigentums sicher.

Wenn solche Gangster der See erfahren – und das alles steht im »Pilotbuch« geschrieben –, wo sich in menschenferner Region ein Lager mit Lebensmitteln für viele Monate befindet und Brennstoff für tausend Seemeilen, wo Werkzeug, Instrumente, Kleider und noch vieles andere zu holen ist, ohne jede Gefahr für den Abholer, ist die Versuchung groß. Wer dazu noch die ausgeraubten Hütten niederbrennt, verwischt seine Spuren, schiebt dazu noch die Schuld auf Blitzschlag oder Funkenflug aus einem Krater.

Was nun den Entdecker der Südshetlands betrifft, so war das ein Robbenschläger mit dem nicht seltenen Namen William Smith, der an Bord seines »William« genannten Schiffes im Jahre 1820 auf die Inselkette stieß. Natürlich sah er gleich die vielversprechende Menge der See-Elefanten, Pelzrobben und auch der Pinguine verschiedenster Art. Doch zu seinem lebhaften Bedauern gelang dem William Smith keine Landung. So mußte vorerst sein Traum von einem äußerst gewinnbringenden Raubzug unerfüllt bleiben. Dreimal kehrte von Buenos Aires aus der Entdecker zurück, um aufs neue sein Glück zu versuchen. Beim vierten Mal fand er einen gutgeschützten Landeplatz und erwarb sich auf schon bekannte Weise ein beachtliches Vermögen.

Soweit ist nichts Besonderes an William Smith. Aber zu welcher Aufgabe er sich danach entschloß, war ungewöhnlich für einen Robbenschläger. Als Privatmann trat er mitsamt seinem Schiff und dessen Mannschaft in den Dienst der Admiralität Seiner Britischen Majestät ... als Entdecker. Seine hoffentlich gut bezahlte Aufgabe war es, die Südshetlands zu erforschen von der ersten bis zur letzten Insel, alle Klippen der Kette inbegriffen. Diese Pflicht erledigte William Smith zur vollen Zufriedenheit seiner Auftraggeber. Bis tief hinein in die Weddell-See ist er gekommen, bis zum 35. Breitengrad auf der einen, bis zur d'Urville-Insel auf der anderen Seite. Weshalb die Kartographen bei der Admiralität nichts dagegen hatten, daß Smith die höchste der Südshetlands nach sich Smith-Insel nannte.

Was selbstverständlich war, soll nicht eigens für die Shetlands wiederholt werden, nämlich die hundert schlimmen Jahre des Massenmords an Walen, Robben und Pinguinen. Schon um 1876 schien das so reichen Gewinn bringende Getier ausgerottet. Aber wie es auch sonst geschah, erholten sich die Vorkommen weit rascher, als man zu hoffen gewagt hatte. Daraufhin folgten nochmals Jahrzehnte der Vernichtung. Erst 1962 hat in den Südshetlands das zum Himmel schreiende Übel sein Ende gefunden. Dagegen ist die Erforschung der Inseln bis heute nicht zu Ende. Zwar wurde beispielsweise die Bridgeman-Insel schon 1821 von Captain George Powell gesichtet, der sie in seinem Bericht als »rauchende Berge« erwähnt, ebenso die »große Menge von Pinguinen«. Aber landen konnte Powell nicht, ebensowenig zwanzig Jahre später der britische Leutnant Wilkens. Dieses offenbar schwierige Unternehmen glückte erst dem Franzosen George Charcot im Jahre 1909.

Arktusow, eine polnische Station

Am zweiten Weihnachtstag sind wir in der Martell Cove, einer tiefen, schöngeschwungenen Bucht der King-George-Insel. Trübes Wetter bei ruhiger See, einfache Landung auf weichem Boden. Da versinken schon die Gummistiefel im klebrigen Brei der ungewohnt flachen Küste. Nur keuchend komme ich hindurch. Gleich danach wird es besser, weil wir nach dem Erklimmen einer Hügelkette einigermaßen festen Boden gewinnen. Er ist von Krüppelgras bedeckt, das ungefähr Daumenhöhe erreicht. Vor uns zur See hin ausgerichtet fünf oder sechs verlassene, teilweise verfallene Gebäude aus dicken Balken und fingerdicken Brettern. Vielfach zerfetzte Dachpappe hängt herunter.

Zwei ganz verschiedenen Zwecken haben die Anlagen gedient. Die altersgrauen, von Wind und Wetter stark mitgenommenen Teile stammen aus dem vorigen Jahrhundert, aus der schlimmen Zeit der tiervernichtenden Trangewinnung. Als diese sich nach der Ausrottung des Bestandes nicht mehr lohnte, verschwanden 1948 die letzten Walfänger. Statt dessen erschienen wenige Jahre später Menschen völlig anderer Art, englische Wissenschaftler, denen offenbar die alte Walstation nicht so recht gefiel. Mit Baumaterial, das aus ihrer Heimat stammte, wurde gleich daneben eine neue Station errichtet, aufs beste eingerichtet und versorgt. Aus Gründen, die wir nicht in Erfahrung brachten, hat man 1961 auch diese Anlage ihrem Schicksal überlassen, dem Brausen der Stürme und dem Rauschen des Meeres.

Keine Türe ist verschlossen, wir trampeln mit dreckigen Stiefeln durch die Räume. Ihr Zustand ist ganz ähnlich wie in Grytviken. Nichts weiter wäre nötig als ein gründliches Reinemachen, um wieder hier zu wohnen. Sogar gemütlich könnte man es haben, selbst auf gewissen Komfort brauchte man nicht zu verzichten. Lichtschalter, in einem Schuppen der Generator zur Stromerzeugung. Ein Dutzend gefüllte Tonnen mit Brennstoff stehen daneben. Die Küchen haben noch allen Zubehör. Sogar Kisten mit Bierbüchsen, die niemand geöffnet hat, sind in einer Ecke aufgestapelt. Bis zur Decke sind in einem Aufenthaltsraum die Regale mit Büchern vollgepackt.

Ganz anders, nämlich viel primitiver, enger und vom Zahn der Zeit stärker zernagt sind nebenan die Unterkünfte der Waljäger. Da schliefen und schnarchten die Männer in zwei Etagen übereinander, acht bis zehn Leute im gleichen Raum mit nur einem ziemlich kleinen Fenster. Keinen Ofen, auch keinen Rauchabzug kann ich entdecken. Man ging wohl davon aus, daß der eigene Mief die Leute warm hielt. An einem dieser Wohnschuppen haben vor Jahrzehnten irgendwelche Spaßvögel ein jetzt verwaschenes Schild angebracht, auf dem sich noch »Hotel Savoy« lesen läßt. Hinter den Wohnbaracken der Walfänger ragen sieben oder acht Grabkreuze aus dem steinigen Boden. Alle sind vom Wind in die gleiche Richtung gedrückt, schief und schräg zeigen sie nach draußen ins graue, trübe Meer.

Für Tierfreunde eine trostlose Umgebung, denn kilometerweit ist der Strand, sind auch die Sumpfgrashänge mit den gelben Knochen und Skeletten von vielen hundert, vielleicht auch von tausend und noch mehr Walen bedeckt. Die Hochfluten, die besonders für die Südshetlands so typischen Hochfluten, haben sie unglaublich weit hinaufgespült. Rechts neben der Station, wo sich eine flache, feuchte Fläche ausdehnt, liegt ... besser gesagt erstreckt sich das wohlerhaltene Skelett eines gewaltigen Blauwales. Kein anderer als Professor Jacques Cousteau hat die großen, am Hang herumliegenden Knochen mit Hilfe seiner Gefährten so exakt zusammengelegt. Im Winter 1972/73 ist es geschehen für einen Film über die Schrecken der Waljagd. Gerade hier war das gnadenlose, geldgierige Treiben besonders verderblich, weil es die Blauwale betraf, die größten Tiere der Welt. So energisch wurden die Riesen verfolgt, daß man heute befürchtet, ihre Rettung, die Vermehrung der Restbestände, werde kaum noch möglich sein. Die Bullen, so meinen unsere Experten, können zur Paarungszeit die Kühe nicht finden, weil die geringe Zahl der Blauwale beiderlei Geschlechts über einen zu weiten Raum verteilt ist.

Käptn Nielssen ruft alle seine Landgänger zurück. Eben hat er Sprechfunkverbindung mit der polnischen Station Arktusow hergestellt, wir sind zu Kaffee und Kuchen eingeladen. Dort in der Nähe seien viel mehr Tiere zu sehen als in der Martell Cove, hat der Sprecher von Arktusow behauptet.

Also auf und dorthin. Keine Stunde vergeht, da liegen wir schon in der Admirality Bay und sehen ziemlich weit landein die Dächer der polnischen Station.

Ein Südpolarforscher aus Polen mit graumeliertem Bart und jungem Gesicht begrüßt uns mit festem Handschlag. In englischer, französischer und deutscher Sprache bittet er, bevor wir die Station betreten, gleich jetzt die Pinguine zu besuchen. Eben habe der Koch den Kuchen in den Ofen geschoben, also dauere es noch ein Weilchen, bis man uns bewirten könne.

Der aus faustgroßen Steinen bestehende Strand, hinter dem sich landeinwärts sumpfige Seen ausbreiten, ist auch hier von Knochenresten bedeckt. Riesengroße Beckenknochen der Blauwale, drei Meter lange Walrippen und fensterbreite Schädel sind Zeugen der Vergangenheit. Dazu die Skelette von See-Elefanten und anderen Robben. Der Anblick ist deshalb so schrecklich und scheußlich, weil sich das gut kilometerweite Knochenfeld bis zum Fuß einer felsigen Anhöhe hinzieht. Vom eigentlichen Boden, von den faustgroßen Kieseln, ist fast nichts zu sehen.

Am Ende des Küstenstreifens erhebt sich eine von schmalen Schluchten durchbrochene Steinwand. Als ich das Glas hebe, um seltsam bunte Farbkleckse am dort aufragenden Fels zu betrachten, hält die Vernunft nicht für möglich, was die Augen sehen. Kann es sein, hier auf der antarktischen Insel, daß moderne Künstler am Werke waren und vielleicht noch sind? Gegenstandslose Malerei, die Anerkennung verdient, eine höchst eigenwillige Gestaltung farblicher Kompositionen. Skurriler Geschmack, das mag schon sein, ebenso provokativ wie richtungweisend. Vielleicht gibt es Pinselkünstler so fortgeschrittener Art unter den Polen hier in der Station?

Erst dicht vor den Kunstwerken begreift der Besucher, daß es sich nicht um menschliche, sondern natürliche Schöpfungen handelt. Das Farbenspiel, die Komposition so vieler verschiedener Schattierungen, besteht aus Moos, Flechten und kaum oder gar nicht bekannten Minipflänzchen. Schimmernd und schillernd klebt das alles am Gestein. Es ist bedeckt, bewachsen von oben bis unten mit diesem höchst eigenartigen Bewuchs.

Als ich weitergehe, höher hinauf steige in die Schluchten und schmalen Täler, hat die Inselvegetation noch mehr zu bieten. Fingerlanges Kraut in den Spalten, allerkleinste Blumen. Hellgelb, schneeweiß und karmesinrot sind die Farben zierlichster Blüten, keine davon größer als der Fingernagel eines Neugeborenen. Noch höher in den Winkeln, die kein Wind beunruhigt, reichen kleine Büsche bis zur halben Wade.

Als des öfteren meine Füße auf dem feuchten, schmierigen, ansteigenden Boden rutschen, wird mir langsam klar, wohin mich der Aufstieg führt. Wie schon meine Gefährten bemerkten, die in den Modder gefallen sind, befinden wir uns auf einer vielbenutzten Promenade der Pinguine. Droben dürften sie zu Hause sein, begeben sich aber zur Futterjagd täglich ins Wasser und wieder hinauf. Nur während der Tagesmitte herrscht hier kein Verkehr. Nur noch wenige, vorsichtige Schritte, dann habe ich die Anhöhe erreicht. Ich bleibe stehen und staune.

Vor mir eine etwa hundert Meter weite, ziemlich flache Mulde, lückenlos besetzt von Kinnstreifen-Pinguinen. Wobei mit lückenlos gemeint ist, daß jedes Chinstrap-Paar bei der Wahl seines Brutplatzes genau den rechten Abstand einhält, das heißt auf Armeslänge entfernt von jedem benachbarten Nest. Das erweckt, im Ganzen gesehen, den Anschein peinlichster Ordnung, ja von geradezu militärischer Disziplin. So weit man sehen kann ein und dasselbe Bild. Nur selten beachten Tiere eine so gleichmäßige, so verblüffend korrekte Einteilung wie hier. Viele von den Chinstraps haben ein Junges, manche auch zwei. Öfter als sonst in Pinguin-Kreisen sind beide Eltern anwesend.

Wie uns später die polnischen Wissenschaftler bestätigen, begünstigt die schräge Lage in der von ungefähr zehntausend Pinguinen bevölkerten Mulde, daß die Produkte ihres Stoffwechsels, die feuchtflüssige Masse des verdauten Krills vom Regen oder dem eigenen Überfluß bergab geschwemmt wird. Zum Strand und letzten Endes ins Meer. Also erhält das Gestein eine kräftige, organische Düngung seit vielen hundert, seit Tausenden von Jahren. Das eklige Zeug, erklären uns die Männer vom Fach, enthält bestimmte Säuren mit chemischen Eigenschaften, die gewisse, im Felsgestein enthaltene Mineralien auflösen. Alles in allem entsteht dadurch ein guter, sehr günstiger Nährboden, auf dem die insulare Pflanzenwelt, die so farbenkräftigen Moose, Flechten und Miniblumen, hervorragend gedeihen.

Doch sind wir noch nicht am Ende. Die uns vorauseilenden Berufsfotografen lassen durch Winken und Rufen erkennen, daß sie hinter dem nächsten Hügel noch mehr entdeckt haben. Mit hechelndem Atem folgen wir nach. Da schauen wir bald hinunter auf eine unübersehbare Zahl von Adelies. Wieder einmal ist nicht zu fassen, welche Massen und Mengen sich ausbreiten. Roger Tory Peterson, der am ehesten die Kopfzahl von Kolonien schätzen kann, spricht von etwa hunderttausend Pings zwischen unserer und der nächsten Anhöhe.

»Eben waren's Kinnstreifen«, sagt er, »hier sind es Adelies, und was nach ihnen kommt . . . dürften allesamt Gentoos sein.«

Wieso er das weiß, fragt einer von uns.

Weil er im Fernglas dort drüben . . . zwei . . . nein, es sind drei einzelne Gentoos erkannt hat. Deren Richtung ist klar, zielstrebig schreiten sie voran . . . heimwärts in ihre Gemeinschaft.

Zur Linken des großen Mannes der Ornithologie, der auf all seinen Wegen stets die gleiche rotleuchtende Schottenmütze trägt, wandere ich zur polnischen Station etwa eine halbe Stunde lang über knisternde Knochen. Wir passieren, kurz bevor wir ankommen, eine neuerdings erbaute Marienkapelle. Ein älterer Mann mit Pinsel und Palette ist noch mit der Gestaltung des Bildes beschäftigt. Beides, Pinsel und Palette, läßt er fallen, als wir herankommen. Die Augen reißt er auf, und weit öffnet er die Arme.

». . . Peterson, Professor Peterson . . . Roger Tory Peterson . . .!«

Nie zuvor ist der polnische Ornithologe unserem Vogelkundler begegnet. Aber sofort hat er seinen weltberühmten Kollegen erkannt von Fotos in Schriften, Magazinen und wissenschaftlichen Filmen. Gewiß hat dabei die allbekannte, die rote Schottenmütze mitgewirkt.

So betreten wir die Station, wo es eine Weile dauert, bis die gesellige allgemeine Vorstellung erledigt ist. Was mir auffällt, ist das durchweg schon reife Alter der Herren. Jeder trägt einen Kinnbart, wenn auch Länge und Breite unterschiedlich sind, und alle sind von grauen Fäden durchzogen. Müßte ich das Lebensalter schätzen, dürfte zwischen dreißig und fünfzig so ungefähr richtig sein. Die Zahl unserer Gastgeber beträgt achtzehn. Einer spricht sehr gutes Französisch, zwei können sich auf Englisch unterhalten, einer spricht fehlerfreies, wenn auch holperiges Deutsch.

Die Gebäude sind bescheiden, außen nur mit Plastik verkleidet, aber drinnen mit Holz getäfelt. Angenehm steigt uns der noch frische Holzgeruch in die Nase, während man uns versichert, alles stamme aus polnischen Wäldern. Auf Holzbänken sitzen wir an hölzernen Tischen. Gemütlichkeit ist das richtige Wort, eine Atmosphäre und Stimmung, wie man sie auf antarktischen Stationen sonst nicht antrifft. Kaffeeduft mischt sich in den von Holz, und hinzu kommt noch der weihnachtliche Geruch brennender Kerzen. An der Wand gegenüber ein großes, schön gerahmtes Bild von Alexander Arktusow, ein handkoloriertes, allzu stark vergrößertes Foto des polnischen Polarforschers, nach dem die Station genannt ist. Viele seiner Art und Herkunft hat es bestimmt nicht gegeben. Alexander Arktusow war Teilnehmer der »Belgica«-Expedition gewesen unter Führung von Gerlache. Interessanter zwei andere, damals noch keineswegs berühmte Namen: Roald Amundsen, später der erste Mensch am Südpol sowie Entdecker der Nordwestpassage, und Dr. Frederick Cook, der seinerzeit umstrittene Cook, der möglicherweise erste und echte Entdecker des

Nordpols. Aber gegen Robert Peary, den die Presse so lauthals lobte und der befreundet war mit dem Präsidenten Theodore Roosevelt, konnte sich ein so ungeschickter Mann wie Dr. Cook nicht durchsetzen. Dennoch haben sowohl Amundsen wie Arktusow, übrigens auch Gerlache die Tüchtigkeit, die Hilfsbereitschaft und vor allem auch den guten Charakter des Frederick Cook zu rühmen gewußt.

Die Unterhaltung ist lebhaft, aber schwierig, weil sich jene drei Polen, die Englisch, Französisch oder Deutsch sprechen, als Übersetzer einschalten müssen. Wir reden von allem und jedem, was die Fauna und Flora, das Wetter, Klima und die Stürme auf der King-George-Insel betrifft. Über die umwälzenden Ereignisse, über die vielfachen Probleme in ihrem Land verlieren weder die Polen ein Wort, noch läßt sich einer von uns dazu verleiten. Man weiß doch, glaubt zu wissen, daß sich in jeder Arbeitsgruppe eines kommunistischen Landes zumindest ein Aufpasser befindet. Dennoch machen hier diese Männer den Eindruck harmonischer Ausgeglichenheit, persönliche Unsicherheit scheint sie nicht zu belasten. Mir fällt auf, daß »politische Bilder« fehlen. Kein Lenin, Marx und Engels, wie das sonst üblich ist. Andererseits fehlt der Gotteswinkel, kein Kruzifix ist zu sehen, auch kein Heiligenbild, nicht einmal der polnische Papst schaut von den Wänden.

Ganz anders in den Schlafkammern, die man uns nach dem Kaffeeklatsch zeigt. Da hängen die Papstbilder, schauen Heilige von den Wänden, leidet Christus am Kreuz.

Alle Explorer müssen zugeben, selten so guten und starken Kaffee getrunken zu haben. Drei verschiedene Sorten von besonders wohlschmeckendem Kuchen werden herumgereicht. Danach polnischer Wodka mit einem Grashalm darin und dem Bild eines Wisent darauf. Fruchtsäfte aus heimatlichen Obstgärten werden uns geboten, auch Milchschokolade und andere Süßigkeiten. Nur beiläufig erwähnen die Herren, daß sich in diesem Jahr ihr Versorgungsschiff verspätet hat. Auf die Frage, wie lange es schon fällig sei, werden »drei Monate« genannt. Auf die nächste Frage, ob nicht deshalb die Verpflegung zur Neige gehe, muß der Chef zugeben, daß er schon zum zweiten Male die Tagesration gekürzt hat.

Wir sehen uns an, sind beschämt wegen des ausgerechnet hier entwickelten Appetits. Gleich werden wir von Bord unseres Schiffes ein paar Säcke und Kisten nach Arktusow schicken. So etwas entspricht den Wünschen Lars Lindblads. Unser Käptn hat Vollmacht, Hilfe zu leisten, ohne zu fragen. Öfter schon habe ich das erlebt, auch medizinische Hilfe auf entlegenen Südseeinseln einschließlich der kostenfreien Verteilung von Medikamenten.

Es wird Zeit zu gehen, die Stewards der »Explorer« warten schon mit dem Essen. Das Händeschütteln und Abschiednehmen findet kein Ende mehr.

Bis die Zodiacs kommen mit dem Proviant für die gastfreie Station, dauert

Eselspinguin, bei Freunden seiner Art besser als Gentoo bekannt, zeigt sich als stolzer Besitzer zweier Eier. Die Eltern haben sich das Nest auf einem mit Azorella-Kraut bewachsenen Erdhügel gebaut.

Oben: Die polnische Station Arktusow auf der King-George-Insel in der Südshetland-Gruppe.
Unten: Eisberge jeder Form und Farbe bewegen sich durch die antarktischen Gewässer. Sie können stranden, in Buchten treiben und dann bis über hundert Jahre alt werden.

Einer unserer Zodiacs und junge See-Elefanten am Strand einer der Crozet-Inseln.

Nur an wenigen Tagen im Jahr ist es möglich, am vielgefürchteten Kap Horn zu landen. Hier ist es uns gelungen, und rasch steigen wir zur Kante des Kaps hinauf. Von dort kann der seltene Besucher einen fabelhaften Anblick genießen, die Begegnung des Atlantik mit dem Pazifischen Ozean.

es eine Weile. Aber gerade an die Wartezeit bei Arktusow denke ich gerne zurück. Die Abendsonne schien gar so schön, und wunderbar bequem saßen wir in den zahlreich herumliegenden, in den ausgebleichten Beckenknochen der Blauwale. Wer es noch nicht versucht hat, wird kaum glauben, daß man darin ruhen und sich rekeln kann wie in gutgebauten Klubsesseln.

Während wir ruhen, bewegt sich kaum drei Meter vor uns am Strand entlang eine nicht endenwollende Kette von Eselspinguinen, besser als Gentoos bekannt. Alle marschieren in der gleichen Richtung. Mal sind es zwei zusammen, mal drei nebeneinander, oft auch Einzelgänger für sich. Alle benehmen sich, als seien sie unterwegs zu einer wichtigen Versammlung. Ernst, fast möchte ich sagen, verantwortungsbewußt erscheint mir ihre Haltung. Schnatternde Bemerkungen werden ausgetauscht, so als wolle man einen schon gefaßten Entschluß bestätigen. Nicht allzu rasch sind ihre Schritte, aber zielstrebig.

Im Vorübergehen betrachtet jeder Ping die fremden Gestalten, macht auch eine Bemerkung zu den Kollegen. Mancher bleibt sekundenlang stehen, erkennt aber gleich, daß wir ohne Bedeutung sind. Die Wanderung geht weiter. Was wohl die Gentoos heute abend noch vorhaben, frage ich den eminent vogelkundigen Professor Peterson.

»Weiter nichts . . . die haben sich im Verlaufe des Nachmittags das Abendessen einverleibt und gehen jetzt nach Hause.«

Da kommen unsere Zodiacs. Wir verlassen die Insel, verlassen auch die erst heute gewonnenen guten Freunde.

So schlimm wie noch nie

Bis hin zum Packeis der Weddell-See wollten wir noch kommen, bevor die unvermeidliche Kehrtwendung nach Norden beginnt, die letzte Etappe der langen Reise. Ushuaia wird das Ende sein, nach mehr als sieben Wochen auf See. Feuerland, der südlichste Zipfel Südamerikas, und das furchterregende Kap der Stürme liegen noch davor. Aber erst und zunächst der Vorstoß zum Ewigen Eis, das in diesem Jahr keine Anstalten macht, sich tief hinein in die Weddell-Bucht zu begeben. Da gehört es hin, viel näher an den Südpol heran.

»Tut mir leid«, läßt am folgenden Morgen der allein für den Kurs verantwortliche Kapitän verlauten, »tut mir leid, aber der Vorstoß kann nicht sein.

Übles Wetter ist gemeldet . . . Barometer in den Abgrund gerutscht. Bei sausendem Sturm zwischen Eisfeldern zu navigieren, ist nicht nach meinem Geschmack.«

Eine Ansicht, die wir teilen, und eine Vorsicht des Kommandanten, der man beipflichten muß. Statt dessen wird auf der Brücke beschlossen, in die Hope-Bucht zu laufen. Da liegt die »Explorer« einigermaßen geschützt vor dem erwarteten Unwetter, vielleicht können wir noch, bevor es losbricht, einen Ausflug an Land unternehmen. Die Gelegenheit dafür ist günstig, zumal man aus Erfahrung weiß, daß an dieser Küste flache Stellen vorhanden sind. Wer bisher noch nicht das antarktische Festland, den sechsten Erdteil, betreten hat, dem wird es hier auf relativ bequeme Weise möglich.

Lange dauert es nicht, bald schon haben wir die Festlandküste vor uns. In drei Zodiacs fahren wir hin, zwanzig bis fünfundzwanzig Landgänger alle zusammen. Dünner Regen rieselt aus zunehmenden Wolken. Dazu weht lebhafter Wind aus Westen. Kein schöner Tag, das gewiß nicht, aber der letzte mit Landgang in der Antarktis, dazu noch der erste auf dem südpolaren Festland.

Gut geht es durch die Brandung. Beim Verlassen des Bootes reicht uns das Wellenspiel nur bis handbreit übers Knie.

Dunkles Gestein, auch hier vulkanische Tätigkeit von gewaltiger Wirkung. Allenthalben beweist es die Formation der Landschaft. Aber nirgendwo sehen wir aufsteigenden Rauch, offenbar hat sich das Erdinnere schon seit Jahrmillionen beruhigt. Zur rechten Seite hin zwei hellschimmernde Gipfel, beide nach meiner Schätzung über tausend Meter hoch. Der Hochpaß dazwischen ausgefüllt von einem kilometerbreiten Gletscher, dessen unsichtbarer Anfang weit höher liegen muß und dessen Ende, die haushohe, hellglitzernde Gletscherfront, bis hinein ins Meer reicht. Dreißig bis vierzig Meter mag sie hoch sein. Kaum haben wir die glatten, rutschigen, noch im Brandungsbereich liegenden Steinblöcke betreten, erhebt sich vor uns eine längere Eiskante. Doch es gibt Lücken darin, durch die wir höher gelegenes, besser begehbares Gelände erreichen.

Dort leben und stehen die Pinguine, den ihnen gegebenen Umständen entsprechend. Adelies sind es, Haubenpinguine auf deutsch. Zu ihren Eigenarten gehört es, sich Nester aus haselnußgroßen Steinchen zu bauen, und daraus besteht hier der Boden. Also ist der Nestbau eine beneidenswert leichte Arbeit ohne jedes Transportproblem. Viele der Jungen sind geschlüpft, manche schauen bereits neugierig aus dem Federkleid der Eltern, weshalb die Skuas, die stets hungrigen Raubmöwen, nach Opfern ausschauen. Wehe dem Küken, das sich außer Reichweite des Vaters oder der Mutter befindet. Gleich zappelt es im krummen Schnabel eines Greifvogels. Mir scheint, daß hier in der Hope-Bucht die Skuas besonders groß sind mit ganz ungewöhnlichen Flügelspannweiten. Eben haben sie einen fußkranken Pinguin erwischt. Während ihn zwei der Raubmöwen auf schreckliche Weise zerhacken, marschieren gesunde Genossen grußlos vorbei. Ihnen kann das nicht passieren, vorläufig nicht. Wer aber alt, krank oder hinfällig ist, der muß dran glauben!

Ich folge Reisegefährten, die sich nach links wenden und höher steigen, dem großen Gletscher entgegen. Tory Peterson ist dabei, von dem man immer etwas lernen kann, und auch Stuart Holm, der in Saudi-Arabien lebende Alaskaner mit der verblüffend großen Allgemeinbildung. Von ihm höre ich, daß vor zehn, zwölf Jahren Jacques Cousteau hier in dieser Gegend einen hinreißenden Film über Pinguine gedreht hat, »Sturm in der Hope Bay«. Ich soll ihn mir unbedingt mal ansehen. Aber so einfach ist das nicht. Meist ruhen kulturell wertvolle Filme, nachdem sie einmal im Fernsehen gezeigt wurden, in unzugänglichen Archiven.

Wir sollen auch auf den Gletscher kommen, meint mit lebhafter Stimme Tory Peterson, der Vogelkundler. Wir scheuen keine Mühe, auch nicht klopfende Herzen, um durch feuchten Schnee und Strudelbäche dorthin zu gelangen. Ja, wirklich, das muß man gesehen haben. Da rutschen Dutzende von Pings bäuchlings nach unten. Auf rasanter Schußfahrt begeben sich die flugunfähigen Vögel über glatten, glitschigen Schnee von ihren Stammplätzen droben zu den Futterplätzen im Meer. Die Schlittenbahn ist von allen den vielen, vielen Rutschern so glatt geschliffen wie bei uns im Gebirge die meistfrequentierten Skipisten. Genauso flott geht es hier bei den Adelies und ohne das geringste Zeichen von Zaudern oder Zögern. Ein helles Vergnügen für uns ist es, die Pings zu betrachten. Es muß ihnen einen Riesenspaß machen, so und nicht anders wirkt es auf uns Menschen.

Gleich neben den Flitzern führt ein gut meterbreiter, tief ins weiße Element getretener Pfad nach oben. Gewiß kommen die Aufsteiger nicht so rasch voran wie die Abrutscher daneben. Weil aber ihre Krallen so gut halten, weil Pinguine perfekt ihre Atemtechnik beherrschen, scheint der Weg hinauf keine Mühe zu machen. Leider sind mir keine Krallen gewachsen, auch fehlen ähnliche Greifkrallen unter meinen Gummistiefeln. So stolpere ich vornüber, während hinten die Füße wegrutschen. Ehe mich einer der Gefährten zu halten vermag, geht's dahin.

Blitzschnell fährt mir durch den Kopf, daß schon in der nächsten halben Sekunde eine Gletscherspalte vor mir den Schlund öffnen wird. Auf Nimmerwiedersehen sause ich tief hinein, wenn nicht, so wird der Schwung meinen Körper über die Eiskante schleudern. Hinein ins kalte Wasser, wo die Schwertwale auf Beute warten.

Nichts dergleichen geschieht ... relativ gemütlich komme ich zur Ruhe nahe dem Gletscher im Bereich der kleinen Kiesel zwischen einigen Adelies, die friedlich auf Eiern sitzen. Sie schnattern zwar, weil sie durch meine Ankunft überrascht sind, aber sie hacken nicht.

Doch beim Aufstehen beißt mich heißer Schmerz ins linke Knie, eine üble Sache, denn bestenfalls kann ich noch langsam humpeln. Nur kein Aufsehen erregen, nur keinen hilfsbedürftigen Eindruck machen. Das könnte dem einen oder anderen meiner Gefährten diesen Landgang verderben, den letzten in der Antarktis. Irgendwie geht es, obwohl die Schmerzen scheußlich sind. Bloß nicht das Gesicht verzerren, frohgemut lächeln, wenn jemand in meine Richtung schaut.

Gott sei gedankt, da bin ich am Ufer, und da liegt gerade ein Zodiac bereit. Wir haben ja sogenannten »Shuttleservice«, ein Hin und Zurück der Schlauchboote. Der Fahrer, einer der Tonga-Männer, hat gleich mein Gehumpel bemerkt, hilft mir freundlich ins Boot und greift zum Steuer des Außenmotors. Aber es ist verblüffend, wie sich in so kurzer Zeit die eben noch friedliche See verändert hat. Kurze, gar nicht hohe, aber bösartige Wellen lassen den Zodiac springen. Er bäumt sich vorne auf, schüttelt sich nach beiden Seiten und schlägt hinten aus.

»Bad weather coming«, meint der Tonganer, »ganz schlimm wird's werden mit dem Wetter.«

Vielleicht dreimal so lange als vorhin zum Land brauchen wir zurück zum Schiff. Unseren Doktor finde ich an der Bar, er führt mich am untergehakten Arm in sein Mini-Spital.

»Gebrochen ist nichts«, stellt er fest, »gehen Sie aber gleich unter die Dusche, und halten Sie das Knie in den heißen Strahl. Gelegentlich kann das Wunder bewirken.«

Weil ich zu Ärzten (trotz allem) ein unerschütterliches Vertrauen habe, tue ich, was er sagt. Im Rauschen des dampfenden Wassers höre ich, wie die Sirene heult, durchgehend zwei Minuten lang. Gleich rasseln die Ankerketten hoch, und ich spüre an den Fußsohlen, wie die Maschine vibriert. Wieso denn das, obwohl ungefähr zwanzig Leute noch an Land sind?

Die Sirene heult wieder für weitere zwei Minuten. Das Signal zur sofortigen Rückkehr an Bord. So anhaltend, so alarmierend wird es nur im Notfall gegeben. Wie dem auch sei, ich kann's nicht ändern. Bleibe unter der Dusche und halte mein linkes Knie in den heißen Strahl. So kann ich die Sirene kaum noch hören, doch verrät mir der zitternde Boden, daß die beiden Riesendiesel mit aller Kraft laufen. Die »Explorer« hat Fahrt aufgenommen, wenn auch nur langsame Fahrt. Was soll es bedeuten, was wird aus unseren Kameraden? Eines ist sicher, man wird sie nicht auf dem sechsten Kontinent zurücklassen.

Was hat sich ereignet auf dem Festland . . . welche Ängste müssen unsere Gefährten durchmachen . . . wie gelangen sie, allen Naturgewalten zum Trotz, letzten Endes doch in Sicherheit?

Um das zu erklären, unmittelbar aus dem Munde eines der Beteiligten, möge der verehrte Leser gestatten, daß ich jene denkwürdigen Ereignisse um ein halbes Jahr hinter mir lasse. Wir begeben uns für kurze Frist aus der Antarktis in die Schweiz. Genauer gesagt, nach Mürren ins Berner Oberland. Dort nämlich, knapp tausendsiebenhundert Meter hoch im Angesicht der Eiger-Nordwand und gegenüber dem Jungfrau-Massiv, treffe ich wieder mit Stuart Holm zusammen. Am wohlgedeckten Frühstückstisch der »Jungfrau Lodge« sitzen wir einander gegenüber. Obwohl wir Ende Juni erreicht haben, ist noch kein Sommer angebrochen. Sparsam, wie die Schweizer Hoteliers gerne sind, hat man nicht geheizt, weshalb uns beiden fröstelt. Draußen verhüllt Regen und Nebel jeden Blick auf die Berge, keine der eisbedeckten Spitzen läßt sich sehen, kein Viertausender macht uns das Vergnügen. Schade, jammerschade, denn hier handelt es sich um einen der schönsten Ausblicke der Welt. Gerade für uns ist das Sauwetter besonders schlimm, denn wir planen einen Aufstieg, wie er nur wenigen Menschen geboten wird. Doch seit einer Woche schon warten wir aufs richtige Wetter und passenden Wind.

Wohlgemerkt wollen wir nicht etwa die Eiger-Nordwand hinaufsteigen, nicht auf dem Gipfel des Mönch stehen und nicht auf dem Finsterahorn (da war als Student mein Vater droben, ihm und zwei Freunden war die erste Winterbesteigung gelungen). Keine derart gewaltigen Leistungen möchten wir vollbringen, können wir auch nicht. Eine Traversierung der Alpen im Freiballon steht auf dem Programm. Insgesamt fünfundzwanzig Personen warten darauf, die besten Ballonfahrer aller Nationen, dazu ihre Kopiloten und ein Dutzend Passagiere. Bei denen ist nur der Scheck wichtig, den sie ausstellen, zu tun haben sie nichts im Ballon, sie werden einfach nur mitgenommen. Immerhin, die *International Dolder-Ballonweek,* die große Fahrt über das Alpenmassiv, ist das größte Ballonereignis des Jahres. Nicht mit Heißluftballons, natürlich nicht, die alten Fahrer wie die seriösen jungen Leute des Nachwuchses bevorzugen den lautlos gleitenden Gasballon. Wenn die Winde wehen, so, wie es unserem Wunsch entspricht, überfahren wir die herrlichste Gebirgswelt Europas, um nach fünf bis neun Stunden in der norditalienischen Tiefebene zu landen, irgendwo zwischen Genua und Venedig, Mailand, Pavia und Turin.

Es regnet, es nebelt und, schlimmer noch, es ist meistens windstill. Eine Woche warten wir vergebens, die Stimmung sinkt, weil noch immer die Ballons zusammengefaltet in den Schuppen liegen.

Vom schlechten Wetter im Berner Oberland wandern die Gedanken zum heftigen Sturm am Rande des sechsten Erdteils, vom Jungfrau-Massiv zur antarktischen Halbinsel.

»Wie war's denn damals in der Hope Bay«, frage ich den Reisegefährten von der »Explorer«, weil wir gerade frieren und ungeduldig beisammensitzen, »erzählen Sie doch mal im Zusammenhang, wie Sie und die anderen bei dem plötzlichen Furioso der Naturgewalten mit Leib und Leben davongekommen sind.«

Stuart räuspert sich, leert sein Glas und füllt es wieder.

»So schlimm war's noch nie ... ich hab ja schon viel erlebt, aber so was noch nicht. Ich habe wirklich gedacht, es wäre soweit ...!«

Gerade war er mit anderen Landgängern dabei, verschiedene Steine zu bestaunen, die Fossilien enthielten. Abdrücke von tropischen Pflanzen waren darin und auch Lebewesen, die vor Millionen von Jahren in der damals tropischen Antarktis weit verbreitet waren, als die langanhaltende Sirene des Schiffes ertönte.

Sofort zurück ... hieß das, aber warum so plötzlich?

Die Antwort gab der Wind ... ein Windstoß von solcher Stärke, daß man sich kaum noch oder nicht mehr auf den Beinen halten konnte.

Stürme aus heiterem Himmel, mehr noch, aus dem Landesinnern, werden von Kennern »Katabanische Winde« genannt und sind der Schrecken aller antarktischen Seefahrer. Vor allem werden solche davon erschreckt, die glauben, im Schutze von Inseln, Buchten und Fjorden seien sie gut geschützt vor bösem Wetter. So waren auch hier die Folgen überwältigend. Aus dem Hinterland, die Berghänge hinunter fauchte und brauste dieser Wind. Allen »Explorern« fuhr ein nicht gelinder Schrecken in die Glieder. Laufend, springend, ausgleitend, sich wieder aufraffend, eilten sie hinunter zum Landeplatz.

Ein Zodiac liegt bereit, ein anderer nähert sich vom Schiff dem Strand. Aber dieser, vorhin beim Landen als angenehm empfundene Strand ist zur Anlaufstelle für Wildwasser geworden. Kaum können Peter Butz und Mike McDowall ihr Boot in der Brandung halten. Nur mit großer Mühe vermag Tory Peterson seine Gattin namens Ginni durch hochgehende Strudel an Bord zu hieven. Danach zieht er sich selbst ins Schlauchboot, für einen Mann von fünfundsiebzig gewiß keine leichte Sache. Es folgen die beiden Studenten der Biologie und Professor Webb, von dem man sagt, er sei als Seevogelkenner die größte Koryphäe aller Zeiten. Aber das spielt im Augenblick keine Rolle.

»Natürlich will ich auch noch rein«, berichtet mir Stuart Holm sechs Monate später in der Mürren, »statt dessen müssen aber die anderen wieder raus. Der Zodiac sitzt zwischen Klippen festgekeilt, weder Menschenkraft noch Motorenstärke bringen ihn aus der Klemme. In Wasserwirbel gehüllt, schwanken und stapfen die Leute wieder an Land.«

Was indessen mit dem zweiten Zodiac geschieht und denen, die hineinwollen, daran kann sich Stuart nicht erinnern.

»Habe genug mit mir zu tun, dabei senken sich dunkle Wolken bis fast auf die Wasserfläche.«

Als die beiden Biologen und Peter Webb den Tonga-Männern helfen, nicht zu vergessen Peter Butz und Mike McDowell, gelangt der eben noch festgeklemmte Zodiac ins freie Wasser. Mit dem negativen Erfolg, daß nun das Hineinkommen noch schwieriger ist, sogar lebensgefährlich. Auch die arme Ginni

Peterson wird total überspült. Aber den Tonga-Männern gelingt es, sie am Kragen zu packen, und man schiebt sie brüsk unter die Plane am Bug. Den hochbetagten Professor wirft es von der einen zur anderen Seite, wobei er stets in Gefahr ist, in die Spitze des Ankers oder Bootshakens zu stürzen. So weit, so gut, trotz hochschäumender Wellen und überkommenden Wassers. Das Schiff liegt ja nicht weit, und wie man im Boot zu erkennen glaubt, hat es gedreht, damit sein Bug dem Sturm zugewendet ist.

»Nach meiner Schätzung hatten wir so ungefähr hundert Meter geschafft«, erzählt mir Stuart, der meines Erachtens an dieser Stelle seines Berichts um eine Schattierung blasser wird, »etwa hundert Meter weit vom Land sind wir sicher gewesen, als ohne jede Vorwarnung der Motor versagt . . . zu viel Wasser verschluckt hat . . . der Vergaser, irgendwas ist gebrochen.«

Da scheint das Ende gekommen, ein Ende mit Schrecken. Treibt doch der überaus starke, erbarmungslose Wind den Zodiac einem gestrandeten Eisberg entgegen, und dessen Kante ist durch jahrelange Erosion so ausgewaschen, so scharf geschliffen und eingerissen, daß er einem Gebilde von tausend Säbeln gleicht.

»Messerscharfe Säbel, könnte man sagen . . . waagerecht gehaltene Säbel, wenn sie verstehen, was ich meine. Das grausige Instrument bewegt sich auf und nieder, desgleichen das Schlauchboot mit jeder Wellenbewegung. Das bedeutet bei Berührung, beim Zusammentreffen des luftgefüllten Zodiac mit all den eisigen Messern . . . was das bedeutet, brauche ich nicht zu sagen . . . Sie können sich's denken.«

Da nähert sich hochauftauchend und tiefsinkend der andere Zodiac mit John Nowak am Steuer, mit noch zwei Männern von unserer Schiffsbesatzung. Mit scharfen Augen hat Nowak die Gefahr erkannt, in der seine Kameraden schweben, und wirft mit weitem Schwung eine Leine hinüber . . . aber ohne den Wind zu bedenken. Der treibt nicht weniger als dreimal das starke Tau beiseite.

Als es Peter Butz gelingt, den Strick zu fassen, rutscht er gleich wieder aus seiner Hand.

»So stark war der Wind . . .«, betont Stuart, beide Arme ausbreitend, »heute fällt es auch mir schwer, das noch zu glauben!«

Kaum zwanzig, dreißig Meter von der Messerfront entfernt, kann Stuart das rettende Tau ergreifen! Aber es zu halten, ist kaum möglich. Es zerreißt ihm die Haut der Handflächen. Hätten nicht zum Glück, zur Rettung ihres Lebens und aller Leben an Bord Peter Webb und Mike McDowell den Hanfstrick gefaßt, er wäre wieder verschwunden.

Wie es weitergeht, das mag Stuart nicht im Detail berichten. Es regt ihn zu sehr auf, noch heute nach sechs Monaten.

Im Schlepp des zweiten Zodiac kann natürlich das motorlose Boot nur langsam vorwärtskommen. Von jeder anrollenden Welle werden die Insassen übergossen. Sie frieren, sie zittern, fürchten um ihr Leben.

Kaum ist es zu glauben, aber unmittelbar neben dem Schiff kommt es noch schlimmer an der Gangway der »Explorer«. Weil die See steigt und fällt, weil das Schiff von Backbord nach Steuerbord schwankt und die Zodiacs wie Streithähne herumhüpfen, ist der Sprung vom Schlauchboot auf die Gangway-Platte ein tollkühnes Wagnis.

»Volle zwanzig Minuten vergingen, bis wir erst mal die schwergewichtige, von Angst gelähmte Ginni Peterson auf der Gangway hatten. Die anderen folgten unter Aufbietung all ihren Muts ... schließlich habe dann auch ich all meine guten Geister zusammengefaßt ... sonst wäre ich nicht hier in Mürren ... hab's ja auch geschafft.«

Was mich selbst betrifft, dem das Glück eines Sturzes mit rasendem Knieschmerz zuteil wurde, so war mir all das erspart worden. Während meine Reisegenossen um ihr Leben kämpften, während die Männer des Stabes und der Besatzung großartigen Mut bewiesen, gerade in jener Zeit genoß ich die Wohltaten einer warmen Dusche.

Als es soweit war, meinen von Dampf gefüllten Waschraum zu verlassen, war das linke Knie wieder so gut wie das rechte. Rasch in die Kleider und die Filzstiefel, dann hinauf zur Brücke, denn ich wollte doch sehen, wie es mittlerweile den Gefährten ergangen war.

Gerade erlebe ich noch die Ankunft des dritten Zodiac an der Gangway. Ein Korken auf kochendem Wasser ist nichts dagegen, so dreht sich das Schlauchboot im antarktischen Sturm. Es steigt und fällt, man kann es nicht beschreiben. Mit Rettungsringen, Bootshaken und ausgestrecken Händen wird ein Zodiac-Fahrer nach dem anderen auf die Gangway bugsiert.

Wie ernst, wie gefahrvoll das Manöver gewesen ist, kann jeder mit eigenen Augen sehen, der Franz Lazis Film von der Reise betrachtet. Dabei hat Freund Franz auch den Kapitän aufgenommen, wie er droben auf der Brücke die Reling umfaßt, wie er mit deutlich erkennbarer Sorge im Gesicht nach drunten blickt, wo gerade der Kampf ums Anbordholen stattfindet. Hasse Nilssen steht vornübergebeugt im Regen, die Stirn gerötet, mit aufeinandergepreßten Lippen und die Hände verkrampft.

An diesem Abend waren an Bord die Getränke frei, und selten sah man einen so zufriedenen Kapitän.

»Das war die letzte Landung ... und jetzt kann ich's ja sagen, so schlimm war's noch nie!«

Große Angst von kurzer Dauer

»Feuer an Bord« ist das Schlimmste, was sich denken läßt. Die folgenschwersten Schiffskatastrophen der letzten dreißig Jahre, die größten Menschenverluste auf hoher See entstanden nicht bei Zusammenstößen, nicht infolge eines Taifuns, Orkans oder Hurrikans, auch nicht beim Scheitern an felsiger Küste, sondern durch Feuer an Bord!

Meist versinkt die Schuldfrage in einem Nebel von Widersprüchen, wenn man sie überhaupt behandelt. Allzu viele einflußreiche Gruppen sind am raschen Vergessen des Unheils interessiert.

Feuer an Bord kann sich langsam durch alle Räume ausbreiten, kann tagelang in Zwischenwänden, tief drunten im Laderaum schwelen und glimmen, bis es irgendwo zum Ausbruch kommt. Wird der in nur selten betretenen Winkeln um sich fressende Brandherd nicht rasch entdeckt, ist er in vielen Fällen nicht mehr zu löschen. Plötzlich rollt dunkler Rauch durch die Flure, erfüllt Brandgeruch die Luxuskabinen, vielleicht steht mit einemmal der Speisesaal in Flammen. Vorgekommen ist, und zwar bei ausgelassenen Bordfesten, daß binnen Minuten alle Girlanden, Dekorationen und duftigen Abendkleider der Damen lichterloh brannten.

Ist erst mal Panik ausgebrochen, geht dem Käptn und seinen Offizieren oft die Kommandogewalt verloren. So beginnt der Kampf um jeden Platz in den Booten. In Hast, Aufregung und Angst sind Bedienungsfehler an Rettungsgeräten fast die Regel. Doppelt so viele Menschen hätte man beim Untergang der »Titanic« retten können, wären die Boote ordentlich herabgelassen worden.

Wir auf der »Explorer« haben überall im Schiff die Sprinkler, die allein schon auf Hitze reagieren, haben modernste Feuermelder und dazu ein ganzes Arsenal von Feuerlöschern, die notfalls automatisch in Aktion treten. Uns kann nichts passieren.

Gleich zu Anfang wurden wir belehrt über die verschiedenen Signale der Gefahr. Jeder weiß, was dies oder jenes Sirenengeheul zu bedeuten hat. Griffbereit liegen die Schwimmwesten unterm Bett, und jedem ist klar, wo er sich einzufinden hat. Meine Nachbarn und ich kennen das uns bestimmte Rettungsboot. Beim seerechtlich vorgeschriebenen Probealarm wurde das richtige Verhalten durchexerziert. Nichts kann uns bange machen, nicht mal in Gedanken oder schlechten Träumen. Doch soll man die Nacht nicht vor dem Tag loben.

Was wir bedauern, ist, daß mit dem Verlassen der Hope Bucht die letzte Etappe begonnen hat. Drei Tage und Nächte, länger bleiben wir nicht mehr an Bord. Hinter uns Graham-Land, der weit vorgestreckte Finger des sechsten Kontinents. Vor uns, vor dem schäumenden Bug des guten, des starken, uns ans Herz gewachsenen Schiffes das südliche Ende Amerikas. Es sind, in zahlreichen Felseninseln geteilt, die Ausläufer des Anden-Gebirges, das sogenannte Feuerland. Meist wird es von Sturm umtobt, von Nebel verhüllt. Es regnet so gut wie an jedem Tag und ist zu allen Zeiten so kühl, daß die heute fast völlig verschwundenen Ureinwohner stets eines Feuers neben sich bedurften, um in dem scheußlichen Klima zu überleben. Weil der Schein und Schimmer ihrer Feuer weithin sichtbar war, gab schon Magellan der tristen Gegend den Namen *Feuerland.*

Von wilder Brandung angedonnert, erheben sich Kliffe, Riffe und letzte Kaps von Südamerika aus dem Fahrwasser, das jeder Seemann fürchtet. Ruhige See ist nicht zu erwarten. Wo die Strömungen des Pazifischen Ozeans mit den Wogen des Atlantik zusammentreffen, da kann es nicht ruhig sein, selbstverständlich nicht.

So ist jeder von uns auf Sturm eingestellt und hat alles, was in seiner Kabine oder im Waschraum durch die Luft fliegen könnte, in den Koffer gepackt. Auch ich habe meine beiden Gepäckstücke gut verschlossen unters Bett geschoben. Im Speisesaal sind alle Tischdecken angefeuchtet, auch hat man Ränder rings an den Kanten der Tische angebracht. Die Sessel sind ohnehin festgeschraubt, durch die Gegend rollen können sie nicht. Kommt es jedoch ganz schlimm, so werden womöglich die am Tisch sitzenden Menschen in den Raum gestoßen. Wie schon zuvor, wenn schlechtes Wetter zu erwarten stand, hat man allenthalben im Flur und bei den Treppen, in der Lounge und Bar, im Leseraum, sogar in den Toiletten Halteseile befestigt. Ohne sie würde später kaum noch jemand wagen, sich durchs Schiff zu bewegen.

Wer sich an einem der runden Tische in der Lounge niedergelassen hat, wird geschüttelt ohne sein Zutun. Eine ungute Bewegung, das muß ich sagen, eine, wie man sie bisher noch nicht erlebt hat. Es ist, als würde das ganze Schiff gewissermaßen von überirdischer Riesenhand aus dem Wasser gehoben, ein paar Augenblicke lang in der Schwebe gehalten und fallen gelassen. Das gibt jedesmal einen harten Aufstoß! Unsere »Explorer« klatscht nicht einfach zurück ins feuchte Element, sondern kracht in allen Fugen. Dabei springen Gläser, Tassen und Aschenbecher hoch in die Luft, kommen jedoch wieder auf die gleiche Stelle hinunter, meist sogar ohne umzukippen. Eigentlich ist es ganz lustig, sich das anzusehen, nur der Stoß ist unangenehm.

»Ein Segelschiff würde dabei glatt zerbrechen«, meint Nory mit sorgenvollem Ausdruck, »wie gut, daß wir's besser haben in unserem Kahn aus Stahl und Eisen.«

Irving Johnson, der eisgraue, welterfahrene Kapitän, widerspricht mit höflicher Stimme.

»Sie wissen nicht, dear lady, können auch nicht wissen, was so ein Segler aushält . . . ich meine, ausgehalten hat. Die großartigen, unvergleichbaren, ganz aus Holz gebauten Hochseeschiffe waren nicht nur stark, sondern auf wunderbarste Weise elastisch ... sie konnten dem Druck nachgeben, auch dem schlimmsten Druck von Sturm und Strömung und vertrugen jedes Gewicht von überkommendem Wasser. Ihre Feinde waren nicht Wogen und Wellen, mochten die auch noch so hoch und gewaltig sein, sondern Nacht und Nebel in der Nähe von Klippen, Riffen, Inseln und überhaupt von Land. Die Skipper hatten ja nicht die nautischen Instrumente von heute, kein Radar, kein Echolot, keinen Funk, keine Wettermeldung. Ganz alleine auf sich gestellt, haben sie die gesamte Welt umsegelt.«

Er selber auch. Vor vierzig, fünfzig und mehr Jahren hat unser Johnson als Leichtmatrose die Südspitze Amerikas siebenmal umsegelt. »Ich habe einen Film davon, den ich seinerzeit machen konnte ... einen Amateurfilm und deshalb von minderwertiger Qualität. Aber wenn Sie trotzdem ein paar Blicke drauf werfen wollen ... kann ich ja meine filmischen Jugendsünden vorführen, vielleicht am letzten Abend.«

Wir sind dafür, sogar sehr dafür, wie sich denken läßt. Nur selten trifft man heute noch einen von den alten »Cap Horniers«, der unter Segeln auf hölzernen Planken das »schlimme Horn« umschifft hat.

Wieder springen die Gläser hoch, in denen nichts mehr drin ist. Gleich rutschen unsere Chinesenboys übers glatte Parkett, balancieren mit fast tänzerischer Grazie an unseren Tisch, um aufs neue die Gläser zu füllen. Sofort greifen wir zu, damit beileibe nichts verlorengeht.

In der Drake-Passage würden wir noch einiges erleben, vermutet Stuart Holm, obwohl er die zwischen Feuerland und der Graham Peninsula gelegene Meerenge bei dieser Reise zum erstenmal durchquert. Das sei schon einer gewesen, dieser Drake, erinnert Albert Bendelius. So einer, den man heute eine umstrittene Persönlichkeit nennen würde. Geldgieriger Seeräuber auf der einen und großartiger Entdecker auf der anderen Seite. Für seine britischen Landsleute ein Seeheld sondergleichen, für die Spanier einer von den schlimmsten Mordbrennern, der jemals die südamerikanische Westküste heimgesucht hat.

Nach ihm ist die Drake-Passage genannt, in die wir nun hineinsteuern. Für ihn selber, Francis Drake, ist gewiß der Name ehrenvoll, aber er selbst hat die Passage nicht durchfahren, wahrscheinlich nicht einmal erblickt. Statt dessen durchfuhr Francis Drake, der erste englische Weltumsegler, die weit weniger gefährliche, wenn auch sehr zeitraubende Magellan-Straße. Dabei verlor er eines seiner Schiffe aus den Augen, dessen Kapitän offenbar gerne die Gelegenheit benutzte, nach England heimzukehren. Während der eine oder andere Verfasser seegeschichtlicher Werke zu wissen glaubt, Drake habe das Kap Horn besucht, ja sogar bestiegen, haben andere Biographen des großen Seehelden kein Wort darüber verloren.

So anregend die Unterhaltung ist, vor allem die Abenteuer des Francis Drake ein schier unerschöpfliches Thema sind, nach einer Weile müssen wir feststellen, daß es infolge der stoßweisen Schiffsbewegung ungemütlich ist. Vermutlich sind wir im Bett besser aufgehoben. Mit dem schwer zu erfüllenden Wunsch, es möge morgen das Wetter freundlich sein, stehen wir schwankend auf, ergreifen die Halteseile und hangeln uns daran zur Kabine.

Jacke über den nächsten Haken, Schuhe in die Ecke, Wäsche, Strümpfe und Hosen liegenlassen, wohin sie fallen. Rasch unter die Decke, so tief wie nur möglich. Licht aus, im Waschraum klappert etwas, soll mir egal sein. Die Hände um die Kanten des Bettes gekrallt, um nicht hinauszufallen. Alles soweit in bester Ordnung. Nach freiem Willen in Schlaf zu sinken, war schon immer meine Gabe. An Träume in dieser Nacht habe ich keine Erinnerung, es dürften kaum die besten gewesen sein. Statt dessen bleibt mir das plötzliche Erwachen fest im Gedächtnis eingebrannt.

Schrille Schreie der Sirene reißen mich hoch. Automatisch fährt die Hand zum Schalter und knipst das Licht an. Zutiefst erschreckt höre ich die Wiederholung des Alarms. Das Signal ist bekannt ... es kann nichts anderes bedeuten als *Feuer an Bord* ... Feuer an Bord bei schwerem Sturm ... mitten in schwarzdunkler Nacht. Was saust einem da nicht alles durch den Kopf. Ans ordentliche Herablassen der Boote ist bei hochgehenden Wogen nicht zu denken, ebensowenig wird's gelingen, die Zodiacs flottzumachen. Wer kann sie auch besteigen, wenn sie wild hoch und nieder springen. Auch mit den Rettungsinseln, deren Gebrauch ich nie erlebt habe, wird kaum etwas zu machen sein.

Alarm ... Feuer an Bord ... Alarm ... Feuer an Bord ... Alarm ... es hört nicht auf, kreischt und dröhnt durchs ganze Schiff.

Schnell, rasch in die Klamotten ... so toll das Herz auch schlägt. Was der Mensch am meisten braucht in Not und Gefahr ... sofern er hofft, dem Tod zu entrinnen ..., sind seine Papiere, seine Schecks, auch an die Flugkarte denke ich blödsinnigerweise! Dabei sind wichtiger noch warme Kleidung und totaler Regenschutz ... hohe Gummistiefel ... Taschenlampe natürlich, als erstes die Schwimmweste ... und was noch ... und was noch ...?

Das Licht geht aus, ich sitze bei Volldunkel auf der hochsteigenden, der wieder abfallenden Bettkante. Mit fahrigen Fingern greife ich nach den notwendigen Sachen ... natürlich ohne was davon zu sehen. Steige taumelnd in die Hose, schiebe hinten in die Tasche Paß, Geld und Ausweise ... finde und ergreife die Gummistiefel ... ziehe den Regenmantel drüber, schiebe die Pelzmütze auf den Kopf und versuche, mich in die Schwimmweste zu zwängen. Wer das je versucht hat, in tiefschwarzer Kammer bei dem wilden Schaukeln eines Schiffes, von Angst geschüttelt und ganz wirr im Kopf ...

Auf stoße ich die Tür und hinaus in den Gang. Trappelnde Schritte überall, erregte Rufe und Fragen von jeder Seite. Einer prallt auf den andern, da gibt's welche, die schamlos fluchen, und andere, die sich höflich entschuldigen. Auf der steilen Treppe allgemeines Durcheinander. Könnte man irgend etwas sehen, wäre schon viel gewonnen. Sicher ist, sämtliche Gesichter sind schreckensbleich.

Aus dem Speiseraum klingt das Gewirr chinesischer Worte. Dort sind offenbar die Chinesen zusammengelaufen. Sie haben keinen Anführer, keinen Sprecher, auch niemanden, der in solcher Lage noch einigermaßen Englisch versteht.

Uns Passagieren hat man als Sammelplatz in Not und Gefahr die Lounge zugewiesen. Mehrfach schon sind wir bei Rettungsübungen dort zusammengekommen. Mit tappenden Schritten, beide Hände vorgestreckt, finde ich nach ein bis zwei mißglückten Versuchen einen freien Sessel. Ein ausnehmend heftiger Stoß wirft mich darauf, ringsum nehmen die ängstlichen, empörten Stimmen an Stärke zu.

Brandgeruch hängt nicht in der Luft, das sagt mir im gleichen Augenblick meine Nase. Nirgendwo flackert Feuerschein, kein Glimmen, auch kein Schimmer davon. Panik ist nicht ausgebrochen, und das spricht fürs kalte Blut erprobter Seefahrer. Weil Kinder nicht vorhanden sind, gibt's auch keine rufenden Mütter.

So bleibt es für einige Minuten ... ohne daß sich die Lage verschlimmert. Sicher ist die Stromversorgung restlos ausgefallen. Die Lautsprecher sind verstummt, so daß auch das nervenzerfetzende Alarmgeheul schweigt. Wobei mir einfällt, daß auch der Strom beim Funker fehlt. Also kann er nicht nach Hilfe rufen ... SOS ... Mayday ... oder wie auch immer. Was könnte es auch helfen in der wütenden See ... wer sollte kommen? In diesem Abschnitt des Weltmeeres verkehrt kein anderes Schiff oder nur in den seltensten Fällen.

Da höre ich laut und deutlich über alles Sprachgewirr hinweg die Stimme unserer guten, unserer mütterlich besorgten Amy Nilssen, der immer hilfsbereiten Gattin unseres Kapitäns.

»Keine Angst bitte ... gar nichts Schlimmes ist passiert ... viele Leute sind unterwegs, um den Brand zu finden ... finden aber nichts ... bitte keine Angst. Wahrscheinlich falscher Alarm, gar nichts brennt ... ich glaube, es ist kein Feuer an Bord!«

Wenn das die Wahrheit wäre – aber sicher will die gute, kluge Amy nur Panik verhindern.

Das Licht geht an ...! So schön ist noch nirgendwo auf der Welt die Sonne aufgegangen wie in diesem Augenblick das elektrische Licht auf unserem guten Schiff. Es flackert nicht, es zittert nicht, stark bleibt es und hell. Wir können uns ansehen ... gleich danach schon können wir auch lachen ... lachen über uns.

Im Lautsprecher ruft der Käptn, es sei gar nichts passiert, alles befinde sich in bester Ordnung. Wir sollen uns bitte vollständig beruhigen . . . ein kleiner technischer Fehler, nichts weiter, ein Kurzschluß im Netz. Eine bedauerliche, wenn auch glücklicherweise nur kurze Störung der Nachtruhe.

Nein, wie komisch die anderen aussehen! Halb angezogen und manche Damen mit zweierlei Schuh oder Pantoffel. Gestandene Männer tragen notdürftig ein Badetuch um die Hüfte, haben ihre Pelzmütze schief auf dem Schädel. Die mehr als vollschlanke Mrs. Bollingbroke trägt alle ihre kostbaren Ketten und Kolliers um den Hals. Deren Gewicht hätte wesentlich mitgeholfen, sie hinabzuziehen. Freund Albert hat seine dunkelste Sonnenbrille auf der Nase. Aus der Handtasche von Theresa, die einst Primaballerina gewesen war, hängt schwarzseidene Unterwäsche. Mein Nachbar aus Nummer 205 hat sich eine Whiskypulle in die Bluejeans gesteckt. Seine Gattin hat bei all der Aufregung ihre Perücke vergessen. Erstaunt stellt man fest, daß sie keine Haare hat. Mir sagt einer, ich hätte meine Schwimmweste falsch herum übergestreift. Angeblich wäre ich wie ein Stein versunken.

Indessen eilen unsere beiden Barmänner herbei, und durch Lautsprecher läßt die Schiffsleitung verkünden, alle Getränke seien frei bis zum frühen Morgen. Aber ich weiß nicht recht, nach üppigem Alkohol ist mir kaum zumute. Auch die anderen Mitreisenden wollen nicht kostenfrei versumpfen.

Wir schwanken zurück durch Gänge und über Stufen, wobei das Spaßmachen kein Ende nimmt. Aber ich muß doch dran denken, mit welchen Gefühlen, tausend Ängsten wir eben noch, vor nicht mehr als zwanzig Minuten, den gleichen Weg in der anderen Richtung genommen haben.

Manch einen, wie mich zum Beispiel, überkommt beim Alleinsein doch das Bewußtsein von Gnade aus höherer Hand. Womit habe ich nur verdient, daß es ein falscher Alarm war?

Die Klipper und Windjammer

Noch türmen sich die Wogen bis zwölf Meter hoch, wie unser Erster Offizier verlauten läßt. Immer noch rollen gewaltige Brecher aufs Sonnendeck. Wer versuchen wollte, von dort übers Meer zu schauen, sich womöglich an die Reling zu lehnen, den wird wahrscheinlich der Schwall davontragen. Gerade eben sieht es aus, als möchte unser Schiff den anrollenden Glasberg durchstoßen, tief steckt sein Bug schon drin. Da kommt er wieder zum Vorschein und erweckt den Eindruck, als wolle er aus der graugrünen Masse geradewegs in den Himmel hinauf!

Aber immerhin, über unseren Köpfen sieht's besser aus. Nicht mehr der dunkle, von tiefen Wolken verhangene Horizont, sondern hellgrau mit blaßblauen Streifen hat sich der Himmel verschönt. Das böse Wetter von gestern und der vergangenen Nacht hat seinen schlimmsten Zorn ausgetobt. Schon können wir hoffen, sagt lächelnd der Erste, daß wir in der Drake-Passage einige Tage relativer Ruhe genießen.

Allerdings nur trügerische Ruhe! Denn hier, wo sich die beiden größten Ozeane begegnen, kann es normalerweise kein gutes Wetter geben, bestenfalls wenig bewegtes Wasser für zwei bis drei Tage. Nur auf eines kann sich der Skipper mit Sicherheit verlassen, nämlich bald wieder in Sturmwetter zu geraten.

Schon am frühen Nachmittag, so erfahren wir vom Schwarzen Brett, wird uns Irving Johnson, Kapitän in vielbewegtem Ruhestand, seinen Uraltfilm der Umseglung von Kap Horn vorführen. So geschehen vor mehr als einem halben Jahrhundert, nämlich im Winter 1927 auf 1928. Der damals noch junge Mann hatte keine Ahnung vom Filmen, lautet seine Warnung, bevor er die Leinwand spannt. Erst am Tage der Ausreise hatte sich seinerzeit Irving die Kamera gekauft, und zwar eines der ersten Modelle mit 16-mm-Film. Wie das Ding zu handhaben war, ließ sich der junge Johnson vom Verkäufer zeigen. Da muß er verdammt aufgepaßt haben, um so rasch zu begreifen.

Die »Peking«, eine Viermastbark der Hamburger Reederei F. Laeisz, hatte Maschinen geladen, und dementsprechend tief lag sie im Wasser. Aber ihr Kapitän, Hermann Piening, war reich an Erfahrung und hatte dafür gesorgt, daß die schwere, für ein Segelschiff nicht ungefährliche Ladung aufs beste verstaut und gelanscht war. Auch bei stoßweise heranbrausenden Sturmböen konnte sie nicht verrutschen. Wie sich später zeigte, wäre sonst die »Peking« spurlos verschwunden gleich so manchen großen Rahsegler zu Anfang dieses Jahrhunderts.

Bevor sein Film beginnt, hängt Irving eine ins Detail gehende Landkarte vom Ende Südamerikas an die Wand. Sie zeigt Feuerland wie auch die Lage der vielen, von Buchten und Fjorden zerrissenen Inseln, die südlich davon in die Drake-Passage reichen. Wichtig zum Verständnis, überhaupt zur Eigenart der Region sind noch weitere Umstände, die uns der betagte Seefahrer erläutert. Nur wenige Menschen wissen, daß Kap Horn, dieses so oft genannte und vielgefürchtete, kein am Festland hängendes Kap ist, sondern eine Insel. Zwei bis drei Kilometer ist sie breit, knapp acht Kilometer lang. Will man ganz korrekt sein, muß der Name »Hoorn« geschrieben werden, weil der holländische Seefahrer William Schooten, Entdecker der Insel, im Städtchen Hoorn geboren wurde. Als er sich in jenen Tagen des Jahres 1616 inmitten schrecklicher Stürme an der feuerländischen Südspitze ganz besonders nach seiner friedfertigen Heimat sehnte, fand er für die hoch aus dem Wasser steigende Felsennase keinen besseren Namen als Kap Hoorn.

Insel oder Kap, es kommt in diesem Fall aufs selbe heraus, nämlich auf die südlichste Spitze Südamerikas. Wobei zu bemerken ist, daß vor allem die »Kaphorniers«, wenn sie vom berühmten Kap sprechen, damit nicht allein das Horn meinen, sondern die gesamte Region von 50 Grad Süd an der Ostküste bis 50 Grad Süd an der Westküste. Wo jene wilde, weite, teilweise auch hohe, nur durch die Magellan-Straße von Südamerika getrennte Feuerlandinsel ihre Arme in die arktischen Gewässer vorstreckt, ist noch immer der große Kontinent nicht zu Ende. Südlich davon verläuft der schmale Beagle-Kanal, so getauft nach dem Expeditionsschiff »Beagle« des großen Forschers Charles Darwin. Der sogenannte Kanal ist eine schmale Meerenge, südlich begrenzt von den nahe beisammen liegenden Inseln Hoste, Navarino, Picton, Lennox und Nueva. Davor heben sich aus den hin und her strömenden Wogen noch die Wollaston-Inseln. Erst wo diese aufhören, zwei bis drei Kilometer südlich, erscheint als letzter Vorposten des festen Landes das sagenumwobene, fast immer von Nebel, Schnee und Regen eingehüllte Kap Horn.

Kein Mensch bestreitet, daß Kap Horn politisch zur Republik Chile gehört wie auch die Wollaston-Inseln und die eine Hälfte von Feuerland. Umstritten dagegen sind die drei nahe gelegenen Inseln Nueva, Picton und Lennox mit ihren Mini-Inseln und Klippen. Um deren Besitz streiten sich Chile und Argentinien seit bald hundert Jahren. Doch ist in letzter Zeit ihr Streit aktuell geworden, weil man Öl im grauen Fels, sogar unter dem Meeresboden vermutet. Weil sich die beiden Staaten deswegen bedrohten, wenn auch vorläufig nur mit Worten, haben sie den Heiligen Vater um Schiedsspruch gebeten. Bevor aber Johann Paul II. darauf einging, mußten beide Seiten feierlich versprechen, seine Entscheidung anzunehmen. Als sodann der Papst im Oktober 1980 zugunsten von Chile entschied, meinten die Argentinier, da sei wohl in Rom ein Irrtum unterlaufen, verschiedene Umstände wären Seiner Heiligkeit nicht bekannt gewesen. So ist die Sache noch immer in der Schwebe.

Wer denkt da nicht an die Falkland-Krise. Auch bei diesem Überfall brachten die Okkupanten angebliche Ölvorkommen und andere Rohstoffe ins Spiel. Kenner, mit denen ich während unseres früheren Besuches auf den Inseln darüber gesprochen habe, glauben nicht an derartige Reichtümer. Im übrigen wären sie noch lange kein Grund, um friedfertige Leute bei Nacht und Nebel zu überfallen.

Indessen hat das Ehepaar Johnson die Vorbereitung für die Filmvorführung getroffen. Noch ein paar entschuldigende Worte zur schlechten Qualität des uralten Streifens, dann sehen wir die Kapumseglung im letzten Monat des Jahres 1927. Aber nicht in jenes Jahr glaubt sich der Betrachter versetzt, sondern tief hinein ins 18. Jahrhundert. Es kann doch im ersten Viertel unseres Säculums so etwas nicht mehr möglich gewesen sein!

Wer es nicht besser weiß, wer nur das oft schauerliche Geschehen auf der Leinwand sieht (und anderes kann er ja nicht sehen), wird vermutlich hell empört sein, daß man junge Menschen, überhaupt irgendwelche Menschen einer solchen Schinderei ausgesetzt hat. Unzumutbar für heutige Begriffe! Bei ständiger Gefahr für Leib und Leben hoch hinauf in die Takelage, Segelreffen und Segelsetzen in Schnee, Regen und eiskaltem Wind. Schäbiger Lohn für gewissenlose Ausbeutung, ganze vierzig Mark im Monat. Während die Lehrlinge, die sogenannten Jungmannen, noch ihrerseits dafür bezahlen mußten. Schlimm und schauderhaft, ja sogar als »soziales Verbrechen« betrachtet es die Mehrheit der Zuschauer.

»Es war nicht einfach, auf einem Windjammer anzuheuern«, sagt der alte Johnson in diese Überlegung hinein, »so zahlreich drängten sich junge Leute zum Dienst auf Segelschiffen, ganz besonders auf einem Kaphorner. Nur einer von sechs bis sieben machte sein Glück und wurde genommen. Ein großes, ganz großes Erlebnis hatte er vor sich. Wer ums Kap gesegelt war . . . konnte sich fühlen, der wurde angestaunt und bewundert bis zum heutigen Tag. Viele Tausend Dollar, Pfund oder Deutschmark würde mancher darum geben, könnte er in der »Amicale internationale des Capitaines aux long Cours Cap Horniers« Mitglied werden, hält man sie doch in seemännischen Kreisen für den exklusivsten Klub der Welt. So konnte sich jeder Skipper vor dem Wind eine strenge Auswahl unter den Anwärtern leisten, bevor er von den guten Bewerbern die besten an Bord gehen ließ.*

Der Filmstreifen zeigt die drangvolle Enge in den niederen, halbdunklen Mannschaftsräumen. Wir sehen das Gelaufe und Gerenne der vielgeplagten Besatzung, sehen das muskelspannende Ziehen an rauhfasrigen Tauen. Alles

* Der offizielle Name, worin von »Capitaines aux long Cours« die Rede ist, läßt vermuten, daß nur Kapitäne mit dem Patent für »Große Fahrt« zugelassen waren und sind. Jedoch sind fast alle der Segelschüler, also auch der Leichtmatrosen, Matrosen und Offiziere, sogar manche der Segelmacher, der Schmiede und des sonstigen Personals eines Tages *Kapitäne auf Großer Fahrt* geworden. Wer von den Umseglern aus irgendwelchen Gründen das Kapitänspatent nicht abgelegt hat, konnte als »außerordentliches Mitglied« in die AMICALE aufgenommen werden. Diese bestand als eine Art Freundschaftsbund ohne Satzung schon seit langer, nicht mehr feststellbarer Zeit, wurde dann 1937 als französische AMICALE in St. Malo (Bretagne, Frankreich) gegründet und 1956 auf internationale Basis ausgedehnt. Zwölf Nationen gehören bisher dazu, seltsamerweise sind die USA nicht darunter. Sitz der AMICALE ist St. Malo deshalb, weil diese Hafenstadt schon vor Jahrhunderten Heimat vieler großer Entdeckungsreisender und berühmter Segelkapitäne gewesen ist. Alle Jahre finden Kongresse statt, jeweils an einem anderen Ort. Insgesamt zählt die »Bruderschaft« (Stand 1982) 2497 Mitglieder, darunter nur zwei Frauen. Erstaunlich, ja überraschend ist das sehr hohe Durchschnittsalter, wie es jene Männer erreichen, die viele Jahre und oft jahrzehntelang die Härte, die vielen Gefahren, überhaupt das entbehrungsreiche Leben an Bord der Windjammer ertragen haben. Nicht zu vergessen die ganz besonders harten Jahre vor dem Mast. Aus den Mitgliederlisten der Verstorbenen geht hervor, daß ein Drittel das achtzigste Lebensjahr, nicht wenige sogar das neunzigste Lebensjahr erreicht haben, einer hat sogar auf hundertundzwei Lebensjahre zurückgeschaut.

wird im Laufschritt getan, ebenso wieselflink das Hinaufentern zu den Rahen. Eine Hand fürs Schiff, die andere für den Mann, um sich festzuhalten. Das mußte jeder schon am ersten Tag begreifen. Wie sie da stehen auf einer dünnen, durchhängenden Leine, dem sogenannten Fußpferd! Den Oberkörper über die Rah gebeugt, kämpfen sie mit den schweren, um sich schlagenden Segeln im scharfen Wind. Die meisten Seestiefel, nur wenige wissen das, hatten hohe Hacken, damit sie nicht von der Stehleine, dem Fußpferd, abrutschten. Jeder Handgriff mußte rasch, dennoch gründlich getan werden. Wer hoch droben über dem schwankenden Schiff abglitt, wer den Halt verlor, brach sich beim Aufprall ein paar Knochen, möglicherweise das Genick, oder er verschwand auf Nimmerwiedersehen in der bewegten See.

»Auf die Heuer kam's nicht an«, versichert uns der seinerzeit noch junge, heute fünfundsiebzigjährige Seemann. »Alle waren wir Idealisten, so richtig gepackt vom großen Erlebnis einer Weltumseglung ... ich mein damit die Fahrt unter Segel nach der guten alten Art. Hundert Tage und oft noch länger hat's gedauert von Hamburg ums Kap nach Chile, Peru und Ekuador. Kein Hafen wurde angelaufen, bis zum Ziel ging's durch auf Biegen und Brechen. Achtzehn Jungens und junge Männer waren wir auf der ›Peking‹, drei oder vier Nationen, die sich prächtig vertrugen. Unser Schiff trug vier Masten, zweiunddreißig Segel mit Segelfläche von viertausend Quadratmetern. Das war vielleicht ein Anblick, wenn der Wind reinblies mit vollen Backen. So was kriegt man heute nicht mehr zu sehen. Nicht weniger als dreihundertsiebenundvierzig Taue mußten wir bedienen, aber nur an dreihundertvierzig davon hab ich mich hochgezogen ...«

In seinem Film ist das zu sehen. Ob man es glaubt oder nicht, der junge Johnson gebrauchte dafür nur seine Hände, während die Füße frei herabhingen. So flink war er dabei wie hier vor meinem Fenster die Eichkatzen im Haselnußbaum.

Die maximale Geschwindigkeit der »Peking« betrug fünfzehn bis sechzehn Knoten (siebenundzwanzig bis neunundzwanzig Stundenkilometer). Das Beste ihrer während der Reise mit Johnson gefahrene Etmal, das heißt die während eines Tages zurückgelegte Strecke, waren dreihundertfünfzig Seemeilen (sechshundertdreißig Kilometer). Zur Bedienung befanden sich vierunddreißig Mann an Bord, inklusive der schon erwähnten achtzehn Jungmänner.*

Nun hat in Johnsons Filmbericht die Viermastbark das Ende Südamerikas erreicht. Als nächstes muß sie die Passage ums Kap bezwingen. Die Besatzung hat beim Kampf mit den Elementen allerhand erlebt und lebend überstanden.

* Mein Freund Theo Saevecke, der fünfmal das Kap umsegelt hat, weiß noch genau, wie das an Bord der »Peking« gewesen ist: Ein Kapitän, drei Offiziere, ein Bootsmann, ein Zimmermann, ein Schmied, ein Segelmacher, ein Koch mit Kochjunge, zehn Matrosen, fünf Leichtmatrosen, vier Jungmänner, drei Schiffsjungen. Befanden sich achtzehn Jungmänner an Bord wie bei der Reise mit Irving Johnson, dann fuhr die »Peking« als Frachtsegel-Schulschiff. Sonst genügten vier Jungmänner.

Dreiunddreißig Sturmtage in der verfluchten Drake Passage. Kreuz und quer trieben tobende Stürme das wackere Schiff. Durch wütende Wogen wird es zurückgeworfen, erst weit nach Westen, dann tiefer nach Süden.

»Nie hab' ich so was gesehen«, kommentiert hinterher unser Käptn Nilssen den Film, »nie hätt' ich es für möglich gehalten, daß ein Schiff so viel Wasser übernimmt und trotzdem weiterschwimmt.«

Wie da Männer an Deck wieder auftauchen, nachdem sie unter Riesenwogen verschwunden waren ... vom Zusehen allein läuft's mir kalt über den Rücken. Wie die Jungmänner auf Strickleitern bis zur obersten Rah aufentern, um Segel zu setzen oder zu reffen, kaum ist es zu glauben. Ihre Akrobatik oben in Kirchturmhöhe, während die »Peking« hart von Steuerbord bis hart Backbord überholt, wie können sich dabei die Leute noch halten? Das schwergeprüfte Schiff taucht so steil ins Wildwasser, als ginge es auf direktem Weg zum Seeteufel, hebt gleich danach den Bug so hoch in die Luft, als möchte es doch lieber bei St. Peter sein Heil versuchen. Unvorstellbar, was der Viermaster und seine Kaphorner durchstehen!

»Wirklich, es war eine große Sache, die herrlichsten Wochen meines Lebens«, sagt Johnson zu seinem Abenteuer aus dem Winter 1927/28, »genau wie sich's jeder gewünscht hat. Nur einer ging über Bord ... fast über Bord. Wie der Käptn ihn rausgeholt hat, stehen mir noch heute die Haare zu Berge. Auch von denen, die dabei waren, hat's keiner so recht begriffen!«

Da hat in Sekundenschnelle Hermann Piening mit seiner linken Pranke das Ende eines Tampen gepackt und ist aus dem Stand mitten hinein ins Wassergebirge gesprungen. Wie es ihm gelang, mit seiner Rechten den Schopf des Ertrinkenden zu fassen, hat keiner gesehen ... eigentlich war überhaupt nichts zu sehen im graugrünen Gebrodel. Aber weder das eine noch das andere ließ Hermann Piening los, einerseits nicht den Tampen und andererseits nicht den Haarschopf. Mit einem Bootshaken wurden beide festgehalten, dann von vielen Händen in Sicherheit gebracht. Worauf der Retter durch den Sturm brüllte ... Johnson konnte das noch in deutscher Sprache wörtlich zitieren: »Wenn einer von euch verdammten Hundsfötten jemals verlauten läßt, daß ich kurz mal über Bord war, dem reiß ich den Arsch auf ... von oben bis unten!«

So sagte Hermann Piening, erklärt uns sein ehemaliger Leichtmatrose, weil das Seerecht aller Nationen dem Kapitän aufs strengste verbietet, während der Fahrt sein Schiff zu verlassen. Wie bekannt, geht ja im Fall einer Katastrophe der Kapitän als letzter von Bord. Zweifelhaft ist, ob Piening, in enger Auslegung des Begriffes, wirklich »von Bord gegangen« ist. Die beiden Kaphorner Theo Saevecke und Wolf Stiebler meinen, daß vermutlich eine gewaltige, übers Schiff dahinrollende Woge den Jungmann erfaßt hat. Wie leider bei Stürmen am Kap oft geschehen, hätte sie ihn wahrscheinlich rasch über die Reling davongeschwemmt. Wenn Hermann Piening in diesen Wasserberg hineinsprang, um den Jungen zu retten, gehörte dazu gewiß der gleiche Mut, wie über Bord zu springen.

Hermann Piening war wie fast alle Segelkapitäne seiner Zeit absoluter Herr und Gebieter an Bord. Ein »Master next to God«, wie die Engländer sagen, ein Autokrat, ein Vorgesetzter in der unmittelbaren Nähe Gottes. Saugrob dem Anschein nach, aber mit echtem Goldherz in Wirklichkeit. Trotz aller Gefahren, die er zu bestehen hatte, darunter vielen Dutzend Umseglungen des Kaps, hat auch Piening im wohlverdienten Ruhestand ein selten hohes Alter erreicht.

Von seinem Schiff, von der »Peking«, ist noch zu berichten, daß sie noch existiert! Freunde der alten Seefahrt haben den über siebzigjährigen Segler vor dem Verschrotten gerettet, wieder in den Zustand seiner besten Zeit versetzt und als schwimmendes Museum in New York neben der South Street, südlich der Brooklyn Bridge verankert. Mustergültig ist sie wieder »aufgeriggt«, wie die Seemänner sagen, eine Augenweide für jeden Kaphorner, der einst auf ihr gefahren ist. Wer die »Peking« besucht, kann auch den Film des seinerzeitigen Leichtmatrosen Johnson sehen. Auf der würdigen Viermastbark, die etwa achtundfünfzigmal ums Kap gesegelt ist, wird der Film vorgeführt, zweimal täglich.

Während draußen die Sonne sinkt, beruhigt sich der Wind und mit ihm die Wellen. Es ist wieder ganz gemütlich in der Lounge. Natürlich wird vom Kap geredet, besonders von den Windjammern, von den Dreimastern, Viermastern und Fünfmastern, dann auch von den schlanken Teeklippern längst vergangener Zeiten. Die gleichen Gewässer haben sie seinerzeit durchpflügt, die heute auch wir überqueren. Allerdings uns geht es dabei viel besser. Ein runder Tisch mit Polstersesseln, dampfende Punschgläser stehen darauf, und sieben zufriedene »Explorer« sitzen davor. Alle sind passionierte Freunde der Seefahrt, leidenschaftliche Liebhaber alter Geschichten, ganz besonders von solchen, in denen Segelschiffe die Hauptrolle spielen. So hat unser Freund Irving, der Segler über sieben Weltmeere, die richtigen, für sein Thema passenden Zuhörer. Er gibt dazu den Anstoß, erst noch mit Erzählungen von der »Peking«, spricht auch von der »Preußen«, der »Padua«, »Priwall«, von der »Potosi«, der »Pamir« und der »Passat«, schließlich auch von den allerletzten Windjammern, die bis in die sechziger Jahre hinein noch das Kap umsegelten.

»Aber ich möchte gern mal über Stag gehen, den Kurs wenden ... falls Sie erlauben ... nämlich hinein in die große Zeit, in die stolze, leider nur kurze Epoche der Klipper ... in die Zeit der schnellsten und schnittigsten Segler, die man je gesehen hat. Selbst unser Windjammer, auch meine ›Peking‹, war ... mit den Klippern verglichen ... ich sag's nicht gern ... na ja, dazu im Vergleich waren die Windjammer, höflicher gesagt, die Rahsegler der Tiefsee, dicke Enten!«

Die Klipper, vor allem ihre Erfindung und Entstehung, hat viel mit Nathaniel Palmer zu tun. Weil wir gestern noch auf der Palmer-Halbinsel waren, die seinen Namen verewigt, steht er uns in diesen Tagen nahe. Alle an Bord wissen, daß der in jenen Jahren noch erstaunlich junge Nat Palmer im Jahre 1821 als Skipper seines nur kleinen, wenn auch solide gebauten Robbenschlägers namens »Hero« bis nahe an den Rand des sechsten Erdteils gelangte. Er war es auch, dem das unheimliche Erlebnis mit den Menschenstimmen im Niemandsland widerfuhr. Möglicherweise hat Palmer sogar als erster Mensch einen Streifen des bisher unbekannten Kontinents erblickt. Nirgendwo aber habe ich in jenen Werken, die sich mit Erforschung des Südlichen Eismeeres befassen, auch nur einen Hinweis darauf gelesen, was später aus dem tapferen, tüchtigen Seemann geworden ist. Noch keine dreißig Jahre alt, verschwindet Nathaniel Palmer von der Bildfläche. In Wahrheit aber ist noch viel aus Nathaniel Palmer geworden, sehr viel!

»Vater der Klipper darf man ihn nennen, den Schöpfer der schnellsten Segelschiffe auf Erden. Als schon Dampfschiffe die Meere und großen Ströme befuhren, überholte sie Palmer im wahrsten Sinne des Wortes. Er hielt den Siegeszug der Schornsteinstinker für Jahrzehnte an, ja, man könnte sagen, daß er die Zeit der Segelschiffe um fast ein halbes Jahrhundert verlängerte.

Sein Erfolg wird daran gelegen haben, daß Nathaniel Palmer nicht nur wie geschaffen war für die Seefahrt mit Segel und Wind, sondern fast selber ein Geschöpf des Meeres. Mit dreizehn Jahren kam er an Bord und stand sogar im Pulverdampf eines Blockadebrechers während des kurzen britisch-amerikanischen Krieges 1812/13. Mit knapp einundzwanzig Jahren erhielt Palmer das Kommando über den Robbenschläger »Hero« und erlebte Abenteuer sondergleichen. Was ihn weit über die Skipper seiner Zeit hinaushob, war Palmers nimmermüde Beobachtungsgabe und deren praktische Anwendung. Alles, was Wind, Wellen und Strömung betraf, suchte er zu begreifen, warum es so und nicht anders war. Gleichermaßen war er Beobachter seines Schiffes in jeder nur möglichen Lage. Wie es sich verhielt in völlig verschiedenen Situationen, das war für ihn Frage und Faszination zugleich. Alles und jedes zeichnete er in seinem Gedächtnis auf. Aus diesen Erfahrungen vermochte Palmer nach und nach zu erkennen, daß die Form seines Schiffes, die damals übliche Schiffsform, nicht die günstigste war. Gerade in den wilden Gewässern am Kap Horn wirkte sich das nachteilig aus. So tief sollte der Bug nicht einsinken, eine geringere Schiffsbreite wäre bestimmt besser gewesen, und gelegentlich hätten größere Segelflächen wesentliche Vorteile gebracht. Palmer entwarf Pläne in seinen stillen Stunden, schnitzte Modelle mit flinker Hand und war nach wenigen Jahren fest überzeugt, einen neuen Schiffstyp gefunden zu haben.

Als Glück, und er hatte viel Glück im Leben, erwies sich seine Freundschaft mit Donald McKay, dem weithin bekannten, allgemein geschätzten Schiffskonstrukteur. Dieser McKay, aus einer Familie mit siebzehn Kindern stammend, war bis über beide Ohren mit Aufträgen eingedeckt. Die Zeiten damals waren gut für Frachtgeschäfte, besser denn je besonders für schnelle Schiffe. Dabei ging es vor allem um den Teetransport von China nach New York. Je eher die neue Ernte, der frische Tee aus Kanton an der amerikanischen Ostküste eintraf, desto höher wurde er bezahlt, desto mehr konnten die Schiffseigner für den Transport verlangen. Der Teeverbrauch war sehr hoch in jenen Jahren, die alljährlichen Ernten, damals fast nur aus China stammend (die Teekulturen in Sumatra, Indien, Afrika und anderen Regionen der Welt waren noch nicht entwickelt), reichten bei weitem nicht aus, um den rasch steigenden Bedarf zu befriedigen.

Mit der Entdeckung der reichen Goldlager in Kalifornien kam fast zur selben Zeit noch das Frachtgeschäft mit jenem Land hinzu. Auch bei der Fahrt nach Kalifornien ging es um möglichst kurze Reisezeit. Dabei war »Menschenfracht« die Hauptsache. Schnelle amerikanische Klipper wie unter anderem die »Flying Cloud« brachten in drei Jahren insgesamt hunderttausend Passagiere ins Goldland. Grund genug, immer schnellere Schiffe zu bauen, und so war es nicht schwer, Geldgeber für die ersten »Klipper« zu finden. Nicht lange danach brauchte man sie für den Wolltransport von Australien nach England. Vor allem die neuen Klipper waren in der Lage, den seinerzeit noch schwerfälligen Dampfern ernste Konkurrenz zu machen, allein schon deshalb, weil sie keinen Brennstoff brauchten.

Schon das erste, nach Nat Palmers Entwürfen gebaute, auf den chinesischen Namen »Houqua« getaufte Schiff mit siebenhundertundsechs Bruttoregistertonnen unterbot den bisherigen Rekord auf dem Wege von New York nach China um dreiundzwanzig Tage. Palmer selbst hat hierbei die »Houqua« geführt. Der nächste Klipper, »Samuel Russell« mit tausendeinhundert Bruttoregistertonnen war ein noch größerer Erfolg, eine Sensation der Seefahrt. Von New York ums Kap nach San Francisco schlug die »Russell« alle bisherigen Bestzeiten. Trotz einer für damalige Zeit guten Bezahlung der Mannschaft sowie einer Geschwindigkeitsprämie für den Kapitän verdiente der Reeder an dieser einen ersten Fahrt hundertachtzigtausend goldene Dollar, dreimal mehr als die Baukosten für das Schiff!

Alsdann lief, natürlich wieder nach Palmers Entwürfen und von McKay 1872 gebaut, die »Sea Witch« vom Stapel und schaffte die weite Strecke New York–Kanton, mehr als die Hälfte des Erdumfangs, in der fürs vorige Jahrhundert unglaublich kurzen Zeit von hunderteinundzwanzig Tagen. Das waren zwanzig Tage weniger als irgendein Schiff zuvor. Außerdem hatte Captain Waterman den bisherigen Weltrekord an Tagesleistung, das sogenannte Etmal, überboten, nämlich zweihundertsechzig Meilen (vierhundertachtundsechzig Kilometer) binnen vierundzwanzig Stunden. Kaum zu glauben war für seine Zeitgenossen, daß die »Sea Witch« an drei Tagen nacheinander 253, 248 und 240 Seemeilen (455, 446 und 432 Kilometer) zurückgelegt hatte.

So ging es weiter von Erfolg zu Erfolg, von einem erstklassigen Klipper zum noch besseren. Gebrochene Rekorde begleiteten ihren Weg, im übrigen galten die finanzielle Erfolge auch für den Erfinder, was ja bekanntlich selten ist, denn der kluge Nat Palmer hatte sich an jedem »seiner Klipper« Anteile gesichert.

So schlank, graziös und zerbrechlich auf den ersten Blick die wunderschönen Schiffe auch waren, sie hielten fast alles aus, was die wilde See zu bieten hatte. Während eines schauerlichen Sturms am schlimmen Kap verlor die »Flying Cloud« nicht nur einmal, sondern zweimal alle Masten. Sämtliche Aufbauten wurden fortgerissen, die Boote zerschlagen, und keiner der Männer wagte aufs Überleben zu hoffen. Aber sie erreichte ihr Ziel, und das noch mit Gewinn!

Nat Palmers Bruder, Ted mit Vornamen, führte die von Nathaniel entworfene »Oriental« und erreichte im Jahre 1850, von Kanton kommend, mit tausendvierhundertundfünfzig Tonnen Tee an Bord den Zielhafen London binnen siebenundzwanzig Tagen. Weil der Suez-Kanal noch nicht fertig war (und sich im übrigen für Segelschiffe nicht eignet), ging die Reise ums Kap der Guten Hoffnung. Da vom Empfänger der Ware jeder gewonnene Tag extra bezahlt wurde, erreichten die Frachtkosten den dreifachen des üblichen Betrages. Selbstverständlich verdiente auch der Kapitän daran, ebenso gab es für die oft bis zur totalen Erschöpfung angetriebene Mannschaft einen Bonus. Auf den Klippern, besonders auf den Teeklippern, war die Besatzung doppelt so zahlreich wie auf »gewöhnlichen Seglern«, auch zahlreicher wie auf den Windjammern späterer Zeit. Im Durchschnitt jagten auf den Klippern fünfzig bis sechzig Mann, mitunter sogar hundert Mann über die Meere.

Während der Reise gab es keine, absolut keine Verbindung zur Außenwelt. Man lebte wie auf einer isolierten Insel, schnell dahineilend unter windgefüllten Segelwolken. Herr und Herrscher an Bord war der Kapitän, vollkommen losgelöst von der übrigen Welt. Keine Nachricht, auch keine Anweisung irgendwelcher Art konnte ihn erreichen. Es gab ja weder Funk noch Radio, auch keine Wettermeldung. Ganz und gar abhängig war alles vom Wind, von den Wellen und dem Wetter. Bei Flaute fluchte der Skipper, holte aus dem leichtesten Lüftchen noch Bewegung heraus, kreuzte im Gegenwind durch Sturm und Strömung. Keine Stunde verlieren, wenn auch ein paar Segel zerfetzen. Zeit war alles, nichts, gar nichts konnte sie ersetzen. (Die Seglerkapitäne konnten nicht ahnen, wie rasend rasch knapp hundert Jahre später das Flugzeug Menschen, Post und Fracht befördern sollte.)

Manche der Skipper hatten ihre Frau an Bord, natürlich auch bei Taifun, Orkan und schlimmsten Zyklonen. Babys kamen zur Welt, während widrige

Winde das Schiff herumwarfen. Von einem Skipper wird berichtet, der inmitten eines brausenden Unwetters von der Brücke ans Bett der Gebärenden eilte, um ihr beizustehen. Aber gleich mußte er wieder hinauf in die brausende Nacht ... aufs neue zur armen Frau in ihrer schweren Stunde ... zurück auf seinen Posten ... schnell hinunter ans Bett der Geplagten, um das Kind abzunabeln.

Captain Creesy war einer der besten und kühnsten Klipperkapitäne, die es jemals gab. Von ihm sagte man, daß er bei Sturmgebraus jedes vorhandene Segel setzte mit Ausnahme des Nachthemdes seiner Frau. Sie war im übrigen weit mehr als nur des Captains Frau, nämlich Erster Offizier auf der »Flying Cloud«. Bei all seiner sonstigen Tüchtigkeit verstand nämlich ihr Gatte nichts von Navigation, alles, was mit Rechnen und Berechnen zu tun hatte, wurde von Mrs. Creesy besorgt. Sie wird als zart und zierlich geschildert, segelte schon mit zwanzig Jahren auf ihrer Hochzeitsreise von New York ums schlimme Kap nach Kanton. Als während einer Reise zurück von San Francisco nach New York der Kapitän einen Schädelbruch erlitt und fast unbeweglich sechs Wochen in seiner Koje lag, übernahm Mrs. Creesy allein das Kommando. Sie führte und navigierte die »Flying Cloud« ums schreckliche Kap. Weil dort das Wetter noch stärker tobte, als irgendeiner an Bord jemals erlebt hatte, blieb die junge Frau während neununddreißig Stunden bei Regen, Wind und Hagelschauern auf der Brücke. Sie hatte sich festgebunden, damit überkommendes Wasser sie nicht fortspülte. Drunten stöhnte der kranke Mann, sie selber war im achten Monat schwanger.

Ähnliches wird vom Klipper »Neptune's Car« unter Captain Putten berichtet. Nachdem beide Offiziere durch überkommende Wogen schwer verletzt waren, erkrankte noch der Skipper an Hirnhautentzündung. Seine junge Frau hat sodann mit Hilfe einiger älterer Matrosen die Führung übernommen und Kap Horn umrundet. Nach einer Gesamtzeit von 134 Tagen hat »Neptune's Car« in gutem Zustand San Francisco erreicht.

Auf einem vergilbten Foto in feinem Goldrahmen ist der vollbärtige Ed Waterman zu sehen, Skipper der »Adelaide«, und an seinem Arm die schüchtern wirkende, bildhübsche, mädchenhafte junge Frau. Sie war viele Jahre lang Begleiterin des Captains bei Rekordfahrten ums Kap. Sicher war es nicht leicht für Mrs. Mary Waterman, in chinesischen Gewässern an Bord der »Adelaide« eine Meuterei mit Mord, Totschlag und Ausbruch von Wahnsinn zu erleben.

Nathaniel Palmer, nachdem er mehrere von ihm entworfene Klipper ums Kap nach China und Kalifornien geführt hatte, begab sich im noch jugendfrischen Alter von sechsundvierzig Jahren in den Ruhestand. Weil er aber so ruhig nicht sein konnte, gründete er einen Verein für Segelsportler, den heute noch bestehenden, pickfeinen und sehr aktiven New Yorker Yachtclub.

Als die Dampfer schneller wurden, immer schneller und auch zuverlässiger, was ihre Fahrpläne betraf, ging allmählich die Klipperzeit zu Ende, die vielleicht aufregendste, manche sagen auch, nobelste Epoche der Segelschiffe. Mitschuldig an ihrem Ende war die Eröffnung des Suez-Kanals 1869, der natürlich die Fahrten und damit auch die Frachtkosten der Dampfer weiter verbilligte. Immer schwieriger wurde es für die Skipper, Gewinne zu erzielen. Weshalb sie letzten Endes im Wettbewerb gegen die »Schornsteinstinker« unterlagen, hatte seinen Grund auch in der geringen Lebensdauer der schnellen Segler. Die enorme Beanspruchung ihrer meist hölzernen Konstruktion, vor allem durch den gewaltigen Druck der allzu großen Segelflächen, wie das besonders am Kap unvermeidlich war, verbrauchte die schlanken Schiffe rascher, sehr viel rascher als die Segler »gewöhnlicher Art«. Natürlich war den aus Eisenplatten gefertigten Dampfern ein längeres Leben beschieden.

Wohl der letzte Klipper, von einer schottischen Werft gebaut und Ende 1869 vom Stapel gelaufen, war die »Cutty Sark«, wohl der schönste und technisch vollendetste Klipper aller Zeiten. Aber leider zu spät geboren, denn fast am gleichen Tag wurde (in Gegenwart der Kaiserin Eugenie von Frankreich) der Suez-Kanal eröffnet. Mit ihren 933 Tonnen war die »Cutty Sark« kein großes Schiff, führte aber, vollbetakelt, 2970 Quadratmeter Segelfläche und konnte bis siebzehn Knoten Geschwindigkeit (30,6 Stundenkilometer) erreichen. Sie wurde nacheinander von den drei besten Seglerkapitänen ihrer Zeit geführt, und die Skipper konnten unter den erfahrensten Seeleuten die besten wählen. Jedes andere Segelschiff blieb hinter »Cutty« zurück. Bei Gelegenheit brachte sie binnen siebzig Stunden 931 Seemeilen (1397 Kilometer) hinter sich. Von London nach Sydney segelte »Cutty Sark« binnen vierundsiebzig Tagen, und das war absoluter Rekord für Schiffe, die keinen Brennstoff brauchten.

Aber wie dem auch sei, 1877 war das letzte Gewinnjahr mit Teeballen an Bord. Nur zweiundvierzig Tage brauchte nun der neue Dampfer »Glearty« von Kanton nach London. Er kam mit nur halb so großer Besatzung aus, dafür schleppte er doppelt so viel Fracht. Demgegenüber fiel der Energiebedarf (damals nur Kohle) nicht so sehr ins Gewicht. Die Rennpferde vor dem Wind, die herrlich anzusehenden Klipper, deckten nicht mehr ihre Kosten. Um wenigstens das noch zu erreichen, kam auch für die »Cutty« nur noch die Fahrt mit australischer Wolle, Getreide und anderen Gütern in Frage, bei denen Zeit nicht wichtig war. Dann aber lohnte sich auch das nicht mehr, und die Eigner verkauften das immer noch schöne, immer noch seetüchtige Schiff an Portugal. Dort ging es bergab mit der ehemaligen »Cutty Sark«. Trotz mangelnder Pflege hielt sich aber das schon sechzigjährige Schiff über Wasser, unternahm noch weite Reisen bis in den Westen Südamerikas ums Kap. Insofern war die »Cutty« ein Gegenbeweis zur bisherigen Erfahrung der nur kurzen Lebensdauer fast aller Klipper.

Tatsache ist, daß auch die »Cutty Sark« noch heute besteht. Portugal verkaufte sie einem britischen Reeder, der aus reinem Idealismus den einst schnellsten Segler aller Weltmeere in seinen ursprünglichen Zustand versetzte. Letztwillig hat er ihn der britischen Admiralität überlassen, und so fand die »Cutty«, vollaufgeriggt und zur Besichtigung freigegeben, im Britischen Marinemuseum bei Greenwich an der Themse ihren Ruheplatz. Von dort kann nun die »Cutty« auf ein Leben von weit über hundert Jahren zurückblicken.

Was blieb, was länger als ein halbes Jahrhundert weiter über die Meere segelte, waren jene braven, wackeren, wetterbeständigen aus Stahl und Eisen gebauten Segler, die man gemeinhin »Windjammer« nennt.* Viele der voll und schwerbeladenen Frachtsegler haben zweimal im Jahr Ostwest und zweimal im Jahr Westost Kap Horn umsegelt. Manche von denen, die um 1900 gebaut wurden, sind heute noch vorhanden, einige sogar als Schulschiffe im aktiven Dienst. Sie haben Frachten befördert, die es nicht eilig hatten, holten Salpeter und Guano aus Chile, brachten Getreide und auch Wolle von Australien in heimische Häfen. Weil die Rahsegler keinen Brennstoff brauchten, verlangten ihre Eigner für die Fracht zur Westküste Amerikas, nach Australien, Kalifornien und zurück weniger als Dampfschiffreeder.

Viele der sogenannten Windjammer stammten aus deutschen und englischen Werften, nicht wenige gehörten der Hamburger Reederei Ferdinand Laiesz. Zeitweise besaß dieses hochangesehene Haus achtzehn Segler, und insgesamt dürften es im Laufe der Zeit ein halbes Hundert gewesen sein. Deren Namen begannen alle mit »P«. Zu ihnen gehörte auch die »Peking«. Andere waren »Padua«, »Priwall«, »Potosi«, »Preußen«, »Pamir« und »Passat«. International wurden sie wegen ihres Anfangsbuchstabens die »Flying P-Liners« genannt.

Obwohl bei leichtem Wind nicht so rasch wie die Klipper, erreichten auch sie häufig Geschwindigkeiten bis zwölf, sogar vierzehn Knoten (21,6 bis 25,2 Stundenkilometer) und noch viel mehr, wenn günstige Umstände zusammentrafen. Viel größer als bei den schlanken Klippern war ihr Frachtraum. Die »Potosi« beispielsweise beförderte im Jahre 1900 während ihrer Fünfundsiebzig-Tage-Fahrt von Iquique nach Hamburg sechstausend Tonnen Salpeter, unbeschadet der schauerlichen Stürme am Kap. Unter Führung des seinerzeit bei allen Seeleuten wohlbekannten Kapitäns Hilgendorf legte sie binnen vierundzwanzig Stunden dreihundertsiebzig Seemeilen (666 Kilometer) zurück. Andere ausnehmend schnelle Reisen unter Hilgendorf waren zwischen Valparaiso und Hamburg achtzig Tage, bald darauf vierundsiebzig Tage, und einmal schaffte sie es in nur sechsundsechzig Tagen. Schneller noch, als manche Klipper gewesen waren. Von Hilgendorf sagt man, er habe die Fallen verschlossen, wenn er schlafen ging, damit der Wachhabende nicht die Segel ber-

* Ihre Bezeichnung hat nichts mit »Jammer« zu tun, sondern stammt vom englischen Wort »to jam«, was sinngemäß vollpacken, hineinstopfen, restlos ausfüllen bedeutet.

gen ließ. Wenn das notwendig war, mußte Hilgendorf geweckt werden. Dabei lief die Reise von Hamburg nach Chile über elftausendfünfhundert Seemeilen, die Heimreise über zwölftausend Seemeilen.

Noch ein Rekord geht auf Hilgendorfs Konto, hat er doch die meisten Umseglungen des Kaps hinter sich gebracht, nämlich sechsundsechzig. Aber ein Engländer namens Dixon fuhr bei nur dreiundvierzig Kapumseglungen (weil er noch andere Fernreisen unternahm) während seiner dreißig Kapitänsjahre insgesamt 895 000 Seemeilen (1 593 000 000 Kilometer) unter Segel! Schon mit zwöf Jahren war er Schiffsjunge gewesen, im Alter von sechsundzwanzig Jahren kommandierte er eine Viermastbark.

Als im Mai 1902 die von der Tecklenburg-Werft in Gestemünde gebaute »Preußen« vom Stapel lief, war sie mit fünftausendachtzig Bruttoregistertonnen und mit achttausend Tonnen Tragfähigkeit das größte Segelschiff der Welt, dazu das einzige, jemals gebaute Fünfmastvollschiff. Länge über Heck und Gallion hundertdreiunddreißig Meter, Breite sechzehneinhalb Meter und Länge des für die Takelage verwendeten Tauwerks fünfundvierzig Kilometer! Höhe des Mittelmastes achtundsechzig Meter, insgesamt dreiundvierzig Segel mit alles in allem fünftausendfünfhundertsechzig Quadratmetern Segelfläche. Dennoch waren normalerweise »nur« vierunddreißig Matrosen nebst Leichtmatrosen imstande, sämtliche Segel binnen fünfundzwanzig Minuten zu setzen. Einschließlich des Kapitäns, der Offiziere, der Köche und so weiter betrug die Gesamtzahl der Besatzung nicht mehr als fünfundvierzig Mann. Aber die »Preußen« konnte mit vierzehn bis fünfzehn Seemeilen in der Stunde (sechsundzwanzig und achtundzwanzig Stundenkilometer) den meisten Dampfschiffen ihrer Zeit davonfahren, noch in unserem technisch so fabelhaft fortgeschrittenen Jahrhundert! Diese Leistung vollbrachte sie, ohne eine Tonne Kohle, ohne einen Barrel Öl zu konsumieren. Dabei beförderte die »Preußen« ein Frachtvolumen ungefähr gleich dem Inhalt von fünfhundert Eisenbahnwaggons. Ohne weiteres umsegelte die »Preußen« das so sehr gefürchtete Kap, unternahm auch Fahrten nach Australien und Ostasien. Ein durchaus gewinnbringendes Geschäft für die Reederei Ferdinand Laiesz in Hamburg.

Ausgerechnet seine Schnelligkeit geriet dem einmaligen Schiff zum Verderben. Mit hundert Klavieren, Zement, Koks und Kisten an Bord war der weltgrößte Segler unterwegs nach Südamerika mit dem Kurs ums Kap, wie es sich von selber versteht. Da schnaufte im Kanal ein Postdampfer namens »Brighton« seines Weges, um wie üblich die Einfahrt in den Hafen von Plymouth zu gewinnen. Gewiß war dafür Raum genug, so glaubte zumindest der Kapitän des Postlers. Weil aber die »Preußen« dank günstigen Windes mit ihrer maximalen Geschwindigkeit segelte, mit siebzehn Knoten, wie es hieß, hatte sich der Schornsteinskipper sträflich verkalkuliert: Ein Fünfmastvollschiff kann weder rasch seine Geschwindigkeit verringern noch blitzschnell ausweichen. Im übrigen bestimmte die Seestraßenordnung, daß jeder Dampfer dem Segler das Wegerecht überläßt. So stießen beide Schiffe krachend zusammen. Immerhin gelang es, alle Mann von der »Preußen« zu retten. Sie selber versank mit all den schönen Klavieren.

Manche Experten der Segelfahrt vertreten die Meinung, daß zwei nach der »Preußen« gebauten Schiffe noch etwas größer waren als diese, einmal der amerikanische Siebenmast-Gaffelschoner »Thomas W. Lawson« mit knapp zweihundert Bruttoregistertonnen mehr und etwas über achttausend Tonnen Tragfähigkeit. In der rauhen Praxis hat sich jedoch die »Lawson« nicht bewährt. Aus Sicherheitsgründen konnte man sie nur mit viertausend Tonnen beladen, und schon nach einem Jahr wurde das geldverschlingende Monstrum aus dem Verkehr gezogen. Ernster zu nehmen war die Konkurrenz der erst 1911 gebauten »France II« mit fünftausendsechshundertdreiunddreißig Bruttoregistertonnen und ebenfalls achttausend Tonnen Tragfähigkeit. Aber während der ersten acht Jahre ihrer Existenz war sie mit Hilfsmotoren ausgerüstet. Ein Makel, fast schon eine Schande in den Augen leidenschaftlicher Segelfreunde. Kaum waren die Maschinen entfernt, strandete die »France II« nahe Noumea/Neukaledonien/Südsee. So können wir meines Erachtens sowohl die »Lawson« wie auch »France II« vergessen. Das größte Segelschiff aller Zeiten war und bleibt die »Preußen«.

Die Frage, wie lange denn die Windjammer lebten, die nicht so schlanken, nicht so eleganten Nachfolger der Klipper, kann auch Freund Johnson nicht ohne weiteres beantworten. Länger jedenfalls, in vielen Fällen doppelt so lang als die seinerzeit schnittigsten Segler der Welt. Am längsten im Dienst, meint er, war wohl das 1896 gebaute Vollschiff »Rickmer Rickmers«. Im Jahre 1912 an Portugal verkauft, segelte es noch unter dem Namen »Santo Andrea« bis 1962 als Schulschiff. Ein echter Kaphorner ist die »Rickmers« seinerzeit gewesen und soll noch heute als Museumsschiff in einem portugiesischen Hafen liegen. Der 1844 gebaute Walfänger »Charles W. Morgan« hat noch bis 1921 Fangreisen unternommen, und das war mit achtzig Jahren Dauer wohl die längste bekannte Dienstzeit eines Segelschiffes. Im Marine-Museum von Mystic Seaport (USA) blieb das wackere Schiff erhalten.

Noch vollaufgeriggt liegt in Marienhamn/Aaland-Inseln/Ostsee der ehemals deutsche Kaphorner »Pommern«, einst zur Laiesz-Flotte gehörend, dann jedoch an Gustav Erikson verkauft. Die Viermastbark hat vierzig Jahre lang Frachten ums Kap Horn befördert, weit über sechzig Umseglungen soll sie geschafft haben. In Göteborg (Schweden) liegt guterhalten die Viermastbark »Viking«, die nicht weniger als neununddreißig Jahre unterwegs war. Doch werden alle Rekorde langer Dienstzeit überboten von dem einst deutschen Segelschiff »Prinzess Eitel Friedrich«. Als Vollschiff aus Stahl wurde die »Prinzess« 1910 in Dienst gestellt, nach dem Ersten Weltkrieg an Frankreich ausgeliefert und »Colbert« genannt. Zehn Jahre später kaufte Polen das Schiff und konnte es bis heute behalten, weil es in einem sicheren schwedischen Hafen den Zweiten Weltkrieg überdauerte. Unter dem Namen »Dar Pomorza« segelt das ehemals Kaiserliche Schulschiff als polnisches Schulschiff noch heute, hat auch in diesen Jahren – herrlich anzusehen – am großen Rendezvous aller noch betriebsfähigen Segelschiffe teilgenommen.

Nicht zu vergessen die »Padua«, seinerzeit auch zur Reederei Laiesz gehörend. Die Viermastbark lief im Januar 1926 von Stapel und gelangte nach so manchen Irrungen und Wirrungen in die sowjetische Kriegsmarine unter dem Namen »Krusenstern« (so genannt nach dem baltischen Baron, dem ersten Weltumsegler und Admiral des Zaren). So dient die ehemalige »Padua« heute noch der UdSSR als Schulschiff der Handelsmarine. Nicht weniger als vierhundert Matrosenanwärter sind jeweils an Bord, und auch dieses zur Zeit größte Segelschiff der Welt beteiligt sich an den Windjammer-Paraden.

Einer der ehemaligen, heute in München lebenden Matrosen, der schon erwähnte Kapitän Wolf Stiebler, berichtet aus seinen Erinnerungen von so manchen Umseglungen des Kaps an Bord dieses Schiffes:

»Wir hatten im Steuerbordlogis der Viermastbark ein ausgezeichnetes Kameradschaftsverhältnis untereinander. Es mußte so sein, denkt man an die schwere Arbeit auf Deck und droben auf den Rahen. Empfindlich durfte man nicht sein, unsere Hände waren aufgesprungen. In Ölzeug eingenäht, verbrachten wir sehr oft die sogenannte Freiwache, klar zum jederzeitigen Ruf: ›Alle Mann an Deck.‹ Da gab es verdammt was zu tun ... Rasmus kam über, der Wind zu stark fürs Wenden, immer mußten wir halsen, um gegen die sturmartigen Böen anzukreuzen, Härte und Kampf gegen die Naturgewalten. Oft wußte man nicht mehr, was Schlaf oder Ruhe eigentlich bedeuten. Aber wenn ein besonders schwieriges Manöver zu Ende war, tönte der seit alten Zeiten übliche Ruf vom Kartenhaus ›Besanschot‹, und der Kapitän kredenzte zum Aufwärmen einen hochprozentigen Schnaps für jedermann. Man fühlte sich belohnt und war zufrieden. Ich bin stolz auf diese Ausbildung und möchte keinen Tag der schweren Wochen missen. Es war doch was, wenn mal ein Segel mit donnerartigem Knall in die Brüche platzte, krachte es ähnlich wie die Schüsse einer 10,5-cm-Batterie in ungeordneter Reihenfolge ... aber es war wirklich ein zerrissenes Segel. Dann kämpfte man sich hinauf in die Rah, um den Rest runterzuholen.«

Diese Ausbildung, diese Erfahrungen sind es gewesen, die Wolf Stiebler während der schweren Wirtschaftskrise, als so viele Seeleute arbeitslos waren, den Weg in die Kriegsmarine geöffnet haben. Es waren erfahrene Männer durch die enormen Verluste an Seeoffizieren während des Ersten Weltkriegs selten geworden. Wenn man einerseits hört, wie entsetzlich hart das Leben an Bord der Windjammer gewesen ist, gibt es dennoch keinen ehemaligen Kaphorner, der sich nicht gern mit großem Stolz und strahlendem Gesicht daran erinnert.

»Was die Schiffe mitmachten, besonders bei der Umrundung Südamerikas«, betont wieder Irving Johnson in der Runde an unserem Tisch, »wie die Holzkästen überlebten im schauerlichsten Wetter zwischen Riffen, Klippen und Eisbergen . . . mir wird ganz anders, wenn ich dran zurückdenke!«

Tatsächlich, die Härte von Schiff und Menschen grenzt an Wunder. Wenn man hört, daß 1907 Kapitän W. S. Broughton auf der »Dynomene« dreimal sämtliche Masten verlor, fragt sicht der Laie, wie und mit was er sie ersetzen konnte. Fünf Mann wurden über Bord gerissen, die Zurückgebliebenen reichten zum Bedienen der Pumpen nicht aus. Das Wasser stieg hoch und höher. An Rettung war nicht mehr zu denken, weil überkommende See die Boote zertrümmert hatte. Aber es geschah dies und das, worüber heute keiner mehr zu berichten weiß. Trotz allem hielt sich das Schiff über Wasser und erreichte schließlich Valparaiso mit elf Monaten Verspätung. Ein anderer Kaphorner, die Viermastbark »Deudreath Castle«, wurde im Jahr 1905 in sinkendem Zustand von ihrer Mannschaft verlassen. Glückliche Umstände halfen den Schiffbrüchigen, eine stille Bucht zu erreichen, wo man sie nach wenigen Wochen entdeckte. Ein Jahr später wurde das steuerlos auf den Wogen treibende Wrack der »Deudreath Castle« von einem anderen Segler gesichtet, und einige Mann stiegen sogar an Bord. Obwohl zur Hälfte mit Wasser gefüllt, war das verlassene Schiff noch schwimmfähig. Aber den Versuch, die »Deudreath Castle« abzuschleppen, ließ man lieber bleiben. Nie wieder wurde das Wrack gesichtet.

»Ganz ungewöhnlich«, teilt Irving Johnson mit, der eben droben auf Deck gegangen war, »ganz ungewöhnlich ist das Wetter für hiesige Verhältnisse, so hab ich's noch nie erlebt.«

Es klärt sich auf, und die See läuft ruhiger . . . ganz ungewöhnlich in der Tat. Wir brauchen die Gläser auf dem Tisch nicht mehr festzuhalten. Sie bleiben stehen, wo man sie hinstellt.

Im Augenblick geht das Gespräch um die letzten Kaphorner, um die letzten Rahschiffe auf großer Fahrt. Viele waren es im zweiten Viertel unseres Jahrhunderts nicht mehr. Fast alle gehörten Gustav Erikson, einem finnisch-schwedischen Reeder in Marienhamn auf den Aaland-Inseln im Bottnischen Meerbusen zwischen Finnland und Schweden. Schon im zarten Alter von zwölf Jahren fuhr dieser Erikson zur See, wenn auch nur als Küchengehilfe. Bald stieg er die Stufenleiter hinauf, dank seines ruhelosen Lerneifers und sagenhafter Energie wurde er mit kaum zwanzig Jahren Kapitän. Damit nicht genug, erwarb er das Schiff und nicht lange danach noch andere hinzu, bis ihm als Reeder eine ganze Flotte gehörte, nur Segelschiffe.

Gustav Erikson war ein fanatischer Verehrer alter Segelschiffe, er war ihnen geradezu verfallen. Andere Reeder, vor allem die einigermaßen gut verdienenden, mochten ihn auslachen wegen seiner Verschrobenheit. Aber Gustav Erikson, ohne es zu wollen, wurde weltberühmt als letzter Schiffseigner, der Rahsegler fahren ließ bis ans Ende der Welt und viele Male um Kap Horn.

Nur bei äußerster Sparsamkeit (von unverständigen Kritikern als gräßlicher Geiz verdammt) war ihm das bis fast in die zweite Hälfte dieses Jahrhunderts noch möglich. Dafür mußte man wahrlich echten Idealismus beweisen, und allerseits wurden dafür harte Opfer gebracht. Nur so konnten noch Windjammer auf große Reisen gehen anderthalb Jahrhunderte nach Erfindung der Dampfschiffe, als längst schon Menschen und eilige Fracht die Ozeane binnen wenigen Stunden auf dem Luftweg überquerten. Fünf Voraussetzungen mußten nach Eriksons Meinung erfüllt sein, um ohne Verluste, vielleicht noch mit knappem Gewinn, über die Runden zu kommen. Eine möglichst geringe, jedoch hart arbeitende Besatzung, darunter ein relativ großer Anteil von Offiziersanwärtern*. Nur bei billigem Ankauf der Schiffe lohnte sich ihr Betrieb. Meist gelang der sehr günstige Kauf, weil ja sonst die Zeit der Frachtsegler vorüber war. Übernahme des vollen Risikos bei Schiffsverlusten war Eriksons Prinzip, denn keines seiner Schiffe war versichert. Er konnte es sich nicht leisten. Soweit wie möglich mußte alles, was an Bord der Schiffe gebraucht wurde, in Eriksons Werkstatt hergestellt werden. Man reparierte die Segel an Bord, nichts wurde weggeworfen, das sich womöglich wieder gebrauchen ließ.

Eine Auswahl bestmöglicher Seeleute für das Fahren und Führen der Schiffe, die gab es nirgendwo mehr so gut und zahlreich wie damals in Marienhamn. Zu jener Zeit nämlich, teilweise noch heute, ernähren sich auf den Aaland-Inseln die meisten Menschen durch den Fischfang, seit Jahrhunderten schon und vielleicht noch länger. Sie waren gewissermaßen von Geburt an und von Natur aus zur Seefahrt bestimmt.

Kaum zu fassen, daß Gustav Erikson seine Mannschaft nicht bezahlte, die Offiziere und Kapitäne nur mit lächerlich geringen Beträgen abfand. Schlimmer noch in heutiger Sicht, gar nicht zu begreifen, daß sich Gustav von den schwer schuftenden Matrosen bezahlen ließ! Für die Erlaubnis, auf seinen Seglern dienen zu dürfen, entrichteten die Männer beim Anmustern zweihundert gute alte Dollar. Das riesengroße Abenteuer, die scheußliche Schinderei am Kap war es ihnen wert. Es gab keine andere Möglichkeit, solch eine fabelhafte Reise durchzustehen, so großen Ruhm unter Gleichgesinnten zu erwerben. Jeder, der mitgemacht hatte, konnte sich um Aufnahme in der »Amicale des Caphorniers« bewerben und erhielt sie auch.

Eriksons Stolz war die Viermastbark »Herzogin Cäcilie«, 1902 auf der Rickmers Werft gebaut, 3242 Bruttoregistertonnen Tragfähigkeit, höchster Mast

* Darunter waren viele Deutsche, weil damals noch Kapitänsanwärter zwanzig Monate Fahrtzeit auf Segelschiffen nachweisen mußten.

54 Meter, Segelfäche 3530 Quadratmeter. Sie beförderte nicht nur Fracht, sie diente auch als Frachtschulschiff, und so mancher im Ersten Weltkrieg bewährte Offizier der Kaiserlichen Marine war zum Beginn seiner Laufbahn auf der »Herzogin Cäcilie« ausgebildet worden. Den Ersten Weltkrieg überstand das stolze Schiff in einem Hafen des neutralen Chile. Erst 1920 kehrte die »Cäcilie« in die Heimat zurück, mußte jedoch an Frankreich ausgeliefert werden. Von dort kaufte Gustav Erikson die Viermastbark für nicht mehr als viertausend Pfund Sterling. Wieder mal hatte sich seine Sparsamkeit bewährt! Weitere sechzehn Jahre auf den Weltmeeren folgten, fast eine Viertelmillion Seemeilen und zahlreiche Umseglungen des Horns waren dem Schiff noch vergönnt, bevor es im April 1936 bei Falmouth an der englischen Küste gestrandet ist. Auch in diesem Fall ging kein Menschenleben verloren.

Sogar Passagiere durften auf Eriksons Kap-Horn-Segler mitreisen zum jeweils höchsten Preis, den sie zu entrichten bereit waren. Jede Gefahr, jedes Unwetter machten sie mit, selbst wenn sie wegen anhaltender Seekrankheit alle Innereien verloren.

In Marienhamn hält sich noch heute das Gerücht, wonach Gustav Erikson einer Dame, die soeben von ihrer Umseglung des Kaps heimkehrte, einen Blumenstrauß überreicht haben soll. Dies ungeachtet der damit verbundenen Kosten! (Es hat sich letzten Endes doch gelohnt für ihn, denn Gustav konnte sie überreden, seine Frau zu werden.)

Nicht sehr lange nach dem Tode Gustav Eriksons im Jahre 1947 ging die Epoche der großen Frachtsegler definitiv zu Ende. Die Erikson Reederei besteht noch weiter, sie blüht und entwickelt sich, aber meist mit Motorschiffen. Zur bleibenden Erinnerung an die ruhmvolle Vergangenheit blieb die alte »Pommern« in Marienhamn erhalten. Daneben befindet sich ein hochinteressantes Museum. Unter anderem enthält es viele Arbeiten, die früher während der Freiwache von den Segelschiffmännern angefertigt wurden, darunter die bekannten Flaschenschiffe, die Schnitzereien aus Holz, Walroßzähnen und ähnlichem Material, auch selbstgefertigtes Geschirr, sogar Stickereien und Häkeldeckchen aus der angeblich so rauhen Hand der Matrosen. Hin und wieder finden Kongresse und gesellige Zusammenkünfte der »Amicale« in Marienhamn statt, die an Gastfreundschaft nichts zu wünschen übrig lassen.

Zu meinem Schiff des Schicksals (wenn ich es so nennen darf) war allem Anschein nach die »Pamir« vorbestimmt. In jenem Jahr, nämlich 1957, hatte die Viermastbark schon einiges hinter sich, unter anderem zahlreiche Lebensjahre. Schon 1905 war die »Pamir« bei Blohm und Voss zur Welt gekommen, gebaut für die Reederei Ferdinand Laiesz. Mit ihren 3020 Bruttoregistertonnen, mit ihrer Besatzung von normalerweise dreiunddreißig Mann, unter deutscher Führung natürlich, befuhr sie die aus Kostengründen bevorzugte Route ums Kap Horn nach Südamerika. Sie hatte auch das Glück, die gefährlichen Jahre des Ersten Weltkriegs in einem neutralen Hafen zu überstehen. Dann jedoch bei ihrer Rückkehr von Chile mit viertausendfünfhundert Tonnen Salpeter mußte die »Pamir« an eine der Siegermächte, und zwar an Italien, ausgeliefert werden. Weil offenbar die Italiener nichts Rechtes mit dem sturmerprobten Schiff anzufangen wußten, das immerhin zwanzig Umseglungen des Kaps hinter sich hatte, konnte Ferdinand Laiesz die »Pamir« zurückkaufen für nur siebentausend Pfund Sterling. Wieder folgten zwanzig Reisen auf der schon gewohnten Strecke. Immer ging alles gut, auch die schlimmsten Stürme konnte »Pamir« relativ gut abwettern. Gelegentlich wurde zur Mitfahrt ein Schriftsteller eingeladen, mehrere Bücher sind demzufolge erschienen mit dem starken Schiff als Hauptperson.* Auch in der Presse haben Mitreisende eifrig über die »Pamir« berichtet, und so wurde sie in der Öffentlichkeit recht gut bekannt.

Ende 1931 gelangte die »Pamir« dorthin, wo sich inzwischen die meisten der großen Segelschiffe befanden, in die Flotte des Gustav Erikson. Unter seiner Regie segelte das Schiff weiter ums Kap der Guten Hoffnung nach Australien, wurde bei Ausbruch des Zweiten Weltkriegs, obwohl finnisches Eigentum, von den Neuseeländern beschlagnahmt und bis 1948 vom neuseeländischen Staat eingesetzt, wenn auch unter deutschen Kapitänen, die auf Laiesz-Segelschiffen geschult wurden. Dann erst bekam Gustav Erikson, besser seine Erben, das Schiff zurück, beladen mit sechzigtausend Sack Getreide. Gerade noch konnte die »Pamir« ihre Unkosten decken, wurde dann aber zum Abwrakken an eine belgische Werft verkauft. Im letzten Augenblick hat die Lübecker Reederei Schliewen die »Pamir« gerettet. Sechs Jahre fuhr sie weiter nach Südamerika, vor allen Dingen mit Stückgut, mit Gelegenheitsfracht und zurück nach Europa mit Getreide. Dem Eigner genügte es offenbar, wenn der alte Segler gerade noch seine Unkosten deckte.

Alsdann gelangte die »Pamir« zusammen mit ihrem gleich alten und gleichartigen Schwesterschiff »Passat« als Schulschiff in eine Stiftung, die von allen namhaften deutschen Reedereien gemeinsam gegründet war. In dieser Eigenschaft als Frachter und Schulschiff zugleich war sodann die schon gut fünfzigjährige »Pamir« wieder auf großer Fahrt nach Südamerika wie in so vielen Jahren zuvor. Hin und wieder wurde, wie schon erwähnt, von der »Stiftung Pamir und Passat« ein Schriftsteller zur Mitreise aufgefordert, kostenfrei sogar, falls er willens war, über das Schiff und dessen Fahrt zu schreiben. Für die Herbstfahrt des Jahres 1957 hin und zurück wurde auch mir die Möglichkeit geboten. Eine hohe Ehre, versteht sich, ein maritimer Literaturpreis gewissermaßen. Wohlgemerkt durfte jeweils nur ein Gast die Reise mitmachen, hin und zurück mußte es sein. Außerdem wurde erwartet, daß ich zunächst eine Menge über

* »Mit der Pamir um Kap Horn« von Kapitän Burmester, »Die letzten Segelschiffe« von Manfred Hauser sowie »Pamir ... ein Schicksal« von Jochen Brennecke mit Karl Otto Dummer, einem der sechs Überlebenden.

Segelschiffe lernte, auch die Namen sämtlicher Segel. Zu diesem Zweck schickte man mir einen zunächst verwirrenden Plan, in dem nicht nur sämtliche Segel genannt waren, sondern auch die Masten, die Rahen und so weiter. Dem Zweiten Offizier war ich zugeteilt, der mich ebenso belehren wie abhören sollte. Immerhin, es war eine feine Sache, und ich freute mich sehr darauf.

Getrübt wurde meine Vorfreude nur durch die plötzliche Erkenntnis, daß in den argentinischen Anden, weil auf der südlichen Halbkugel gelegen, die Hirschbrunft nicht Ende September stattfindet wie bei uns, sondern im März/April. Leidenschaftlicher Jäger, der ich bin, besser gesagt, gewesen bin, wollte ich der Einladung eines deutsch-argentinischen Freundes nachkommen, der mir in seinem riesengroßen, sehr weiten und noch völlig wilden Waldgebirge freie Jagd auf Brunfthirsche angeboten hatte.

Aber die drei Wochen meines südamerikanischen Aufenthaltes – die Wartezeit der »Pamir« – fiel in den Herbst, die dortigen Hirsche aber röhren nur im Frühjahr. Weshalb ich den zuständigen Herren der »Stiftung Pamir und Passat« aufs höflichste bat, meine Mitreise doch in den März/April des kommenden Jahres zu verlegen. Die ärgerliche Antwort erreichte mich telefonisch und glich einer Absage: »Entweder Sie fahren in diesem Herbst oder gar nicht«, wurde mir unsanft mitgeteilt. »Da Sie unsere Einladung für September nicht so recht zu würdigen wissen, haben wir schon einen anderen Buchschreiber vorgesehen.«

Da war mit guten Worten nichts mehr zu machen, ich hatte ganz offenbar die Chance verspielt. Schon war an meine Stelle der Kollege Alfred Schmidt getreten, sicher eine ausgezeichnete Wahl. Er besaß selber das Kapitänspatent und wurde – aus irgendwelchen praktischen Gründen – als Erster Offizier in der Bordliste geführt, obwohl ein anderer als der »richtige Erste« fungierte. Auf dieser Reise bei ihrer Heimkehr, genauer gesagt am 21. September 1957 gegen 10 Uhr MEZ , auf Position 35° 57′ Nord, 50° 20′ West, bei schwerem Nordoststurm im Feld eines tropischen Orkans (so der Wortlaut des Hamburger Seeamts) ist die »Pamir« gekentert und gesunken. Von den sechsundachtzig Mann an Bord, zum großen Teil Kadetten, wurden nur sechs Überlebende aufgefischt. Der an meiner Stelle mitgefahrene Alfred Schmidt fand den nassen Tod.

Nach langen, sehr gründlichen Untersuchungen, auch nach eingehender Befragung der Geretteten hat das Hamburger Seeamt in seinem Schlußbericht zum Verlust der »Pamir« unter anderem erklärt: »Bei der Besetzung des Schiffes mit Kapitän, Offizieren und Stammbesatzung haben sich jene Schwierigkeiten ausgewirkt, die seit Jahren in dieser Richtung bestehen. Die Möglichkeit ist gegeben, daß die mangelnde Vertrautheit des Kapitäns mit den besonderen Segeleigenschaften der ›Pamir‹ und die nur begrenzte Segelschiffserfahrung des Ersten Offiziers ungünstige Auswirkung hatten. Folgende Lehren sollten aus dem Pamir-Unglück gezogen werden: 1) Segelschulschiffe sollten nur Kapitänen anvertraut werden, die entweder das Schiff aus längerer, eigener Fahrpraxis als Wachoffizier kennengelernt haben oder Schiffe ähnlicher Größe und Eigenschaften aus eigener Kapitänspraxis gründlich kennen. Als Offiziere auf Segelschiffen sollten nur Männer angemustert werden, die selbst eine gründliche Segelschiffausbildung erfahren haben, auch vor dem Mast.«

Tatsächlich wurde hinterher eine ganze Reihe von menschlichen Versäumnissen und Fehlentscheidungen festgestellt, darunter auch unverzeihliche Nachlässigkeit. Der eigentliche Kapitän der »Pamir« befand sich auf Urlaub, von einem Kollegen, dessen Segelerfahrung länger zurücklag, wurde er vertreten, und dieser war offenbar der kritischen Lage nicht gewachsen.

Früher war das anders gewesen. Bis etwa zum Jahre 1935 wurde bei der Reederei Laiesz kein Mann Vollmatrose auf einem Segler, der nicht vorher als Leichtmatrose oder Anwärter drei bis vier Kap-Horn-Reisen hinter sich hatte. Dieser Beweis seemännischer Leistung mußte erbracht werden. Aber in den fünfziger Jahren gab es diese Auswahl nicht mehr, immer schwieriger war es geworden, tüchtige, erfahrene Kaphorniers zu finden. Wobei man nicht vergessen darf, daß nach dem Ersten Weltkrieg auch der Zweite Weltkrieg große Verluste unter erfahrenen Nautikern verursacht hatte. Viele der ehemaligen Kaphorner dienten als Marineoffiziere, als Maate wie auch als Mannschaftsmitglieder in vorderster Front und hatten vor allem auf U-Booten fast ständige Gefahr zu ertragen.

Die Folge des Untergangs der »Pamir« war, daß nun die »Passat«, das ebenbürtige Schwesterschiff, aufgelegt wurde. Wenn auch immer noch vollkommen seetüchtig, und das bis zum heutigen Tag, die Eigner wollten und konnten nicht mehr die Verantwortung für den Betrieb der »Passat« übernehmen. Also fand die »Passat«, zur Besichtigung freigegeben, bis auf weiteres im Hafen von Travemünde ihr Ruhebett.

Gewiß mit Recht und mit tiefem Bedauern sagte mir unlängst beim gemütlichen Beisammensein im Klubhaus des Jachthafens mit Blick auf die »Passat« Theo Saevecke: »Sollte sich trotz allem irgendeine, mit viel Geld gesegnete Gruppe finden, die unsere schöne ›Passat‹ wieder auf große Fahrt entsenden will, vielleicht gar um das männermordende Kap, es geht nicht mehr! Auf der ganzen Welt würde man keinen Kapitän in urteilsfähigem Alter finden, der aus der harten Schule vor dem Mast hervorgegangen ist und dann selber Segelschiffe ums stürmische Kap geführt hat. Der einzige überlebende deutsche Kap-Horn-Kapitän, Gottfried Clausen, steht heute im achtzigsten Lebensjahr. Walter von Zatowski, 1894 geboren, hat 1980 das Zeitliche gesegnet. In Finnland, auf den Aaland-Inseln, sieht es nicht anders aus. Offiziere und Matrosen im gängigen Alter für die Fahrt auf großen Segelschiffen dürften zur Seltenheit geworden sein. Ganz davon abgesehen bin ich sicher, daß sich schon beim

Plan einer Wiederinbetriebnahme von ›Passat‹ oder einem ähnlichen Schiff das Seeamt querlegen würde.«

Es sind also nicht die Windjammer, an denen es heute fehlt, sondern es gibt die Menschen nicht mehr, um sie zu fahren.

Wir besteigen Kap Horn

Der letzte Tag des Jahres hat begonnen. Er schenkt uns Wetter, so ruhig und schön, klar und sonnig wie seit langem nicht. Welch ein Wandel seit dem schrecklichen Sturm während der Nacht des falschen Feueralarms. Aber so ist es in der Antarktis, über den unglaublich raschen Wechsel haben wir oft gesprochen. Er wird uns heute noch einmal, zum letztenmal, vor Augen geführt. Endlich werde er das Kap mit eigenen Augen sehen, bemerkt Johnson, als wir im Krähennest stehen und den Horizont absuchen. Worauf ich den vielfachen Weltumsegler daran erinnere, daß er doch ein dutzendmal ums Kap gefahren ist, wenn nicht öfter. Das könne sich nicht allemal hinter Nebel, Wolken und Regenschleiern verborgen haben!

»Doch, so war's . . .«, nickt der Seebär, sich die Augen reibend, »niemals hab ich das verfluchte Kap erblickt . . . nicht mal 'nen Schatten davon und muß noch dankbar sein. Gibt's doch viele, allzu viele brave Segler, die den Anblick nicht lang überlebt haben. Früher hat mancher geglaubt . . . natürlich war's nur dummer Aberglaube . . ., im Kap stecke ein Teufelsmagnet, der Schiffe anzieht, um sie zu verderben.«

Andere Kenner der vermaledeiten Region, dieser Schiffe und Menschen verschlingenden Wasserwildnis, haben dem Sinn nach ungefähr das gleiche gesagt. So der rühmlichst bekannte Kapitän Hilgendorf: »Kap Horn, das sind zwei Monate Fegefeuer in der nassen Hölle.« Herman Piening, jahrzehntelang Skipper auf der »Peking«, äußerte sich wie folgt: »Kap Horn zu umrunden, bedeutet ein seelisch wie körperlich gleichermaßen aufregendes Abenteuer.« Der nicht minder verdienstvolle Kapitän Robert Miethe meint: »Die Gegend ist ein Ort, wo der Teufel so viel Unheil anrichtet, wie er nur kann.«

Sein britischer Kollege Ken Attwile schrieb 1929 voller Abscheu, daß die Gewässer ums Kap tückisch, fast immer stürmisch und schrecklich seien. Auch die Inseln dort, die Halbinseln und alles sonstige Land seien scheußlich kalt, feucht und gottverlassen, im übrigen unvorstellbar öde. Dem entsprechen viele Namen wie Desolate Bay, Deceit Island, Mistake Cape, Fury Harbour, Devils Delight und andere.*

Dazu noch eine ausführliche Schilderung, die Käptn Piening gegeben hat: »Dieser gewaltige Schwall des Wassers, den hier Gigantenkräfte durch das Tor zwischen Feuerland und der Staaten-Insel pressen, dieses Drängen von Millionen und Abermillionen Wassertonnen ruft scharfe Stauungen hervor, und zwar was der Seemann eine Stromkabbelung nennt. In der Enge entbrennt ein Kampf zwischen dem nordwärts strebenden Strom und dem entgegenlaufenden Seegang, der etwas Unheimliches an sich hat. Die Wellen schnellen sich senkrecht empor, wie von einer unsichtbaren Kraft geschleudert, und fallen an der gleichen Stelle wieder zusammen. Da kann man nur fragen: Was hab ich hier verloren?

Die Meerenge von Le Maire ist nur das Vorspiel zur Umseglung des Kaps. Nirgends ist die Seefahrt schwieriger als in diesen Gewässern! Obwohl Kap Horn selbst nur ein Pünktchen auf der Landkarte ist, herrschen chaotische Wetterverhältnisse etwa neunhundert Seemeilen beiderseits die Küste hinauf und herunter.«

Die vom antarktischen Eiswall gelösten Eisberge sind eine besonders große Gefahr. Die französische Bark »Emile Calline« erblickte 1904 ein verlassenes Rahschiff halb eingefroren im Eisberg. Der Name des Schiffes war nicht zu lesen. Es mußte schon damals uralt sein, denn der Verlust eines solchen Schiffes ließ sich nicht feststellen.

Als wir zum Essen gehen, bittet Hasse Nielssen seinen Freund Johnson und mich an den gleichen Tisch. »Wir werden rings um die Horn-Insel fahren, wenn's irgendwie geht«, meint er vielversprechend, »und es sieht ganz so aus, als ob's geht.«

Allein schon die Möglichkeit, das berühmteste, vor allem das gefährlichste Kap der Welt aus der Nähe zu betrachten, das Horn zu filmen und zu fotografieren, erregt fast alle Passagiere. Einen schöneren Abschluß kann es für die Reise kaum geben. Ein sicher seltenes Ereignis auch für die erfahrensten Globetrotter. So vieles, auch ganz verschiedenes wird vom Kap Horn geredet. Weit gehen die Schilderungen auseinander. Wie es in Wirklichkeit aussieht, haben nur wenige mit eigenen Augen erblickt. Ein blinder Zufall hat gewollt, daß ich zu den wenigen gehöre. Vor zwei Jahren schon, während meiner ersten Antarktis-Fahrt, hatten wir wunderbarerweise ähnlich gutes Wetter wie heute, allerdings mit schlechter Voraussage schon für den Abend des gleichen Tages. Dennoch hatte unser guter Kapitän, derselbe Hasse Nilssen wie jetzt, die knappe Spanne Gutwetter benutzt, um drei Zodiacs an die kahle Küste zu

* »Trostlose Bucht«, »Betrugsinseln«, »Kap der Verwechslung«, »Orkanhafen«, »Teufelsvergnügen«.

schicken. Doch waren uns nicht mehr als zwanzig Minuten für den Aufenthalt gestattet aus Gründen der Vorsicht. Immerhin, ein paar Aufnahmen hatte ich gemacht, und auf der Felseninsel war ich gewesen.

Damals gab es dort keinen Menschen, und so brauchte man niemanden zu fragen, ob das Betreten gestattet sei. Das ist leider anders geworden infolge der zwischen Argentinien und Chile strittigen Ansprüche auf die drei Inseln Picton, Nueva und Lennox. Zu nahe dabei erhebt sich die Insel Horn mit ihrem weit ins Meer vorspringenden Kap. Also hatte Chile unlängst das Kap besetzt, darauf eine Radarstation und noch irgendwelche streng geheimen Anlagen eingerichtet.

Wie es hieß, waren dort zwanzig Mann stationiert und paßten auf, was womöglich die argentinische Marine in den Gewässern unternahm.

Unser Kommandant will versuchen, sofern die See weiter ruhig bleibt, die Besuchsgenehmigung zu erhalten. Es scheint nicht ausgeschlossen, weil schon seit langem unsere »Explorer« bei der chilenischen Marine in gutem Rufe steht, freundschaftlich sogar sind die Beziehungen zu nennen. Gelegentlich der beiden gut ausgelaufenen Strandungen unseres Schiffes erhielt es die sofortige Hilfe der Chilenen, und recht großzügig hat sich seinerzeit Lars Lindblad dafür bedankt.

Bald schon ist durch Sprechfunk die Verbindung mit der Garnison auf Kap Horn hergestellt. Aber ein so überaus wichtiges Vorhaben kann der dortige Chef nicht selbst entscheiden, statt dessen werden wir an den Befehlshaber in Puerto Williams auf der naheliegenden Insel Navarino verwiesen. Der ist ein freundlicher, gerne hilfsbereiter Mann, wie sich bei dem folgenden Gespräch herausstellt, nur kann leider auch er nicht entscheiden. Von ihm an die nächsthöhere Dienststelle verwiesen, erhält man von dort eine ähnliche Auskunft, und so geht es weiter, immer weiter bis ins Marineministerium der Chilenischen Republik zum Minister persönlich. Aber selbst der will sich in Sachen einer Landung auf der Horn-Insel nicht festlegen. Beim Staatspräsidenten sollen wir anfragen. Zwar glaube ich nicht, daß Hasse Nilssen mit dem Allerhöchsten von Chile persönlich gesprochen hat, aber doch mit seinem engsten Mitarbeiter. Wie dem auch sei, binnen weniger als einer Stunde erhält als das erste Passagierschiff überhaupt unsere »Explorer« die Erlaubnis, ein paar Boote an Land zu schicken.

Weil wir Wert darauf legen, schon gleich beim Betreten der Horn-Insel bei der zwanzigköpfigen Besatzung einen guten Eindruck zu machen, wird ein Freßpaket zusammengestellt, das sich sehen lassen kann! Schließlich ist heute abend Silvester, und gewiß wollen auch die blauen Männer auf dem Kap gebührend feiern. Eine Flasche Champagner für jeden ist wohl nicht zuviel in Anbetracht der langen Nacht bis zum Neujahrsmorgen. Dazu Kuchen und Süßigkeiten, Parma-Schinken, Bressehühner, Lachsfilet und noch andere Delikatessen. Fürs männermordende Kap, das sich heute so freundlich gibt, ist wirklich nichts zuviel!

Alsdann in die Zodiacs mit Kameras und Filmapparaten, vorsichtshalber auch mit Regenkleidung und festen Stiefeln. Aber was so einfach aussah, ist es nicht, müssen wir doch durch Kelp, diese übelste Art von Seetang. In solchen Mengen schwimmt das Zeug herum, daß wir nur mit der Hilfe von Stangen und nach vielen Umwegen an den steinigen Strand gelangen.

Rechts und links ist der Streifen von hohen Felsen begrenzt, im übrigen nicht breiter als etwa zehn Meter. Eine Treppe hinauf gibt es nicht, was uns bei der Inselbesatzung von zwanzig Mann nicht wenig wundert. Sehr fleißig waren sie offenbar nicht. Aber immerhin sind zwei der Marinesoldaten auf dem rutschigen, steilen Fußweg in zahlreichen Windungen bis hinunter zur Landestelle gekommen.

Sie begrüßen uns freundlich und staunen nicht schlecht über die reichen Gaben, die wir mitbringen. Sie helfen beim feucht-glitschigen Aufstieg. Sonst hätten es die gewichtigen Besucher wohl kaum geschafft. Als wir droben eintreffen, bitten die Marineros dringend, es möge sich keiner umdrehen, erst recht keine Aufnahme von den Einrichtungen machen, die angeblich so streng geheim wie nur möglich sind. Im übrigen stellen wir fest, einmal oben angelangt, daß wieder alle sieben Mitglieder des »Explorer-Clubs« beisammen sind. Selbstverständlich machen wir mehrere Aufnahmen für die Klubzeitung. Den gewiß verblüfften Mitgliedern in aller Welt soll damit bewiesen werden, daß am gleichen Tage nicht weniger als sieben »Explorer« auf dem berühmten Kap gewesen sind.

Weiterzukommen, ist allerdings schwierig, weil die Vegetation einzig und allein aus verkrüppelten Birken und ähnlichem besteht. Zwar erheben sie sich nur wadenhoch über den Boden, bilden aber eine unabsehbare Folge von Fußfallen. Immer, wenn man glaubt, ein paar Schritte voranzukommen, fällt man auf Nase, Bauch oder Knie. So vergeht etwa eine Stunde mit der Überwindung von kaum mehr als einem halben Kilometer. Alsdann steht jeder Besucher, den seine Kräfte wie auch seine Vorsicht so weit getragen haben, auf dem Gipfel des Kap Horn. Von dort blicken wir auf einen scharfgeschnittenen, völlig kahlen Felsenrücken, der sich im Winkel von schätzungsweise fünfundvierzig Grad von oben bis hinunter ins Meer verlängert.

Hier ist sie nun, die entscheidende Stelle! Vor diesem Felsenmesser treffen sich die beiden Weltmeere, hier stoßen die Gewässer des Pazifischen Ozeans mit dem Südatlantik zusammen. Heute, an dem selten friedlichen Tag, kräuseln sich nur ein wenig die Wellen, gerade soviel, um anzudeuten, wo der eine Ozean den anderen berührt.

»Einen Tag wie diesen«, ruft Irving Johnson über alle Köpfe hinweg, »einen Tag wie den letzten im eben noch laufenden Jahr verschenkt die Schöpfung nur bei seltenen Gelegenheiten. Vergessen Sie niemals, Ladies and Gentlemen, was Sie heute gesehen haben!«

Sicher war die Besteigung des Kaps ein Höhepunkt der ganzen Fahrt, eine unverhoffte Zugabe am letzten der vierundfünfzig Tage.

Alsdann bemühen wir uns zurück durch die sperrige Vegetation. Droben an der Kante steht ein Marinesoldat, um höflich den Damen hinabzuhelfen. Drunten ist ein anderer, dem gleich sein Kamerad von droben zu Hilfe eilt. Eifrig sind beide behilflich, schwerfällige Besucher ins Boot zu befördern.

»Na, sind alle die guten Kameraden in der Station zufrieden mit unseren Mitbringseln«, erkundigt sich Keith Shackleton.

»Was denn für Kameraden«, fragt einer zurück.

»Die anderen achtzehn Mann droben, die wir nicht zu Gesicht bekamen.«

Worauf unsere Helfer laut lachend richtigstellen, daß sie allein sind auf dem Kap, nur sie beide bewachen das Horn. Ihrer Ansicht nach genügt das auch.

Kleiner Irrtum von irgend jemand, der von zwanzig Mann geredet hat. So laben sich denn zwei Einsiedler an dem, was wir für zwanzig gestandene Mann vorgesehen haben. Aber sei's drum, es ist nun mal geschenkt, und die beiden müssen versuchen, damit fertig zu werden. Aber die kommende Nacht, das steht fest, würde einem bösen Feind die beste Gelegenheit bieten, Kap Horn im Handstreich zu nehmen.

Die sonnenbestrahlte Insel Horn, das friedlich atmende Meer ringsherum – das Erlebnis ist nicht mehr zu überbieten. Es folgt am nächsten Tag noch eine interessante Fahrt durch die nahe liegende Inselwelt. Auch dabei gibt es Augenblicke, die nur wenigen Menschen beschieden sind. Alles in allem handelt es sich um die allersüdlichsten Ausläufer des amerikanischen Kontinents. Die Namen spielen keine Rolle, sie würden doch bald vergessen, und im übrigen gibt es oft unterschiedliche Namen für die gleichen Inseln. Alle sind grau und kahl und hochgetürmt. Sie steigen als Klippen, als Gipfel unterseeischer Gebirge aus der Flut. Unbesteigbar dürften die meisten sein, unbestiegen vermutlich auch jene, wo vielleicht das Hinaufkommen möglich ist. Hier leben keine Menschen, und wahrscheinlich haben auch zu Zeiten der vorgeschichtlichen Feuerländer in dieser stets stürmischen, feuchtkalten Region niemals Menschen existiert.

Dicht bewohnt sind viele, wohl alle Inseln am Südkap von Vögeln. In großen Mengen nisten sie auf Felsen, haben sich im Schutz überhängenden Gesteins niedergelassen oder stecken irgendwo in den Winkeln. Ich kenne die Namen nicht, auch die Vogelkundler an Bord ergehen sich mehr in Vermutungen als in sicheren Erkenntnissen. Manche der oben platten Felsentürme sind so dicht besetzt von hellen Vögeln, daß sie wie beschneit wirken. Nirgendwo entdeckt man eine Bucht mit flacher Küste oder einen Streifen Strand, auf dem Robben ruhen. Ungewöhnlich ist für uns die Abwesenheit der friedlichen Säugetiere. Sie fehlen uns richtig, die See-Elefanten, die Pelzrobben und all die anderen Robben mit ihren Kulleraugen.

Als die Dämmerung anbricht, verlassen wir das Labyrinth der weitgehend unbekannten Inseln, um in den Beagle-Kanal zu laufen. Während der Silvesternacht, die auch ein Abschiedsfest ist, liegen wir in geschütztem Wasser vor Anker. Viel ruhiger als gedacht verläuft dieser letzte Abend. Scheiden tut weh, zumal wir so lange beisammen waren, uns so viele Gemeinsamkeiten verbinden. Selber habe ich Mitternacht nicht abgewartet, obwohl Knallkörper verschossen und Feuerwerk entzündet wurde. Fürs Nachdenken ist das Bett der beste Ort.

Als der Morgen beginnt und ich droben das Sonnendeck betrete, befindet sich die »Explorer« wieder in Fahrt. Unser Ziel ist Ushuaia, die südlichste Stadt der Welt. Eine wenig interessante Stadt, die ich nicht besonders gern zum dritten Mal betrete. Aber was meine Blicke anzieht, was die Augen erfreut hier an der Küste von Feuerland, sind manche Schönheiten, die wir lang vermißt haben. Da liegen ausgedehnte Weideflächen, von Schafen belebt, da sind Berghänge mit Büschen bedeckt, und in geschützten Lagen breiten sich Wälder aus. So viel hat uns gefehlt, das wir daheim gewohnt sind. Erst wo sich wieder abwechselnde Vegetation ausbreitet, ist man auf dem Weg in die Heimat.

Mehr als sieben Wochen Antarktis ohne Baum und Strauch. Froh und glücklich bin ich, das weite Südmeer, ein halbes Hundert einsame Inseln gesehen zu haben. Die vielen tausend, die Millionen antarktischer Tiere.

Dennoch, dem Schöpfer sei Dank . . . wie herrlich ist doch die grüne Welt!

Literaturnachweis

Bertram, George, *Antarctica Today and Tomorrow,* Cambridge 1958
Burmester, Heinz, *Mit der Pamir um Kap Horn,* Oldenburg 1974
Cameron, Ian, *Antarctica, the Last Continent,* London 1974
Cox, Edward G., *A Reference Guide to the Literature of Travel,* Seattle 1935
Fikentscher, Erich, *An Bord des Kreuzers Emden, München 1976*
Harrington, Richard, *Antarctic,* Alaska 1976
Kemp, Norman, *The Conquest of the Antarctic,* New York 1957
Mücke, Hellmuth v., *Emden,* Berlin 1915
–, *Ayesha,* Berlin 1926
Peterson, Roger T., *Penguins,* Boston 1979
Rogge, Bernhard, und Franke, Wolfgang, *Die 655 Tage Kaperfahrt des Schweren Hilfskreuzers Atlantis in Sieben Weltmeeren,* Oldenburg 1955
Ronneberger, Friedrich, *Weltreisebilder von Kreuzer Emden,* Deutsche Marinezeitung 1930
Shackleton, Sir Edward, *The Story of Shackleton's Last Expedition 1914–1917,* London 1919
Stonehouse, Bernhard, *Tiere der Antarktis,* München 1972
Tilman, Harold W., *Mischief among the Penguins,* London 1961
Wilson, Edward, *Diary of the Terra Nova Expedition to the Antarctic, 1910–1912,* London 1972
Winterhoff, Edmund, *Walfang in der Antarktis,* Hamburg 1974

Register

Fotonachweis

Herr Bruno Zehnder, New York, stellte freundlicherweise 7 der Aufnahmen zur Verfügung, Herr Franz Lazi, Stuttgart 1 Aufnahme. Die übrigen Aufnahmen sind dem Archiv des Verfassers entnommen.

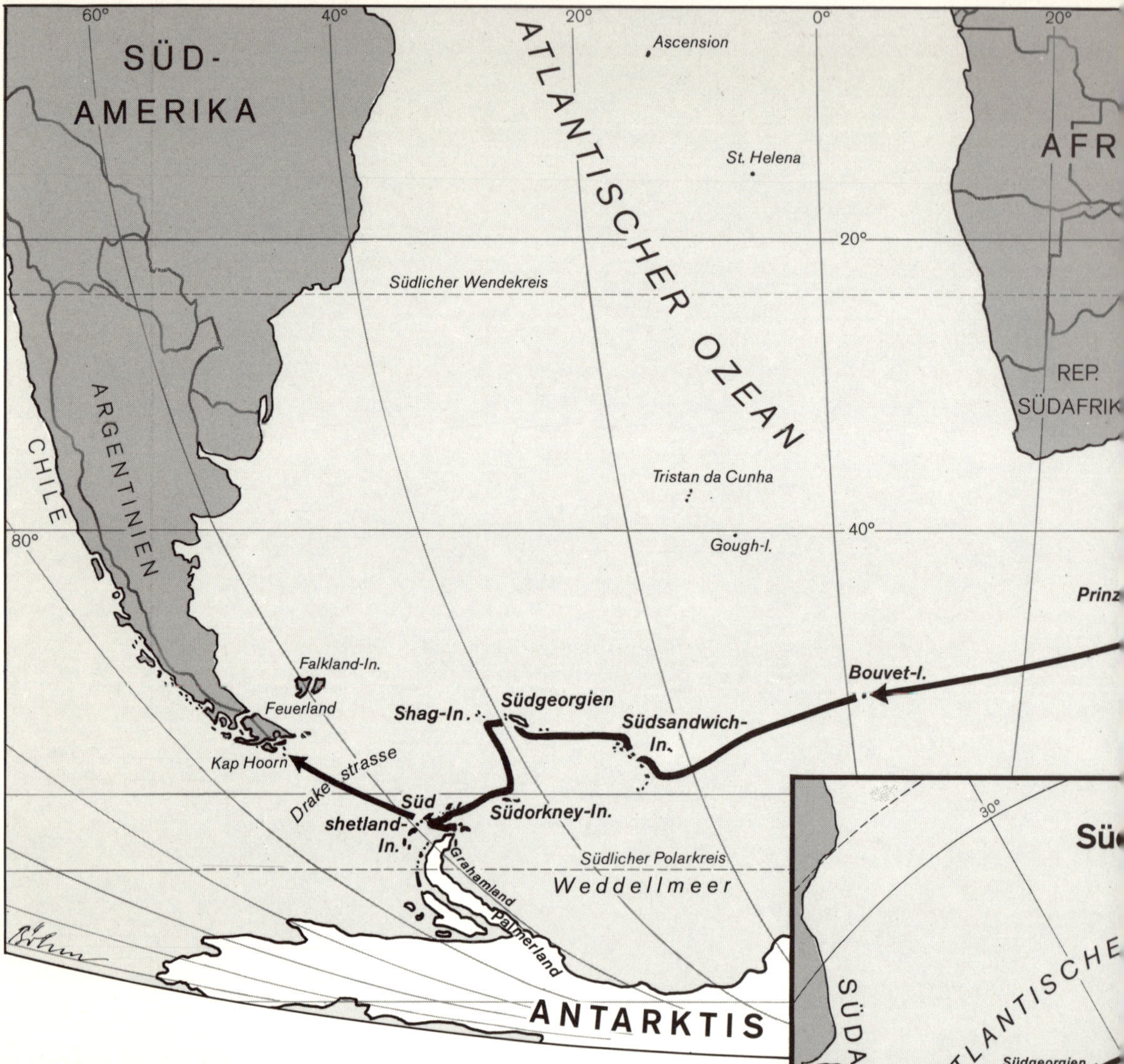
SÜD-
AMERIKA
ARGENTINIEN
CHILE
ATLANTISCHER OZEAN
Ascension
St. Helena
Südlicher Wendekreis
AFR
REP.
SÜDAFRIK
Tristan da Cunha
Gough-I.
Prinz
Bouvet-I.
Falkland-In.
Feuerland
Kap Hoorn
Drake strasse
Shag-In.
Südgeorgien
Südsandwich-
In.
Süd
shetland-
In.
Südorkney-In.
Südlicher Polarkreis
Weddellmeer
Grahamland
Palmerland
ANTARKTIS
60°
40°
20°
0°
20°
20°
40°
80°

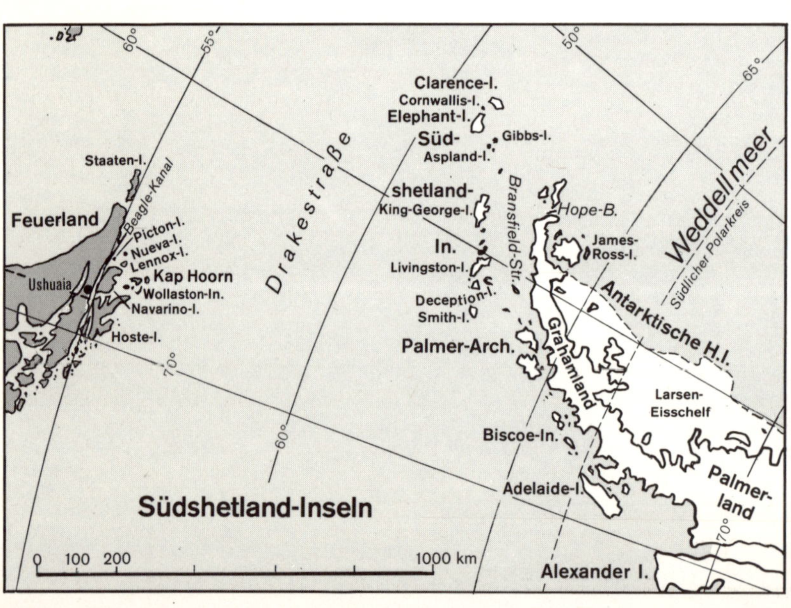
Clarence-I.
Cornwallis-I.
Elephant-I.
Süd-
Gibbs-I.
Aspland-I.
shetland-
King-George-I.
In.
Livingston-I.
Deception-I.
Smith-I.
Bransfield-Str.
Drakestraße
Staaten-I.
Beagle-Kanal
Feuerland
Picton-I.
Nueva-I.
Lennox-I.
Kap Hoorn
Ushuaia
Wollaston-In.
Navarino-I.
Hoste-I.
Hope-B.
James-
Ross-I.
Weddellmeer
Südlicher Polarkreis
Antarktische H.I.
Palmer-Arch.
Grahamland
Larsen-
Eisschelf
Biscoe-In.
Adelaide-I.
Palmer-
land
Alexander I.
Südshetland-Inseln
0 100 200
1000 km
60°
55°
50°
65°
70°
60°
70°

SÜDAMERIKA
ATLANTISCHE
Südgeorgien
Shag Rocks
Clerke
Rocks
Falkland-In.
Feuerland
Kap
Hoorn
Drake straße
Süd
shetland
In.
Grahamland
Bellingshausen-
see
PAZIFISCHER
OZEAN
Amundse
see
30°
60°
90°
120°
0
1000
2000
300